U0941534

乡村建设行动

县级场域中的知与行

王立胜◎著

图书在版编目（CIP）数据

乡村建设行动：县级场域中的知与行 / 王立胜著
. -- 北京 ：文化发展出版社，2022.1
ISBN 978-7-5142-3620-0

Ⅰ. ①乡… Ⅱ. ①王… Ⅲ. ①农村－社会主义建设－研究－青州市 Ⅳ. ①F327.524

中国版本图书馆CIP数据核字（2021）第241523号

乡村建设行动：县级场域中的知与行

作　　者：王立胜

责任编辑：武　赫　　　　责任校对：岳智勇
责任印制：邓辉明　　　　责任设计：侯　铮
出版发行：文化发展出版社（北京市翠微路2号 邮编：100036）
网　　址：www.wenhuafazhan.com
经　　销：各地新华书店
印　　刷：唐山嘉德印刷有限公司

开　　本：710mm × 1000mm　1/16
字　　数：374千字
印　　张：26
版　　次：2022年1月第1版
印　　次：2022年1月第1次印刷
定　　价：78.00元
I S B N ：978-7-5142-3620-0

◆ 如发现任何质量问题请与发行部联系。发行部电话：010-83626929

序

王宏甲

我有过八年知青岁月，进城后曾多次返回插队的村庄去看农民朋友。我还去过西部，访问过西藏、青海的数十个村庄，去过黑龙江边陲多民族村寨访问，去过雷州半岛的农村，去过舟山群岛的渔村，写过若干农村题材的纪实文学，包括一本书名就叫《农民》的书。因之我对农村不算陌生。然而，我是在新时代农村脱贫攻坚乃至衔接乡村振兴这些年，才算比较真切地看见了乡村的经纬、乡村的历史变迁。具体说，是在这期间我看到，1840 年中国的大门被英国工业化时代的炮火轰开时，整个中国就像个大乡村，从那时起，振兴乡村的历史任务就放在中国人面前了。

文化发展出版社即将出版的这本书，名叫《乡村建设行动：县级场域中的知与行》，第一章就是“振兴工业”。乡村，工业，这看似跳跃性不小的文字，它们所凝聚的中国和世界信息，100 多年来都值得我们反复认识。近代列强是高度组织化的工业国，我国地广人众，但分散耕作形同一盘散沙，这是从生产关系到生产力都一览无余地落后了。20 世纪的中国犹如一座沸腾的熔炉，人民在共产党的领导下组织起来，最终以农村包围城市建立了新中国。新中国成立初期的“一化三改”，那“一化”，就是认识到务必把我国建设成为工业化的国家。这就不只是在城市有工业，也必须在我国幅员广阔的农村办工业，建成农工商综合体。但是很不容易。至今，我国仍孜孜于乡村振兴。我们有许多乡村还只有农业，农村缺工业或工业很薄弱，其实难以真正脱贫，也无法实现乡村振兴。

这部《乡村建设行动：县级场域中的知与行》的作者王立胜，是中国社会科学院哲学研究所党委书记，国务院特殊津贴专家，早年从事理论研究和教学，是中国《资本论》研究会副会长，1993年就提出要研究马克思主义中国化问题，也是国内较早提出建构“毛泽东学”和“毛泽东精神”研究的学者。他出版《中国特色社会主义政治经济学的国家主体性》《晚年毛泽东的艰苦探索》等著作10多部。2001年起，他到山东昌乐县任县长五年，到山东青州市任市委书记近五年，再到新疆喀什地区任中共喀什地区地委委员、宣传部部长，喀什地区行署常务副专员，接着又回到中国社会科学院从事领导和研究工作。多年来，他把实践当作思考问题的动力，把问题意识作为科研的基本导向，因而他的研究成果具有明显的问题导向和跨学科特征。

这部《乡村建设行动：县级场域中的知与行》，副题是“县级场域中的知与行”。县一级，除了县城，大面积还是农村，大量的人口也是农村人口。县域经济主要还是农村经济。长期的县域工作，使王立胜书记极为关注中国农村现代化问题。他不仅在学术刊物上发表了大量关于农村研究的论文，还出版了《中国农村现代化：思路与出路》《中国农村现代化社会基础研究》《农村研究的中度视野：以县为中心的思考》等作品。他把“社会基础”这一习惯用语进行学术阐释，将其上升为研究农村问题的学术范式，使其成为研究农村问题的分析框架和分析工具，引起了学术界和实践领域的重视，有些学者视之开辟了农村问题研究的一个新的思路，为农村基层社会治理提供了一种崭新的实践路径。为深入研究农村问题，他还主持创办了连续出版物《中国乡村学研究》和农村研究系列丛书。

本书研究的范围是他担任青州市委书记时期的县域实践，融入了他今天观察乡村建设的思索。全书分为产业发展篇、环境整治篇、生态改善篇、公共服务篇、文化传承篇。在产业发展篇中，前三章是振兴工业、发展现代农业、加快提升服务业，这就是发展“农工商综合体”的内容。

目前，我国县域内至今还有很多村庄只有农业和简单的农产品加工业，缺少工业；很多村庄的农民专业合作社固定在某项种植养殖专业中，甚至缺少需有更大的集体组织去发展工业的必要性，这部《乡村建设行动：县级场域中的知与行》里探讨的实践问题就仍然具有现实意义。

本书里县级场域中的知与行，是作者根据自己的亲身经历所进行的研究和认识。需要特别指出的是：我们今天的乡村振兴行动，已经特别需要从县域经济的视角去筹谋县乡村三级的经济发展，这包括集体经济和合作经济，也包括民营经济中的个体经济和其他私营经济组织，更包括县域经济的国有平台。从乡村的脱贫攻坚走到县域经济，才能走向习近平总书记说的县委书记要在乡村振兴中当好“一线总指挥”的境界。

还有必要说明的是，王立胜书记的探索，不仅包含着发展工业和现代农业，提升服务业，包含加强基层组织建设和农村社会公共管理，包含做好文化宣传工作、全力推进教育现代化等，在许多方面还带着他固有的哲学思辨，这是很重要的。

出版社邀我为这部著作写一篇序言，我很感谢出版社和王立胜书记对我的信任，我阅历和能力皆有限，唯立场和情感相通，竭力为之。不当处还望海谅。

2021年9月22日 中秋节 北京

自序

从内心讲，呈现在读者面前的这些文字，原本没有公开发表的打算。原因很简单，这些文字不是为了公开发表而写的逻辑严密、行文规范的文章或者书稿，而是在基层实践中为了动员县级场域中各种建设主体全员参与农村建设行动而做的一些讲话。讲话与文章写作不同，文章的写作要符合文章的基本规则，规范性比较强；讲话则需要针对听讲对象把自己的所想通俗地表述出来，祈求把这些想法变成大家的思想共识，达到统一思想的目的，从而形成心往一处想、劲往一处使的局面，最后形成县级场域全员一致行动的能力，目的不是解释世界而是改造世界。讲话具有即时性和解决问题的针对性，因而也就有了场域的既定性和时空的局限性，从这个角度讲，它一定是特殊主义的东西。但是，乡村建设实践本身，作为国家战略在全国范围内的实施，它确实又是普遍主义的活动，因而，任何乡村建设实践所内含的经验对于异域的乡村建设实践来说又都具有借鉴意义。从这个意义上说，特殊中有普遍性。也许正因如此，这些讲话录音和整理稿在一定范围内得以流传，很多人听到或者读到后觉得对当前的乡村振兴和乡村建设行动确有参考价值，并且建议整理成书公开出版，供从事乡村振兴和乡村建设行动的实践者和理论研究者参考。我的朋友朱文平、刘雅文诸君尤其看重这些文稿，他们付出艰辛劳动将其整理成书，如此，这部著作才得以以目前的状态面世。

2005 年 12 月，我在山东省昌乐县任县长五年后，调任青州市任市委书记。青州市与昌乐县只有 20 多公里的距离，在行政区划上都隶属于潍坊市。空间距离虽然不远，但文化差异却是很大的。在一定历史时期，国家大政方针一样，一个行政区域内的行政方略也不会有大的差别，但是，地域文化的差异却直接影响工作的直接效果。必须针对其地域文化采取不同的动员策略。青州是历史文化名城，有着很深的、独特的文化底蕴。大禹治水，划定九州，就有青州。当然，这只是地理概念，而不是行政区划。汉代全国置13个刺史部，青州是其中之一。尽管刺史部也不是行政区划，但是向省级行政区划趋近了许多。明朝中期以前，青州作为省级行政区划千年之多，其首府益都县，也就是今天的青州市。作为省级行政区，其最辉煌的时期乃是北宋。北宋名臣寇准、范仲淹、欧阳修、富弼、王曾都曾经任青州知府。文人如李清照、郦道元、赵明诚等都曾经工作生活在青州。《水浒传》《三国演义》都有发生在青州的故事。即便是在清朝，青州也是府衙，相当于现在的地级行政机构。1986年益都县改市，称青州市。青州成为县级行政机构的地名，实际上比清朝、民国时期的益都县的辖区小了很多。尽管如此，青州的文化底蕴之深厚，地域文化之特殊，在潍坊市乃至山东省都是独有的。在改革开放之前，青州的工业之发达，莫说其他县级单位无法比拟，就是与一些地区的工业相比，也不在话下。从现代化的发展来看，凡是文化底蕴深厚之地，计划经济时期工业之发达地区，解放思想、转变观念的难度都是比较大的。2005年我到青州任市委书记的时候，青州发展的根本障碍就是解放思想、转变观念的问题。如何冲破这种障碍，成为我面临的必须首先解决的问题。这个问题的解决必须采取非常规的办法才能奏效。我读研究生的专业是马克思主义哲学，而方向是毛泽东哲学思想。这些专业知识告诉我，可以把马克思主义哲学的基本原理用于实际工作中。人民群众是历史的创造者，是历史的主体，干事创业的力量源泉就在人民群众之中。只要决策正确，思路对头，关键是动员群众。那么，怎样才能迅速地动员群众呢？如果还像往常一样，按部就班一层一层地开会，再一层一层地传达，到了基层群众那里，政策的动员力量就会被层层递减。为了避免中梗阻，我们果断采取了最直接的办法——市里的重大决策通过电视直播的方式直接到达最基本的单位——家庭。我在青州近五年的时间，共进行电视直播大会49次，起到了直接动员群众、发动群众的效果。这种效果不仅体现在最大限度地动员大家参与到县域的经济社会发展之中，同时，也使党委政府的决策实施置于人民群众的全过程监督之下，使党委政府的决策实行，达到言必行，行必果。重大决策实施公开，公开又是监督的前提。电视直播还有一个特点，那就是讲话要脱稿讲，如果是念稿子，是不会吸引观众的。所以，这些讲话大部分是口语化的，用的是老百姓喜闻乐见的语言，讲的又是关系大家切身利益的事情。由此，广大干部群众干事创业的积极性空前高涨。这本书就是从这些电视直播讲话中摘录出来的精华部分。由于时过境迁和空间的差异以及地域文化的不同，这些讲话的内容有些可能已经不合时宜或者不完全适用于不同的地区和县域，但是，就这种动员群众的方式和方法来说，我觉得是不过时的，也是超地域的。我历来主张乡村振兴要有基本的方法论，这可能也是我有哲学专业教育背景的缘故。从方法论的角度讲，乡村建设场域就是县域，乡村建设行动就是县域行动。以县为基本单元推进乡村振兴是已经得到实践证明了的正确的行动。这方面我已经在《乡村振兴方法论》一书中做了专门论述，此不赘述。《乡村建设行动：县级场域中的知与行》可以说是我从哲学层面总结的一套方法论的具体实践和运用的现场记录。从这个角度说，本书是《乡村振兴方法论》的姊妹篇。

目前，按照中央的部署，大规模的乡村建设行动已经展开，我基于最近的一些思考，也想借此机会就乡村振兴和乡村建设行动问题再谈三点看法。

一、乡村振兴和乡村建设行动的关系

党的十九届五中全会提出，优先发展农业农村，全面推进乡村振兴。坚持把解决好“三农”问题作为全党工作重中之重，走中国特色社会主义乡村振兴道路，全面实施乡村振兴战略，强化以工补农、以城带乡，推动形成工农互促、城乡互补、协调发展、共同繁荣的新型工农城乡关系，加快农业农村现代化。要保障国家粮食安全，提高农业质量效益和竞争力，实施乡村建设行动，深化农村改革，实现巩固拓展脱贫攻坚成果同乡村振兴有效衔接。

在这段表述中，提出了“走中国特色社会主义乡村振兴道路”的问题，也提出了“实施乡村建设行动”的要求。

关于对“实施乡村建设行动”的认识和理解，不宜机械参照历史事实，特别不要根据字面意思，理解为要仿效或者全面借鉴民国时期的乡村建设运动。

此前，“乡村建设”通常作为一个专有学术名词出现。特指在20世纪20年代至40年代，由晏阳初率先引领实施平民教育，开展乡村建设运动，陶行知、梁漱溟、卢作孚等人受其感染和启发，引领大批学者投身其中，在全国从东到西践行“上山下乡”，分头实施乡村建设试验，意图复兴濒临崩溃的中国乡村的社会思潮和实践活动。

无论其出发点怎样，践行方式如何，民国乡村建设运动都是自下而上的自发实践，多数是知识分子出于“理想良知”的社会改良行动，各自呈现出非常鲜明的个人“烙印”特点，体现为“攻其一点”的实践特征。比如有的从扫盲出发，如晏阳初领导的中华平民教育促进会（平教会）；有的以乡村为出发点创造新文化，如梁漱溟领导的邹平乡村建设运动；有的从推广工商职业教育起始，如黄炎培领导的中华职业教育社；有的以政府的力量推动乡村自治，以完成国民党训政时期的政治目标，如江宁自治实验县；有的以农民自卫为出发点，如彭禹廷领导的镇平自治。正因为这些特点，乡村建设运动虽极具号召力、感染力和启发性，但均失于零碎而不成体系，无法形成政策意义上的闭环，各地的诸种实验由于各自的理论前提和隐含的价值前提间的内在冲突，也很难形成合力，况且就乡村谈乡村，无法在认识论层面上构建以“城乡、工农关系”为背景的解决方案，因此民国时期的“乡村建设运动”多流于空中楼阁。

我们必须以习近平总书记的重要指示为理论指导和认识工具，深刻理解“乡村建设行动”和“全面推进乡村振兴”的内在关系。

习近平总书记指出，乡村振兴是包括产业振兴、人才振兴、文化振兴、生态振兴、组织振兴的全面振兴，实施乡村振兴战略的总目标是农业农村现代化，总方针是坚持农业农村优先发展，总要求是产业兴旺、生态宜居、乡风文明、治理有效、生活富裕，制度保障是建立健全城乡融合发展体制机制和政策体系。[①]

关于乡村振兴的总目标，习近平总书记指出，“相比较而言，农村在基础设施、公共服务、社会治理等方面差距相当大。农村现代化既包括‘物’的现代化，也包括‘人’的现代化，还包括乡村治理体系和治理能力的现代化。我们要坚持农业现代化和农村现代化一体设计、一并推进，实现农业大国向农业强国跨越”[②]。

关于乡村振兴的总方针，习近平总书记指出：“坚持农业农村优先发展的总方针，就是要始终把解决好‘三农’问题作为全党工作重中之重。我们一直强调，对‘三农’要多予少取放活，但实际工作中‘三农’工作‘说起来重要、干起来次要、忙起来不要’的问题还比较突出。我们要扭转这种倾向，在资金投入、要素配置、公共服务、干部配备等方面采取有力举措，加快补齐农业农村发展短板，不断缩小城乡差距，让农业成为有奔头的产业，让农民成为有吸引力的职业，让农村成为安居乐业的家园。”[③]

根据习近平总书记的这些明确指示，我们可以把“乡村建设行动”理解为：为实现“农业农村现代化”总目标，在“农业农村优先发展”总方针引领下，在“产业兴旺、生态宜居、乡风文明、治理有效、生活富裕”的总要求框架中，体现中央坚强意志决心，集中全党全国全社会之力，从全局和战略高度把握和处理工农关系、城乡关系，全面推进乡村振兴的综合手段与实施路径。因此“乡村建设”肯定包括物质形态的农村基础设施建设、科技装备水平提高等实现“物”的现代化，体现在生产力领域的内容；包括推进“乡村治理体系和治理能力的现代化”，体现在生产关系领域的内容；也包括着眼于“人”本身，推动“人”的现代化的内容，体现出价值导向高度自洽、推进方式自上而下、建设内容体系完备、行动方式高度自觉的鲜明特点。

---

① 《习近平李克强王沪宁韩正分别参加全国人大会议一些代表团审议》，《人民日报》2019年3月9日。
② 习近平：《把乡村振兴战略作为新时代“三农”工作总抓手》，《求是》2019年第11期。
③ 习近平：《把乡村振兴战略作为新时代“三农”工作总抓手》，《求是》2019年第11期。

二、在乡村振兴和乡村建设行动中要探索超越村庄的实践之路

习近平总书记指出："党的十九大提出实施乡村振兴战略，就是为了从全局和战略高度来把握和处理工农关系、城乡关系。"[①] 他还指出："在现代化进程中，如何处理好工农关系、城乡关系，在一定程度上决定着现代化的成败……这里面更深层次的问题是领导体制和国家治理体制问题。"[②] 这就说明，乡村振兴战略是着眼于工农之间、城乡之间的关系，着眼于领导体制和治理体制而提出的，不能将宏观问题还原为具体问题，将体系问题还原为局部问题，将战略问题还原为战术问题，将治理体制问题还原为工作推进问题，不能就农村谈农村，更不能就村庄谈村庄。要从方法论和认识论的高度，深刻理解习近平总书记的重要指示精神。

一是要防止将"乡村振兴"与"新农村建设"混淆。

调研发现，工作实践中普遍将乡村振兴战略理解为新农村建设的延续，或者是"升级版"，干部在对当前政策的理解表达中，常常将"乡村振兴战略"与"新农村建设"混用，甚至认为只是一种"修辞"手段。

乡村振兴战略是全新的战略安排，所谓的新，必然不是指时间序列上的先后，不是说后出现的事物比先出现的事物新，而是讲具有了新的质的规定性。混淆这两个概念，实际上是混淆了两个发展阶段，模糊了两种发展方式，混淆了两个历史任务，强化思维惯性和政策惯性，在工作中造成方向性的偏差。

"新农村建设"和"乡村振兴战略"是在两个历史发展阶段，着眼于不同的城乡关系结构，针对差异很大的经济社会发展核心问题而提出的两个政策体系。新农村建设是在经济发展处于高速发展阶段，在激进城镇化为特点的城乡关系结构条件下提出的农业农村工作的指导方针。在这一阶段，农村仍然作为城市的附属而存在，农村的建设发展主要不是着眼于农村本身，而总是服从和服务于城市和工业发展的目标。因此，这一阶段以"通过减少农民来富裕农民"为具体工作指导，理论认识上

① 习近平：《把乡村振兴战略作为新时代"三农"工作总抓手》，《求是》2019年第11期。
② 习近平：《把乡村振兴战略作为新时代"三农"工作总抓手》，《求是》2019年第11期。

以承认农村衰败不可避免为前提，着眼于减轻农村衰败过程中的“阵痛”，想办法解决农村衰败中出现的诸种问题为目的，表现为“拾遗补缺”性的政策安排。

乡村振兴战略是适应和服务于高速增长阶段转向高质量发展阶段提出的全新的理论导向和政策导向。在这一背景下，乡村振兴战略不再片面强调以城市、工业去带动农村、农业，也不仅是要在工作推进上实现城乡统筹，而且是要赋予农村与城市平等、对等的主体地位，在此前提下建立健全城乡融合发展体制机制和政策体系。这是农村定位的根本性重大变化，也是理解“振兴”含义的重要维度。

二是要防止将“乡村振兴”和“村庄振兴”混淆。

乡村振兴战略是农村地区的全域振兴，不能简单化理解为“村庄振兴”。实施乡村振兴战略当然要以做好村庄建设发展的具体工作为前提，但是如果将乡村振兴表面化、简单化理解为村庄振兴，在理论和政策上继续将村庄作为孤立的、独立的单元，以人为物理边界切割完整的市场体系，以碎片化的行政管理方法消解资金和政策的规模效应，不能将一个区域内的城乡作为整体和体系加以看待，真正的乡村振兴也就无从谈起。因此，在实施乡村振兴战略的推进思路上，必须清醒地认识到“超越村庄”的必要性。

长期以来，村庄具有农村基本社会治理单元、行政管理单元、经济发展单元三位一体的地位和功能。但是，一方面，随着土地、劳动力、资金等生产要素流动以及生产经营活动范围越来越突破村庄的界线，村庄越来越不能整合各种要素资源，不能完成基本经济发展单元的任务职责；另一方面，村庄范围小、经济体量小、产业链条短，无法在这一层面上联结打通三产，实现三产融合。以村庄为基本经济发展单元，客观上只能着眼于一产，很难实现农民持续增收；强行在这一层面上投入二、三产业，由于无法实现规模效应等原因，多数产业层级低，配套程度低，很容易被归入“散、乱、污”之列，应对市场风险和政策风险能力很弱，效益必然比较差。农村行政管理、社会治理单元和经济发展单元在村庄层级已经出现错位。实际上这也是农村行政区划与经济区划之间、行政区划与功能区划之间，农村行政区与功能区之间的关系问题，需要高度重视。

三是要防止将“城乡融合”和“城乡统筹”混淆。

“城乡统筹”政策的导向在于“统筹”，即城和乡都要兼顾，不可偏废；乡村振兴战略的政策导向在于城乡“融合”，即城与乡要水乳交融、混为一体、互为内在。城乡融合是总体论，城乡统筹是“两块论”。事物之间总有矛盾性和统一性两个方面，“统筹”的前提在于承认并首先考虑其矛盾性，从矛盾性出发进行“统筹兼顾”；“融合”的本意是承认并首先考虑其统一性，从统一性出发进行创新发展，形成新的形态和样貌。因此，城乡融合不是就城市谈城市、就农村谈农村，更不是城市“吃掉”农村，是城乡结成一种新的融合状态。这种融合状态不是传统的农村，也不是传统的城市，而是新的生产生活方式，新的社会组织运行方式，新的治理方式和治理体制。从这个角度来讲，乡村振兴战略所强调的“城乡融合”而非“城乡统筹”，就不但是工作上的具体要求，也是思维方式和认识方法，要求以此为出发点，建立与之相适应的一整套经济社会运行管理体制，具有深刻的制度建设和社会变迁意义。

应当认识到“超越村庄”探索乡村振兴实践道路的重要性，探索建立以县域为乡村振兴基本单元、以整县推进为手段、以县域全域振兴为目的的工作推进机制。

三、乡村振兴和乡村建设行动要创造中国特色社会主义乡村文明新形态

在完成了第一个百年奋斗目标之后，党中央提出了向第二个百年奋斗目标进军的任务。到 2035 年要基本实现现代化，要建成文化强国。文化强国的建设的基础和关键是乡村文化建设问题。为此，我们认为，乡村振兴和乡村建设行动的文化发展必须创造中国特色社会主义乡村文明新形态。

（一）这是新时代乡村文化建设的使命

文化是民族的血脉，是人民的精神家园。在绵延数千年的农耕文明

史中，中国社会是一个以农为本、基于血缘与地缘、依赖礼治秩序与长老统治的流动性很小的熟人社会，费孝通将之概念化为“乡土中国”[①]。在这样一个根植于土的社会中，孕育了灿烂的乡村文化，承担着教化的功能，赋予普通人以生活的意义，滋养着人们的精神世界与伦理世界。整个中国社会也是以乡村为基础和以乡村为主体的；所有文化体系（包括法制、礼俗、工商业）也主要源自乡村和为乡村而设；这一农耕文明的体系是如此的稳定而缺乏变化，若无外力作用，或许可以长久稳定延续下去。[②]

然而，自“1840 年鸦片战争以后，中国逐步成为半殖民地半封建社会，国家蒙辱、人民蒙难、文明蒙尘，中华民族遭受了前所未有的劫难”[③]。面对西方文化所带来的现代性冲击，作为一个后发外生型现代化的国家与一个资源禀赋很差的超大型农民国家，在周边地缘环境紧张的压力下，中国开启了追求赶超型的工业化和现代化的实践过程。[④]在新中国成立后，中国先后经历了国家工业化、乡村工业化、全球化的工业化、土地城镇化、人的城镇化等阶段，农民与土地（以及农业和村庄）的关系也经历了从被束缚在土地上，到“离土不离乡，进厂不进城”，到“如候鸟般迁徙于沿海城市与内地农村之间”，再到“离土进城不回村”的演变。[⑤]西方早发内生型现代化国家数百年的发展历程，中国用数十年的时间走完了，我们的现代化无疑是压缩型的。单从城市化率的数据来看，1978 年我国常住人口城市化率不足 18%，2020 年底这一数据已经接近 64%，我国用 40 年的时间完成了英国用 100 多年完成的城市化进程。[⑥]在如此短暂的时间内，这么大规模的乡村人口离开村庄和土地，进

① 参见费孝通：《乡土中国》，上海人民出版社 2006 年版。
② 参见梁漱溟：《乡村建设理论》，上海人民出版社 2006 年版。
③ 习近平：《在庆祝中国共产党成立 100 周年大会上的讲话》，《人民日报》2021 年 7 月 2 日。
④ 王立胜：《中国工业化成本的解决之道》，《文化纵横》2019 年第 1 期。
⑤ 刘守英、王一鸽：《从乡土中国到城乡中国——中国转型的乡村变迁视角》，《管理世界》2018 年第 10 期；周飞舟、吴柳财、左雯敏、李松涛：《从工业城镇化、土地城镇化到人口城镇化：中国特色城镇化道路的社会学考察》，《社会发展研究》2018 年第 1 期。
⑥ 邱泽奇：《乡村振兴与城乡关系再探索：人口生计何以可转换？》，《社会发展研究》2020 年第 4 期。

入城市，转向非农就业，中国乡村的社会结构、治理体系、生活的意义世界必然发生重大的变化。

在这一背景下，如何通过乡村文化建设赋予乡村居民以生活的意义，重新收拾人心，再造社会团结，是时代交给我们的重要命题。党的十九大报告提出了乡村振兴战略，十九届五中全会则明确了2035年建成文化强国的目标，这两大战略为我们的乡村文化建设工作提供了重要的时代契机与政策支持。

在庆祝中国共产党成立100周年大会上，习近平总书记创造性地提出了“中国式现代化新道路”“人类文明新形态”等重要论断。[①]这些论断拨开了西方中心主义的迷雾，自信且清晰地阐明：现代化的道路与人类文明形态可以是多元的，不必依循西方走过的路径，也不必以西方的经验作为唯一的标尺来衡量，中国所开创的现代化道路和文明形态是独特的，将为人类文明多元繁荣发展贡献中国智慧。这些论断也为当下中国乡村文化建设工作提出了新的要求，指明了新的方向，即：创造中国特色社会主义乡村文明新形态。

（二）这是乡村文化建设的目标任务

21世纪以来，尤其是党的十八大以来，在国家和相关部门的高度重视和推动下，我国在乡村文化的繁荣与发展方面做了许多工作，尤其是在保护和利用传统文化方面推出了多项重大文化工程，投入了大量的人力、物力、财力，也取得了显著的成绩。自2000年以来，我国分若干批次公布了共计1372个国家级非物质文化遗产项目，命名了共计3068个国家级非物质文化遗产代表性项目及代表性传承人，大多数非遗项目及传承人位于乡村。自2012年以来，我国分若干批次共认定了6819个国家级传统村落，118项国家级重要农业文化遗产，1652个“中国少数民族特色村寨”。通过以国家的名义，采用名录制的方式，划定传统文化保护线，大量物质性以及非物质性文化遗产得到了抢救性的保护与发展。但是，这些还远远不够，一方面，这些文化工程所涉及的村庄仅是我国

① 习近平：《在庆祝中国共产党成立100周年大会上的讲话》，《人民日报》2021年7月2日。

现存250万个村庄中相当少的一部分；另一方面，只靠这些文化工程还无法扭转这些古村人烟日渐稀少、不断萧条的命运。

乡村文化建设更重要的任务是通过乡村主体性重建，为乡村居民赋予生活的意义，给乡村注魂，恢复乡村的活力。在现阶段，这是一个难题。目前，在实践中涌现出一些比较有意义的探索，以我有限的阅历，暂举例如下。

其一，在自然生态、历史文化等资源丰富的地区，发展乡村旅游，可以为乡村重聚发展主体，实现乡村产业结构的多元化，保护和修复物质文化及精神文化，促发和优化内生自组织治理，释放乡村居民的自主性，推动乡村的"新内生型发展"。①

其二，通过加强面向乡村的公共文化服务的供给侧改革，在政府主导下，发挥农民的自我供给和市场供给的积极作用，形成健全的供给体系，增强文化产品与服务的丰富性与多样性，注重文化供给的可接受性、可选择性、精准性以及信息化趋势，不断提高公共文化服务产品的供给质量与效率，为愿意在乡村劳作和生活的人提供意义感、幸福感和快乐感，从而稳住人心，稳住人口，使得乡村有吸引力和凝聚力。②

其三，以乡贤为中介，建立公益组织，搭建桥接大城市与乡村的资源与价值体系平台，开展诸如培育经济合作社、培养返乡青年、营造敬老爱老氛围、组织文艺娱乐活动等综合性的乡村振兴实践，重塑乡村社会关系与人文环境。③

其四，将具有创意性、引导性和辐射性的当代艺术与乡村相融合，尝试提升在乡村经济发展的同时，恢复被长期的社会改造破坏和疏离的乡村伦理与道德秩序，恢复家序礼教和文明礼仪，建构出与时代衔接的乡村社会。④

---

① 孙九霞、黄凯洁、王学基：《基于地方实践的旅游发展与乡村振兴：逻辑与案例》，《旅游学刊》2020年第3期。
② 徐勇：《乡村文化振兴与文化供给侧改革》，《东南学术》2018年第5期。
③ 何慧丽、刘坤：《弘农试验：以乡土文化复育推动乡村振兴》，《文化蓝皮书：中国乡村文化建设发展报告（2018—2021）》，2021年未刊稿。
④ 渠岩：《艺术乡建：中国乡村建设的第三条路径》，《民族艺术》2020年第3期。

有意义的探索应该还有很多，这方面有待研究者的进一步观察与总结。令人欣慰的是，一种文化自觉的意识已经萌发并蔓延开来，这促发了普通人对乡土文化价值的重新认识与尊重，对乡村文化审美趣味的重塑，未来也有可能改变乡村文化（相对于城市文化）边缘化的状态。

（三）以县为基本单位推动乡村文化建设

近年来，我一直强调要重视乡村振兴的方法论，并建议以县为乡村振兴战略的基本实施单元。[①] 有几个方面的理由。其一，在改革开放以前，中国的农民都属于某一个生产大队，人员很少流动，每个村集体都可以看作一个共同体，既是生产的单元，也是生活的单元。然而，改革开放以后，我们经历了 40 多年快速城镇化的进程，目前常住村庄的人口结构已经发生了非常大的变化，10 多年前我们戏称村庄只剩下"38""61""99"部队（留守妇女、孩子和老人），现在许多村庄几乎见不到 40 岁以下的年轻人，老年人成为村庄最主要的居民，"村庄空""产业空""组织空"的现象非常普遍。这样的村庄很难作为乡村振兴的基本单元。其二，与上述"空心村"的现象相对应的是，"我国现有 1881 个县市，农民到县城买房子、向县城集聚的现象很普遍"[②]。这些进城农民往往以家庭为单位城乡两栖，老人留在村庄从事农业，子辈在县城买了房子，在城市的工商业就业，两代人不是固定在某处，而是在城乡之间往返着"过日子"。[③] 以这些进城农民家庭为纽带，村庄和县城联结为一个一体化的单元。其三，从国家行政体系来看，县具有如下几个方面的特征：1. 县是城市和农村的过渡区域；2. 县是具备完整的经济、政治、文化和社会等行政服务功能的最基层的行政单元；3. 在我国 2000 多年的郡县制历史中，县域的范围大体固定，因此县也是地域文化认同的基本单位。综上，以县为单位推进乡村振兴、加强乡村文化建设的工作是比较合适的。2021 年中央一号文件也突出强调把县域作为重要切入点，加快

---

① 王立胜：《以县为单位整体推进：乡村振兴战略的方法论》，《中国浦东干部学院学报》2020 年第 4 期。

② 习近平：《国家中长期经济社会发展战略若干重大问题》，《求是》2020 年第 21 期。

③ 白美妃：《撑开在城乡之间的家——基础设施、时空经验与县域城乡关系再认识》，2021 年未刊稿。

城乡融合发展，推进乡村振兴。

以县为基本单位推动乡村文化建设，应该怎么做？以下谈一些初步的思路。

其一，转变工作思路。在地方政府的工作中，以前也提倡关注文化，但长久以来占据主流的工作思路其实是“文化搭台，经济唱戏”。而在未来乡村振兴与2035年文化强国的战略目标下，这一工作思路需要转变，文化繁荣不再只是服务于经济发展的手段，而需要变成目的本身。

其二，以县域作为单位来考虑乡村文化建设的总体工作，必须从各个县的实际出发来认识问题和解决问题。各个县需要对自身的地理区位（相对于大都市或城市群的位置）、县域内乡村的旅游与文化资源、公共文化服务体系、乡村人文生态等相关维度的状况做一个综合性的评估，以规划确定乡村文化建设的发展总路线。

其三，处理好人的问题。一方面是中国人口结构转型的趋势下，通过建立城乡融合发展的体制机制，改善教育、医疗、养老服务的环境留住人、吸引人、凝聚人。另一方面是人才的培养，尤其是懂农村、爱农民、乐于投身乡村文化建设事业的本土人才的培养。

其四，充分发挥县级融媒体中心的作用，整合县级广播电视、报刊、新媒体等资源，开展媒体、党建、政务、公共以及增值服务，以社会公共利益为导向，以组织群众为手段，承担起服务基层的责任，完善基层社会协同治理的格局。①

最后，必须指出的是，如果说本书所表达的思想有一定价值的话，那必然是当时跟我一起奋斗的青州市广大干部群众的集体智慧，这些思想在青州的现实体现更是青州的广大干部群众齐心协力落实中央路线方针政策和上级党委政府的指示精神的产物。我首先要感谢的是跟我一起奋斗的青州干部群众。

我还要感谢著名作家、乡村振兴问题研究专家、《塘约道路》《走向乡村振兴》的作者王宏甲先生，我与他相识时间虽短，但是对乡村振兴

① 沙垚:《融合人民：县级媒体融合与基层协同治理》,《新闻与写作》2021年第5期。

问题的关注以及对这个问题的共同认识，成为我们之间密切联系的纽带。他在百忙之中为本书作序，令我十分感动。

本书的末尾还有一篇《跋》，是中共山东省委党校山东乡村振兴研究院刘岳教授作的。他是我在青州推进乡村建设行动时的深度参与者，那段时间他先任青州市委研究室主任，后改任一个重要街道办的党委书记。他不仅对农村问题有深入的理论研究，又是农村建设的实际行动者，他非常了解当时的情况，并且可以从理论和实践的视角观察和思考那段历程。他的《跋》可以帮助大家了解和理解当时的行动和这些文字对当下乡村建设行动的意义。

王立胜

2021 年 11 月 15 日

目　录

产业发展篇

环境整治篇

生态改善篇

公共服务篇

文化传承篇

产业发展篇

产业是发展的根基，产业兴旺，乡亲们收入才能稳定增长。要坚持因地制宜、因村施策，宜种则种、宜养则养、宜林则林，把产业发展落到促进农民增收上来。

第一章

振兴工业

凝心聚力、务实创新，
努力实现工业振兴和招商引资的新突破

全面贯彻落实中共青州市委十届七次全委（扩大）会议精神，总结工作，表彰先进，分析形势，查找问题，部署任务，动员青州市上下迅速行动起来，再接再厉，乘势而上，努力实现工业振兴和招商引资的新突破。

2005年，山东青州市上下按照“工业强市”的指导思想，全党抓经济、重点抓工业、关键抓投入、突出抓招商，精心组织生产，狠抓招商引资、市场开拓、资金投入和技术创新，实现了速度和效益的同步增长。但是成绩只能说明过去，重要的是要看面临的严峻形势和存在的问题。解决问题是推动工作的手段，也是途径。旧的矛盾解决了，新的矛盾就会产生。青州过去的辉煌在工业，今天的差距也在工业。和兄弟县市区比，我们还是有差距的；与青州市人民的期望比，与外人对我们青州的期望比，差距也是很大的。

一是经济结构不合理。经济结构分三个层次。第一个层次是一、二、三产业的结构不合理。青州过去之所以辉煌，工业占的比重是很大的。青州之所以知名度高，就是因为当时益都火柴、卷烟、阀门、水泵这些企业品牌塑造了青州的形象。这些企业不仅宣传了企业本身，大众通过这些企业品牌认识了青州。随着这些企业的倒闭，品牌辉煌不再，失去了优势，外界对青州形象的评价也就降了下来。所以企业的兴衰、品牌的兴衰是和一个地区的形象和精神状态联系在一起的。第二个层次是企业结构不合理。大企业、大项目少，“有群山无高峰”。虽然企业在总量上比较多，但企业规模偏小，产业集中度低、小而全，没有形成产业链

条，尽管工业投入每年都在增加，但对工业起支撑作用的大项目极少，许多企业甚至是骨干企业连续几年没有大的投入。另外，一些重点项目建设进展不快，不能按时投产发挥效益。新兴产业、高新技术企业比重明显偏低等问题也非常突出。企业大小结构不合理，产品结构也不合理。低档次、低附加值产品比重较高，高新技术含量、高附加值产品比重明显偏低；初级产品、配套产品多，终端产品、大型成套装备产品很少。名牌产品不多，"中国名牌产品"刚刚破题，"中国驰名商标"还没有。第三个层次是产业结构趋同。低水平重复建设问题比较突出，资金和技术投入分散，资产负债率高，专业化协作水平低，尚未形成合理的分工协作关系，在生产、市场、研究与开发等方面难以形成规模优势；生产同类产品或零部件的企业过多，产品批量过小，造成低水平竞争、过度竞争，自相残杀。据不完全统计，在限额以上工业企业中，仅专业生产工程机械液压件的企业就有 15 家，而且产品几乎一样，不是互补，而是重复。没有形成一个好的链条。另外，部分企业设备落后和技术水平低下的问题也比较突出。

二是融资渠道不畅。随着银行信贷规模收紧，加上原材料涨价，企业两项资金占用上升较快。2005 年青州市限额以上工业企业两项资金占用达 26.8 亿元，比例很大，比年初增长 38.8%，造成企业自有资金短缺，再加上融资渠道不畅，又因直接融资渠道单一，有规模的企业普遍缺乏资金，运转难度加大，广大中小企业贷款难的问题十分突出，导致企业用于技术改造和扩大生产规模的投入减少，所以很多企业在发展上多年来止步不前。

三是外向度不高。青州市进出口总额为 1.26 亿美元，其中出口总额为 1.08 亿美元，在潍坊市各县市区中分别居第 9 位和第 7 位。而寿光、诸城、高密三市的进出口总额都在 4 亿美元以上，其中出口总额都在 3 亿美元以上，均居前三名。

四是企业改制效果不明显。改制工作虽基本完成，但一些改制企业措施不到位、内部制度不完善、管理不配套的问题日益突出。改制非常重要，我们只是完成了第一步。国有企业改制到现在这种情况只是万里长征走完了第一步。有些企业改制之后原来被掩盖的矛盾逐渐暴露出来。有相当一部分企业，改革与管理衔接不紧，更谈不上建立科学的法人治理结构，经营方式陈旧，管理不规范、运行状态原始。改制时制定的发展规划多数企业没有实现。有的甚至改制后不但没有发展，而且还有萎缩之势。

五是人才缺乏。青州市企业竞争力不强，一个重要原因就是缺乏高素质的管理人才、营销人才和技术人才。非生产性辅助、服务人员和一般管理人员普遍比重过大，一般占企业的30%—40%，但高学历、高级工程技术人员特别是高素质管理人才严重缺乏，一线工人素质不高。在新增的专业技术人员中，高等院校本科毕业生所占的比例较低。多数企业对人才重视程度不够，没有形成尊重人才、引进人才、留住人才的环境，没有形成有利于人才脱颖而出的机制，导致技术人才年龄老化、人才流失问题严重，企业自主创新能力弱。

六是外部环境仍有问题。青州工业根植于计划经济土壤，在很多时候、在不少领域，计划经济观念和传统思维的力量还比较强大，市场经济理念还没有真正树立起来。表现在行政方面，主要是政府及部门的管理、服务和监管执法在某些方面还不到位，行政效率有待提高。

七是对招商引资工作重视程度不够。从表面上看，招商引资有降温的势头。有的单位存在畏难发愁情绪，有的单位等待观望、消极应付，“割耳朵”现象尚有存在，个别的甚至有弄虚作假行为。现象和问题的背后，是思想认识不到位，重视程度不够。

一、努力实现工业振兴和招商引资的新突破

青州全面贯彻落实党的十六大、十六届五中全会及中共青州市委十届七次全委（扩大）会议、青州市经济工作会议精神，坚持走新型工业化道路，突出用好“三大撒手锏”，招商引资扩总量、领导包靠抓骨干、搭建平台促民营、政策配套做保障，努力在青州市营造全党抓工业、企业抓扩张、部门抓服务、项目抓招商的环境和氛围，努力实现工业振兴

和招商引资的新突破。

（一）招商引资扩总量。把招商引资作为重中之重，工业发展，靠自身积累太慢，银行贷款又太难，招商引资借助外力是最直接、最有效的方式。要继续突出招商引资“要务之要务、重点之重点、中心之中心”的地位。具体要做到“三抓”。

一是抓大项目招商。大项目举足轻重、事关全局，振兴工业必须突出抓好大项目。对弘润石化总投资 16 亿元的 500 万吨重油加工装置项目，投资 3 亿元的黄岛至青州生产区 1500 万吨原油输油管线项目，投资 4 亿元的 10000 吨新型包装材料生产线，投资 5 亿元的延迟焦化及加氢精制项目；卷烟厂总投资 2.8 亿元的卷烟生产线改造及信息化建设项目；鲁星钢管投资 5 亿元的 325 毫米口径钢管生产线项目；中联鲁宏水泥一期工程投资 15 亿元的两条日产 6000 吨水泥生产线，及装机容量 18000 千瓦的配套发电装置；山东山工与卡特彼勒合作等现有大项目，要一个项目一套班子，盯牢抓紧，确保尽快投产达效。要抓住日韩制造业大规模向山东转移，南方发达地区资金、产业北移的机遇，抓住山工与卡特彼勒合作的机遇，创造性地开展工作，努力使青州市在大项目建设上实现大的突破。要坚持可持续发展的指导思想，高度重视环保工作，新上项目必须符合国家产业政策，凡不符合国家产业政策和污染严重的项目，经济效益再大再好也坚决不允许上马。对在弥河、北阳河、水源保护地、城市规划区、风景游览区等重点流域、重点区域落户的项目，更要从严把关。

要坚持“规模质量并重、三外工作并举、外资率先突破”的方针，以提高利用外资质量为重点，以转变贸易增长方式为主线，以实施“走出去”战略为契机，努力实现外经贸工作的新突破。力争实际外商直接投资达到 4500 万美元，外贸出口 1.2 亿美元，外派劳务 1100 人次。

二是抓方式创新。招商引资方式要不断创新，不能再搞大呼隆，不能再搞不切实际，不注重实效。外出招商、出国招商都可以，只要是有项目。出国要有一个交代，出去以后要拿项目回来，坚决不能出现变相旅游的问题。注重实效，现在的时代是创新的时代，招商引资更不能按部就班，尤其需要创新方式。要突出蹲点招商。做到知己知彼，有的放矢，努力增强招商引资的针对性和实效性。把青州市的资源优势，搞成项目库，通过一些渠道向外发布。分析清楚国内和国外哪些是我们的招商重点，不能漫无边际。知己，就是立足优势，搞好包装。要树立大招商的观念，深入调查研究，依托青州市资源、工业、农业、城建、服务业等方面的优势，由招商局等部门把优势企业、城建工程和旅游开发等包装成一个个招商项目，形成项目库，通过互联网、报纸、电视、宣传画册等形式，大力向外推介。知彼，就是要有针对性地招商引资，坚决杜绝浪费人力、物力、精力的现象。认真研究当前国内外产业转移的趋势，确定与青州市产业及资源关联度大的国家和地区，真正弄明白哪里的外商能到青州来，哪些地方的产业能和我们的产业链条相连接，明确境外招商对准哪几个国家，国内招商对准哪几个地区，从而有目的地组建专业招商小分队，实行蹲点招商，广泛联络，深挖商机。当前，要在发挥好温州招商办作用的同时，积极在北京、上海、深圳、青岛等地筹建招商办事机构，努力实现蹲点招商的突破。要突出企业招商。企业是招商引资的主体，必须充分发挥作用。企业家要彻底抛弃怕被人控股、“宁做鸡头，不做凤尾”的封闭保守观念。要突出专业招商。各级各部门各单位都要充分发挥各自的职能，一方面，要积极与上级业务部门联系，争取资金，争取项目，争取支持；另一方面，要围绕各自行业特点和优势，分门别类地组成专业招商小分队，有针对性地开展招商活动。要突出节会招商。充分利用潍坊风筝会和鲁台经贸洽谈会、花博会以及外地重要节会，充分发挥青州在外人员多、层次高、联系广的优势，大力推介青州，广交朋友，寻找商机，洽谈项目。

三是抓考核奖惩。这是关键，考核、重奖、重罚，各镇、街道，各部门、各单位要对照市里下达的任务指标，层层细化分解，落实到人，一级抓一级，层层抓落实。市级领导在抓好分管部门招商引资工作的同时，要带头招商引资，市委、市政府每个班子成员年内要引进一个过 2000 万元的项目；市人大、市政协至少要引进两个过 2000 万元的项目；每个镇、街道要确保年内有一个过 2000 万元的项目落户开发区。这次市里要求的项目不大，2000 万元就行，每个镇落园区的项目要实地看，观摩要讲实效，看真效，不要弄虚作假，2006 年招商引资总的原则是实。一个项目可以看三次，一是项目奠基，二是项目进度，三是项目投产。各个乡镇税费改革以后，收税收费的任务没有了，现在就是三条任务，一是招商，二是社会稳定，把农村的事理出头绪来，把稳定搞好，三是先进性教育，任务非常明确。乡镇要考虑在税费改革后政府职能转变的问题。每个部门按照分的任务，一个项目只能有一个部门认定。部门的项目不管落到哪里，年底要一个一个地看，奖要奖得红眼，罚要罚得心疼。考核仍然由招商局负责，必须实事求是，市里将进一步修订完善考核办法，严格考核程序，一个项目只能有一个引荐单位，是谁的就是谁的，绝不能出现一个项目多家引荐单位和“割耳朵”现象。考核由市招商局牵头，采取“查材料，看现场”的方式，对项目进行逐一审核，投资 200 万元以下的项目不再认定；考核结果报市委、市政府审定后每月公布一次。全面推行“两挂钩一追究”责任制，即招商引资工作实绩与单位经费挂钩，与干部使用挂钩，完不成任务追究第一责任人的责任。实行“一票否决制”，凡未完成年度任务指标的单位，予以通报批评，取消单位和领导干部评先树优资格，一年内不提拔干部，由单位正职向市委、市政府写出书面检查，第二年该离职招商就要离职招商，由副职主持工作；年度招商引资额为 0 的，对单位领导班子集体诫勉；连续两年完成任务不足 50% 的，对单位党政正职采取组织措施，降职使用或免职（享受原职级待遇）。是上属单位的，由市委、市政府向上一级主管部门通报考核结果。要严肃工作纪律，杜绝弄虚作假。凡经考核发现或经举报查实虚报招商引资数额的，以虚报数字的双倍予以扣减；对引荐人，经核实发现弄虚作假、骗取奖励的，追回全部奖金，在新闻媒体曝光，并追究当事人和有关责任人的责任。

（二）领导包靠抓骨干。没有骨干企业的支撑和带动，实现工业振兴就是一句空话。作为领导不仅要在宏观上抓好经济，而且要在微观上抓好一点，搞好一个重点骨干企业，努力做到点面结合、以点带面。这几年，青州市一直实行领导包靠骨干企业责任制，在一定程度上促进了企业发展，但流于形式的问题还比较突出。这一方面是因为市里对包靠领导的督查考核不够，另一方面也有包靠领导自身认识不到位的原因，有的甚至认为到企业去是给企业添麻烦。因此，对所包靠的企业一年去不了几趟甚至一趟也不去，即使去了，也只是走马观花。也就是说，没有真包真靠。同时，被包靠企业对实行领导包靠也有认识不足的问题。从2006年开始，必须彻底解决思想认识问题，做到真包真靠真出实效。具体要做到“三个到位”。

一是人员包靠到位。市里经过认真筛选，将青州卷烟厂、弘润石化、山工机械等16家发展潜力大、发展愿望强烈的企业纳入市级领导包靠范围，每个企业都明确包靠的市级领导，并配备一套班子。各包靠领导和班子要拿出精力真包真靠，明确各自的责任要求，会后迅速到所包靠企业进行衔接，认真研究企业2006年的发展思路、技改项目、发展措施及完成时限等，确保包靠实效。要积极帮助企业完善法人治理结构，加快推进体制创新和管理创新；帮助企业围绕传统产业高新化和高新技术产业化，搞好产学研结合，调整产品结构，提高市场竞争力。要根据企业需要，坚持定期与不定期相结合，每月至少两次深入包靠企业现场办公，帮助解决实际困难和问题。凡是企业提出的合理要求都要限期解决，包靠领导解决不了的，要及时汇报市委、市政府研究解决。各镇、街道也要借鉴市里的做法，立足实际，做好重点企业的筛选和包靠工作，并研究包靠政策，努力把企业做大做强，切实解决青州市工业有群山无高峰的问题。各包靠小组成员要加强学习，提高素质，努力提高为企业服务的本领，提高驾驭市场经济的能力。

二是政策落实到位。严格执行工业项目收费减免的有关政策，对重点包靠企业建设项目实行“零收费”，除了水资源费、排污费外，其他费用一律免收；未经包靠领导同意，任何部门、单位和个人，一律不准到企业进行检查评比等活动，否则按破坏经济发展软环境查处；落实报批“直通车”制度，对被包靠企业新上项目，市级包靠领导签字后，市行政审批服务中心确定专人实行“一站式”服务，从简从快办理项目审批、登记、发证等一切手续；帮助企业搞好融资贷款，为企业解决资金问题。

三是考核奖惩到位。除了市督查局定期督查包靠情况外，市委、市政府每季度对包靠工作进展情况进行调度，在青州市范围内予以通报。每半年对企业包靠情况进行现场观摩点评一次，既观摩市级领导包靠的企业，也观摩镇、街道党（工）委书记和镇长（主任）包靠的企业，看企业发展，比包靠成效，使“全党抓经济，重点抓工业”这句话真正落到实处。年终成立专门班子对包靠情况进行考核，下发考核通报，对成绩突出的，进行表彰奖励；对包靠不力、效果不明显的进行通报批评，包靠领导向市委、市政府写书面检查。

这里要说明一点，就是对包靠企业的确定是动态的，一年一考核一确定。被包靠企业要提高认识，强化机遇意识，乘势而上，加快发展，确保企业每年的主要经济指标增幅不低于 30%；同时要积极参加市里组织的会议及各种活动，对达不到上述发展速度和无故不参加市里有关会议、活动的，停止享受优惠政策，明年不再纳入包靠范围；2006 年未被包靠的企业，若有大的投入、大的发展，我们可以随时调整，列入包靠范围。

（三）搭建平台促民营。民营经济不用政府投入，不用政府承担风险，一样提供就业岗位、税收、增加财政收入。加快民营经济发展，关键是抓好平台建设，努力为企业发展创造环境、提供服务。突出抓好 6 个平台建设。

一是融资平台。抓好了资金问题就抓住了工业发展的“牛鼻子”。青州市发展民营经济有好的基础，但资金短缺已严重制约了民营经济的快速发展，突出表现为金融贷存比过低。当前，一方面企业发展急需资金，另一方面银行“怕贷”。为此，我们必须突出抓好中小企业融资担保体系建设，真正为企业搭建好融资平台。已成立的 7 家融资担保公司，要坚持市场化运作、企业化管理、规范运作、逐步发展的原则，加大工作力度，积极扩大担保贷款的放大倍数，原则按 1 ∶5 放贷，力争 1 ∶10，并积极推行基准利率和协商利率贷款。加大考核奖惩，对年度考核前三名的担保公司给予奖励；对协作银行按当年担保公司担保贷款累计金额的 1 ‰给予奖励，激发银行放贷的积极性，为民营经济争取更大的资金支持。要进一步加强对担保公司的指导、服务，完善监督和管理体制。市中小企业局作为主要牵头和指导部门，必须认真抓好担保公司的协调、考核和人员业务培训等各项工作；各担保公司要认真抓好增资扩股、规范运作，充分发挥好作用。另外，对青州市入选全省首批 1092 家成长型中小企业名单的弘润石化、威猛机械、鲁星钢管等 12 家企业，经贸、财政等部门及金融机构要认真落实省里的文件精神，重点支持，优先服务，全力推动企业做大做强。

二是园区平台。进一步加快经济开发区建设，不断加大投入，配套完善基础设施，提高园区的硬件服务功能。严格落实“三零一低”和“一事一议”政策，搞好落户开发区项目的跟踪服务，打造最优的投资环境。要严格落实引荐项目进区责任制，特别是在当前宏观调控较严的情况下，各级各部门各单位要积极将符合进区条件的项目引到开发区内。一方面可以解决土地紧张的问题，改革发展部门要积极协助企业到省里去立项，这样就不用占当地的土地指标了。青州的土地指标是有限的，原则上讲，每年分给青州的 400 亩的土地指标都要用于城市建设，企业要盘活土地，搞好项目立项。另一方面可以推进项目进区，还可以有效避免城区见缝上项目的问题，真正实现项目向园区集中。这里说明一点，各镇、街道情况不一样，但这不应成为完不成招商引资任务的借口，因为可以把项目引到开发区，项目在开发区落户一样观摩点评，一样税收分成，和在自己所在的镇、街道是一样的。部门要加大招商引资力度，按 8 ：2 分成，“8”就是财政的。

三是政策平台。坚持“四个放开，六个一样”，进一步修订完善关于促进民营经济发展的优惠政策，凡是外商能享受的，民营经济也能享受；凡是法律法规没有明确禁止的，都要向民营经济放开，特别是要积极引导民间资本投向基础设施建设。我们还要研究市场建设，旅游业的发展，基础设施的投入，招商引资的政策问题。还要专门出台新的文件，总之就是一句话，通过招商引资把外地的资金要素落到青州，这就是胜利。

四是信用平台。各有关部门要齐心协力，相互协调，共享信用资源，进一步完善信用评价体系建设。要加大对失信行为的处罚力度，促进企业诚信经营、依法纳税、奉献社会。所有企业都要强化诚信意识，在金融机构内、市场中、社会上建立良好信誉，努力靠诚信求生存、求发展。政府要讲诚信，部门要讲诚信，企业也要讲诚信，没有诚信，就不会有一个完善的市场秩序。青州市部分企业的诚信是有问题的，如肥料问题，济宁市、临沂市等地技术人员都向农民宣传不要用潍坊市的肥料，原因就是青州市出了假肥料。对此，技术监督部门要加大力度。

五是人才平台。充分发挥青州市技术工人队伍庞大的优势，加大培训力度，提高劳动技能；进一步整合职教资源，规划建设职教中心，提高办学条件和办学质量，争取办成职业学院，切实解决青州市职教资源小、散和效益低的问题，为企业发展培养素质和技术过硬的技工人才；组织人事和劳动部门要研究好措施，搞好经营管理人才和技术人才的引进、培养和利用，做到人尽其才、才尽其用。

六是技术平台。加快建立以企业为主体的技术创新体系，实施企业创新示范工程，提高企业研发能力，加大技改投入。积极与大专院校和科研部门开展合作，做好新技术、新产品的引进、转化和利用。大力发展品牌工业，积极争创山东省和国家名牌产品优势，严厉查处假、冒、伪、劣现象，打造品牌优势。市里将按照有关政策和规定，对技术创新成效突出的企业、人员和获得省以上“名牌产品”“驰名商标”的企业给予重奖。

（四）政策配套作保障。围绕促进企业发展、实现工业振兴，市里研究出台了 10 多个文件，特别是关于对重点骨干企业实行动态管理和服务、对重点培育企业实行领导干部包靠责任制、工业项目收费减免、对金融机构增加信贷投放的考核奖励等几个文件，大家要学深学透、用足用活。动态管理就是要突出“动”字，对纳入动态管理和服务的企业实行“一年一考核一确定”。动态管理和服务企业的确定，既要看销售收入、上缴税金、技改投入的完成情况，又要看主要指标的增幅。2006 年市委、市政府研究决定，将 2005 年实缴税金过 200 万元的企业确定为重点骨干企业，按实缴税金数额分特别贡献企业、特一类企业、特二类企业、一类企业、二类企业、三类企业 6 个等级，实行动态管理和服务，在新上项目用地、税费减免、资金保障、人才引进等方面享受优惠政策，企业家在政治活动、人身保险、考察学习等方面享受有关待遇，并重奖发展快、贡献大的企业家。对山东海化盛兴热电有限公司热电扩建改造、建富齿轮扩建等 20 个投资过 5000 万元的重点项目，进行重点调度和培育。对益能热电、华阳钢铁、发达饲料等 6 家困难亏损企业进行重点帮扶，由市级领导带领有关部门组成包靠领导小组，帮助企业找准影响发展的症结，厘清发展思路，明确发展目标，制定相应措施，协调解决生产经营中遇到的困难和问题，真正帮企业走出困境。对在市经济开发区内投资建设的工业项目和市级领导包靠的重点企业建设项目，实行收费减免政策，收费项目由行政服务中心统一扎口收费，未列的收费项目一律不得收取。企业和项目必须加大投入、加快进度，若达不到要求，则不再享受相应的减免政策，甚至加倍收费，直至收回土地。按照“确定基数、比例考核、分类实施、适当奖励”的办法，加大对金融机构考核，充分调动各金融机构增加信贷投放、扩大信用规模、支持经济发展的积极性。部门的服务一定要优质，要搞好环境，但是企业必须遵纪守法，各人办好各人的事。

二、企业要抓住机遇、乘势而上

企业是市场经济的主体，是工业发展的主体，是招商引资的主体。市场经济条件下，企业间的竞争越来越激烈，企业家必须增强加快发展的紧迫感和责任感，抓住机遇，乘势而上，努力把企业做大做强。以下是我对企业和企业家提的几点希望和要求，主要是强化几种意识。

一是强化机遇意识。市场经济的一个显著特点，就是所有的生产要素都在流动着，只要流动就有机遇。意识不到这一点，企业就很难有所发展、有大发展，因为企业做大做强的过程，就是盘活、利用这些要素和资源的过程。只有具有强烈机遇意识的企业家，才能发现机遇、把握机遇、加快发展。市委、市政府对振兴工业已经下了最大的决心，将工业振兴列为青州市四大工作重点之首，并且出台了若干加快工业发展的政策规定，对企业的扶持力度是前所未有的，对环境治理的决心也是前所未有的，这也是一个重大机遇，就看企业家们怎样把握和利用。

二是强化问题意识。发现问题是有能力的表现，正视问题是有勇气的表现，解决问题是有水平的表现。不论什么时候，也不论什么企业，问题都客观存在、永远存在。只有不断发现问题、正视问题、解决问题，企业才会永远充满生机与活力。

三是强化创新意识。创新是企业发展之魂。企业家要强化创新意识，理念要创新、思路要创新、机制要创新、管理要创新，就是办一件具体的事情也要创新，否则就很难在激烈的市场竞争中占据主动。创新的举动来源于不断学习，因为不学习就很难跟上时代和形势的发展，就谈不上创新。企业家一定要树立终身学习的观念，做到自觉学习、善于学习、乐于学习，通过学习不断否定自我、超越自我、追求卓越，提高创新的本领。

四是强化人才意识。人才是企业发展的第一资源。企业间的竞争，归根结底是人才的竞争。最好的企业家不一定拥有最好的员工，但他能将每个员工的潜能充分发挥出来。要树立“大人才”观念，树立改革改制无止境的观念，通过改革改制激发和调动每一位员工的积极性，在此基础上形成有利于人才脱颖而出的机制。要坚持事业留人、感情留人、待遇留人，千方百计引进高层次、高素质人才，这是企业发展的关键。人才关键是要有适合他的岗位，这是第一追求。企业家要有创新意识，要能够管理，关键是管理，让大家都发挥积极性。要有识才之眼、爱才之心、容才之量、用才之胆，真正盘活人才、用好人才，发挥人才的作用。

五是强化责任意识。从本质上说，人就是责任的载体，作为企业家，比普通人占有更多的公共资源，理应比普通人有更强的社会责任感。一个成功的企业家必定是一个有很强社会责任感的人。一个成熟的企业必定是一个有较强社会责任感的企业。一个没有社会责任感的企业是长不大、做不强的。较强的社会责任感，是一个企业做大做强的动力之源。聪明的企业家会随着财富的增加注意与其他利益群体的良性沟通和互动，从行业发展、生态环境、公众利益和社会进步的角度出发，把个人富裕和全体员工的共同富裕结合起来，让企业的命运与社会的发展结合起来，从而为企业赢得更广阔的发展空间。小商求利，大商谋道；小胜在智，大胜在德。企业家必须承担更高的道德层面的社会责任，对于社会、自然环境、消费者、股东、员工等有一种整体的考虑和持续的责任感。市里出台优惠政策，各部门、各单位为企业提供优质服务，企业应珍惜机遇，乘势而上，在做大做强企业的同时，更多地回报社会，这是一个问题的两个方面。诚信是市场经济的灵魂，也是一个企业做大做强、永葆生命力的根本。企业依法经营、照章纳税，是主动承担社会责任的体现，是企业作为“社会公民”应尽的最基本的社会责任。各企业一定要树立靠诚信求发展的理念，自觉做到依法经营、诚信纳税，不断增强社会责任感。此外，企业支持政府的社会公益活动、福利事业、慈善事业以及服务社会也是其承担社会责任的表现。要善待职工，依法保障职工合法权益，按时发放工资，按规定为职工缴纳养老、医疗保险，解除职工的后顾之忧，使职工与企业荣辱与共、同舟共济，打造团队精神，推动企业发展。

三、要转变作风、狠抓落实

关于工业振兴和招商引资，市委、市政府的思路和措施已经非常明确，问题的重中之重是转变作风、狠抓落实。各级领导干部、各部门各单位都要重视工业、关心工业、支持工业、大干工业，真正形成“全党抓经济、重点抓工业、关键抓投入、突出抓招商”的环境和氛围。

一是要树立解放思想永无止境的观念。思想决定行动。没有思想的解放、观念的更新，工作就只能按部就班，很难打开局面。我们与先进地区的差距，归根结底差在思想解放上。实践没有止境，创新没有止境，思想解放也没有止境。各级领导同志都要树立解放思想无止境的观念，始终做到用先进的思想去武装头脑、指导行动，用创新的精神去研究工作、抓好落实。解放思想是一个领导干部精神状态的深层次体现。一个思想解放的人，必定是一个奋发有为、昂扬向上的人。各级领导干部要大力发扬“亮剑”精神，大胆地想、大胆地试、大胆地闯，在困难面前不低头，在挫折面前不气馁，敢于否定自我，勇于超越自我，创造性地开展工作，打开局面。

二是要营造一种促进青州经济社会发展的浓厚氛围。营造这个氛围要在三个层面上下功夫。第一个层面是政府，包括政府部门，也就是青州市广大干部职工都要认真思考三个问题：如何对待外商的问题，如何对待企业家的问题和如何对待纳税人的问题。三个“如何对待”转变成三个尊重和三个服务。尊重和服务于外商、尊重和服务于企业家、尊重和服务纳税人。每个部门、每个工作人员都认真思考“三个尊重”的问题，以一种宽广的胸怀，体现出青州人的大度。外商失败就是我们的失败，外商成功就是我们的成功，要千方百计为外商解决问题。第二个层面是企业家，企业家要做好“三个自觉”。一是自觉地善待自己的职工。企业管理是企业家的事，必须立足于调动职工的积极性和创造性，把职工的利益和自己的利益结合起来考虑，和职工形成利益共同体。要坚持公平竞争、公平参与，不要用非法的手段办事。二是自觉维护市场秩序，遵纪守法。企业家要自觉遵守环保规定、安全生产规定、消防规定，不能出事。三是自觉承担社会责任。第三个层面是每个青州公民。要让每个青州公民都意识到自身对于青州发展的责任，自觉为青州发展作贡献。一个地方经济发展出现问题，有很多原因。从社会运行的角度来看，真正弥散在日常文化生活中的因素看似很小、很琐碎，实际上是一股活生生的、强大的文化力量，是一张无形的、无所不在的网，在人们生活的每个细节里发生作用，制约着每个人每时每刻的生活，它对社会的作用甚至比那些貌似强大、轰轰烈烈的势力要深入、有效得多，它对一个社会的作用经常是决定性的。根据这些年调查的经验，越是外人看不出、说不清、感觉不到、很难测量和调控的文化因素，越有可能是深藏不露的决定力量。这些往往是我们揭开当地社会经济发展秘密的钥匙。每一个青州人，都要自觉做到“三个争当”：一是争当崇尚能力本位的创业人，每个人都要创业，都要有创业精神；二是争当维系和遵守公共秩序的文明人；三是争当诚实守信的道德人。

三是要下决心整治经济软环境。市委、市政府对整治经济软环境已经下了最大的决心。各级各部门各单位特别是各级领导干部，都要牢固树立“青州市一盘棋”的思想，不断强化“不抓经济环境就是失职，抓不好经济环境就是不称职”的观念，达成“谁破坏青州的经济环境，谁就是对青州市 90 万人民犯罪”的共识，决不允许以个人利益牺牲集体利益、以部门利益牺牲全局利益的现象发生，更不允许各自为政、各行其是、有令不行、有禁不止，自觉做到以实际行动维护市委、市政府的权威，维护工业振兴和招商引资的大局。要把行政审批服务中心建设成为“青州市人民办事中心”，凡是职能部门的审批事项一律纳入，做到青州市内凡是群众、外商、企业需要解决的问题都能在这里得到彻底地解决。市机关效能监察中心要充分发挥作用，重拳治“三乱”，为企业发展创造宽松的环境。认真开展好人大代表、政协委员、“百家企业”评议经济管理和服务部门活动，督促部门和工作人员转变作风、搞好服务。坚决查处公职人员参与企业不法行为的问题，凡是为企业做假账，帮助企业偷税、逃税的，必须立即撤出。否则，一经发现，严惩不贷，并追究单位主要负责人的责任。

四是要努力提高抓落实的水平。天下大事，必作于细；天下难事，必作于易。把一件平凡的事做好就是不平凡，把一件简单的事做好就是不简单。在思路、目标、措施已经明确的情况下，最重要的就是做细做实。市里将进一步完善“决策目标、执行责任、考核监督”三大体系建设，成立督查局，依靠制度和机制推动责任落实、工作落实、目标落实，大力营造凝心聚力促发展、务实创新争一流的浓厚氛围。同时，注重在工作和实践中考验和识别干部，提拔重用那些想干事、能干事、干成事的人，树立正确的用人导向。

五是要确保实现首季开门红。第一季度已过去一个多月，要实现首季开门红，时间紧，任务重。分管领导、包靠领导和经贸局要加强调度，强化措施，搞好协调。各企业要围绕原料供应、生产加工、市场开拓等各个环节，多干快干，确保实现工业首季开门红。要进一步落实安全生产责任制，突出抓好矿山、化工、烟花爆竹等重点行业和车站、网吧等的安全工作，确保人民群众的生命财产安全。

再接再厉、乘势而上，努力实现工业振兴和招商引资的新突破

2007年春节刚过，市委、市政府就召开这次高规格、大规模的会议，主要是总结工作，表彰先进，分析形势，部署任务，动员青州市上下迅速行动起来，再接再厉，乘势而上，努力实现工业振兴和招商引资的新突破。

一、认清形势，坚定信心，迅速掀起新一轮加快发展的高潮

2006年，青州市严格执行国家宏观调控政策，突出工业振兴、城市建设与管理转型、服务业提升和社会主义新农村建设“四大工作重点”，狠抓招商引资、市场运作、环境优化、改革创新、作风转变、诚信建设“六项措施”，青州市经济社会又好又快发展。尤其是不断强化工业经济主导地位，按照“招商引资扩总量、领导包靠抓骨干、搭建平台促民营、政策配套作保障”的总体要求，坚持“全党抓经济、重点抓工业、突出抓招商”不动摇，工业经济速度和效益同步增长。

成绩有目共睹，令人振奋；问题客观存在，不容忽视。

一是总量不足。工业企业规模小，企业发展缓慢，尤其是重点骨干企业少，支撑带动作用小。其中，销售收入过10亿元的企业青州市只有弘润石化、烟厂和山工机械3家，而寿光有7家，诸城有8家，高密有4家；实缴税金过亿元的企业青州市只有弘润石化、烟厂2家，而寿光有4家、诸城有3家。

二是结构性矛盾依然突出。低档次、低附加值产品比重较高，高新技术含量、高附加值产品比重明显偏低。产业集中度低、小而全、专业

化分工协作差，重复建设、无序竞争问题突出。

三是招商引资水平和质量有待于进一步提升。新上项目多属传统产业，“大、高、外”项目少。企业招商成效偏低，2006 年实行动态管理和服务的企业，除弘润石化、卷烟厂、无缝钢管、北联集团等少数企业有引进外地资金实绩外，其他企业招商成效不明显。

四是企业家素质有待提高。有的企业负责同志眼界不够高，缺乏想大事情、干大事业、闯大市场的雄心与气魄。有的理念不新，管理方式陈旧。有的社会责任感和诚信经营、依法纳税意识不强。

五是环境有待于进一步优化。行政管理、服务和监管执法在某些方面还不够到位，效率有待提高；社会治安稳定和市场秩序还存在一些薄弱环节；市民的发展意识、公共意识、诚信意识等需进一步提高。

2007 年是青州市推动经济社会又好又快发展的重要一年，是重进百强的关键一年。要完成既定目标，就必须坚定不移地走工业强市的路子，坚定不移地以招商引资工作统领全局。工业振兴是“四大工作重点”之首，工业是带动全局的主导产业，必须突出工业发展在整个经济发展中的首要位置，坚持用工业的发展带动其他产业的发展和社会事业的发展，用工业化进程加快城市化进程，用工业的振兴增加财政收入、扩大经济总量、实现青州振兴；招商引资是“六大措施”之首，是贯穿于经济发展的主线，是借助外力加快发展的助推器。我们的企业扩张、城市建设、社会事业发展都离不开招商引资。必须把招商引资作为解决资金制约、引进先进技术、扩大对外开放的首要措施，作为优化资源配置、扩大投资规模、培植发展优势、解决发展难题的重要手段。只要我们充分发挥比较优势，用心把握国家宏观调控带来的机遇，始终保持狠抓工业振兴和招商引资的力度不减，始终保持青州市上下加快发展的热情不减，奋发有为，扎实苦干，就一定能够实现工业经济和招商引资的新突破，实现青州经济又好又快发展。

二、增加总量，优化结构，全力推进工业振兴

要实现青州市工业振兴，进一步优化工业结构，切实转变增长方式，壮大工业经济实力。具体讲，就是突出抓好“两增加、两提升、两平台、两工程、三产业”。

（一）推进“两个增加”。即努力增加工业投入和工业企业经济总量。坚持招商引资扩总量、领导包靠抓骨干、搭建平台促民营、配套政策作保障的工作思路，做大工业规模，增加经济总量。坚持全民动员，社会参与，进一步加大招商引资力度，借助外力发展工业经济；充分发挥青州市民营经济较发达的基础优势，搭建好园区、融资、人才等发展平台，进一步挖掘民间资本，发展壮大民营经济；落实优惠政策，加大包靠力度，盘活企业资源，做强做大现有企业。要坚持把有效投入作为加快工业发展的关键环节，加大政府扶持力度，激活各种资本资金，不断增加生产性、技改性投入，靠投入膨胀企业规模、优化经济结构、提高工业效益。确保全年完成工业投入 85 亿元，其中技术改造投入 65 亿元。力争年内新增规模以上工业企业 50 家，达到 550 家，规模以上工业主营业务收入增长 30% 以上，增加值增长 25% 以上。保持有 10 家以上企业进入潍坊市百强民营企业，再有 1 —2 家进入省百强。

（二）加快“两项提升”。即规模效益提升和产业结构提升。一方面，充分发挥已成立的企业联合会、企业家协会、工商联合会等行业组织的作用，强化行业自律，加强业内协作，努力整合青州市散、小、乱的工业资源。同时引导企业学习山工机械、潍坊亚星集团等企业的成功管理经验，不断提升青州市工业经济的规模效益，提高整体水平。另一方面，突出高新技术和外向型企业，提升工业产业结构。6 个高新技术专业发展领导小组要充分发挥作用，努力在生物工程、新能源、新材料、信息技术、精密机械制造、农产品精深加工等领域实现新突破，每个小组年内至少引进 1 个高新技术项目，或者培育 1 家高新技术企业。要强化技术创新，设立企业技术创新专项资金，对创立国家级、省级和潍坊市级技术开发中心的企业予以重奖，引导企业加大技改投入，不断提高

自主创新能力和企业的科技水平。力争 2007 年高新技术产值占规模以上工业企业产值的比重达到 30% 以上。要认真落实市委、市政府《关于进一步加强外经贸工作的决定》，严格执行外资引进、外贸出口激励、外派劳务监管和外经贸工作考核奖励等机制，该补助的补助，该重奖的重奖，该惩罚的惩罚，该打击的坚决打击。同时，组建青州市国际商务中心，建设外商俱乐部，搭建高层次的综合国际商务平台。力争 2007 年完成外商直接投资 4000 万美元，外贸出口 1.5 亿美元，同比分别增长 30% 和 50%。

（三）打造“两个平台”。即将经济开发区和邵庄工业园打造成推进青州市工业振兴的两个重要平台。经济开发区，要突出基础设施、配套服务和进区项目三个方面，努力提升档次和水平。要结合胶济铁路高速客运专线“青州北站”和青州路的建设，加快开发区路网、供气、绿化等基础设施建设，进一步完善开发区功能。要按照产业区、科研区、住宅区、服务区、物流区相配套的要求，积极推进高新技术创业中心和哈韦斯特物流中心建设，规划建设占地 1500 亩的住宅小区，加快餐饮服务、高档酒店、金融机构、行政办公、物流园区等配套建设，进一步完善配套服务功能。突出外向型和高科技，严格执行国家产业政策和环保要求，提高项目进区门槛，建立项目质量评价体系，努力提升进区项目档次。邵庄工业园，要坚持“依法整治矿坑，整合废山资源，搭起建设平台，发展工业经济，再造生态环境，造福子孙后代”的原则，进一步加大废弃矿坑和荒山资源整理力度，力争 4 月底前形成 2000 亩工业建设用地，年内形成 3000 亩建设用地。要抓紧制定园区总体规划，搞好地面整平和路、水、电、气、通信等配套设施建设，确保一有项目就能落下。同时，要研究制定配套政策和管理体制，搞好资金运作，确保园区健康快速发展。2007 年每个镇、街道都要在这两个园区内新引进过 2000 万项目 2 个以上。

（四）实施“两项工程”。即节能降耗和环境保护两项工程，确保今年万元 GDP 能耗和取水量分别降低 4.7% 以上和 5% 以上，二氧化硫和化学需氧量排放量分别减少 3.8% 和 7.8%。各级各部门各单位，特别是广大企业，要切实增强节能降耗的责任感和压力感，将节能降耗指标分解到车间、班组、个人，加强节能管理。对28户重点耗能企业主要负责人，要实行节能工作问责制。强制执行国家《产业结构调整指导目录》，加快淘汰列入目录的落后工艺技术、装备和产品。大力发展循环经济，抓好博奥炭黑、华阳钢铁、云门酒业、弘润石化、海化盛兴、尚家发电等6家企业发展循环经济试点工作，提高资源利用率。对没有完成节能降耗指标的单位和企业，实行一票否决制。加大环境保护力度，严格落实环境影响评价和“三同时”等制度，坚决取缔国家明令禁止的“十五土（小）”项目，加强对弥河、北阳河、水源地保护区、城市规划区、风景名胜区“两河三区”内重点污染企业的监管，强化环境监测，加大治污力度，严查环境违法案件，力争创建成为“国家环保模范城市”。

（五）做大做强“三大主导产业”。做大做强机械加工、石油化工和冶炼建材三大主导产业，是我们实现工业振兴的现实选择。机械加工业，要全力促进山工卡特彼勒做大做强，力争2007年装载机销量突破1万台，销售收入18亿元。积极推进润光科技与瑞典翰德公司的合作，对建富齿轮、科威机械、山起重工等重点机械加工企业加大扶持力度。要加快开发区机械加工区建设，积极引进技术含量较高的机械加工项目，开工建设韩中机械项目，形成机械加工集群。石油化工业，要进一步加强与中石油、齐鲁石化、胜利油田等大企业集团的合作，加快弘润石化三期建设步伐，力争弘润石化年内完成销售收入100亿元，利税6亿元。积极推进金泉化工、振华化工、金城宏业沥青、金盛隆重油加工等项目建设，搞好大型石油化工项目的引进，将弘润石化与开发区石油化工区连成一片，形成相对集中的石油化工区。同时，拉长石油化工产业链条，开发生产新的石油化工产品，提高精深加工程度和产品附加值。冶炼建材业，加强与中国联合水泥集团的合作，抓紧开工建设中联鲁宏水泥第二条生产线，规划建设新型建材研发基地，力争中联鲁宏水泥年内销售收入3亿元以上。同时，加快推进高标号环保水泥、新型建材、泰和矿业、文登铁矿、天泰德隆铸造等一批过亿元项目建设，力争早日投产达效，努力打造国内较大的冶炼建材基地。

三、突出重点，创新方式，努力提高招商引资质量和水平

发展关键靠投入，投入关键靠招商。我们要坚定不移地把招商引资作为“要务之要务，中心之中心、重点之重点”，借助外力加快发展。

（一）突出招商重点。2007 年，要把重点放在高新技术、服务业、环保节能、先进制造业等产业和城建项目上，努力以招商引资加快经济结构优化、经济增长方式转变和社会事业发展步伐，力争年内实现招商引资总额 35 亿元。要围绕在建的大、高、外工业项目及城建、物流、文化旅游等项目，全力搞好跟踪服务，加快项目建设步伐。同时，要紧紧围绕 2007 年确定的“四大工作重点”“六大产业”和“两城三片六大基地”，积极开展招商引资活动，着力引进国内外知名的开发商和设计商，推进青州市经济社会又好又快发展。

（二）创新招商方式方法。要坚持内商外商一起招，内资外资一起引，深入开展多层次、宽领域的招商引资活动。要突出企业招商。各企业要切实增强发展的紧迫感和责任感，充分发挥招商引资的主体作用，主动融入资本循环的大潮中，吸纳外来投资壮大自身实力。要积极开展中介招商。组建专业招商队伍，培养一批“招商能手”，积极与投资公司和招商代理公司对接，把真正有投资意愿的大企业、大公司请进来。要抓好节会招商。充分利用潍坊风筝会、鲁台经贸洽谈会、花博会、同乡联谊会以及外地重要节会，大力推介青州，洽谈项目。要针对项目规模实际，灵活运用资产并购、股权并购、BOT（建设—经营—转让）等多种引资方式，降低引资成本，提高引资成效。

（三）提高招商的质量水平。一要在项目策划上狠下功夫。要进一步强化项目意识，加强项目的调研、提报、筛选和包装，策划一批有吸引力的“大、高、外”招商项目。二要在打造服务平台上狠下功夫。参照国内外先进经验，引进一批金融、证券、担保、财务代理、信息服务等中介机构；探索筹建投资企业联合会，形成完善的外来投资企业商务服务平台。三要在创新考核激励机制上狠下功夫。按照“淡化总量考核，注重质量考核”的原则，加快建立更有力的招商引资考核激励机制和招

商项目经费补助机制。加大考核力度，将招商引资考核结果纳入年终综合评价体系，实行重奖，充分调动方方面面的招商引资积极性。

四、凝心聚力，全民动员，营造加快发展的浓厚氛围

众志成城，无坚不摧。青州市上下、各级各部门都要把推进工业振兴与招商引资，实现青州又好又快发展作为义不容辞的责任，同心同德，凝心聚力，真正形成加快发展的强大合力。

（一）企业要成为工业振兴和招商引资的主体。企业是市场经济的主体，也必然是工业振兴和招商引资的主体。青州企业很多，盘活企业存量，激发现有企业发展活力，是我们工业振兴的潜力所在。在这次会议上，市委、市政府出台了一系列扶持企业发展的政策措施，希望各位企业家要解放思想，抓住机遇，认真把握，坚决破除小富即安、安于现状的观念，在做大做强企业中实现自身价值。特别是列入动态管理和服务的企业要先行一步，作出表率。要积极引进国内外先进技术，下大力气搞好技术改造和设备更新，加快建立以企业为主体的技术创新体系，努力开发具有自主知识产权的核心技术。要积极引进优秀技术人才和管理人才，健全完善经营制度和管理制度，把科学管理转化成为经济效益。要积极服务和主动融入产业集群发展。坚决摒弃“只有企业没有产业”的错误思想，围绕市委、市政府做大做强“六大产业”的目标，找准市场定位、产品定位、产业链定位，积极融入产业发展。要主动参与招商引资。高水平包装策划，敢闯敢干，踊跃参与市场竞争，唱好招商引资的主角戏。特别要抓住国内外产业转移的机遇，与国内外大公司合资合作，寻求资本合作和市场开拓的商机。

（二）广大群众要积极参与加快发展。青州的发展与每一个青州人息息相关，每一个市民都是青州发展的受益者。要主动参与发展、全力支持发展，为发展尽心尽力、献计献策。一是要牢固树立环境意识。每一位市民都要把服务企业、服务客商、服务经济作为最高宗旨，自觉维护和遵守公共秩序，诚实守信，体现青州人应有的精神风貌和道德情操，

以良好的素质展示青州形象、维护青州形象、吸引外商投资。二是要牢固树立创业意识。倡导自强不息、艰苦创业，靠奋斗改变命运，在干事创业中体现人生价值，靠扎扎实实的本职工作推动青州发展。三是要牢固树立大局意识。讲奉献、讲风格，顾全大局，自觉拥护市委、市政府的各项工作部署，全力配合青州市的重点项目建设，做推动青州改革建设的坚定支持者。

（三）要全力优化经济发展环境。软环境建设是经济发展的生命线，必须持之以恒，常抓不懈，把青州建设成为最适宜居住、创业的地方。一是打造一流的政务环境。增强服务意识，自觉做到尊重和服务于外商、尊重和服务于企业家、尊重和服务于纳税人。着力提高服务效能，继续深化行政审批制度改革，突出抓好人民办事中心建设，进一步简化办事程序，提高办事效率。全面推行“阳光政务”，把对政府工作的知情权、监督权真正交给人民群众。二是营造一流的法制环境。从严规范行政执法行为，加大对越权执法、以权谋私和乱收费、乱罚款、乱摊派等问题的查处力度。深入开展以“打黑除恶”为重点的“严打”专项斗争，依法严厉打击制售假冒伪劣产品等经济犯罪，维护良好的治安环境和市场经济秩序。三是打造一流的诚信环境。诚实守信是市场经济的本质要求。企业要诚信经营，照章纳税，奉献社会，树立良好的公众形象。每一名市民都要诚实守信，把诚实守信作为为人处世的基本准则，讲诚信话、办诚信事、做诚信人。

强化招商引资，加快工业振兴，促进经济又好又快发展

2009年初这次会议，主要是总结工作、表彰先进，动员青州市上下强化招商引资，加快工业振兴，奋力推进经济社会又好又快发展。

2008年，青州市突出工业振兴、城市建设与管理转型、服务业提升和新农村建设“四大重点”，不断强化工业经济的主体地位，积极实施“221”工程，认真做好产业提升、企业膨胀、大项目建设三篇文章，积极应对困难和挑战，精心组织工业运行，工业振兴和招商引资呈现出良好发展态势。2008年我们遇到了国际金融危机和国家宏观调控，经济运行受到了一定的影响，但总体还算不错。

工业振兴和招商引资的强力带动，促进了青州市经济社会又好又快发展。实现地区生产总值260亿元，增长18%。地方财政收入11.78亿元，增长21.2%。城镇居民人均可支配收入12818元，增长16.5%；农民人均纯收入7023元，增长15%。家庭用车以每年1万多辆的速度增长，现已达到5万多辆；移动电话由2006年的不到30万户发展到50多万户，平均每户有两部移动电话；计算机宽带用户由2006年的不到2万户发展到5万多户；全年新增住房面积112万平方米。2008年新增住房面积112万平方米，这是一个很大的进步。城镇居民人均住房面积达到31.5平方米。在全省122个县市区综合排名中列第25位，在山东省30强中前进12个位次，提前一年实现了重进百强的目标。被评为“全国双拥模范城”“全国粮食生产先进县”“国家绿色农业示范区”“中国十佳休闲宜居生态城市”“山东省文明城市”“山东省对外开放先进市”“山东省亲情教育示范市”。青州市呈现出经济快速发展、社会和谐稳定、人民

安居乐业的良好局面。在国际金融危机影响持续加深、国内经济发展明显趋缓的严峻形势下，成绩确实来之不易。

这两年是青州市经济社会发展的“爆发”阶段。但必须明确青州市“爆发”的点在工业振兴和招商引资。青州市过去的辉煌在工业，青州市明天的希望仍然在于工业良好发展。发展就要讲投入，大发展必须大投入，而解决投入问题，最有效、最直接的途径就是招商引资。因此，必须更加强化工业振兴和招商引资的重要作用。我们要以“七博会”筹办为强大动力，把工业振兴和招商引资摆到更加突出的位置，千方百计加大科学投入，继续实施“221”工程，进一步强化“招商引资扩总量、领导包靠抓骨干、搭建平台促民营、政策配套作保障”，努力以工业振兴和招商引资的新突破，推动青州市经济社会又好又快发展。

一、突出工作重点，确保又好又快发展

要突出高新技术、领导包靠、政策扶持、平台建设、企业管理 5 个方面，大力营造全党抓经济、重点抓工业、关键抓投入、突出抓招商的环境和氛围。

（一）狠抓高新技术，转变发展方式。没有高新技术的引领和支撑，企业难以形成核心竞争力，工业振兴的目标就难以实现。提高技术装备水平。增值税转型、原材料价格降低、国外市场低迷、货币政策宽松、人民币升值等有利条件，为工业企业设备更新提供了千载难逢的机遇。作为一个企业家，要有前瞻性。现在是设备更新的最佳时期，若意识不到，大好机遇就会白白错过。要突出抓好机械制造业的技术改造，重点抓好卷烟厂“十一五”技改、弘润石化 DCC 工程等过亿元项目，跟踪抓好 2008 年向上级申报的技术改造、节能减排等 34 个项目，提高企业技术装备水平。提高自主创新能力。发挥政府的主导作用，完善知识产权服务体系，加大对共性技术的投入和供给，加快公共研发平台建设；制定完善激励措施，对技术创新卓有成效的企业给予重奖特奖，引导企业加大研发投入。发挥企业自主创新的主体作用，搞好技术中心建设，力

争2家以上企业成为潍坊市级以上技术中心；加强产学研联合，提高产品研发对市场变化的反应能力，开发一批适销对路的新产品。积极申报省市技术创新项目计划，力争10个以上项目列入潍坊市级以上技术创新项目计划。提高节能降耗成效。严格落实节能减排工作责任制，达不到指标要求的，不仅取消评先树优资格，还要摘主要责任人的“乌纱帽”。建立能耗增量控制制度，强化对重点企业、重点领域的监控；严格控制“两高”项目，搞好用能评估和审核，把好项目准入关；发挥好节能专项资金的导向作用，综合利用财政、税收、金融、价格、行政等手段，支持节能减排项目的实施和节能产品、工艺、技术的推广，确保万元GDP能耗降低5%以上，规模以上工业万元增加值能耗降低6%以上。

（二）狠抓领导包靠，继续做强做大骨干企业。工业振兴，离不开骨干企业和重点项目的支撑和带动。三年来，我们一直实行领导包靠骨干企业和重点项目责任制，根本目的就是为骨干企业做大做强、重点项目顺利推进创造最优环境。但从包靠情况看，流于形式的问题依然存在，必须下决心解决这个问题。继续实施“221”工程，对青州卷烟厂等20家重点企业、卷烟厂“十一五”技改工程等20个重点项目和弘润石化汽油降烯烃研究等10个技术创新项目实行领导包靠。重点抓好“三个到位”。

一是人员包靠到位。包靠领导和各有关部门要根据企业需要，定期不定期到企业现场办公，帮助企业把握政策，理顺发展思路，帮助解决生产经营、项目建设等方面遇到的困难和问题；凡是企业的合理要求都要限期解决，包靠领导解决不了的，要及时汇报市委、市政府研究解决。

二是政策落实到位。2009年有89家重点骨干企业纳入动态管理和服务范围，凡是管理和服务的各项政策和要求，一定要不折不扣地落到实处。对包靠企业建设项目继续实行“零收费”和报批“直通车”制度，经包靠领导同意，由青州市人民办事中心专人协助办理审批建设手续。未经包靠领导同意，任何单位和个人不准到企业进行检查评比等活动。否则，一经举报查实，以破坏经济发展软环境查处。

三是考核奖惩到位。既要考核包靠领导，又要考核被包靠企业。除了市督查局定期督查包靠情况外，主管部门对重点企业包靠、重点项目培育等工作要抓好调度，定期向市委、市政府汇报，每季度将包靠情况在媒体通报。将实施市级领导包靠责任制的企业纳入青州市观摩点评范围，每半年组织一次观摩点评，年底进行综合考评。包靠企业的确定是动态的，对表现差、无作为的可以随时停止享受优惠政策，明年不再列入包靠范围；对 2009 年没有列入但表现好、有作为的，明年优先列入包靠范围。

（三）狠抓政策扶持，创造最佳环境。面对严峻的经济形势，企业生存是首要的问题，只有咬紧牙关、迎难而上，才能峰回路转，柳暗花明。企业要“抱团取暖”，采取非常之策，密切协作、同舟共济；部门要“雪中送炭”，积极帮助企业解风险、渡难关。政府出台了一系列政策，并围绕税费减免、技术创新、争创品牌、节能降耗等方面制定了具体措施，这些都要落实好，绝不允许部门在执行政策、为企业服务上打折扣。加强调研协调。对领导包靠企业、骨干企业和困难亏损企业，要随时调查研究、协调调度，制订相应预案；对资金、劳动力等生产要素，以及钢材、煤炭、原油等主要原材料的供需情况要经常进行调度分析，帮助企业对接市场，未雨绸缪。市工业经济运行指挥部要着眼于研究关键问题和前瞻性战略性问题，加强运行监测和协调保障，当好市委、市政府科学决策的“参谋”，做好困难时期企业发展的“助手”。加大帮扶力度。认真落实困难企业包靠责任制，实行一企一策，着力解决困难企业面临的实际问题，帮助企业早日摆脱困境。

（四）狠抓平台建设，拓展发展空间。人才的成长，需要一个舞台；工业的振兴，需要一个平台。特别是在工业发展受到土地、资金等瓶颈制约的情况下，尤其要把平台建设作为关键环节来抓。

一是园区平台。经济开发区，要全力加快高新技术研发中心和综合服务区建设，推进向高新技术聚集区转型。猛山经济发展区，要突出配套完善，增强项目吸纳能力；启动二期工程，加大矿山整平力度，为工业发展储备更多用地。卡特彼勒发展区，要加快建设进度，努力打造在全省乃至全国具有影响力的机械制造业基地。认真落实优惠政策，加快退城进园，推进产业集聚。

二是融资平台。企业要抓住国家货币政策适度宽松的历史性机遇，拓宽融资渠道，创新融资方式，加大投入力度。有关部门要认真落实《关于做好当前金融工作，全力支持经济发展的通知》精神，建立企业信贷风险协调处置机制，帮助放贷银行防范和化解经营风险，引导和鼓励银行加大对中小企业的贷款投放。金融部门要向中小企业贷款实行倾斜政策，精简审批程序，扩大抵押范围。切实发挥好“应急互助金”组织和小额贷款有限公司的作用，解企业“燃眉之急”。创新担保方式，完善担保体系，特别是新成立的东方投资担保公司和融丰投资担保公司，要大胆创新、规范运作，为企业融资提供更多更好的担保服务。一方面，原来有的这些银行、金融机构，要主动地为企业排忧解难；另一方面，政府成立的担保公司要发挥作用。

三是公共服务平台。按照“政府推动、企业参与、市场运作”模式，引导和推动产业集群建立行业协会、电子商务网站、金融和物流市场、技术研发中心、产品质量检测中心等中小企业公共技术服务平台，加大对科技资源共享平台、特色产业基地的扶持力度，为企业发展提供支撑。

（五）狠抓企业管理，提升经济效益。把2009年作为“企业管理提升年”，推广山工管理创新经验，引导企业练好内功，全面建设学习创新型、品牌效益型、资源节约型、环境友好型、本质安全型、和谐进步型企业。强化内部管理。着重解决基础管理不扎实、现场管理不规范、内控机制和风险防范机制不健全、环保节能不达标、安全生产落实不力等问题，突出抓好财务、质量、生产、用工、安全、市场营销的管理，构建科学管理体系。建立现代企业制度。鼓励企业按照公司法要求，健全法人治理结构和组织结构，建立现代企业制度。推进企业股份制改造，培植上市资源，加快上市进程。增强品牌意识。坚持质量兴市，加大对名优品牌的奖励力度，引导企业视品牌如生命，年内创成省以上名牌产品4个，省著名商标4个、中国驰名商标1个。实施人才战略。创新人才引进和人力资源管理机制，用待遇留人、用感情留人、用事业留人；不断提高企业家思想境界、道德情操、决策水平和驾驭市场经济的能力。

要把这次金融危机和经济危机看成锻炼企业的机遇，要抓住时机培训自己的职工，练好“内功”。

二、强化招商引资，促进又好又快发展

大发展必须大投入。在青州市推进发展的关键阶段、爬坡时期，特别需要强调招商引资的重要作用，时刻不能放松、丝毫不能减弱、须臾不能淡化。总的要做到“三创新，两突出”。

一是创新招商理念。招商引资是一项工作，但更重要的是一种理念，就是借势、借力、借钱、借人、借技术、借方法、借智慧，只要是生产要素都可以借。总之一句话，想尽一切办法让生产要素通过市场的纽带在青州落地。工业要招商引资、农业要招商引资、旅游要招商引资、物流要招商引资、城建要招商引资、企业要招商引资、事业要招商引资，凡是能够招商引资的都要招商引资，始终把招商引资贯穿于经济社会发展的各个领域、各个方面、各个项目。加强对国家宏观政策的解读，充分发挥青州市区位、交通、资源、人文、生态优势，主动出击、积极作为，特别是要抓住国家扩大内需的有利时机，积极争取上级资金、政策支持，力争更多的项目进入国家和省新一轮投资计划。

二是创新招商方式。深入开展多层次、多领域、多形式的招商引资活动。抓好企业招商。抓住全球经济结构大调整的有利时机，充分发挥企业招商引资的主体作用，主动与大企业、大财团对接，积极寻求企业品牌、管理理念、技术人才等方面的合作，灵活运用资产并购、股权并购、BOT 等方式，降低引资成本，提高引资成效。抓好专业招商。加快培养、选拔、引进专业化招商人才，成立以招商专员为主的专业招商队伍，明确目标责任，落实“一对一政策”，进行定点、挖井式招商，确保取得实效。抓好节会招商。充分利用各种节会推介青州、洽谈项目。特别是要以“七博会”为平台，认真研究项目、制定详细措施，力争在大项目落户上实现突破，要不拘一格、不拘形式。

三是创新招商机制。机制活，事业兴。实现招商引资工作的新突破，

必须建立一套科学的机制。严格考核奖惩机制。继续把招商引资作为“一把手”工程，对作出突出贡献的实行“一票肯定”；对没有招商实绩的，实行“一票否决”。每个镇、街道年内必须有两个以上过 5000 万元的项目落户经济开发区和猛山经济发展区。对完不成的，坚决实行“一票否决”，取消评先树优资格，主要负责同志离岗招商。希望大家不要心存侥幸，市委已经下了决心，态度是坚决的。完善激励引导机制。对已经出台的评价激励办法，要不折不扣抓好落实，充分调动单位和个人去省进京跑项目、争资金的积极性。对于国家扶持的具体项目，要给予更加优惠的政策，在土地、税收、奖励等方面加大扶持力度。健全督促检查机制。进一步强化月调度、季考核、半年总结和年终兑现奖惩的调度考核机制，做到有指标、有督查、有落实。对重点项目落实到领导和部门，做到一支队伍、一事一议、一抓到底。

四是突出招商重点。只有抓住重点，才能纲举目张、事半功倍。抓重点领域。围绕高新技术、现代服务业、现代农业、文化产业、节能环保、公共服务以及先进制造业等重点领域，突出抓好产业招商和专业招商，扩大直接利用外资规模。抓重点区域。加强对国内外经济结构的研究，充分发挥青州市比较优势，有针对性地开展工作，做到有的放矢。对长三角、珠三角等重点区域的招商活动，要重点出击。抓重点项目。工业要突出抓好卷烟厂、卡特彼勒山工、博奥炭黑等扩能项目和弘润石化 100 万吨 DCC 、中联水泥二期等工程建设，着力培育新的工业增长点；城市建设要突出“七博会”配套项目、道路基础设施、房地产项目的招商和建设；旅游业要抓紧抓好云驼风景区、弥河水生态旅游区、宋城、“七博会”室外展区等项目；物流业要加快亿丰义乌小商品城、工业原材料城、新创物流园、高柳物流园等项目的建设，通过重点项目的带动，为青州市经济发展蓄足后劲。

五是突出策划包装。想法变项目的过程，就是策划包装的过程。创新包装模式，筛选市场潜力大的项目进行精准包装，搞好项目长远规划和项目库建设，做好与国家宏观投资政策的接轨，提高招商项目的吸引力。创新推介方式，在做好青州招商网的同时在《招商周刊》等有关媒体设立专栏，对项目进行重点推介；策划组织好“盛世花开丝绸路”大型宣传推介活动，不断提高青州市的知名度和影响力。

三、全力优化环境，助推又好又快发展

环境就是生产力。没有一个好的环境，就不能聚集发展要素，就形不成发展合力，就不能实现又好又快发展。要牢固树立“人人都是投资环境”“人人都是青州形象”“人人都是发展主体”的观念，全力营造廉洁高效的政务环境、民主公正的法治环境、公平诚信的市场环境、安全稳定的社会环境、舒适便利的生活环境、健康向上的人文环境和可持续发展的生态环境。

一是着力建设高效政府。政务环境是“第一环境”。政府设立的目的，就是为人民服务、为企业服务、为外商服务。经济服务部门要主动研究国家政策和发展形势，变领导为指导，变管理为服务，主动帮助企业解决困难和问题，特别要按照包靠要求履行好包靠职责。行政执法部门要热情执法、公正执法、廉洁执法，增强行政行为公信力。这里重申，执法的出发点和落脚点必须放在帮助整改问题、提供有效服务上，决不允许发生以检查之名行“创收”之实的所谓“执法”。政法部门要始终坚持“严打”不动摇，深化社会治安综合治理，巩固“打黑除恶”成果，使青州成为一个令本地人安心、让外地人放心的创业乐土。人民办事中心要进一步加强规范化建设，不断提高服务质量和服务效率，着力打造青州软环境建设的“窗口”。机关效能监察中心要充分发挥作用，坚决查处公职人员参与企业不法行为的问题。新闻媒体要把握正确的舆论导向，既要宣传正面典型，更要挖掘反面典型，特别要对干扰破坏软环境建设的人和事进行大胆曝光。所有部门都要牢固树立“青州市一盘棋”的思想，自觉尊重和服务于外商、尊重和服务于企业家、尊重和服务于纳税人，自觉服从服务于青州市发展大局，确保有所为、有所不为，政令畅通、令行禁止。

二是着力打造诚信企业。诚信是品牌的灵魂，是企业的生命。企业的形象和兴衰与一个地方的形象和兴衰密切相关。在一定程度上讲，企

业品牌就是地方品牌。要善待员工。员工不是工具，员工是战友，是朋友，是荣辱与共的兄弟姐妹。在一起工作，本身就是缘分。要牢固树立以人为本的理念，自觉善待员工，一切依靠员工，一切为了员工，激发每个人的工作激情。在企业面临困难的时候，正是检验老板对员工感情的时候。在当前情况下，企业更不要轻易辞退、解雇员工，要与员工荣辱与共、同舟共济、共渡难关，这是对企业家提出的要求。在困难的情况下，不要轻易辞退员工，即使辞退也要讲程序，按照法律程序来。要诚信经营。不诚信的企业，注定长不大、做不强。要牢固树立“靠诚信求发展”“视诚信如生命”的理念，自觉维护市场秩序，依法经营，诚信纳税，做大企业诚信文化，做到以诚信赢得客户、以诚信凝聚人气、以诚信拓宽市场、以诚信做大做强。要承担社会责任。小商求利，大商谋道；小胜在智，大胜在德。企业家，比普通人占有更多的社会资源，要将人生价值的实现与社会责任的承担有机地结合起来，要将企业自身的发展与青州市经济社会的发展有机地结合起来，真正做到把企业当成事业来干。

三是着力提升公民素质。软环境建设，人人都是主体。英国19世纪伟大的道德学家塞缪尔·斯迈尔说：“一个国家的前途，不取决于它的国库之殷实，不取决于它的城堡之坚固，也不取决于它的公共设施之华丽，而在于它的公民品格之高贵。”一个地方的发展也是这样，只有公民的整体素质提高了，社会全面发展才充满希望。这几年，青州人的思想境界和精神状态有了很大提升。没有青州市人民的全力支持，诸多大规模拆迁就难以推进，城市框架就难以拉开，青州市就无法实现提前一年重进百强的目标。但是人的发展和经济社会的发展一样，都是没有止境的，而且青州市还要举办“七博会”，届时将有数百万人云集青州，国内外的重要媒体会对青州进行采访报道，我们必须有更完美的表现。以诚待人。诚信是做人的第一品质。要以心换心、将心比心，对人要心诚，对事要真诚，对党要忠诚，以真诚去赢得真诚，以友谊去赢得友谊。对本地人要以诚相待，营造一种互帮互助、和谐相处的温馨氛围；对外地人要以诚相待，向外地人展示我们青州人的博大包容、热情友好，为进一步的合作创造条件和可能。以德服人。德为才之帅。评价一个人，首先看的就是他的德。所有人都要争当崇尚能力本位的创业人，争当维系和遵守公共秩序的文明人，争当诚实守信的道德人，争当社会公德、职业道德、家庭美德、个人品德的实践者，身体力行，努力做到以德服人、以境界服人、以精神服人、以工作服人。以文化人。文化是一种环境，人可以改变环境，环境也可以改变人。着力打造社会核心价值，深化公民素质提升工程，坚持贴近实际、贴近生活、贴近群众，推进各类文化创建、和谐创建、精神文明创建，打造节庆文化品牌，以精神凝聚力量，以文化浸润灵魂，以活动展现活力，营造“我为青州添光彩，青州因我而美丽”的浓厚氛围。

四、转变作风抓落实，保障又好又快发展

作风是事业的保障，落实是决策的生命。再好的决策、再好的蓝图、再好的思路，如果没有好的作风去落实，也只能是纸上谈兵、空中楼阁。全年全部工作的核心就是“落实”两个字，一切都要依靠落实、一切都要围绕落实、一切都要为了落实。

一是坚定信心抓落实。没有信心，一切都无从谈起。一个人对自己没有信心，就会自暴自弃，甚至走向毁灭。如果大众对当地的发展没有信心，就难以形成强大的社会行动力，也就不可能实现大的发展。信心，平常看不出来，越是在困难的时候，越是考验一个人的信心。有信心就有希望，有希望就能坚持，而坚持就是胜利。金融危机给世界经济带来困难和挑战，现在全球经济一体化，谁也不能独善其身。在这种情况下，企业首要的是坚持住，挺住就有希望，挺过去就能豁然开朗。相信青州的企业家，不但能坚持，而且还能从中寻求发展机遇。金融危机正在引发全球性的经济结构大调整，调整就意味着机遇，而机遇只垂青有冷静的头脑和有准备的人。经过 3 年多的发展，主要经济指标实现翻番，现代化中等城市框架拉开，青州影响力和知名度显著提升，与周边地区错位发展的优势日益明显，人民群众想发展、盼发展、支持发展的热情越

来越高涨，这既是我们应对挑战的基础条件，更是我们捕捉机遇的有利因素。只要我们保持冷静头脑，始终坚定信心，狠抓工作落实，青州的发展就一定会前景广阔。

二是改革创新抓落实。循规蹈矩、按部就班，永远抓不好落实。要时刻不忘解放思想。思想解放，天地广阔；观念落后，死路一条。人都是有惰性、有局限性的，作为一个有责任感和事业心的干部，就要勇于审视自己、敢于否定自己、乐于超越自己，不断以思想的解放来推动自己在思维观念、行动各方面的解放。要坚持“一改三创”。这是我们青州市推进发展的一条重要经验。牢固树立靠“一改三创”求发展的观念，以推进青州市发展为第一和唯一标准，打破一切不合时宜的条条框框，积极推进思维方式、领导方式、发展方式、政策举措和体制机制各方面的改革创新。潍坊市已经被列为全省综合改革试点市，青州市一定要走在前面。要大胆创意、勇于创新、善于创造，努力激发全社会的创造活力。要不断提升境界。境界决定一切。境界高，才能看得远、看得清、看得准。看到别人看不到的，才能做到别人做不到的。要强化终身学习、强化调查研究、强化人格修养，不断提升境界，提高发展本领。

三是督查考核抓落实。领导干部，既是督查员，又是考核员。在这一点上，希望各位领导同志都要发挥好作用。要注重发挥督查考核的导向、激励、约束作用，使目标更具体、责任更明确、考核更科学、奖惩更有力。督查局要根据《青州市委 2009 年工作要点》《政府工作报告》和青州市经济工作会议精神，将全年经济社会发展目标任务进行细化分解，确保政策落实到位、责任落实到位。纪委、组织部要抓紧制定实施《领导班子和领导干部季度评议考核工作实施意见》，完善干部考核评价体系，由纪委、组织部牵头，对部门领导干部实行季度评议考核办法。加强和改进对镇（街道）、部门领导班子和领导干部考核工作，坚持把考核结果作为选拔使用和奖惩的主要依据，保护干事创业者，重用创业成事者，奖励突出贡献者，淘汰无所作为者，进一步树立正确的用人导向。

四是转变作风抓落实。政治路线确定之后，干部就是决定性因素。抓落实，领导干部要带头，市级领导同志、各级主要负责同志都要带头抓落实。要全身心用在干事业、抓落实上，大力发扬初生牛犊不怕虎的精神，发扬俯首甘为孺子牛的精神，发扬任劳任怨、自觉奉献的老黄牛精神，只争朝夕地干，废寝忘食地干，锲而不舍地干，雷厉风行地干，一个层面一个层面去拓展，一个问题一个问题去解决，一个项目一个项目去完成，一个环节一个环节去研究，一个细节一个细节去落实，营造一级抓一级、一级带一级、层层抓落实、人人抓落实的浓厚氛围。

创新招商方式，
努力实现工业振兴和招商引资的新突破

2010年初这次高规格、大规模的电视直播会议，主要是贯彻落实青州市委十一届十四次全体会议、青州市经济工作会议等重要会议精神，总结工作、表彰先进，动员青州市上下全身心投入工作，努力实现工业振兴和招商引资的新突破。

一、回顾总结工作，坚定发展信心

2009年，面对严峻复杂的经济形势，从青州实际出发创造性地开展工作，以生态文明为引领，以全域城市化为目标，以花博会举办为强大动力，整体推进“四大重点”，做大做强“六大产业”，经济社会继续保持了又好又快发展的良好势头。成功举办第七届中国花卉博览会，成为历届花博会参展客商最多、布展规模最大、档次规格最高的一届；城市品位大幅提升，服务业整合提升步伐加快，“三强工程”成效显著，生态建设扎实推进。当前，青州市工业发展正面临难得的历史机遇。一是花博会的胜利召开，带来了思想观念的大转变、理念境界的大提升、产业的大优化，交通、通信、能源等基础条件得到较大改善，区位优势日益凸显，发展环境不断优化，招商引资优势更加明显，为工业发展搭建了更高的平台。二是“三区”建设战略部署的实施，给了青州发挥承接、承载功能，乘势崛起的独特优势，为青州打造工业产业集群，发展高端工业提供了难得的机遇。三是青州市“一城五区”城市发展框架基本形成，中心城区规划控制面积由30平方公里增加到300平方公里，通过新一轮土地修编，为工业发展提供了大量的建设用地，有效解决了工业发

展的土地瓶颈问题。四是综合实力的不断增强，为工业发展奠定了坚实基础。经过近几年的发展，青州市的主要经济指标均实现翻番，构建了更为合理的经济结构、产业结构。重新进入全国百强，在全国县域经济百强中3年前进31个位次。这些都为下一步工业的跨越发展积蓄了强大的力量，奠定了坚实的基础。

应该说，2010年是青州市工业发展的决战之年。青州市工业工作的总体要求是：把工业振兴和招商引资放在更加突出的位置，以“抓投入，上项目”为总抓手，以招商引资为手段，以工业园区为载体，以优化环境为保障，加快结构调整，壮大支柱产业，培育骨干企业，发展高端工业，培育产业集群，形成一批强势企业集团，提高青州市工业区域核心竞争力，加快实现青州市工业由大到强的转变。总体目标是：2010年青州市规模以上企业工业增加值增长14%，主营业务收入增长15%，利税增长14%，利润增长12%；经过3年左右的努力，青州市规模以上企业达到800家以上，主营业务收入、利税、利润分别比2009年翻一番，累计工业投资达到500亿元以上，重点骨干企业技术装备达到国内同行业先进水平，3只以上股票发行上市，工业企业竞争力和带动力明显增强。各级各部门要紧紧围绕市委、市政府“全力突破工业”这个中心任务，进一步统一思想、提高认识，立足自身职能，充分发挥各自优势，始终保持狠抓工业振兴和招商引资的力度不减，始终保持加快发展的热情不减，坚定信心、开拓进取，奋发有为、扎实苦干，努力实现工业经济发展的新突破。

二、突出工作重点，加快实现工业振兴

全力突破工业，就是要坚定不移地落实在青州市经济工作会议上提出的“四抓一进”，即抓项目、抓平台、抓高端、抓融资，加快退城进园步伐。要抓住重点领域、重点环节，采用强力措施和有效手段，提高工业规模总量、投入总量、“大高外”项目总量，着力壮大工业经济实力。

（一）以开展“工业项目建设年”为抓手，努力实现企业规模膨胀的新突破。项目建设是工业振兴的核心举措，是加快发展的支撑和载体。没有具体的项目，一切都是空谈。经市委、市政府研究决定，把2010年作为“工业项目建设年”，全面实施“一三五一”战略，即“一个目标”“三个突破”“五个支撑”“一个保障”。“一个目标”，就是确保全年完成工业投资120亿元，力争150亿元，引进过亿元工业项目100个以上；“三个突破”，就是力争在现有企业扩张、高新技术产业、企业股改上市上实现新突破；“五个支撑”，就是强化园区平台、招商引资、自主创新、金融服务、投资环境支撑；“一个保障”，就是加强组织领导，为活动顺利开展创造良好氛围。市委、市政府《关于开展“工业项目建设年”活动的意见》已经在会上印发，各级各部门要严格按照文件要求抓好落实。现在看，要突出抓好以下几点：一是强化领导包靠和政策扶持。2010年青州市各级领导干部的主要任务就是抓项目，要按照“一名领导包靠一个企业，组建一个班子，实施一个项目，拉动一个产业”的要求，全力以赴抓项目，努力实现工业项目建设和发展的大突破。这次会议，市委、市政府出台了一系列加快工业发展的优惠政策、激励机制，各级各部门要不折不扣地抓好落实。二是突出重点项目。抓住了大项目和好项目，就抓住了工业振兴的“牛鼻子”。要积极推进现有企业扩张，继续实施对骨干企业的动态管理和服务，在土地、资金、能源等方面进行重点扶持，培植一批主导产品突出、经济效益好、市场开发能力强的龙头骨干企业，力争3年内培育2家年主营业务收入过50亿元、6家过20亿元、20家过10亿元的大企业和大集团。要认真抓好在建项目，对江淮汽车、非晶硅薄膜太阳能、禄禧光伏电、魏仕照明、高维科技等事关青州发展大局的项目，用全部力量跟进工作，确保2010年投产达效。三是充分发挥产业集群效应。着眼优势产业和高端产业，突出规划和引导，鼓励中小企业与国内外大企业、大财团合作，进行技术、人才、资金方面的协作，做大产业链条，着力建设工程机械、石油化工、液压机械、起重机械、食品加工、新型铸造、印刷包装、花卉产业等集群，促进大企业拉动、中小企业集聚为特征的产业集群健康发展。四是着力提高经济外向度。采取有效措施扶持优势企业、出口大户和重点产品扩大出口，鼓励企业实施市场多元化战略，调整产品结构、市场结构和贸易方式，提高市场应变和自我保护能力，努力扩大国际市场份额。

（二）以园区提升为重点，努力实现平台建设的新突破。园区是工业发展最重要的平台。通过近几年的不懈努力和创新性工作，我们已经形成了经济开发区和猫山经济发展区两大园区的基本架构，但园区的优化和提升既迫在眉睫，又任重道远。一是以完善配套为重点，加快猫山经济发展区建设。要把规划放在重中之重，以生态、文化、高端的理念为引导，按照齐国古都、工业项目区、物流项目区、旅游项目区四大板块，迅速启动全域规划和项目区规划，坚决扭转规划跟着项目走的被动局面。全力加快基础设施配套建设，年内尽快实现“七通一平”。认真做好二期矿山整平工作，实施迁村并点，为下步发展腾出土地、留足空间。二是以转型提升为重点，加快经济发展区建设。经济开发区刚刚进行了区划调整，要抓住这个机遇，加强区内资源整合、建设和管理，提升规模和档次。强化配套设施提升改造，全力推进现有企业高新化改造或搬迁、关停，积极引进研发型、投资型高新技术企业和项目，将其打造成为青州市新型工业化的示范窗口和高新技术产业集聚中心。三是加大市场运作力度。大力培育多元化投资的园区开发主体，鼓励银行、社会、民间资本和大企业采取各种形式参与园区建设，借力发展。特别是猫山经济发展区要敢于对整个园区或者某一片区包装，推向市场，吸引外商整体运作。

（三）以高新技术和新兴产业为引领，努力实现高端工业发展的新突破。高端产业是我们发展的方向和战略重点，也是转方式、调结构的重要路径。一是用高新技术改造和提升传统产业。积极利用信息技术、自动化技术、先进制造技术、高效节能技术改造提升传统产业，确保年内完成设备引进 5000 台（套）、技改投资 15 亿元。鼓励中小企业加强科技成果应用项目的引进，以项目实施推动企业高新化发展。二是抓好重点领域发展。突出电子信息、生物医药、新能源、新材料等高端领域，大力发展和引进高新技术项目和新兴产业项目。建设青州软件产业园，积极发展软件和服务外包产业；加快深圳高科技电子工业园建设，打造深圳 IT 产业北移最佳承接地；建设创意产业大厦，发展文化创意产业；建设信息产业大厦，促进信息化发展。三是完善创新体系。建设企业和公共研发平台，抓好产业投资公司、创业投资基金、政策性担保公司组建运营，引进产业创新型人才和技术带头人，为处于项目初创期和成长期的科技企业提供支持。加快构筑以科技中介机构为主体的服务平台，在经济开发区尽快建成并运营高新技术孵化器，着手建设生产力促进中心；在猕山经济发展区建设生态产业孵化器，打造生态产业示范区，大力发展绿色经济、低碳经济。四是大力实施品牌战略。走特色品牌发展之路，重点扶持、发展和保护一批掌握核心技术、拥有自主知识产权的品牌产品，逐步形成一批在国内外市场具有较强竞争能力的品牌产品集群，实现“制造优势”向“品牌优势”的跨越。2010 年争创省以上名牌产品 3 个、中国驰名商标 1 个、省著名商标 4 个。五是发展循环经济。加大淘汰高消耗、高污染产业的工作力度，确保完成节能减排目标任务。

（四）以优化金融环境为切入点，努力实现融资渠道拓宽的新突破。金融是现代经济的核心，全力突破工业必须依靠金融产业的支撑。要通过多种途径，引导信贷资金、社会资本、外来资金投向工业领域。一是充分发挥政策资金导向作用。每年筹集 2 亿元资金，5 年达到 10 亿元，作为工业发展专项基金，用于重点项目、重点产业的贷款贴息、技术改造补助、目标奖励等方面。最大限度地争取上级资金，2010 年国家还将安排新增投资 6000 亿元，要认真研究国家产业政策和扶持重点，及时做好项目筛选和前期工作，全力争取。二是加快金融改革。全力抓好农村信用社“银行化、股份制”改革，力争把农村信用社改革为商业银行，争取创办为青州银行；积极筹建“村镇银行”，引进外地股份制银行，提高县域金融服务水平；充分激活民间资本，加强担保公司和互助组织建设，提升融资担保能力。搞好金融服务，加强政、银、企沟通合作，力争年内新增贷款 60 亿元以上。三是加快企业上市。力争新增股份制企业 10 家以上，抓好山东起重机厂和中文集团上市工作，确保年内实现上市零的突破。

（五）以政策引导和强力推进为互动，努力实现企业退城进园的新突破。退城进园是企业上档升级、实现扩张的大好机遇，也是完善城市功能布局、加快全域城市化进程的必由之路。对此，市委、市政府态度坚决，相关企业要有清醒的认识。有关部门要认真落实企业退城进园的优惠政策，采取一事一议的方法，不折不扣地兑现奖励，让企业真正得实惠。要明确部门责任，强化推进措施，加大落实力度，两年内全部完成中心城区特别是民营工业园、东坝工业园、将军工业园内企业的退城进园工作。在规定期限内完不成的企业，不但不享受优惠政策，还要一律关停。所有企业都要抓住这个机会，通过退城进园，实现企业扩张。

三、强化招商引资工作，以大投入推进跨越发展

一是突出招商重点。着眼“三区”建设发展机遇和青州市“一城五区六大基地”发展规划，狠抓大项目、高端项目、优质资产的招商，积极引进战略投资者。紧紧围绕产业结构调整和优化升级，把引进具有龙头带动作用的工业大项目作为招商重点和突破口，着力引进一批产业关联度大、带动性强、产业链条长的综合项目，增强产业配套能力。鼓励外资投向先进制造业和节能环保领域，更加注重引进资金与引进技术、智力和管理的有机结合，把引内资、聚民资放在更加突出的位置。整合挖掘青州市文化、生态、旅游、花卉等资源，进行整体策划、创意、包装，搞好项目库建设，加快有效资源招商步伐。

二是创新招商方式。牢固树立“大招商”理念，把招商引资贯穿于经济社会发展的各个领域、各个方面，主动出击、积极作为。要强化“走出去，请进来”的思路，千方百计邀请客商到青州实地考察。充分发挥“花博会”后续作用，围绕青州市产业特色，认真研究项目，制定详细措施，充分利用各种节会推介青州、洽谈项目。总结推广 2009 年深圳招商模式，全面推行一对一、面对面、高层推进模式，采取大部队和小分队相结合，长期蹲点和主动出击相结合的方式，开展好上海、广州、厦门、山西等系列招商活动。要高度重视以商招商，充分发挥青州市现

有外商的示范带动作用和桥梁纽带作用，吸引更多的客商来青州市办企业、上项目，形成招商引资的连锁效应和群体效应。企业家要舍得拿出好项目、好资产、好品牌，变“要我招商”为“我要招商”，积极主动地参与对外经济技术合作，甚至可以让外商控股，实现企业自身的膨胀发展。

三是强化载体建设。充分发挥园区的招商平台作用，以产业特色、比较优势吸引投资。中心城区以现代服务业为主，经济开发区以高新技术产业为主，猩山经济发展区以齐国古都、工业项目区、物流项目区、旅游项目区四大板块为主，文化产业园以文化教育为主，东方花都生态城以高端花卉、旅游休闲为主，西南片区以生态旅游为主，卡特彼勒发展区以机械制造业为主，等等。各园区要发挥制度创新的主体作用，大胆探索，在降低成本、改善服务、提高效率等方面出台一些实实在在的措施，为投资者提供个性化的政策服务，建立高效便捷的运行机制，真正使园区成为“政策最优、体制最顺、机制最活、服务最佳”的投资洼地。

四是严格招商责任。进一步理顺招商工作体制，最大范围内调动招商引资工作积极性。实行招商引资项目立项审批制度，严格确认引荐单位和引荐人。实施重大项目领导包靠制度、项目土地点供制度、开工投产项目挂牌制度，推动项目落户和建设进度。市招商引资工作委员会要加强协调调度，落实适时观摩点评制度，做到月月有考核通报，季季有调度交流、年终落实奖惩。对引进的项目坚决落实已定的优惠政策，对引进重大项目的引荐人要进行重奖，对引进重大项目的干部要按组织程序优先提拔重用；完不成招商引资任务的，年终评先树优一票否决，单位主要负责人离岗招商。

四、落实保障措施，推进工作落实

全力突破工业，是一项长期的战略任务，更是当前的一项紧迫工作。各级各部门要坚持从实际出发，加大政策推动、要素保障、考核约束、舆论引导力度，精心组织，密切配合，努力把市委、市政府“全力突破工业”的各项措施落实到招商引资的具体行动中，体现在工业发展的实际成效上。

一是要加强学习研究。学习是准确把握发展形势、推动工作开展的重要手段。要进一步树立学习意识、研究意识，注重研究新情况、新问题，牢牢掌握工作主动权。要坚持国际视野和战略思维，加强对国家宏观政策的学习领会，自觉把工业发展放到全国、全球经济发展的大环境下来审视。特别是对低碳经济、物联网经济等新经济模式要加强学习，敏锐把握，超前作为。要全面推行“行动学习法”，做到在实践中学习、在学习中实践，增强学习力，提高执行力。广大企业家要学习借鉴先进企业的管理经验和模式，完善现代企业制度，推进企业文化建设，解决自身战略运营问题，不断提高企业水平和档次。

二是要加强改革创新。改革创新无止境。任何一项工作都需要创新，没有创新就没有发展。要牢固树立“以创新求发展”的理念，坚持“一改三创”，坚定不移地推进改革创新，增强可持续发展的能力。允许工作有失误，但不允许不创新。对企业来讲，面对新的形势，只有紧扣时代脉搏，与时俱进，才能把握时机、抓住机遇，取得发展。要加强企业技术创新和管理创新，着力增强自主创新能力，提升企业的核心竞争力。要坚持以信息化引领企业发展，大力推进企业信息化建设，以信息化带动工业化，以工业化促进信息化。

三是要加强环境建设。实践证明，在市场经济发展的今天，地区与地区之间的竞争，归根结底是发展环境的竞争。哪里环境好，哪里就会形成“洼地效应”，生产要素就会向哪里聚集。招商引资拼的就是环境，人人都要发展环境，人人都是环境建设主体。青州市上下必须站在重振青州辉煌的高度认识环境建设问题，牢固树立“谁破坏环境，谁就是对青州人民犯罪”的理念，深入开展“整顿干部作风、创新优化环境、大力提高执行力”活动，努力构建软环境建设的长效机制。要着眼于提升青州环境竞争力，加快服务型政府建设，提高行政效率。坚持依法行政，改进执法服务，依法平等保护市场主体利益。大力推进诚信建设，完善社会信用体系，加大失信惩罚力度，营造公平竞争的市场环境。突出关键环节和重点问题，加大综合整治力度，严肃查处破坏发展环境的案件和行为。坚持以人为本，努力营造开放包容的人文环境，以合作的理念、开放的心态、宽广的胸怀来对待外商，坚决落实“三个尊重”“三个服务于”，千方百计、不遗余力地支持外资企业发展，努力为外商营造更为公平规范、更加宽松和谐、更具比较优势的投资环境和良好的生产生活环境。

四是要加强协调配合。工业振兴事关青州市经济社会发展大局，需要青州市上下同心同德、合力推进。各级各部门必须加强协调配合，落实责任，真正形成推动工业振兴的强大合力。青州市经济和信息化局要加强对工业经济的调度、分析和监测，密切关注项目建设、资金运行和生产经营中出现的热点、难点问题，确保青州市工业经济平稳较快运行；财税部门要把政策向结构调整倾斜，支持企业兼并重组，支持企业加快技术进步；金融部门要围绕国家转方式、调结构的要求，及时调整信贷结构，不断增强金融对工业经济的支持力度；发改部门要指导搞好工业项目的策划、储备和前期准备工作，积极争取更多的项目和资金支持；科技部门要加强高新技术企业认定工作，用足用好上级专项资金，支持企业加大研发投入，促进科技成果转化；工商、质检、国土、环保、劳动、招商等部门都要结合各自职能，制定具体措施，全力为工业发展和招商引资工作搞好服务。各新闻媒体要开辟专栏，大力宣传促进工业振兴的新政策、新举措，宣传工业振兴中出现的好典型、好经验，努力营造青州市上下齐心合力推动工业振兴的良好氛围。

第二章

发展现代农业

发展现代农业，加快推进社会主义新农村建设

近几年来，青州市认真贯彻落实山东省和潍坊市“三农”工作的一系列决策部署，大力实施“三化、三带动、三变”战略，青州市农业和农村工作取得了新进展。

一、统一思想、提高认识，切实把新农村建设摆上突出位置

青州市是一个农业大市，这几年虽然取得了很大成绩，但跳出青州看青州，我们的发展还是慢了。在2006年潍坊市农村工作会议上，表彰了8个2003—2005年度农业和农村经济工作先进县市区，里面没有青州；表彰了6个农业标准化建设先进县市区，也没有青州。所以，我们取得的成绩是看得见、摸得着的，但是，存在的差距也是很大的。

一是对农业的重视程度不够，投入不足。近几年来，我们对农业工作讲得比较多，真正落实的比较少。特别是在投入上，市、镇、村三级对农业的投入都有欠账，甚至对争取上级资金的配套资金也没有落实，农业本来就是弱势产业，在同其他产业的竞争中处于劣势，近几年有进一步恶化的趋向。我们要统筹城乡发展体制，让工业反哺农业，建立和执行城市支持农村的机制。

二是对发展现代农业思路不够清晰、措施不够得力。在发展农民专业合作经济组织上，注重形式多，对运行机制研究不够透彻，合作经济组织结构松散，没有起到提高农民组织化程度、抵御市场风险的作用，制约了土地流转，制约了规模化生产；在土地流转方面，政府引导不力，缺乏规范，自发流转多，有组织成规模的流转少；在龙头企业发展上，既无群山也无高峰，辐射带动能力差。劳动力转移以群众自发、盲目转

移为主。

现代农业的一个重要发展趋向，就是要突破自然经济条件下自给自足的生产状态，过去我们自己生产的粮食自己用，自己生产的蔬菜自己用；但是在市场全球化、全球一体化的情况下，我们生产的粮食、蔬菜，再加上畜牧，面对的是国际市场和全国性市场，在农村家庭联产承包责任制条件下，一家一户的生产方式已无法应对大市场所带来的风险。当前农业主要面临双重风险。一方面，农业是一个受自然因素制约比较大的产业，其生产周期是一年，容易受自然灾害的冲击，即农业面临自然灾害的风险；另一方面，在市场经济条件下，在一、二、三产业当中农业处于劣势地位，又面临着市场风险，因此作为生产者的农民和作为市场主体的农民就面临双重风险。面对大市场，必须解决这一矛盾。要解决这一矛盾，首先要使我们的生产和国际化的市场、全国性的市场进行对接，继续靠一家一户的生产方式是解决不了的，怎样才能解决问题？就是要靠龙头企业的拉动。没有大的龙头企业，合作经济组织发展也就不理想。合作经济组织，从严格意义上讲也是应对大市场发展的需要。如樱桃合作社的问题，如果种植樱桃的时间完全一致，都想早上市，卖个好价钱，必然导致樱桃价格下跌。但是，加入合作社后，通过合作社的组织形式把时间差拉开，不管上市早晚，最后都由合作社按照产量进行公平分配，从而保证了大家的共同利益。

三是农村精神文明建设弱化。手段单一、方法陈旧，农村宣传文化阵地设施老化，同日益发展的农村经济和不断增长的农民精神文化需求不相适应，农村封建迷信、宗族派性等陈规陋习有所抬头，一些消极影响显现出来，农民群众价值取向和道德观念产生错位，农资市场制假售假问题严重。市委、市政府要制定严厉的政策，采取严厉的措施，坚决打击小化肥、小农药等制假造假问题，因为它不仅形成了恶性竞争，而且损害了整体利益，这是政府应该调控、应该管理的重要任务。

重视农业、农村、农民问题是我们党的一贯战略思想，“三农”工作始终是全党工作的重中之重。党的十六届五中全会在深刻分析当前国际国内形势、全面把握我国经济社会发展阶段性特征的基础上，从党和国家事业发展全局出发，明确提出推进社会主义新农村建设的重大历史任务。2006 年，市委、市政府明确把“社会主义新农村建设”作为四个工作重点之一。市委、市政府“四个工作重点”第一个是工业，第二个是城市建设，第三个是服务业，第四个是社会主义新农村建设。为确保青州市新农村建设扎实有效推进，市委、市政府先后多次组织到外地参观学习，深入基层调查。各级各部门一定要充分认识新农村建设的重大意义，把新农村建设摆上更加突出的位置，把这项工作切实抓好。

二、厘清思路，突出重点，扎实推进社会主义新农村建设

根据中央、山东省和潍坊市农村工作会议精神，结合青州实际，结合当前和今后一个时期，青州市社会主义新农村建设总的指导思想是：全面深入贯彻落实党的十六大和十六届五中全会精神，坚持“统筹城乡发展，工业反哺农业，城市支持农村，多予少取放活”的方针，以发展农村经济、增加农民收入为中心，以深入开展“经济发展好，富裕生活好，文明村风好，村容村貌好，民主和谐好”为主要内容的“五好村”创建为总抓手，围绕一个目标，坚持四个原则，抓好九大工程，探索五种模式，选派千名机关干部下乡驻村指导，突出政府主导、农民主体，市、镇（街办）、村、农民四级联动，整体推进，努力把青州市农村建设成为“生产发展、生活宽裕、乡风文明、村容整洁、管理民主”的社会主义新农村。这一指导思想同时也包括了工作措施。具体来讲，一个目标，即创建“五好村”。四个原则，即以城带乡、统筹发展，要把新农村建设和城市建设结合起来；分类指导、整体推进，对青州市 1000 多个村要进行分类指导；以农民为主体、尊重群众意愿，要充分调动广大农民群众的积极性；规划先行、分步实施。九大工程，即发展农民专业合作经济组织、农村土地流转、农村劳动力转移、现代农业发展、新型社区规划建设、村容村貌整治、农村公共基础设施建设、民主法制建设和文明新村塑造工程。五种模式，即特色农业带动型，二、三产业主导型，土地整理开发型，生态家园效益型，文化旅游促进型。这五种模式

有的是相互交叉的，比如说五里镇的井塘村，是一个古村落，可以与玲珑山和郑道昭的书法整合在一起，搞一体化旅游开发，从而用文化旅游的方式拉动井塘村的发展。井塘村 80 岁以上的老人有 160 多个，是长寿之地，把这个地方塑造好、宣传好，这样一来游客既学习了书法、学习了文化，又参观了民俗，富裕了井塘村。青州西南山区，本来就是青山绿水，是休闲旅游的好地方，但是现在石头采光了，植被破坏了、公路轧坏了，炸药发生爆炸，引发安全事故，引起其他一系列社会问题。这与青州处于鲁中地区中部、南北交通大要道的区位优势以及良好的声誉是不相称的。卖石子是一次性的，搞旅游是长期性的，这个道理很简单。同样，花卉也可以拉动交易、拉动旅游。

建设社会主义新农村，是一项长期艰巨的历史任务，是一项庞大复杂的系统工程。各级各部门在工作把握上必须坚持做到，既立足当前又着眼长远，既积极推进又量力而行，既统筹兼顾又突出重点，确保新农村建设稳步、扎实、健康进行。当前和今后一个时期要突出抓好以下 8 个方面的工作。

（一）大力发展农民专业合作经济组织。农民专业合作经济组织最大的特点就是组织内的各生产经营者“风险共担，利益共享”，它不仅能够解决分散的生产经营者抗御市场风险、增强市场竞争能力、引进推广农业实用科技等问题，还将成为新形势下党委、政府与广大农民群众的联系纽带。农民只有实行合作化，才能提升农村经济结构，才能促进土地流转，才能实现规模生产，才能进一步增强农民的组织化水平。各级各部门要高度重视合作经济组织建设，结合各自产业结构布局，充分挖掘产业和行业优势，组建多种形式的合作经济组织，积极探讨土地股份合作社的模式和路子。青州市的畜牧养殖有基础有经验，但是没有大的龙头企业，青州的畜牧业收入是 7 亿元、高密是 19 亿元，可以看出，差距比较大，但是青州山区面积很大，发展畜牧也比开山采石强，当然不提倡到处放牧，要搞规模化集中养殖，这样既便于防疫又便于保护生态环境。据分析，在农民的收入结构中，种植业收入所占比例基本上是稳定的，真正可以大幅度拉动农民收入增长的主要有两种情况：一种是农民出外打工工资，另一种就是畜牧养殖业。养殖业对收入增长的拉动作用是很大的，因为它本来就是一种转化增值（粮食、植物秸秆、草等资料的转化增值）。对于畜牧养殖，畜牧局要率先突破，上半年抓好3个以上畜牧合作经济组织的试点工作。要把农民专业合作经济组织建设情况列为年终对各镇、街道农业和农村工作考核的重要内容，对发展农民专业合作经济组织成绩突出的镇、街道给予表彰奖励。从2006年开始，市财政每年会安排不少于50万元的资金，对当年度通过验收的合作经济组织给予奖励补助。

（二）加快农村劳动力转移步伐。农村劳动力转移是促进农村经济发展、增加农民收入的重要途径。2006年，市委、市政府确定了城区东扩和构建"两城三片六大基地"的城市建设总体目标，为农村劳动力转移提供了广阔空间。各级各部门要在劳动力培训及劳动力市场管理、规范和拓展等方面有所作为，引导农民在就业上向二、三产业转移，在居住上向城镇社区集中。加快机械制造、石油化工、冶炼建材、现代物流、旅游居住和花卉苗木六大基地建设，拉长产业链条，使之成为就地就近转移农村劳动力的主要载体。大力发展新兴服务业，特别是劳动密集、与人民生活密切相关的社区服务、家政服务业，扩大社会就业范围。加快物流中心的立项和招商引资工作，尽快形成规模。要围绕"吃、住、行、游、购、娱"，进一步整合旅游资源，引导农民参与旅游业发展。这里讲得很清楚，要实现劳动力转移，就要解决就业岗位、城市住房、劳动社会保障问题。市委、市政府规划"两城三片六大基地"，就是为了快速地为劳动力转移提供就业岗位。其中借助长深高速公路建设，在与309国道交叉地带，规划建设10多平方公里的物流园，该项目已基本上列入省物流发展规划。青州地处胶东半岛中部、南北交通大要道，完全有条件建设成为流通业的中心枢纽，但首先要求我们青州人要有宽大的胸怀，要热情、真诚对待每一位来青经商、创业的人。

在旅游业方面，2006年市委、市政府规划了12个大项目。如果每天游客1万人，每人支出1000元（包括吃住），收入就是1千万元。如果引进一个项目，收获将更大，所以"吃、住、行、游、购、娱"大有文章可做。目前云门山、驼山旅游资源整合问题是一个工作重点。一方面规划一个进山口，建设大型停车场，两个景点实行统一门票。另一方面充实旅游项目，留住游客。其中将军山庄正在规划“将军文化生态园”，展示将军文化；规划建设“万寿园”，展示各种书法；同时还要将先秦以来青州的区位变化进行展示。这样游玩时间就会延长，游客就会停留就餐。同时，可以借鉴连云港天台山风景区的做法，安排旅游专用车辆，增加就业岗位，增加旅游收入。另外把范公亭、王府游乐园整合为一个项目，把青州古城恢复开发整合为一个项目，并建设一个规模最大的文化旅游产品市场项目和状元文化旅游项目，通过对项目进行包装，实行产权、经营权分开，进行招商引资，青州旅游产业一定会做大做强。

关于劳动力转移。依托青州市作为全国对外劳务输出基地县这一载体，大力组织劳务输出。我们将加快农民城的规划建设，市委、市政府将在新城区规划 3000 亩土地进行建设。“农民城”这一说法可以再考虑，应该更具有品位、特色和吸引力，更加完美，就像济南的“莱茵小镇”，是标准化的德国莱茵建筑模式。我们争取利用 3 —5 年的时间吸纳 10 万农民进城，并且制定购房优惠政策。但是农民进城后，农村土地、宅基地要让出，进行规模化种植，加快土地流转。目前，青州市有 2 万农户的 5 万多亩土地进行了流转，但大部分是无序流转，规模过小，效益不高。下一步要在保护土地流转主体利益的前提下，按照“自愿、有偿、规范、有序”的原则，采取转让、转包、置换、抵押、入股、反租等形式，加快土地流转，促进土地向大户集中，生产向集约化、规模化转变。

打造龙头企业是利国利民的大好事，会产生巨大的社会综合效益。各镇、街道要从农民的利益出发，进一步解放思想，以积极的态度对待龙头企业发展，做好文章。不能因为农业龙头企业是外向型企业，没有税收，就不培育发展。目前，土地流转主要有租、股两种方式，即农民土地出租和土地入股两种方式。但是，由于出租方式下农民的收入是固定的，是静态的，且一般时间较长，缺乏动态性；土地入股方式下农企双方又存在诚信问题，因此租、股相结合的方式应运而生，在这种形式下，农民可以获得三部分收益，即相对低廉的租金（保证其基本的粮食供应）、红利和工资收入（在土地所在龙头企业或进城工作所得）。当然还可以全家迁入城市居住，但要出让原有宅基地。所以，土地流转是一个大问题，有很多方式，只有在解决土地流转、合作经济组织、龙头企业等问题基础上，才能实现土地向大户集中，生产向集约化、规模化转变。

（三）积极推进新型村镇规划建设。认真搞好村镇规划建设，打造农村宜居环境，是农民群众追求健康文明生活的要求。要精心编制新型村镇建设规划。按照合理布局、节约用地、有利生产、方便生活的原则，统筹城乡规划，以城市建设拉动农村建设，以农村建设促进城市建设。各镇、街道要在青州市总体规划的指导下，用 1—2 年的时间完成青州市所有村庄的规划编制工作，在先期试点和摸取经验的基础上，积极稳妥地推进村庄合并工作。城郊村纳入城市发展框架通盘考虑，一体规划；经济比较发达的村，适度预留发展空间，为吸纳兼并弱村做好准备；人口少、条件差、实力弱的村，在充分尊重群众意愿的前提下，制定控制性规划，逐步向强村集中。城市规划区，要集中兴建村（居）民住宅小区，防止在城市建设中形成新的“城中村”，在城市规划确定撤并的村庄（社区）范围内，除危房加固、维修外，坚决停止审批新建、重建、改造住宅。农村要加大旧村改造力度，坚持一户一宅，对农村村民一户有两处以上宅基地的，要由村民委员会将多余的宅基地依法收回，统一安排使用，彻底解决“空壳村”现象。例如，东坝村老村占地 750 亩，规划新村用地 350 亩，就空出了 400 亩。由于宅基地问题是比较敏感的问题，也是关系广大农民群众切身利益的问题，反映农村宅基地问题的信件比较多（在收到的 200 多封来自农村的信件中，其中反映农村宅基地问题的 19 件、反映承包地建房的 23 件）。根据调查，当前农村一户多宅现象普遍，空心村现象突出，影响了农村规划。例如，郑母镇总户数 11604 户，符合一户一宅规定宅基地面积的 258 万平方米，不符合规定的 827 处 14 万平方米，空闲地 824 处 18 万平方米；黄楼镇总户数 10609 户，符合一户一宅规定宅基地面积的 268 万平方米，不符合规定的435处7万平方米，空闲地710处40万平方米。这些数字说明，有些户有了新宅基地，原有宅基地没有让出来。另外，还存在私下交易宅基地现象，这是违法的。下一步，市政府要集中清理，坚决按照省政府下发的关于“加强农村宅基地管理”的通知精神，严格遵循先规划后建设原则和一户一宅原则，严格农村土地管理，坚决控制占用土地现象。另外，农民住房不得向城市居民出售，城市居民不得购买农村宅基地、不得占用农村土地建房，有关部门要严格把关。2006年除王府、益都、昭德三个街道，其他各镇、街道必须完成300亩以上的土地整理任务。要积极推行村庄功能分区，生活居住区与禽畜养殖区分开，预防禽流感等疾病发生。在建设工作中，既要积极推进，又要量力而行，杜绝大拆大建，加重农民负担。

（四）切实加强农村环境综合整治。主要是解决农村环境问题，解决“三大堆”问题，解决脏乱差问题，包括河道生态环境治理问题。农村环境综合整治，投入少、变化快，也是当前群众最迫切需要解决的问题。各镇、街道要把环境综合整治作为新农村建设的突破口来抓，集中开展“村容村貌环境综合整治年活动”，清理市镇主干道两侧的乱搭乱建、乱停乱放、户外经营、户外广告以及“三大堆”现象，积极探索农村生产生活垃圾处理办法，实现农村生活垃圾集中管理，改变农村环境“脏、乱、差”的局面。平原要抓好主干道两侧和村庄、庭院的绿化，山区要加大植树造林力度，进一步提高绿化覆盖率。要进一步加大山区、河道生态环境治理力度，坚决关停弥河河道及两侧滥采滥挖沙石行为，整个齐文化的发源地就是弥河，完全可以建设成为湿地公园，迎接全国各地游客。要保护好环境，坚决清理山区无证无序开采石料、矿山行为，有关镇要按照市里的统一部署，做好关、停和清理工作，加大矿山植被复植力度，给子孙后代留下“绿水青山”。

（五）加快发展现代农业。牢牢把握现代农业发展方向，坚持用先进的理念指导农业，用先进的技术改造农业，不断提高农业产业化、现代化水平。一要大力发展龙头企业。发展龙头企业，既抓了工业，又抓了农业；既增加财政收入，又增加农民收入。各级各部门要把龙头企业建设作为农村经济工作的重中之重，加大扶持力度，力争5年内青州市有2家龙头企业进入国家重点企业行列，8家进入省级重点企业行列，40家进入潍坊市重点企业行列。二要进一步优化农业产业结构。依托龙头企业，壮大瓜菜、畜牧、果品、花卉、优质小麦等支柱产业规模。积极推进农业标准化生产，大力发展品牌农业，增强农业整体竞争力。三要突出抓好花卉苗木生产。青州市的花卉苗木产业有一定的规模和基础，种植面积已经达到3万亩，成为江北最大的花卉基地。黄楼花卉市场起步早、基础好，是南花北运、北花南移的中转站。连续成功举办了五届花卉博览交易会，花卉已经成为青州市一张亮丽的“名片”。但是目前面临的形势非常严峻，南有临沂、沭阳，北有广饶、寿光，东有青岛，西有泰安，都要举办花卉博览会，在我们周围形成了南北夹击、东西合围之势，我们的花卉产业到了“不进则退，小进也是退”的境地，原来的优势产业现在也面临很大的压力。如何在激烈的竞争中保持优势、保住品牌，各级各部门都要认真思考，各镇、街道2006年至少要建立一个苗木基地。同时，要高度重视本届花博会筹备工作，加大市场运作力度，按照工作方案的分工和要求，不折不扣地抓好落实，确保本届花卉博览交易会圆满成功。

（六）大力加强农村基础设施建设。尽快改变农村基础设施滞后的状况，是广大农民群众的迫切要求，是建设社会主义新农村的重要内容。市财政要通过“以奖代补”的方式给予鼓励，引导农民对直接受益的公益设施建设投资投劳。各部门在制定发展规划，安排建设项目时，都要向农村倾斜。各镇、街道要加大支农资金整合力度，提高资金使用效益，集中力量办大事。关于“六通”工作，希望各有关部门主要负责同志要积极跑市、跑省、跑各部委，建设方案确定后，要形成一个乡镇、部门调动书记、调动市长、调动市领导的局面，不能让领导催着干。目前，各部门间非常不平衡，有的部门领导同志整天在外边跑，作出了非常重大的贡献，取得的成绩也是有目共睹的，有的部门则完全相反。2006年国家向农村转移1200亿元，这就需要我们迅速拿出项目，进行包装，积极争取资金，否则就会给青州市人民造成损失。广大农民群众要发扬自力更生、艰苦奋斗的精神，通过自己的辛勤劳动来改变农村面貌，创造自己的幸福生活。当前应重点完成村村通电、通自来水、通柏油路、通电话、通有线电视、通客车“六通”工作，并提升水平，推动社会公共资源向农村倾斜，城市公共设施向农村延伸，城市公共服务向农村覆盖，城市现代文明向农村辐射。

（七）加快发展农村公共事业。农村公共事业是农村发展亟待加强的薄弱环节。加快农村公共事业发展，必须立足当前，着眼长远，从农民群众最关心的实际问题入手。要着力普及和巩固农村九年制义务教育，加快实施“两免一补”步伐，建立健全经费保障机制。要积极推进新型农村合作医疗制度，2003 年青州市被确定为全省首批新型农村合作医疗试点市以来，至 2005 年已有 61.38 万名农民参加，参合率达到 90.19%。要进一步加大宣传力度，利用政策积极引导，提高农民参与的积极性，扩大试点工作的覆盖面，积极探索滚动筹资的新路子，让农民一次交款连续受益，2006 年参合率力争达到 95% 以上。要加快农村社会保障制度建设，积极探索建立农村最低生活保障制度。要加强市镇文化场所建设，构建农村公共文化服务体系。要加强村级集体资产管理，积极稳妥地化解村级不良债务。据统计，截至 2005 年底，青州市村级债务达 2.68 亿元，村均负债 2.54 万元，庞大的债务成为农村不稳定的重大因素。要通过加强集体资产管理，建立清产核资制度，健全农村集体资产台账，积极化解不良债务，示范村的不良债务要全部化解，创建村的不良债务化解率要达到 80% 以上，整治村的不良债务化解率要达到 50% 以上。要认真落实党在农村的各项支农惠农政策。要加强对农村行政事业性收费、村组织收费的监管，切实防止农民负担反弹。积极引导农户发展资金互助组织，推进农业政策性保险试点工作，解决农村资金短缺问题。

（八）不断加强精神文明和民主法制建设。以现代文明占领农村思想文化阵地，是社会主义新农村建设的主要内容。当前和今后一个时期，要把倡树文明新风、提高文明程度作为新农村建设的重要内容抓紧抓好。一要抓好新型农民培训。深入开展农村形势和政策教育，转变农民思想观念，增强自立意识、竞争意识、效率意识和民主法制意识，农民要知道哪些事情该干、哪些事情不该干、哪些事情违法；实施公民道德建设工程，提高农民的道德水平；实施“绿色证书工程”“新型农民科技培训工程”，提高农民科技致富和自我发展能力；深入学习社会主义荣辱观，并把它落实到日常行为中去。现在有些企业以逃税为荣，在被查处后，不但不补交税款，反而到处求情、疏通关系，花费比罚款还要多。我们要在纠正这种不以为耻、反以为荣的不正社会风气上下功夫，坚决打击不正之风，真正树立企业依法纳税，农民讲道德、讲秩序、讲法律的社会风气。坚决打击在城市建设中威吓、干扰招投标秩序的违法犯罪分子，为经济发展创造公平的竞争环境。二要深入开展文明生态村创建。按照“六化”“六通”“两改”标准，年内每个镇要抓好两个以上样板文明生态村，带动、引导农民崇尚科学、抵制迷信、移风易俗、破除陋习，形成科学文明、健康向上的社会风貌。三要深化完善村务公开。进一步扩大公开范围，完善公开程序，凡是群众普遍关心和涉及群众切身利益的重点、热点、难点问题，都要公开，凡是民主决策的重大事项，都要接受群众监督。农民的事情是大事情，要从一点一滴做起，要换位思考，对不能解决的问题，要解释清楚，不能悬而不决。四要加大普法宣传和诚信教育力度。深入开展“五五”普法教育，培养农民群众正确的权利观和义务观。农民群众要树立公共意识和集体意识，不能只将家中收拾得干干净净、漂漂亮亮，对院外“三大堆”、脏乱差现象视而不见。广大农民群众要自觉学法守法、懂法用法，既要积极参与民主决策、民主管理、民主监督，也要严格遵守党纪国法，遵守村规民约，阻止、举报生产、贩卖假冒伪劣农资坑农害农行为，维护青州良好的声誉。五要深入开展平安乡村创建活动。建立完善农村治安防控体系，深入开展严打整治斗争，严厉打击各类刑事犯罪活动和“黄赌毒”等社会丑恶现象，建设平安乡村，创造农民群众安居乐业的社会环境。

三、齐抓共管、务求实效，努力提高社会主义新农村建设水平

建设社会主义新农村，任务艰巨，责任重大，必须上下联动、齐抓

共管，积极稳妥、务求实效。

（一）建立和落实强有力的组织领导机制。建设社会主义新农村，事关青州市农业和农村的长远发展，事关广大农民的切身利益，事关改革开放和现代化建设大局，必须以强有力的组织领导作保证。各级各部门都要把新农村建设作为全局工作的重中之重，列入重要议事日程。最近，市委常委建立了分片联系镇、街道制度。各常委要根据分工，迅速到所联系的镇和街道，帮助研究制定新农村建设规划，指导抓好新农村建设。各成员部门要把新农村建设作为部门的重要工作任务，抽调精干力量，参与指导和组织新农村建设。各镇、街道是新农村建设工作的第一责任主体，要迅速成立相应的领导机构和工作班子，切实把新农村建设作为首要任务来抓，确保人员到位、资金到位。党（工）委书记和镇长（主任）要把主要精力放在新农村建设上，招商引资、小城镇建设等都要围绕新农村建设做文章。

（二）认真开展“千名机关干部下乡驻村”指导新农村建设活动。这次“千名机关干部下乡驻村”活动，是市委、市政府高度重视“三农”工作，全面加快社会主义新农村建设的重大举措，也是培养、锻炼干部的有效形式。各级各部门要站在讲政治的高度，支持驻村干部工作。在交通、生活等方面提供便利，主要领导要定期到派驻村调查研究，帮助解决实际问题。这是考验一个干部的关键时刻，驻村干部要扑下身子，同农民群众同吃、同住、同劳动，互相沟通感情，了解基层生活，扎扎实实地按要求开展工作，有关部门要认真学习有关文件精神，严格考核，确保把这项工作开展好。驻村干部要切实担负起市委、市政府的重托，在镇、街道党（工）委的领导下，积极宣传党在农村的路线方针政策，发展农民专业合作经济组织，帮助搞好土地整理、土地流转和村庄规划建设，推动农村劳动力转移，协助抓好村级组织建设，解决群众关心的热点、难点问题，努力促进农村社会稳定，促进农村经济社会持续、健康、快速发展。组织部门要切实负起责任，加强管理与考核工作。这里强调，今后市直部门单位新提任的领导干部原则上从驻村干部中提拔。驻村干部年度考核为优秀的，在同等条件下优先提拔使用。没有按时完成任务、下派期间被调整或年终考核不合格的干部，取消评先树优资格，并在近期内不提拔使用。

（三）充分发挥农村基层党组织的领导核心作用。农村基层党组织是新农村建设的直接组织者、推动者、实践者，农村基层党组织的强弱，作用发挥的好坏，直接关系新农村建设的成效。必须进一步加强农村基层组织建设，巩固和提高农村基层党组织的领导核心作用，增强农村基层党组织的战斗力、凝聚力和创造力。要围绕建设社会主义新农村这个主题，扎扎实实抓好先进性教育活动，每个村（社区）都要至少解决一个或几个群众最关心、最迫切需要解决的问题，让群众看到先进性教育活动带来的实实在在的变化。要选好配强村（社区）支部班子，特别是选好党支部书记。为调动广大农村干部的积极性，决定村（社区）主要干部的职务工资由市里统一发放。各级各部门要关心爱护农村基层干部，帮助解决工作和生活中的困难。村（社区）党支部书记是新农村建设的直接责任人，要带领村（社区）“两委”一班人迅速转变职能，提高素质，增强执行政策、发展经济、依法办事、维护稳定的能力，带着感情与群众交往，带着任务为群众排忧解难，发挥好农村经济发展的“领头雁”作用。

（四）多元投入、狠抓落实，积极稳妥推进。不要一说投入就认为是财政投入，要包装项目、创新项目，搞招商引资、搞合作、搞多元化投入。建设社会主义新农村必须坚持积极稳妥，因地制宜，分类指导，稳步推进。要抓好试点，发现、培养、总结不同侧面、不同层次的典型，摸取经验，以点带面，推进新农村建设健康发展。市里确定，用 5—15 年的时间基本完成新农村建设目标，按照“示范一批、创建一批、整治一批”的发展思路，2006 年确定 10 个村为青州市新农村建设示范村，100 个村为各镇、街道的创建村。各级要按照市里的统一规划，认真组织实施。要坚持多元投入，一是地方财政投一点，充分发挥政府建设新农村的主导作用，2006 年市级财政拿出 200 万元，重点保证示范村和创建村的各项规划和建设。二是有关部门帮一点，市直部门和农村要积极开展结对子活动，在资金、技术、信息等方面进行扶持。三是村集体经济筹一点，集体经济较好的村要拿出一定资金用于村庄建设。四是社会各界捐一点，企业家要强化责任意识和奉献意识，积极捐款捐物，修桥修路，发展农村公共事业；企业家要主动与农村结对子，帮助建设新农村。过去，企业家挣了钱都是修路、架桥、建学校，这都是善举，企业发展了，在完成交税任务、解决工人工资的前提下，要帮助弱者，积极支持农村发展。五是农民群众出一点，农民要充分发挥主体作用，克服等、靠思想，积极筹措资金，加快发展生产，建设美好家园。六是市场运作搞一点，通过拍卖、承包和有偿服务等市场运作的方式，创新村庄管理办法，节约建设资金。要把社会主义新农村建设列为镇（街道）、部门和领导干部考核的重要内容，加强督查，严格考核，以实绩定奖惩，形成良好导向，确保社会主义新农村建设顺利推进。

发展现代农业，构建和谐村镇，扎实推进社会主义新农村建设

2007年3月，市委、市政府召开这次会议，主要是以中央农村工作会议精神为指导，总结工作、表彰先进，研究部署当前和今后一个时期社会主义新农村建设的任务、措施，大力发展现代农业，努力构建和谐村镇，扎实推进社会主义新农村建设，推动青州市经济社会又好又快发展。

一、认清形势，进一步坚定推进新农村建设的信心和决心

2006年，青州市把社会主义新农村建设作为青州市四大工作重点之一，充分发挥比较优势，创造性地开展工作，实现了新农村建设的良好开局，开创了农业健康发展、农村和谐稳定、农民持续增收的可喜局面，为经济社会发展全局提供了重要支撑。

一是农村经济健康发展。优质粮、瓜菜、果品、畜牧、花卉等支柱产业进一步发展壮大，五大支柱产业占农业总产值比重达到93%。青州市完成农业增加值19.5亿元，同比增长5.8%。标准化生产取得新进展，有7万亩绿色食品基地和10个无公害、绿色、有机食品品牌获得认证。青州市注册资金30万元以上的龙头企业发展到262家，销售收入过千万元的达到18家，潍坊市级重点龙头企业达到31家；新增农村合作经济组织79家，达到123家。2006年农民人均纯收入5183元，同比增长12%。

二是农村生态环境明显改善。新型村镇规划建设有序推进，旧村改造、土地整理工作取得初步成效，通过土地整理共增加耕地面积5634亩；农村环境综合整治和矿山综合整治效果明显，10个新农村建设示范

村全部建立无害化垃圾处理场，595 家采矿企业关停了 472 家，压减率达到 80%，通过整治废旧矿坑建设邵庄工业园项目进展顺利。

三是投入力度进一步加大。按照“多予、少取、放活”的方针，认真落实各项支农惠农政策。2006 年青州市财政对“三农”投入达到 8800 多万元。农业和农村基础设施建设进程加快，新建农田林网 3 万亩，完善农田林网 8 万亩；组织完成了 6 个小流域综合治理工程；实施了黑虎山水库向城区调水工程和仁河水库干渠维修改造工程；完成了博临路张庄至孙旺段、胶王路五里镇区段、程东路等道路工程建设，新修、改造农村道路 180 公里。

四是农村各项改革扎实推进。严格执行新的农业税收政策。粮食直补、良种补贴等各项政策全部高标准落实。坚持“双代管”制度，狠抓财务公开，农村财务管理得到规范。稳定和完善农村土地承包经营制度，规范土地承包经营权流转，加大对基本农田保护力度，农民群众的合法利益得到有效保护。

五是农村党的建设和社会事业持续发展。农村义务教育进一步巩固，“两免一补”政策得到全面落实，新型合作医疗扎实推进，农民参合率达到 99%，累计为农民报销医药费用 4170 万元。顺利完成镇党委换届，干部队伍结构进一步优化。深入开展千名机关干部下乡驻村活动，市直各单位投入折算 400 万元。继续实施“村村有大学生村干部”工程，有 65% 的村有了大学生干部。村干部工资由市财政统一发放，农村干部积极性和素质进一步提升。

一年来，青州市“三农”工作特别是社会主义新农村建设取得明显成效，引起广泛关注。新农村建设“两注重、四突出、一鼓励”（“两注重”，即注重城乡整体布局和系统思考定位，要求各、镇街道围绕“两城三片六大基地”的城市整体布局来思考把握各自社会主义新农村建设的思路办法；注重因地制宜，量力而行，不搞“一刀切”。“四突出”，即突出规划先行、突出比较优势、突出地域特色、突出产业拉动。“一鼓励”即鼓励结合实际大胆探索）的工作思路和“五种模式”（特色农业带动型、二三产业主导型、土地整理开发型、生态家园效益型、文化旅游促进型），得到上级领导的充分肯定，第四届中国农村研究方法高级研讨班暨社会主义新农村建设青州论坛、全国社会主义新农村建设研讨会先后在青州市召开。青州市再次被评为“全省粮食生产先进县”，花博会被评为“2006年度中国十大花卉类节庆”，青州市被授予“中国花木之乡”称号。

在充分肯定成绩的同时，我们也要清醒地认识到农业和农村工作还面临着许多新情况和新问题。一是新农村建设的力度还需加大。表现在思想上，有的镇、街道对新农村建设的重视程度不够，措施落实不到位；有的对新农村建设存在畏难发愁情绪和等靠思想，工作被动应付、无所作为。表现在村庄建设上，有的村庄布局散乱、环境面貌差，村庄建设规划明显滞后。表现在投入机制上，以工促农、以城带乡的投入机制不够完善，镇村财力不足，村集体经济负债多，基层组织无钱办事的问题比较突出，农民主动投资投劳的积极性还没有得到充分发挥。二是发展现代农业措施不够得力。在推进农业产业化方面，产业链条薄弱，农产品转化率偏低，农业增产不增收的状况依然存在，农民增收难的问题还没有根本性的改变。在发展农村合作经济组织上，追求数量多，但质量不高，对运行机制研究不够透彻，合作经济组织结构松散，在提高农民组织化程度、抵御市场风险上还没有发挥应有作用。在土地流转方面，缺乏规范，自发流转多，有组织、成规模的流转少。在龙头企业发展上，既无群山也无高峰，辐射带动能力差。三是农村精神文明建设需进一步加强。农村宣传文化阵地设施老化，同日益发展的农村经济和不断增长的农民精神文化需求不相适应，农村封建迷信、宗族派性等陈规陋习还不同程度地存在；农资市场制假售假问题仍比较严重。四是农业科技水平不高。农村干部、农民群众的知识更新和劳动技能培训跟不上形势发展的需要。农村管理人员和技术人员的再教育、村级干部的培训相对滞后，科技服务水平与现代农业的发展需求不相适应。五是农村基层组织作用发挥不够好。农村社会组织力和动员力不强，一些地方的农村基层组织在农村发展中难以起到战斗堡垒和示范带头作用，个别班子软弱涣散，缺乏凝聚力、感召力和战斗力。有些干部不能以身作则，导致党群干群关系紧张。这些问题，严重影响了青州市农业和农村工作的发展水平，影响了青州市经济持续快速健康发展，各级各部门必须高度重视，认真对待，扎扎实实加以解决。

2007年是推动青州又好又快发展的重要一年，是跨入全国百强县的关键一年。青州市上下都要牢固树立“大农业”意识，摒弃“就农业抓农业”的观念，把加强“三农”工作、推进新农村建设同工业振兴、城市建设与管理转型、服务业提升作为一个整体考虑，统筹发展，同抓并举。通过发展工业反哺农业，大力发展加工农业，着力培植龙头企业，不断提高农业现代化水平，促进农业增效；通过城市建设支持农村，实现城市建设与新农村建设的互动共赢，加快城乡一体化进程，促进农村繁荣；通过发展服务业，带动农村劳动力的转移，加快农产品流通，繁荣农产品市场，促进农民增收。青州市上下都要站在战略和全局的高度，进一步增强做好农村工作的紧迫感和责任感，把“三农”问题作为全党工作重中之重的战略思想丝毫不能动摇，扎实推进新农村建设的各项工作丝毫不能松懈，确保农业农村工作又好又快发展。

二、明确思路，准确把握新农村建设的总体原则

2007年农业和农村工作总的指导思想是：以邓小平理论和“三个代表”重要思想为指导，全面贯彻落实党的十六届五中、六中全会和2007年中央一号文件精神，以建设“生产发展、生活宽裕、乡风文明、村容整洁、管理民主”的社会主义新农村为目标，坚持“两注重、四突出、一鼓励”的工作思路，继续深入开展千名机关干部下乡驻村活动，巩固新农村建设的“五种模式”，加快发展现代农业，千方百计增加农民收入和壮大农村集体经济，努力建设社会主义新农村，推动青州市经济社会又好又快发展。做好今后一段时期的新农村建设工作，要着重把握好以下几点。

一要着眼整体布局。突破就城市抓城市、就农村抓农村的传统做法，树立县域一体的发展理念，将城乡作为整体看待，努力创造城乡之间各

种生产要素自由流动和优化配置的顺畅机制，实现城乡互动、城乡互补、城乡互惠。正确处理长远和当前的关系，搞好乡镇定位，确定发展重点。

二要注重发挥比较优势。充分发挥自身的区位、资源、文化、产业等优势，针对平原、山区，城镇、郊区等不同类别，对外强调发挥青州市的整体优势，对内强调发挥各具体单元的独特优势，充分体现党委、政府的决策和服务功能，最大能力地配置优势产业，宜商则商、宜工则工、宜农则农，因地制宜，最大限度地提高农业的比较效益。

三要突出产业支撑。产业的支撑是建设社会主义新农村的切入点，农业产业的发展是农村经济发展的基础。产业的发展如果起不到支撑作用，新农村建设就不可能达到预期目的，就不会有充足的后劲。要围绕市里确定的“六大产业”，结合本地实际，壮大支柱产业，以农业产业的发展来促进农民增收、农业增效，带动农村经济全面发展。

四要抓好体系建设。技术进步系统、生产组织系统和社会组织系统，是构成“三农”工作的核心体系。要抓好技术进步系统建设，健全农业科技推广体系，不断提高农业科技水平；抓好农业生产本身的组织系统建设，大力发展农场式农业、农业合作社、龙头企业，提高农民生产的组织化程度，适应社会化大生产的需要；抓好为农业生产提供支持的社会组织系统建设，转变干部作风，加强基层组织建设，不断提高为农业服务的水平。

三、突出重点，加快发展现代农业

2007 年中央一号文件强调指出，发展现代农业是社会主义新农村建设的首要任务，是促进农民增加收入的基本途径，是建设社会主义新农村的产业基础。我们必须进一步提高认识，切实把发展现代农业摆在更加突出的位置，突出重点，强化措施，努力以现代农业的大发展促进新农村建设的大跨越。

（一）积极推进农业产业化、标准化、国际化进程。一是突出抓好优势产业发展。进一步调整优化产品结构和产业布局，培育壮大瓜菜、畜牧、花卉、果品、优质粮五大支柱产业，不断扩大规模优势。突出抓好花卉苗木业。加快35平方公里的黄楼花卉博览园的规划建设，扩大花卉苗木种植规模，尽快形成集种植、加工、物流、旅游于一体的综合性园区；采取“以奖代补”的形式，鼓励镇、街道大力发展花卉苗木产业，力争青州市年新增花卉苗木1万亩以上；精心筹备举办第四届山东省花卉博览会暨2007中国（青州）花卉博览交易会，全力申办2009年举办的第七届中国花卉博览会。二是大力发展特色农业。要因地制宜发展花卉、畜牧、农业观光旅游等特色农业，支持“一镇一业、一村一品”，形成特色明显、类型多样、竞争力强的专业村和专业镇。特别是着眼于开发农业的多种功能，做好农业与青州历史文化和旅游资源的有机结合，发展生态农业，推动观光农业。三是狠抓农业标准化生产。从生产、加工、包装、流通等环节抓起，大力推进标准化生产。规划建设优质农产品基地和标准化畜牧养殖基地，2007年力争新增优质农产品基地6万亩。积极实施农产品质量安全工程，健全农产品安全检测体系，力争农产品主产区的镇（街道）、主要农产品批发市场、重点农业龙头企业，全部建立农产品检测站（室），严把农产品进入市场的速检、质量监控准入关，形成市、镇（街道）、相关企业和市场四级农产品检测体系。四是做强农业品牌。壮大已有品牌，做好品牌保护，扩大“永寿牛羊肉”“青州蜜桃”“青州柿干”“青州干瓢”等名优产品在国内外市场的份额；积极申报新的品牌，对已经具备申报条件的，组织搞好申报，力争2007年新认证无公害、绿色、有机农产品品牌7个以上。五是加快农产品市场化、国际化。加强农产品交易市场建设，培育壮大经纪人队伍，形成市场牵龙头、龙头带基地、基地连农户，集种养加、产供销、贸工农于一体的农业发展格局。积极开拓国外市场，依托龙头企业的强势带动，特别针对日本肯定列表制度的出台，严格按照国际标准生产，加快技术升级，形成加工出口工业体系、市场网络体系、农产品生产体系和质量安全体系四大体系，全力打造国际化农产品加工工业区，实现青州市农业质的飞跃。

（二）大力实施农业科技创新。科技进步是农业发展的原动力，是突破资源和市场制约的根本出路。一是积极构建新型农业科技推广体系。要依托农技站、合作社，在注重科技水平提高的同时，不断探索技术扩散和推广的新路子。逐步形成以技术指导员为纽带，以示范户为核心，连接周边农户的技术传播网络。着力培育科技大户，发挥对农民群众的示范带动作用。二是积极发展农业机械化。加强农机现代化建设，继续实施农机科技入户工程，加快玉米生产综合机械化进程。鼓励农民共同使用、合作经营农业机械，积极培育和发展农机大户和农机专业服务组织。三是积极培育科技型农民。大力实施“绿色证书工程”和“新型农民科技培训工程”，认真开展多形式、多层次的农民技能培训，为技术创新和现代农业发展提供强有力的人才支撑。

（三）加快发展农业龙头企业。农业龙头企业，外联市场，内联农户，是农业产业化链条中一个必不可少的环节，是发展现代农业的重要带动力量。要进一步提高认识，强化措施，加快发展壮大龙头企业，力争 2007 年青州市农业龙头企业发展到 300 家，其中潍坊市重点龙头企业 42 家，省重点龙头企业 4 家，力争实现国家级农业龙头企业零的突破。

一是加大扶持力度。从 2007 年开始，市财政每年拿出 100 万元作为贷款贴息，鼓励和支持农业龙头企业发展。各镇、街道也要采取相应的措施，重点扶持有市场、有潜力的农业大型龙头企业。要充分利用青州市丰富的农业资源，发挥品牌优势、节会优势，吸引外资、民资投向农业龙头企业。支持农业龙头企业建立自己的种植和养殖基地，增强发展后劲。

二是突出发展重点。蔬菜加工，鼓励企业通过“订单”农业或自建基地，与农户建立密切的产销关系，带动瓜菜产业的发展；果品加工，进一步膨胀规模，提高山楂、柿饼等主导产品的深加工水平，力争果品加工转化率达到 75% 以上；肉奶加工，突出青州牛羊肉的民族特色，扶持省级农业龙头企业——青州益寿食品有限公司做大做强，带动牛羊养殖、加工、销售一条龙产业发展；花卉产业，以规划建设花卉博览园为契机，加快形成主打品牌和龙头企业。

三是加快企业扩张步伐。以“农产品精深加工”和“生物工程”两个招商引资工作小组为依托，组织好国内外的招商引资活动。充分发挥青州市特色农业、文化旅游、生态农业等资源丰富的优势，吸引外商投资农产品加工业、山区开发和农业基础设施建设。通过资产重组、企业兼并等方式，鼓励中小企业向大型企业靠拢，支持对现有冷藏、保温、运输、加工等设施进行改造，组建新的龙头企业，力争青州市 70% 以上的农副产品得到加工转化。

（四）突出抓好农村合作经济组织建设。农村合作经济组织是农民增强应对市场风险能力的重要手段，是增加农民收入的有效途径，也是新形势下提高农村组织力和动员力的重要措施。

一是积极发展新的农村合作经济组织。以深入学习和贯彻《中华人民共和国农民专业合作社法》为契机，以龙头企业带动、种养大户带动、政府主导、村民自发组织等多种形式，不拘形式、不限内容地发展一批新的合作经济组织，力争今年新增合作经济组织 80 家以上，10 万户农民成为各类合作经济组织会员，40% 的农村经济活动纳入组织化生产经营。

二是规范和提高现有农村合作经济组织。围绕"设立登记、股份设置、制度建设、民主管理、财务核算、盈余分配、统一服务、经营绩效"等内容，对现有合作经济组织进行规范，力求实现"产权明晰化、管理民主化、财务规范化、服务优质化、经营效益化"的目标，真正发挥合作经济组织在农业生产中的牵头组织作用，使其成为农民增收致富的组织者和推动者。

三是不断创新组织方式。积极探索建立土地股份合作社的方式，鼓励农民以土地使用权入股经营，提高土地规模效益。

四是进一步加大扶持力度。市财政继续每年安排不少于 50 万元的专项资金，扶持发展农村合作经济组织。科技、金融、税务、工商等部门都要结合各自职能，出台相应优惠政策，着力支持合作经济组织扩展规模，开展市场营销、信息服务、技术培训、农产品加工储藏和农资采购经营等活动，进一步做大做强。

四、统筹发展，全力促进农村和谐

构建和谐村镇是建设社会主义和谐社会的重要内容，没有新农村的和谐，就没有全社会的和谐。要统筹城乡发展，加快发展农村社会事业，确保农民持续增收、农村更加和谐。

（一）以完善规划为重点，着力抓好农村环境综合整治。要坚持规划先行。年内要完成所有镇区总体规划和中心村的建设规划，一般村的规划要完成 50% 以上。改造城中村、城郊村，分层次、多形式建设新村庄。搞好旧村改造、村庄合并和土地整理工作，加大对闲散土地的合同化管理力度，努力解决“空壳村”问题。规划、国土资源等部门要加强规划的执行和建设项目的审批管理，在规划确定的撤并村庄（社区）范围内，除危房加固、维修外，坚决停止审批新建、重建、改造住宅。要深入开展综合整治。农村环境整治是一项长期工程，必须持之以恒抓紧抓好。进一步加大“三大堆”清理力度，积极推广示范村建设生活垃圾无害化处理场的做法，搞好垃圾集中处理，全面展开“一池三改”工作。大力推广应用太阳能、沼气等新型能源建设，推进人畜粪便、农作物秸秆的综合治理和转化利用。要搞好农村生态建设。以建设生态名市为目标，积极创建生态镇、生态村。山区要加大植树造林力度，抓好封山育林工作，严禁乱开乱采、破坏森林植被的行为，进一步提高绿化覆盖率；平原要继续抓好主干道两侧和村庄庭院的绿化。要突出乡村特色、地方特色和民族特色，认真做好古村落、古民宅和古树名木保护工作。

（二）以培养新型农民为重点，加强农村精神文明建设。加快新农村建设，关键在人。没有高素质的农民，就没有农村的现代化。要认真开展好“三下乡”活动，不断丰富农民群众的精神文化生活。深入开展文明村创建活动，带动、引导农民崇尚科学、抵制迷信、移风易俗、破除陋习，形成科学文明、健康向上的社会风貌。加快农民转移步伐，大力发展二、三产业，构建城乡一体化就业机制，引导更多的农民步入产业工人行列；加快推进小城镇建设，推动农民向城镇、社区集中居住，实现农村劳动力就地就近转移，力争全年转移农村劳动力 2 万人以上。

（三）以维护农村稳定为重点，扎实推进农村民主与法制进程。当前发展靠稳定，长期稳定靠发展。要坚持以村务公开为重点，以管理民主、公开、透明为目标，进一步完善民主议事和民主决策制度，保障农民群众真正享有知情权、参与权、管理权、监督权。积极搞好农民普法教育，切实提高村民的法律意识和素质，引导群众依法保护自身的合法权益。要进一步加大村庄合并力度，减少村干部职数，降低村级运行成本。要扎实推进平安村庄建设，认真搞好社会治安综合治理，创造良好的社会治安环境。要妥善处理农村各种矛盾纠纷，切实维护农民的合法权益，维护社会稳定。

（四）以加大投入为重点，统筹发展农村社会事业。加强农村基础设施建设。用足用活“一事一议”政策，健全农民自主筹资筹劳的机制和办法，引导和鼓励农民自主开展农村公益性设施建设。继续实施“村村通自来水”工程，放开农村供水工程的建设权和管理权，力争自来水普及率达到 80% 以上。抓好黑虎山水库除险加固及向城区调水、引弥干渠维修和仁河水库除险加固等水利工程，继续搞好禽流感防控和农业开发、扶贫开发、小流域综合治理等工作，不断改善农业生产条件。加快农村道路建设，搞好村内道路硬化整修，2007 年力争新修改造农村道路 100 公里，“村村通”柏油路达到 95% 以上。积极发展农村教育事业。加强中小学布局调整，大力推行一费制改革，把农村义务教育经费纳入公共财政保障范围，全部免除农村义务教育学杂费。大力发展农村卫生事业。进一步推进新型农村合作医疗工作，提高筹资数额和报销比例，有效解决农民因病致贫、因病返贫问题。加快完善农村医疗服务体系，重点抓好镇、街道中心卫生院和村卫生所建设。健全农村最低生活保障体系，适当提高低保标准，做到应保尽保。高度重视做好失地农民保障工作，确保失地农民利益。大力发展敬老事业，确保农村“五保”集中供养率 75% 以上。

五、狠抓落实，稳步推进社会主义新农村建设

社会主义新农村建设是一项长期战略任务，事关青州市发展大局。必须切实改进方式方法，狠抓落实，务求实效。

一是加强领导，落实责任。新农村建设领导小组要切实抓好新农村建设工作的规划、指导、协调、督查和落实。要继续充实和加强市新农村建设领导小组办公室的力量，从各部门抽调精干人员，落实专项经费，确保工作高效运行。市级领导班子成员要带头深入所包镇村，加强调度，及时解决工作中遇到的问题；各镇、街道主要负责同志要亲自抓、负总责，确保新农村建设扎实有序推进；各村（社区）党（委）支部书记也要把主要精力放在新农村建设上，选准突破口，定出时间表，一项一项抓落实，尽快形成上下统一、协调有力、齐抓共管的组织领导体系。

二是搞好帮扶，形成合力。继续深入开展好“千名机关干部下乡驻村”活动。“千名机关干部下乡驻村”活动，是转变机关作风，培养锻炼干部，夯实基层基础的重大措施。近一年来，广大驻村干部风里来、雨里去，对农村的发展和稳定作出了巨大贡献。实践证明，“千名机关干部下乡驻村”活动是一项合民情、顺民意的“民心工程”，必须坚持不懈地深入开展下去。各驻村干部要切切实实当好农村建设的政策宣传员、群众服务员、文明传播员、党建指导员、稳定协调员。各部门要树立长期帮扶思想，针对所包村的实际情况，进一步研究帮扶措施，该出钱的出钱，该捐物的捐物，该出技术的出技术，真正为新农村建设献计出力。

三是转变作风，提高一致行动的能力。一致行动的能力，是我们党取得革命胜利的重要因素，是赢得群众支持的首要原因。思想一致、步调一致是干好工作的前提条件。干部作风教育整顿，一个很重要的目的就是，通过广大干部思想作风的转变，促成与市委保持高度一致的思想，形成一致行动的能力。市级领导干部要大力弘扬求真务实精神，深入农村一线，脚踏实地、埋头苦干，通过为群众解难题、办实事，树立机关

干部的良好形象，进一步密切党群干群关系。镇（街）干部要牢固树立扎根基层的思想，坚决杜绝“走读风”现象。要落实好包片包村（社区）工作责任制，深入群众，与群众打成一片。要坚决维护市委、市政府的权威，执行市委、市政府的决策部署，不折不扣地抓好落实。绝不能搞上有政策、下有对策，执行政策走样，落实措施不到位，给青州市大局造成被动。青州市干部都要顾全大局，服从服务于市委中心工作，坚决做到个人利益服从整体利益，部门利益服从全局利益，统一思想，统一行动。

四是强化督查考核，充分调动各个层面积极性。继续加大对新农村建设的督查力度。坚持一月一调度、一季一点评、半年一考核的工作机制，督查考核结果要及时通报。进一步完善对新农村建设的奖励机制。由督查局、农办牵头抓紧对2007年新农村建设奖励办法进行进一步修订，特别要对发展农村合作经济组织、农业龙头企业、农业科技推广与进步、林业生产等领域涌现出的先进单位和个人，以及综合实力强村、新农村建设示范村和带头人、机关干部下乡驻村先进等进行大张旗鼓的表彰奖励，使其有荣誉、有地位、得实惠。市委组织部要把新农村建设的成效作为考核干部的重要内容，从而调动青州市上下广大干部群众建设新农村的积极性，不断把新农村建设推向深入。

五是进一步发挥农村基层党组织的领导核心作用。社会主义新农村建设的关键在村级组织。村级组织是农村基层的组织，村干部是农村基层的干部，是团结带领农民群众、落实上级政策、推进新农村建设的具体组织者和实施者。村级组织的执政能力、领导能力直接关系到农村的改革、发展和稳定。可以说，村级组织强，一强百强；干部作用好，一好百好。要选拔政治上可靠、经济上明白、管理上精明、致富能带头的人到村级班子任职。广大村（社区）干部要进一步解放思想，更新观念，提高领导群众发展经济的能力；要发扬民主，依法办事，严于律己，树立良好的形象；要加强学习，勇于创新，进一步增强做好新形势下农村工作的能力，不断推动新农村建设迈上新台阶。

加强农业基础建设，加快发展现代农业，推进城乡一体化进程

2008年2月，市委、市政府召开这次会议，主要是认真贯彻落实中央和山东省、潍坊市农村工作会议精神，总结工作，表彰先进，分析形势，部署任务，动员青州市上下迅速行动起来，加强农业基础建设，加快发展现代农业，推进城乡一体化进程，开创青州市社会主义新农村建设新局面。

青州市是农业大市，农村人口占青州市人口的80%。农业兴则青州市兴，农村稳则青州市稳，农民富则青州市富。关注“三农”问题，就是对民生问题的最大关注。2008年，是全面改变城乡面貌、塑造青州形象，全力筹备“七博会”的关键时期，为现代农业的发展、为城乡一体化进程的推动提供了难得机遇，需要我们认真把握。必须看到，“三农”已不再是传统意义上的“三农”，而是涵括传统农业、现代农业以及加工、运输、销售等在内的“大农业”。青州市上下都要牢固树立“大农业”意识，摒弃“就农业抓农业”的观念，把加强“三农”工作、推进新农村建设同工业振兴、城市建设与管理转型、服务业提升作为一个整体考虑，统筹发展，同抓并举。通过发展工业反哺农业，大力发展加工农业，着力培植龙头企业，不断提高农业现代化水平，促进农业增效；通过城市建设支持农村，实现城市建设与新农村建设的互动共赢，加快城乡一体化进程，促进农村繁荣；通过发展服务业，带动农村劳动力的转移，加快农产品流通，繁荣农产品市场，促进农民增收。青州市上下都要站在战略和全局的高度，进一步增强做好农村工作的紧迫感和责任感，坚持加强“三农”的决心不动摇，扶持“三农”的力度不减弱，突出“三农”的工作不松懈，确保农业农村工作又好又快发展。

一、加速推动农业和农村经济又好又快发展

2008 年青州市农业和农村工作总的要求是：深入贯彻落实党的十七大精神，按照市委十一届第六次全体会议要求，抓住全力筹办花博会的机遇，加快工作指导转变，加快农业发展方式转变，继续坚持“两注重、四突出、一鼓励”的工作思路，巩固提高新农村建设“五种模式”，加快发展现代农业，壮大农村集体经济，加快小城镇建设步伐，推进城乡一体化进程。重点实施“一扩二增三提升”工程，推动青州市农业和农村工作再上新台阶，推动青州市社会主义新农村建设迈出新步伐。

（一）突出发展优势产业，扩大支柱产业规模。加大对优势产业的扶持力度，进一步优化农产品结构和产业布局，继续培育壮大瓜菜、畜牧、花卉、果品、优质粮五大支柱产业。一是大力发展花卉产业。以筹办中国第七届花卉博览会为契机，调整种植业结构。黄楼镇要加快推进花卉博览园建设，2008 年要引进 5 家以上科技含量高的花卉龙头企业，提升花卉产业档次。谭坊、弥河、东夏、云门山等镇、街道，要主动接受黄楼镇辐射，发展花卉种植，加快花卉苗木基地建设，其他各镇、街道也要结合各自实际，制定花卉发展计划，确保今年青州市新增花卉苗木面积 3 万亩以上，力争 2009 年青州市花木面积达到 20 万亩。高水平办好 2008 年中国（青州）花卉博览会，为办好 2009 年中国“七博会”打下坚实基础。二是加快优质农产品基地建设。本着龙头带动、区域布局、规模生产、量力而行的原则，抓点带面，加快优质农产品基地建设，力争新增优质农产品基地 5 万亩以上，达到 67 万亩。三是努力稳定粮食产量。继续组织实施国家良种推广项目、国家标准粮田建设项目，加快中低产田改造，通过提高单产稳定总产，确保粮食安全。四是加快发展畜牧业。认真落实规模养殖用地政策和对畜禽养殖业的各项补贴政策，推进青州市标准化和规模化饲养，力争畜牧业产值占农业总产值的比重达到 45% 以上。五是积极拓展农业观光休闲功能。做好农业与青州市历史文化和旅游资源的有机结合，推出一批果蔬采摘、休闲体验、民俗度假等形式的农业旅游观光项目，推动观光农业发展。

（二）加快农业产业化经营，增加龙头企业总量。发展龙头企业，实行产业化经营，是农业增效、政府增收的重要举措。要千方百计增加龙头企业总量，力争青州市注册 30 万元以上龙头企业发展到 300 家，其中 2 家以上达到省级龙头企业标准，40 家以上达到潍坊市龙头企业标准。

一是加大扶持力度。认真落实中央、山东省和潍坊市出台的各项扶持优惠政策。潍坊市财政局继续拿出 100 万元对潍坊市级以上龙头企业进行贷款贴息，鼓励和扶持龙头企业发展。各镇、街道要落实相应资金，采取有效措施，重点扶持有潜力的大型龙头企业发展。

二是加大招商引资力度。进一步完善农业招商引资项目库，充分利用青州市丰富的农业资源，发挥品牌优势、节会优势，广泛吸引外商投资农业生产、经营、加工领域，鼓励农民专业合作社兴办农产品加工企业或参股龙头企业。

三是膨胀现有企业规模。积极搞好资金协调和信息服务，壮大实力、增强竞争力、提高带动力，扶持重点龙头企业迅速膨胀规模。从现有龙头企业中筛选有发展潜力的 10 家进行重点扶持，争取有 1 家进入国家级龙头企业行列。

四是确定发展重点。蔬菜加工业，鼓励企业通过“订单”农业或自建基地，与农户建立密切的产销关系，带动瓜菜产业生产；畜牧产业要以永寿食品、全成食品等为龙头，扩大肉鸡、肉牛规模化养殖；林果业要以瓜果批发市场、王坟果品加工厂为龙头，带动高效优质林果业生产；粮食加工业，要重点做好南顺面粉项目的开工建设，促其尽快投产达效。

（三）狠抓植树造林，增加绿化面积。绿色是青州的本色。要以建设生态名市为目标，以林场建设为抓手，坚持生态效益、经济效益、社会效益相结合，生态林与林业产业并重，提倡退耕还林，实行封山育林、大搞成片造林和组团绿化，增加“绿量”。

一是突出绿化重点。林场建设要抓好玲珑山、弥河、逢山等 11 个林场的新建扩建，玲珑山林场要完成造林 1 万亩，弥河林场完成造林 7000 亩。荒山绿化要突出城市周边、主干道两侧以及风景名胜区的绿化，弥河、王坟、庙子、邵庄、王府 5 个镇、街道在抓好西南路域综合治理工作的同时，每年至少完成一个山头的绿化。平原要突出林网建设，在谭坊、高柳两镇新建林网 3 万亩，其他镇、街道完善农田林网 7 万亩，完成植树 35 万株。

二是开展全民义务植树。建立健全义务植树机制，设立全民义务植树基地，使全民义务植树基地化、制度化。教育部门要把植树造林、改善环境列为教育内容。工会、团委、妇联、武装部等单位要采取多种形式，搞好纪念林、纪念树的栽植工作。

三是加强护林防火。坚持栽管结合，落实行之有效的管护措施，确保树木保有率达到 95% 以上。加强森林防火机构设置和护林防火队伍建设，严格落实森林防火责任制，强化野外火源管理，确保不发生大的森林火灾。

（四）推进标准化生产，提升农产品质量。要通过标准化生产，提升产品质量，提高农业综合效益。

一是深入实施农业标准化战略。加快农业标准化示范区和标准化生产基地建设，各镇、街道 2008 年都要建立 2 处以上标准化生产示范区。进一步完善农产品质量安全体系，健全青州市、镇（街道）、企业、重点龙头企业四级质量监测网络，按照国际标准和市场准入的要求生产。要积极推进畜牧标准化养殖场和养殖小区建设，推广科技饲养。

二是加强植物保护、防疫体系建设。探索建立农民植物保护专业化合作服务组织，推进重大植物病虫害统防统治工作。加大动物防疫体系建设投入力度，加快畜牧兽医体制改革，落实好动物疫苗专用资金，确保不发生大的疫情。

三是加强农资市场监管。全力搞好农资市场和农产品质量专项整治工作，进一步完善投诉举报机制，加大对农资制假售假等违法犯罪行为的打击力度，彻底清理小化肥、小农药生产，创造良好的农资市场生产经营秩序。

（五）加强组织引导，提升农民专业合作经济组织发展水平。农民专业合作经济组织是组织农民的有效形式，是农民抵御市场风险的重要手段，是增加农民收入的有效途径。

一是加大引导扶持。要充分发挥市场配置资源的基础作用、农民的主体作用、政府的扶持保护作用，在坚持农村基本经营制度的前提下，积极发展农民专业合作经济组织。市财政、镇、街道要安排专项资金对合作社进行扶持。

二是推进规范提高。坚持一手抓发展，一手抓规范，条件成熟一个、发展一个、规范一个，保证青州市农民专业合作经济组织健康发展，各镇、街道 2008 年都要新成立 6 处以上、规范 3 处以上，力争青州市新发展农民专业合作经济组织 80 家以上。

三是创新组织形式。积极探索农民以土地经营权、资金、劳动等生产要素入股合作方式发展合作经济组织。支持供销合作社以建设农村现代流通网络和合作经济服务体系为重点，创新经营方式，建立农村新型经营服务体系。积极探索农村信用经营机制，发展信用合作。

（六）扎实推进小城镇建设，提升新农村建设水平。小城镇是农村的区域性中心，是农村经济和社会各项事业发展的重要载体。山东省已出台加快小城镇发展的意见，潍坊市委、市政府也把小城镇建设列为 2008 年重点推进的工作之一，上半年要对小城镇建设发展进行观摩点评，我们必须将其列为农业和农村工作的重中之重来抓。

一是坚持规划先行。按照以城带乡、以镇带村、统一规划、分步实施的原则，年内全部完成小城镇和各村的规划。合理确定小城镇空间布局，按照以产业聚集带动小城镇发展的要求，围绕“特色农业带动型、二三产业主导型、土地整理开发型、生态家园效益型、文化旅游促进型”5 种模式，尊重传统、习惯和风格，培育一批特色小城镇。

二是以小城镇为中心加快基础设施建设。要加强农村公共交通建设，完善公路与村庄的衔接，全面实现农村客运网络化。加强农村自来水建设，年底普及率要达到 85% 以上。积极推进规模化和城乡联网供水，开工建设东部供水工程，统筹解决教育园区、花卉园区、经济开发区东南部及弥河、南阳河沿岸供水问题。积极推进社区服务中心建设，加强农村文化大院建设，把农村文化场所建设与基层组织活动场所建设结合起来，实现共建共享。

三是以小城镇为中心加快农村现代流通服务网络工程建设。积极发展电子商务、物流配送、连锁经营等新型流通业态，拓宽城乡一体的农产品流通渠道。

四是以小城镇为重点抓好环境卫生综合整治。进一步清理“三大堆”，治理农村脏乱差现象，继续抓好农村生活垃圾集中处理和“一池三改”工作，大力推广太阳能、沼气等新型能源，不断提升人民生产生活水平。

二、大力发展农村公共事业，提高农民生活水平

发展农村公共事业，是增强农民素质的现实需要，是改善民生的必然要求，是推进城乡一体化的重要措施。要坚持政府主导与社会参与相结合，加大投入，着力解决人民群众最关心、最直接、最现实的民生问题。

（一）大力发展农村社会事业。一是坚持优先发展教育。启动农村中小学标准化建设，改善农村中小学办学条件。进一步完善青州市义务教育管理体制，认真做好外来务工人员子女、农村留守儿童少年的教育工作。认真做好新教师的补充录用工作，加大向农村学校倾斜的力度，进一步优化农村教师队伍结构。试行城乡教师交流制度，建立城区优秀教师在城乡学校之间的流动机制，实现优质教育人力资源共享。二是提高农村公共卫生水平。整合区域卫生资源，加强镇卫生院、社区卫生所和村级标准化卫生室建设，年内完成 60 所标准化村级卫生室建设任务。规范新型农村合作医疗制度，逐步提高报销比例和封顶线，实现就诊即报，确保参合率稳定在 99% 以上。加强乡村卫生技术人员培训，强化重点传染病防治工作，提高基层卫生服务能力。三是加强农村文化设施建设。狠抓农村文化大院建设，把农村文化场所建设与基层组织活动场所建设结合起来，实现共建共享。继续组织实施乡镇综合文化站、村村通广播电视、文化信息资源共享、农村电影放映和农家书屋建设等 5 大工程。四是完善农村社会保障体系。积极稳妥

地扩大农村低保保障面，提高保障水平。认真落实五保供养政策，全面提高五保对象供养水平；巩固农村敬老院建设成果，提高集中供养率，年内全部实现五保对象愿进全进目标。加快市中心敬老院建设，年内形成入住条件，建成山东省内一流敬老院。五是加强农业技术推广。继续实施测土配方施肥、秸秆综合利用、农机入户等科技推广项目，稳步提高农业科技贡献率。推进农业机械化水平，重点抓好以玉米秸秆还田为主的耕作技术，力争机收率达到80%以上。开展新型农民培训工程，实施山东省农村剩余劳动力转移培训“阳光工程”项目，促进农村劳动力由体力型向技能型、由低层次向高层次转变。

（二）全面推行农村公共服务社区化。实行农村公共服务社区化，是实现城乡公共服务均等化的必然要求。要把农村社区服务与小城镇建设结合起来，科学规划建设农村社区综合服务中心和服务网点。要加强社区公共服务设施建设，健全医疗卫生、社区环卫、计划生育、社会保障等服务项目，为社区群众提供“一门式”公共服务。要以社区服务中心为平台，加快发展农资供应、农产品购销、日用品超市以及金融、保险代办等服务网点，为农村居民提供多层次全方位服务。要加大社区服务公共财政投入力度，鼓励社会团体、企事业单位和个人捐资兴办社区服务项目，建立多元化投入机制，提高农村社区公共服务能力。

（三）全面深化农村改革。坚持稳定和完善农村基本经营制度，积极稳妥地开展土地延包换证工作。进一步探索土地承包经营权流转机制，按照依法自愿有偿原则，发展多种形式的适度规模经营。建立健全土地纠纷案件调解组织，抓好合同纠纷调解仲裁。探索农村金融体制改革，推进农村担保方式创新，建立动产抵押、权益质押、农户联保等担保形式；逐步扩大农业保险覆盖范围，探索建立政府补助、农民参加的农业保险制度。进一步深化农村会计制度改革和财务管理创新，推广会计联村异地聘用制和农村财务三委托两双向管理，实现会计队伍的职业化。探索化解农村债务的新路子，对生产经营性债务，按照市场原则协商解决，坚决杜绝形成新的债务。进一步健全完善“一事一议”和财务公开制度，切实防止农民负担出现反弹。

（四）深入开展和谐平安创建。开展“百企联百村，共建新农村”活动，推进“村企共建、共建共享”；推广弥河镇张家洼村“以孝治村”经验，开展“弘扬传统美德、爱老敬老护老”评选活动，形成尊老爱老的浓厚氛围；以讲文明、树形象为主题，开展迎接“七博会”等活动，全面提升素质。加强社会治安综合治理。积极畅通群众合理诉求渠道，妥善处理农村各种矛盾纠纷。按照一区一警的要求，切实加强农村社区警务室建设，严厉打击农村各种邪恶势力。充分发挥群众联防联治优势，建立社会治安巡逻队，加大防范力度，努力维护社会治安秩序，把青州市农村建设成为管理有序、治安良好、文明和谐的社会主义新农村。

三、加强农村基层组织建设，进一步增强凝聚力和战斗力

农村基层组织是落实农村政策、做好“三农”工作的重要基础，肩负着推动发展、服务群众、凝聚人心、促进和谐的重要作用。

（一）加强村级组织建设。继续深化农村党的建设“三级联创”活动，健全完善村组织运行机制，不断提高基层党建工作的制度化、规范化水平。建立健全城乡党的基层组织互帮互助机制，加快村村、村居、村企联建党组织步伐，深化完善“产业建支部”模式，不断优化组织设置，扩大组织覆盖。大力发展集体经济，加强对农村集体资金、资产和资源的经营管理，确保集体资产保值增值，增强村级组织服务农民的能力。要以党的基层组织建设带动其他各类组织建设，培育和发展服务“三农”的社会组织。

（二）加强基层干部队伍建设。对镇、街道的干部，要重培养、重管理、重使用，支持和鼓励他们敢干事、会干事、干成事。镇、街道干部要自觉增强责任心和使命感，切实承担起领导一方发展、保一方平安的重任。要以村支部书记和新任村干部为重点，按照实际、实用、实效的原则，加大农村党员干部思想政治教育和业务培训力度，增强其带领群众发展经济、增收致富的能力，做好群众工作、促进和谐的能力。要关

心爱护农村基层干部，积极改善他们的工作、生活条件，帮助解决实际困难，充分调动他们的积极性和主动性。

（三）推进农村民主政治建设。健全完善基层群众自治制度。深入推进村级事务契约化管理，加强制度化、规范化建设。完善村务公开制度和民主议事制度，提高村务工作的透明度，保障农民群众的决策权、管理权和监督权。建立健全财务管理制度，规范村级财务管理，特别是要强化集体财务收支审批制度，加强群众监督。深入开展农村普法教育，增强农民法制观念，提高农民依法行使权利和履行义务的自觉性。

保持农业稳定增长、农民持续增收、农村和谐稳定，搞好社会主义新农村建设

2009年3月，市委、市政府召开这次会议，主要是贯彻落实各级农村工作会议精神，总结工作、表彰先进，分析形势、部署任务，动员青州市上下迅速行动起来，突出重点，强化措施，努力保持农业稳定增长、农民持续增收、农村和谐稳定。

2009年是新中国成立60周年，是贯彻落实党的十七届三中全会精神的开局之年，也是应对国际金融危机、保持经济平稳较快发展的关键一年，做好农业农村工作具有特殊而重要的现实意义。青州市农业和农村工作总的思路是，全面贯彻落实党的十七大和十七届三中全会、中央农村工作会议精神，坚持“两注重、四突出、一鼓励”，以生态文明为引领，以“七博会”筹办为强大动力，以产业发展为支撑，以小城镇建设为载体，以基础设施建设为重点，以社区建设为途径，加快推进“农业发展园区化、农村管理社区化、农民身份职业化”进程，努力保持农业和农村经济平稳较快发展。主要目标是，农民人均纯收入增长10%，农业增加值增长4%，新增转移农村劳动力2万人以上。

一、突出重点，确保实现又好又快发展

抓重点，是一种十分重要的工作方法。在当前情况下，更要拿出得力措施，寻求重点领域和关键环节的突破。

（一）以产业化和土地流转为重点，抓好现代农业建设。一要抓好优势产业发展。调整优化产品结构和产业布局，培育壮大瓜菜、畜牧、花卉、果品、优质粮五大支柱产业，力争新增优质农产品基地2万亩以上。

突出抓好花卉苗木业。以“七博会”为平台，积极引进发展高科技花卉产业，推进花卉产业上档升级；探索集观赏、体验、休闲、娱乐为一体的花卉旅游新模式，力争列入全国农业旅游示范项目；推进花农生产生活设施改造，尽快建成一批高档农居、花田，着力打造东方花都生态城。二要抓好农业基础设施建设。完善农田水利基础设施体系，狠抓黑虎山水库、仁河水库等水利工程的续建配套、改造升级和除险加固，进一步提升农田水利保障水平。巩固王坟小流域、玲珑山小流域等治理成果，尽快推广治理经验。加强水源涵养林、生物防火林及农田防风林带建设，改善农业生态环境。完善农业防灾减灾网络建设，提高农业应对各种灾害的能力。加大土地开发整理和基本农田建设力度，突出中低产田改造，建设高标准基本农田。三要抓好龙头企业发展。各级各部门要密切关注市场变化和经济走势，认真落实上级出台的各项帮扶政策，想企业之所想、急企业之所急、帮企业之所需，与企业同舟共济、共克时艰；要积极引导龙头企业加快机制创新、科技创新和管理创新，加快建立现代企业制度，不断提升企业管理和运行水平。完善农业招商引资项目库，广泛吸引外商投资农业生产、经营、加工领域，鼓励农民专业合作社兴办农产品加工企业或参股龙头企业，力争全年新增农业龙头企业 20 家，潍坊市级以上龙头企业 5 家、省级龙头企业 1 家。广大企业家也要正确认识当前形势和困难挑战，振奋精神、坚定信心，勇敢面对、积极应对，努力在克服困难挑战中加快发展。四要抓好农产品质量安全。农产品质量安全事关人民身体健康，事关产业持续发展，事关社会稳定和政府声誉。一起质量事件就可能毁掉一个产业、影响一个地方的发展。这方面的例子举不胜举。抓紧成立市农产品质量安全监管领导小组，设立镇（街道）农产品质量监管办公室，严格执行问责和责任追溯制度，落实监管责任。全面推行标准化生产，特别要支持专业大户、农民专业合作社等率先实行标准化生产。把标准化生产延伸到农产品加工企业，延伸到加工流通的各个环节，坚决杜绝不合格产品进入市场。健全农产品安全检测体系，加大市农产品质量检测中心建设，确保年内通过资质认证；各类瓜菜市场要在规范整合基础上，设立质量监测点，确保农产品质量安全。五要抓好农民专业合作经济组织。立足优势产业和特色产品，不拘形式、不限内容地发展一批新的合作经济组织，确保今年新增合作经济组织60家以上。坚持突出重点、分类推进的原则，进一步加大农民专业合作社规范化建设力度，完成规范化达标率80%以上任务目标。进一步加大扶持力度，市财政继续安排不少于50万元的专项资金，扶持发展农民专业合作经济组织。科技、金融、税务、工商等部门都要结合各自职能，支持合作经济组织开展活动，带动更多的农民调整农业结构、发展优势产业和特色产品。六要抓好土地流转规范创新。健全完善市、镇、村三级土地流转服务体系，年内青州市所有镇、街道的土地流转有形市场都要建成并投入使用；先期试点的镇、街道要着力抓好完善和提升。要通过多种途径，广泛宣传发展土地股份合作社的重要意义，吸引工商业主、自然人投资共同组建土地股份合作社；积极引导农户以土地承包经营权入股，把土地承包经营权量化为长期股权，由合作社统一规划、统一经营，用市场化手段进行资本运作和资产经营，实现资产保值增值。

（二）以产业为支撑，抓好小城镇建设。青州市小城镇建设与潍坊其他县市区相比，已经明显滞后，像安丘景芝、昌乐红河、寿光羊口，都像小县城。面对这种状况，只有将压力变动力，提升境界、创意创新，才是唯一出路。要立足空间布局、文化特征和产业优势，进一步明确小城镇在区域发展中的地位和作用，统筹区域资源，提升水平、形成特色。加快县域村镇体系规划、小城镇控制性详细规划、保留村庄建设规划的编制工作，全面构建以县城为中心、小城镇为骨干、中心村和新型农村社区为基础的现代城镇体系。认真做好城镇建设用地增加和农村建设用地减少挂钩工作，加快土地整理、旧村改造和迁村并点步伐。突出抓好镇域经济发展，依托产业优势，发展特色产业，带动现代农业发展。加强道路、电力、通信等基础设施建设和教育、卫生、文化等公共事业发展，搞好绿化和污染防治，进一步完善功能，增强小城镇综合承载能力。以强镇扩权为突破口，扩大镇级经济社会管理权限，激活镇级发展和建设活力。积极探索多元化投融资措施，适度放开小城镇公益事业建设投资领域，放宽小城镇基础设施有偿使用范围，确保小城镇建设资金来源。

各金融机构也要抓住机遇，积极投放资金，参与小城镇建设。2009 年，除配合上级抓好庙子、谭坊、高柳等示范镇建设，重点抓好黄楼、弥河、东夏等城乡接合部的小城镇建设，打造一批小城镇建设亮点。

（三）以“大社区”为方向，抓好农村社区建设。完善服务功能。强化社区基本公共服务，积极拓展服务领域，发展科技信息、生产资料、市场营销等方面的服务，不断改善农民生产生活条件。围绕现代农业建设和农村经济发展，抓好农村劳动力实用技术和专业技能培训，着力搞好农民工技能培训、信息咨询等方面的服务，千方百计帮助他们实现就业。发挥产业承载功能。要发挥农村社区基础设施配套、劳动力资源丰富的优势，引导农产品加工等涉农工业资源向农村社区辐射和转移，实现工业经济与农业资源的优势互补，促进现代农业发展，带动农民就近就地就业，促进农民增收。加大投入力度。各级财政要进一步加大农村社区建设的投入，同时积极争取上级政策扶持。要按照互利共赢的原则，积极探索市场化运作的路子。继续推行“百企联社区，共建新农村”，鼓励引导企事业单位、社会团体和个人投资、捐资兴办社区服务项目，提高社区建设和发展的水平。

（四）以环境整治为抓手，抓好生态家园建设。以治山、治水、治路、治村为重点，搞好农村环境综合整治。一是加大植树造林力度。组织实施好荒山造林、农田林网、封山育林、林场建设，重点抓好玲珑山、弥河等 11 个林场的规划建设和国、省道以及铁路沿线的绿化工作。力争全年完成成片造林 5 万亩以上，植树 1260 万株以上。坚持栽管结合，落实行之有效的管护措施，确保林木保有率达到 95% 以上。加强护林防火工作，确保不发生山林火灾。二是加大水域治污防污工作的力度。下决心关停并转能源消耗大、经济效益差、环境污染重的企业，从源头上遏制污染的继续蔓延和扩散。对已造成的污染水域要多措并举，加快治理进度，2009 年要重点搞好北阳河、弥河污染的治理。三是开展生态文明村创建活动。按照青州市生态文明建设动员大会要求，结合近期开展的城乡环境集中整治活动，加大农村“三大堆”清理力度，拆除各种违章建筑，推进实施清洁工程，加快沼气示范工程建设和户用沼气普及，彻底改变农村脏、乱、差现象，建设环境优美、生态良好、人与自然和谐相处的美好家园。

二、统筹发展，保持农村持续和谐稳定

建设社会主义新农村，形成城乡经济社会发展一体化新格局，必须扩大公共财政覆盖农村范围，壮大村级集体经济，发展农村公共事业。

（一）发展农村社会事业。推进农村饮用水安全工程，开工建设谭坊、高柳、弥河、何官等联村集中供水工程。加强农村公路建设，完善农村公共交通网络，建设改造农村公路 160 公里以上。加强镇（街道）文化站和村文化大院建设，全面推进农村电影放映、农家书屋等重点文化工程，年内各镇、街道要有 50% 以上的行政村文化广场及农家书屋建成并投入使用。健全困难学生资助制度，做好新教师补充录用工作，试行城乡教师交流制度，改善农村教师工作条件，提高农村义务教育水平。

（二）完善社会保障体系。贯彻广覆盖、保基本、多层次、可持续原则，加快完善农村社会保障体系。认真落实农村居民最低生活保障制度，在实现“应保尽保”的基础上，逐步扩大保障范围。完善新型农村合作医疗制度，提高“新农合”补助标准。认真落实五保供养政策，全面提高供养水平。加快农村敬老院建设，提高集中供养率，着力抓好市中心敬老院建设，尽快达到入住条件。大力发展以扶老、助残、救孤、济困、赈灾为主要内容的社会福利和慈善事业，促进农村社会全面进步。

（三）正确处理社会矛盾。畅通诉求渠道。这是防止农村社会矛盾激化的有效举措。进一步健全大阅信、大接访、大下访和矛盾纠纷排查等制度，真正使农民的利益诉求有机会表达、有渠道表达、有平台表达。主动解决问题。这是维护农村社会稳定的核心。各级领导干部要经常深入基层，为群众解难题、办实事。对群众反映的热点难点问题，能解决的马上解决，一时解决不了的也要解释清楚，绝不能推诿责任。严格落实政策。这是防范和化解农村矛盾的内在要求。对上级出台的各项强农惠农政策，要严格标准、严格程序、严肃纪律，不折不扣、公平公正地

落实到位。对政策执行情况，有关部门要组织开展经常性的专项督查。

（四）抓好社会公共安全。认真贯彻落实上级开展“公共安全责任建设年”活动的安排，强化以人为本、安全发展的理念，把公共安全作为社会建设的基础工作，重点抓好防爆、防火、防坍塌等容易引起群死群伤的问题。要建立健全农村公共安全责任体系，把责任落实到各级政府、单位、村居、管片民警，强化基层防控责任，发动全民参与，形成维护公共安全的整体合力。要健全完善集中统一、快速高效的公共安全应急处置机制，完善各项应急预案，抓好专业化培训，加强实战演练，提高整体作战和合成处置水平，最大限度地降低突发公共事件对农民群众生命财产和健康安全的危害。

三、锐意创新，推进农村基层组织建设

基础不牢，地动山摇。党的基层组织是党的所有战斗力的基础。农村工作千头万绪，抓好农村基层组织建设是根本，是关键。

（一）创新村级工作运行机制。以贯彻落实党的十七届三中全会精神为契机，建立规范、完善、科学的村级组织运行机制，保障党的政策全面落实。结合青州市实际，建立村级事务“决策、执行、监督”机制，成立村级事务监督委员会，对村级事务的决策、执行实施全程监督，促进村级组织运行规范化、科学化。深入推进村级事务契约化管理，加强制度化、规范化建设。完善村务公开制度和民主议事制度，提高村务工作的透明度。

（二）创新支部书记管理模式。健全完善以选拔任用、教育培训、考核奖惩为主要内容的支部书记队伍管理机制，采取跨村任职、公开选拔、选聘大学生到村任职等形式，优化农村干部队伍结构。按照中央、山东省委要求，制定出台适用于青州市的相关政策和落实办法，提高村支部书记经济待遇。办好“村支部书记工作讲坛”，推行板块式培训模式，全面提升农村干部队伍素质。完善村级干部考核评价体系，建立以工作年限、考核评议为基础，以工作实绩、经济发展为核心的激励机制，解

决当前支部书记队伍中存在的“待遇差、不想干，本领差、不会干，作风差、干不好”的问题。

（三）创新村级组织建设模式。深化农村党的建设“三级联创”活动，建立健全城乡党的基层组织互帮互助机制，加快村村、村居、村企联建党组织步伐，深化完善“产业建支部”模式，不断优化组织设置，扩大组织覆盖。以党的基层组织建设带动其他各类组织建设，培育和发展服务“三农”的社会组织。全面发展壮大村级集体经济，加强对农村集体资金、资产和资源的经营管理，消除经济薄弱村，壮大村级实力，增强村级组织服务能力，对此，我们还要召开专门会议安排部署。

实施“三强工程”，发展壮大村级集体经济，加快新农村建设

2009年4月，这次会议安排实施强镇促村、强村富民、强基固本“三强工程”，同时研究部署发展壮大村级集体经济工作，动员青州市上下统一思想、提高认识，强化措施、狠抓落实，加快实施“三强工程”，迅速掀起发展壮大村级集体经济的高潮，推动青州市经济社会又好又快发展。

一、实施“三强工程”、发展壮大村级集体经济，是推进青州科学发展的全局性、战略性工作

实施强镇促村、强村富民、强基固本“三强工程”，是青州市委、市政府着眼于新形势、新任务，基于城乡一体化发展战略，紧密结合青州市实际，对青州市工作重点、工作思路和工作力量作出的一次战略性调整。对于统筹城乡发展、增加农民收入、巩固基层政权、全面建设小康社会、加快新农村建设具有十分重要的意义。

实施“三强工程”，以强镇促村为路径，以强村富民为核心，以强基固本为目标，以机制创新为动力，共分5条线进行，将“三强”工程分解成5个方面的工作：一是建设农村生态文明，已经开会进行了安排部署；二是发展壮大村级集体经济，这次会议就是紧紧围绕这个主题开的；三是建设特色小城镇，对此还要召开青州市的城镇化工作会议；四是加强农村社会管理，这要专门开会进行安排；五是抓好基层组织建设。每一条线我们都确定了市级领导负责综合协调推进。

“三强工程”就是我们用了3年的时间，突破以县城为中心的城区建

设之后，按照青州市经济社会发展战略的推进，组织精干力量，按照城乡一体化的要求，把工作的精力、重点、中心向农村倾斜的战略性的部署。什么叫城乡一体化？什么叫农村共享改革发展30年的成果？不光在经济建设方面，在社会建设方面、文化建设方面、民生建设方面，都要有所体现。

实施"三强工程"，发展壮大村级集体经济是关键。召开这次会议，就是在全面启动实施"三强工程"的同时，重点安排部署发展壮大村级集体经济工作。全国2000多个县，青州市列第87位，确实是强县。但是，我们的村级集体经济的发展也存在两个方面的问题：一是不平衡，二是与先进地区的差距很大。我们没有像安丘的景芝镇、昌乐的红河镇、寿光的羊口镇那样的强镇，羊口镇的财政总收入已经突破了3亿元。在这"三强"当中最弱的是村这一级。现在青州市有1054个村（社区），有620个集体经济收入是0，接近60%。之所以用强镇拉动强村，用强村来推动民富，是因为只有强村才能提供一个良好的、和谐的社区环境，才能进一步使人民群众富裕，生活质量得到提高。强基固本，就是加强村级班子建设，这是我们党的事业的根本。所以，"三强工程"既是经济建设，又是政治建设，同时也是社会建设、文化建设和党的建设。用"三强"来拉近城市和农村的距离，可实现城乡一体化发展。所以今天，我们重点讲村级集体经济怎么壮大的问题。作为村级组织建设物质基础的村级集体经济，是增强村级组织服务功能、实现农民利益、保持农村社会持续和谐稳定的重要保证。发展壮大村级集体经济，是实施"三强工程"的一个重要步骤，也是做好"三农"工作的重大措施。这不单纯是一个经济问题，更是一个关系到党在农村执政基础和执政地位的政治问题。

（一）发展壮大村级集体经济，是保障农村经济发展和社会稳定的客观需要。村级集体经济实力越雄厚，村级组织的集体服务功能就越强，就越有条件为群众办实事，政令就越畅通，经济发展就越有劲。经济得到快速发展，农村教育、卫生、体育、文化等各类公益事业才能得到发展，社会保障体系才能不断完善，不安定因素才能从根本上得到消除，社会管理水平就越高，农村社会就能保持和谐稳定。反之，村级集体经济实力薄弱、无钱办事，就会缺乏号召力、影响战斗力，也就不可能有加快发展的凝聚力和创造力，农村和谐稳定的局面就难以得到有效保证。

（二）发展壮大村级集体经济，是深化农村改革的客观需要。党的十一届三中全会以来，我国全面推行了以分为主的家庭承包经营，极大促进了经济社会的发展。但是随着生产力水平的不断提高和市场经济的逐步建立，一些深层次的矛盾和问题日渐突出。特别是全国上下都把“三农”工作的重点放在了增加农民收入上，而忽视了村级集体经济的发展，导致农村社会管理、基层组织建设等方面出现了一系列问题，这在客观上要求必须加快农村经营体制的改革创新。发展壮大村级集体经济就是适应农村发展改革的需要，打破以分为主的传统家庭经营的束缚，增强集体的服务实力和功能，解决一家一户办不了、办不好的事情，架起小生产与大市场之间的桥梁，把分户经营的积极性和统一经营的优越性结合起来，克服只重视农户经营、忽视集体经济发展的弊端，推动规模经营和产业化发展，促进农村生产力水平的全面提高。

（三）发展壮大村级集体经济，是巩固基层政权的客观需要。村级集体经济是基层党组织发挥领导核心作用、团结广大农民共同致富的物质基础，关系到党在农村执政地位的巩固。村级集体经济与基层党组织的战斗力、凝聚力密切相关。从实践看，凡是集体经济发展比较好的村，经济有实力，服务有手段，有能力为群众兴办福利事业，群众关心的问题能得到及时解决，干群关系就会十分融洽，党组织就能一呼百应，显示出很强的凝聚力、号召力和战斗力。相反，经济薄弱村由于村集体缺乏经济实力，甚至连最基本的办公经费也没有，根本谈不上为群众办实事，党组织的战斗堡垒作用就难以得到发挥。

发展壮大村级集体经济，是一项全局性、战略性的工作。各级各部门要把发展壮大村级集体经济作为农村工作的一项基本任务和重点工作，进一步解放思想、转变观念，大胆探索、勇于创新，采取切实有效的措施，努力在发展壮大村级集体经济上实现全新突破。

二、发展壮大村级集体经济，必须因村制宜、选准路子

如何发展壮大村级集体经济？通过典型来带动。

一是抓特色产业。依托区位、交通、资源等比较优势，按照“镇抓产业，村抓特色”的思路，可以“一村一品”，也可以“多村一品”，采取多种形式集中发展一批竞争力强的特色产业项目，在促进农业增效、农民增收和农村经济全面发展的同时，为村级集体经济增加稳定的收入来源。要围绕瓜菜、畜牧、花卉、果品、优质粮五大支柱产业，结合各村实际，积极调整农业产业结构，发展壮大一批农业龙头企业，推进产业化、规模化经营，将农业资源优势转化为经济优势。特别是以“七博会”为平台，大力推进花卉产业提档升级，加快花卉苗木基地建设，推进花卉产业发展区建设，全力打造东方花都生态城，通过壮大一个产业富裕一方百姓。

二是抓租赁经营。鼓励引导村级组织发展集体产权物业经济，通过独立、联合或股份合作的方式，在猛山经济发展区或经济开发区建设标准厂房；利用村内闲散地建设三产服务设施；在市区购买铺面、房屋，通过多种方式进行租赁经营，获取稳定的村级收入。对村集体现有经营性、资源性资产和闲置资源，能够承包的要按规定重新以公开招投标方式进行专业承包，提高经营效益，走资产增值增收的路子。村里有集体资产，必须经过公开招投标，市政府已经下发文件，就是关于村级财务、合同、公章管理的。农村发生的一些纠纷、干群关系紧张等问题，很大一部分是由于村级集体资产经营上存在问题，没有走公开的程序，下一步要规范。在租赁过程中，要避免过去那种一租就是十几年、几十年，租金短时期内就全部花光的做法，要保证年年有收入。青州市瓜市社区、中所社区走租赁经营的路子比较早，现在年年有稳定的收入，瓜市社区还靠这些收入在经济开发区建设了标准厂房，形成了村级集体经济发展的良性循环，很值得其他社区学习借鉴。

三是抓有偿服务。按照农业产业化的内在要求，牢固树立“强化服务、群众受益、集体创利、实现双赢”的意识，围绕农民家庭经营的产

前、产中、产后服务，以村级组织为依托组建农民专业合作组织，坚持服务农业、农村和农民，以市场为导向，走社会服务创收的路子。健全完善“公司 + 农户”“合作组织 + 农户”“协会 + 农户”等多种形式的农业产业化服务网络，有条件的村可以组建“市场信息服务中心”“农副产品销售服务部”等服务组织，在信息、技术、农资、销售等方面，为农户提供服务，为村集体创收。也可以组建劳务公司，组织劳力输出，通过为劳务者服务实现创收。经济薄弱的村，可以走合作创收的路子，通过有组织的方式，采取入股等多种形式，整合力量实现合作创收。村级干部要提高素质、提高水平，同时待遇要提高，增强村级干部服务的意识和服务的能力。

四是抓土地综合开发。土地作为村级集体经济最重要的组成部分，是村级集体组织最主要的资源。要合理开发集体土地资源，使土地这一最基本的生产要素得到最优配置，实现村级集体经济的可持续发展。积极做好城镇建设用地增加和农村建设用地减少挂钩工作，加快旧村改造，努力解决“空壳村”问题。加快推进迁村并点、村庄合并，扩大村庄规模，盘活土地存量，增加土地收益。要想增加集体收入，做好土地文章是重头戏，有条件的可以合并村庄。按照国家有关法规政策，对农村“一户一宅”之外的宅基地、闲散土地积极稳妥地推行合同管理、有偿使用。各镇、街道、园、区和相关职能部门要进一步研究，细化推进措施，在不违反国家法律法规、不加大农民负担的情况下，将这项工作抓紧开展起来。

五是抓土地流转。青州市的土地流转工作已经开了一个好头，目前流转面积已达到 10 万多亩，创造了很好的经验。有一部分村就是靠土地流转增加了村级集体经济收益，今后在发展壮大村级集体经济方面要做好土地流转的文章。在确保农民土地承包权和收益权的前提下，深入探索适应发展现代高效农业、实现规模生产需要的土地流转合作经营制度。充分发挥村集体的组织协调作用，全面推进农村土地股份合作社建设，不断优化土地流转服务，建立健全土地流转有形市场，活化土地使用权，逐步扩大土地流转面积，引入一批带动力强、收益高的优质项目，实现土地资产的保值增值，提高集体土地利用效益。同时，通过土地流转，使更多的农民从土地上解放出来，转移到二、三产业上，拓宽增收渠道，提高农民收入。

三、发展壮大村级集体经济，必须做好结合文章

发展壮大村级集体经济是一项系统工程，涉及农村工作的方方方面，必须坚持城乡一体，系统思考定位，做好结合文章。

（一）与农村社区建设相结合。搞好农村社区建设，不仅能为群众提供便利的公共服务，还能整合优势资源、集中优势力量，为发展壮大农村集体经济提供平台。要在完善社区服务功能的同时，着力增强社区的产业承载功能，发挥农村社区基础设施配套齐全、劳动力资源丰富的优势，引导农产品加工等涉农工业资源向农村社区辐射和转移，实现工农业优势互补，促进现代农业发展，促进农民增收，发展壮大村级集体经济。社区建设在适当的时候，可以搞一次观摩，促进这项工作。

（二）与提高农村社会管理水平相结合。要深入推进村民自治，明确村级自治组织应当承担的职责，建立与之相适应的政策服务支撑体系。健全矛盾纠纷多元化调处机制，形成齐抓共管的工作格局。社会管理水平，一个是县级层面，一个是镇级层面，再就是村，村庄管理也是社会管理的一个重要组成部分。加强对农村经济组织和社会组织的联系和监管，鼓励和引导各类社会组织、市场主体积极参与农村社会管理和建设。要突出规范村级集体财务制度，加强公章、合同、现金、账目的管理，全面推行会计委派制和财务电算化管理，采取多种方式有效化解村级债务，确保村级工作严谨规范和财务安全，形成资金积累与滚动发展的良性循环机制。

（三）与加强农村基层组织建设相结合。把发展壮大村级集体经济作为加强农村基层组织建设的一项硬指标来对待，形成发展村级集体经济与加强基层组织建设相辅相成、相互促进的良性机制。继续抓好基层组织建设规范提升，选配好村“两委”班子，强化教育培训，改善干部待

遇，努力建设一支懂经济、善经营、会管理、能力强的村级干部队伍。尤其要选好“带头人”，建立完善村支部书记队伍管理机制，全面提高支部书记综合素质。

（四）与农民素质提升相结合。新农村的前提是新农民，农民是新农村建设的主体。发展壮大村级集体经济，归根结底是广大农民群众的自我参与、自我创造、自我提升。要加强对农民的现代科技知识的培训，着力培育新型农民，增强其致富能力、市场竞争能力，引导农民靠科技抓生产，走进市场增收入。要加强创业引导和就业指导，鼓励农民自主创业。大力倡导科学文明健康的生活方式，加快推进农村文化和精神文明建设。

（五）与农村生态文明建设相结合。以生态文明为引领，建设“三名一强”生态文明新青州，是市委、市政府作出的战略选择，完全符合科学发展观要求，符合青州市实际。建设生态文明，农村大有可为。要大力发展生态产业，优化农村经济结构，增强农村经济社会发展支撑力。以治山、治水、治路、治村为重点，深入实施农村环境综合整治，开展生态文明村创建活动，彻底清理“三大堆”，推进清洁生产，改变农村脏乱差现象，建设生态家园。

四、发展壮大村级集体经济，必须加强组织领导

各级各部门要把发展壮大村级集体经济工作摆上重要议程日程，明确目标责任，狠抓工作落实。

一是要解放思想。思想决定行动，思路决定出路。没有思想的解放和观念的更新，发展壮大村级集体经济就不可能落到实处、求得突破。近年来，青州市经济社会发展取得了长足进步，重新进入全国百强，但村级集体经济并没有伴随着全面发展壮大，原因是多方面的，但其中非常重要的因素就是思想不够解放。各级各部门、各村要重新认识村级集体经济的地位和作用，不断解放思想、提升境界，加强对市场经济知识的学习，借鉴先进地区的成功经验，互相学习好的做法，创新思路，发

动群众，千方百计发展壮大村级集体经济。

二是要明确责任。市发展壮大村级集体经济工作领导小组要切实发挥好组织协调职能，牵头抓好各项优惠政策的制定和落实，定期召开调度会议和现场会议，经常研究解决工作中遇到的问题，确保整个工作有序推进。各镇、街道、园、区作为发展壮大村级集体经济工作的责任主体，主要领导要亲自抓、负总责，分管同志要集中精力靠上抓，具体实施、具体指导。同时要结合各自实际，制定自己的优惠政策和推进措施，对各项目标任务进一步细化、量化，层层分解，明确责任，确保完成既定目标任务。

三是要作风务实。各级各部门要深入基层、深入群众，倾听群众呼声，听取群众意见，结合各村实际，真正厘清发展壮大村级集体经济的工作思路，找准发展路子。特别是为配合实施“三强工程”，我们将调兵遣将，扩大“千人驻村”活动的范围，抽调更多的干部沉到基层。包村干部要真包实靠，全身心投入，确保工作成效。各镇、街道、园、区和各村、社区要用足用活各项优惠政策，遵循市场经济规律，根据市场需要确定发展集体经济的项目，不搞一刀切，不套用一个模式，宜农则农，宜商则商，实行分类指导，采取多种形式、多种途径发展村级集体经济。各村之间实力、条件不同，要量力而行，发展目标措施要切合实际，不搞超前消费和过度建设，一般不直接参与生产经营，特别是确保不产生新的村级债务，不增加农民负担。

四是要协调有力。各级各部门要增强参与意识和服务意识，充分发挥职能作用，以发展壮大村级集体经济为己任，齐心协力，献计献策，在手续办理、审批等各个环节提供一切便利，不折不扣地落实好各项优惠政策，全力解决工作开展过程中的重点和难点问题，搞好指导协调。猛山经济发展区和经济开发区要加快园区配套建设，为村级组织投资建设标准厂房创造良好条件，同时搞好协调服务，牵头帮助办理规划建设手续。农业银行、农村信用社、农业发展银行等金融部门，要优先对发展村级集体经济提供信贷资金扶持。宣传部门和新闻媒体要充分发挥宣传舆论的导向作用，加大对发展村级集体经济的意义及典型的宣传力度，营造良好的舆论氛围。

五是要有效帮扶。市直部门包村扶贫的重点不要只放在修路、架桥、打井等基础设施建设项目上，还要把扶贫重点放在帮助包靠村形成稳定的村级收入、发展壮大村级集体经济上，以此带动农民致富。各镇、街道、园、区要对村级集体经济的现状进行细致的分析排查，确定重点帮扶村，组织引导经济强村或企业与欠发达村结成对子，同时落实党政领导和机关干部联系帮扶责任制，通过多种方式帮助集体经济薄弱村不断增强自身“造血”功能，形成稳定的收入来源。

六是要考核到位。开展创建“发展壮大村级集体经济示范村、示范镇（街道、园、区）”活动，培植发展典型，召开现场观摩会议，充分发挥示范单位的示范、辐射作用，以点带面推动工作开展。督查局要把发展壮大村级集体经济工作纳入千分综合考核体系，并适当加大考核比重。对成绩突出的部门、单位和个人，大张旗鼓地进行表彰奖励；对重视不够、行动不快、力度不大、无所作为的，不管是谁，不管是哪个部门，坚决采取果断措施。特别是要激发村干部的工作积极性，村干部的绩效工资要与村集体经济纯收入挂钩，报酬要随村集体经济的增减而增减。要加强调度，考核的办法办公室要抓紧拿出来，每个季度调度一次。下一步“三强工程”要作为工作中的重中之重，要转变发展方式，转变发展理念，各个市直部门要充分发挥作用，各个镇区、园区的建设，土地手续、规划手续，包括收费，不能按照城区的标准，要灵活运作。2009年城区内部以完善提升为主，并不等于城区周围的村城区改造不搞了，2009年的重点转到了镇、区，重点转移了，工作没有转移，工作力度还得加大。各个镇要把功夫下在小城镇建设上，下在发展壮大村级集体经济上，下在抓强基固本班子建设上，大家要拿出行动来。

第三章 加快提升服务业

加快推进服务业提升，促进经济社会又好又快发展

2007年5月，青州市委、市政府召开这次大规模、高规格的服务业发展会议，主要是以中央、山东省、潍坊市关于服务业发展的一系列政策精神为指导，研究部署加快青州市服务业提升的任务措施，动员青州市上下把服务业摆到更加突出的位置，进一步解放思想、抢抓机遇、发挥优势、开拓奋进，加快推进服务业提升，促进经济社会又好又快发展。

一、认清形势，提高认识，切实增强加快发展服务业的责任感和紧迫感

服务业，是国际通行的产业分类概念，指那些提供非实物产品为主的行业。在我国，服务业被称为第三产业，范围包括一（农、林、牧、渔业）、二（工业、建筑业）产业以外的其他所有行业。服务业是国民经济的重要组成部分，是经济发展的重要“引擎”，是社会进步的重要标志。加快发展服务业，意义重大。

第一，加快发展服务业是优化产业结构、促进经济快速增长的重要举措。从经济发展规律看，服务业主导产业结构是大势所趋，三大产业在整个经济结构的比重将最终演进为“三二一”的序列。服务业的发展，可为其他产业的发展提供强有力的支撑。如工业产业链条向上延伸就是研发、金融、信息、教育、培训等，向下延伸就是物流、会展、中介、商务服务等，这些都是现代服务业发展的重要内容。

第二，加快发展服务业是转变经济增长方式的必然选择。随着国家宏观调控政策的稳步实施，土地、能源、资金、审批已成为经济发展的制约因素，这就迫使我们必须寻求新的增长空间和发展资源，尤其要为

发展新型工业、提升产业竞争力寻求新的低成本支撑。而服务业大多投资少、消耗低、污染小、效益高，有利于实现经济社会的可持续发展，可以为我们创造新的发展动力和竞争优势。

第三，加快发展服务业是增加地方财政收入的重要途径。从目前我国分税制的财政体制来看，服务业主体税种营业税的 80% 可留成地方，20% 上缴国家；而工业主体税种增值税的 75% 要上缴国家，仅有 25% 留成地方。

第四，加快发展服务业是增加就业的有力措施。服务业是劳动密集型行业，门类广、投资门槛低、就业容量大，是就业的天然“蓄水池”。加快发展服务业，能够创造更多的就业岗位，缓解城镇就业压力。

第五，加快发展服务业是改善环境、提升城市竞争力的重要举措。相对于工业、农业而言，服务业特别是现代服务业大多属于清洁产业，能促进生态环境的改善。据资料显示，服务业每万元增加值所造成烟尘排放量、二氧化硫排放量不到制造业的 4.8% 和 3.2%。同时，发达的服务业可以提升城市载体功能，优化发展环境，增强城市竞争力。

近年来，青州市一直高度重视服务业发展，服务业保持了良好的发展态势。2006 年，青州市服务业实现增加值 45.1 亿元，占地区生产总值的 25.4%，提供市级税收 1.5 亿元，占地方财政收入的 23%。

当前，加快服务业发展正面临着前所未有的良好机遇。从全球经济发展趋势来看，服务业已经成为国际直接投资的主要对象、推动全球经济增长新的动力源。从政策环境来看，中央、山东省和潍坊市都对服务业发展高度重视，相继出台了一系列加快和扶持服务业发展的意见。从青州市情况看，发展服务业具有得天独厚的条件。

一是自然条件和基础优势明显。青州市区位优越，交通便利，处于新兴的环渤海经济隆起带上，济青、东青高速，胶济、益羊铁路，309 国道、07028 省道等重要道路在境内纵横交错，在建的胶济铁路新客运线和即将动工的长深高速公路，贯通青州市东西南北。青州市自然资源丰富，生态环境良好；文化底蕴丰厚，具有丰厚的历史文化、鲜明的民族宗教文化和独特的区域文化，这些都是周边县市区不可比拟的优势。

另外，青州市自古以来就是重要的区域性政治、经济、文化、贸易中心，群众发展服务业意识比较强。

二是服务业发展氛围空前浓厚。山东省、潍坊市领导以及到过青州的领导都认为青州服务业发展有基础、有优势，是青州发展的潜力所在，并期望我们在新一轮发展中充分发挥比较优势，实现跨越式发展；同时，近年来特别是2006年以来，青州市把发展服务业提到前所未有的高度，各级各部门和广大人民群众积极支持、广泛参与各类服务业发展，形成了加快服务业发展的浓厚氛围。

三是优化经济结构为服务业发展提供了强有力的产业支撑。2006年以来，青州市着力培育机械加工、石油化工、冶炼建材“三大主导产业”，突出抓好现代物流、旅游休闲、花卉苗木“三大优势产业”，经济结构进一步优化，不仅拉动了服务业的发展，而且为服务业和其他产业的互相融合、齐头并进创造了良好条件。

四是城市建设与管理转型为服务业发展搭建了平台。2006年以来，围绕建设现代化中等城市，先后开工建设了市民休闲娱乐中心、中央商务区、五星级酒店和四星级商务酒店、会展中心、体育中心、职教中心等重点旧城改造提升工程，全力推进“两城三片六大基地”的城市整体布局，初步形成了城北开发区和城南教育中心两翼双飞，城东黄楼花卉、城西邵庄工业园首尾互动，大鹏展翅、昂首东进的发展格局，城市功能更加完善，为服务业发展提供了良好载体。

青州市正面临着加快发展的关键时期。上级领导对青州市的发展寄予厚望，青州市人民对青州的振兴满怀期待。必须看到，服务业能否快速发展，将在很大程度上决定青州市的竞争力，决定我们能否顺利跨入全国百强县，决定我们的经济社会能不能又好又快发展。工业振兴、城市建设与管理转型、服务业提升和新农村建设四大工作重点是一个不可分割的整体，它们之间互相融合、相互依存，共同促进，像一驾马车的四个轮子，共同形成了新形势下加快县域经济发展的具体、伟大实践，强有力地推动青州前进。工业振兴、城市建设、新农村建设的扎实推进，为发展服务业搭建了平台，创造了机遇，奠定了坚实的经济基础，特别是对拉动物流、繁荣房地产、带动旅游、加快农村商贸流通具有重要意义；反过来，服务业的发展将进一步优化工业结构，加快城市化进程，加快农村劳动力转移步伐，增加农民收入。各级各部门各单位和广大人民群众，一定要站在全局和战略的高度，充分认识加快发展服务业的重大意义，正确把握服务业作为“四大工作重点”之一的战略地位，深刻认识四大工作重点之间唇齿相依的密切关系，把服务业作为全力打造文化名城、旅游名市、生态名市和经济强市的重要措施，把发展服务业作为青州市经济新的增长极和爆发点，抓住机遇，乘势而上，切实把服务业发展抓紧、抓实、抓好，全力促进青州市经济社会又好又快发展。

二、突出重点，整体推进，加快推进服务业提升

根据中央、山东省和潍坊市关于加快发展服务业的有关精神，结合青州市实际，当前及今后一个时期，青州市服务业发展总的指导思想是：坚持以邓小平理论和“三个代表”重要思想为指导，全面落实科学发展观和构建社会主义和谐社会的重要战略思想，坚持“重视规划，整体推进，突出重点”的总体要求，以建设“文化名城、旅游名市、生态名市和经济强市”为目标，以促进三次产业协调发展为主线，以服务工业化、推进城市化、促进农业产业化为方向，优先发展生产性服务业，大力发展消费性服务业，加快发展农村服务业，突出旅游休闲业、现代物流业、商贸流通业、房地产业、文化产业、社区服务业、休闲娱乐业和新兴服务业“八个重点”，加快服务业提升，推动经济社会又好又快发展。预期目标为：到 2011 年，服务业增加值年均增长 20% 以上，占 GDP 的比重达到 40% 以上；在三次产业中所占比例每年提高 2 个百分点以上；社会消费品零售总额实现 130 亿元，年均增长 16%；服务业从业人员占全社会从业人员的比重达到 33%。

（一）发展壮大旅游休闲业。突出文化旅游业在青州市整个经济发展中的先导地位，围绕打造旅游名市的总体目标，树立发展大旅游、开拓大市场、构筑大产业的工作理念，坚持政府规划、行业管理、市场运作、

项目推动，努力塑造“佛国寿山、古州福地”的旅游目的地形象品牌，重点打造四大特色旅游片区。力争到 2011 年，接待游客人数达到 560 万人次；旅游总收入达到 26 亿元以上，占 GDP 的比重达到 8%，将青州建设成为国内和国际知名的佛教艺术、民族文化和历史名城旅游目的地。“古州福地”文化旅游区，认真搞好古城保护开发、博物馆新馆、南阳河综合治理、九龙涧景观公园等景区（点）建设，积极规划开发尧王山、周代马驿山遗址、宋代松林书院、元代益王府、明代衡王府、清代旗城及海岱书院，搞好范公亭公园、偶园、真教寺、清真寺、南阳湖、王府游乐园、滑雪场等的保护提升，形成以古州文化、休闲娱乐为主题的旅游景区。“佛国寿山”文化旅游区，加快推进云驼景区整合、龙兴寺复建、甲子文化园、将军文化生态园、东夷文化生态园、锦绣江南生态园、玲珑山及井塘民俗村等景区（点）建设，努力形成以文化体验、修身养性为主题的旅游景区。“山地森林”休闲度假旅游区，搞好西南山区的整体旅游规划，搞好配套串联，规划建设接待中心，加快唐赛儿寨、仁河水库、八喜谷、逄山神秘山寨、黑虎山水库等景区（点）建设，形成以绿色生态、休闲度假为主题的旅游景区。“花海瓜田”农家乐旅游区，依托黄楼花卉基地、弥河水系，对青州境内弥河段进行整体规划，加快推进 35 平方公里的黄楼花卉博览园、谭坊香山景观区、郑母状元府、弥河白鹭洲、解放战争华东保育院和华东局指挥部等景点以及会展中心、体育中心建设，形成以赏花品瓜、戏水扬沙为主题的旅游景区。同时，要搞好宣传促销，优化旅游环境，加强旅游队伍建设，搞好诚信建设，打击欺诈行为，维护游客的合法权益。

（二）大力发展现代物流业。积极构筑“一二三四五六”的物流发展格局，即打造一个基地，搞好两大路域开发，构建三大片区，建设四个商贸中心，打造五个特色物流镇，培育六大物流产业。一个物流基地，整合益都街道 9 平方公里，王母宫街道、东夏镇 17.5 平方公里，东高镇 6 平方公里，高柳镇 15 平方公里的物流发展规划区域，规划建设近 50 平方公里的现代物流基地。两大路域开发，即沿 309 国道两侧与胶济、益羊铁路沿线两大路域的物流开发。三大物流片区，把青垦路与 309 国道交叉口至高柳区域、东方路王桑路口至南环路区域、东环路与309国道交叉口东北角区域作为发展物流业的重点规划控制区域，形成三大物流片区。四个商贸中心，继续繁荣发展以人民商场为中心的城市商业主中心，结合新一轮城市规划建设发展朝阳小区、海岱小区、北城花园小区三个商业次中心。五个物流特色镇，依托高柳蔬菜、黄楼花卉、谭坊瓜菜、王坟干鲜果品和东高新规划建设的盆景园，建设物流特色镇。六大物流产业，重点培育发展花卉瓜菜、钢铁、机动车、农资、副食品、果品六大物流产业。要以项目带动物流产业发展，当前及今后一段时期，突出发展高柳物流基地、大型水泥预制件市场、大型机动车交易市场、钢材市场、大型配送物流中心、东方路市场改造、高档盆景园、港天保税物流区二期、草庙国地铁交割货场、生姜批发市场、农资市场、农产品物流公司、花卉物流公司等13个重点项目建设。同时，进一步整合规范青州市零散的小物流企业，壮大规模，提升档次。到2011年，力争物流量达到370万吨，年均递增20%。将青州市建成鲁中乃至华东地区重要的物流中心。

（三）改造提升商贸流通业。按照“培育大市场、发展大贸易、搞活大流通，打造鲁中商贸名城”的总体要求，理顺管理体制，落实产业政策，构建完善的流通服务体系。力争2011年完成市场交易额600亿元，年均递增18%。重点抓好“一区四网”建设。

一是切实搞好中央商务区建设。加快中都财富广场建设，整合人民商场、大利群、银座、中百等商场资源，完善功能，提升档次，发展晚间经济，努力打造青州市集购物、休闲、娱乐、文化、旅游于一体的中央商务区。

二是加快社区商业网络建设。新开发的住宅小区商业设施要与住宅同步规划、同步设计、同步建设。老居民区要立足现有条件，规划建设社区商业服务机构，至2011年青州市社区商业网络覆盖面达到90%以上。

三是建设新型农村日用消费品销售网络。组织实施“超市下乡”工程，至2011年，在青州市镇驻地和大的行政村开设中小型超市、便利店

200 处以上。

四是发展现代农业生产资料流通网络。依托中储、外运、中嘉化肥和明祖山路农资市场，完善以化肥为主的农资供应体系；依托供销社村级综合服务站和有关农资连锁机构，完善农资销售网络体系。

五是构筑高效畅通的农产品购销网络。实施农产品市场升级改造工程，引导农产品市场直接向超市、社区菜市场、便利店配送产品。力争到 2011 年通过超市、便利店销售的农产品占到城区农产品销售总额的 30% 以上。

（四）规范发展房地产业。青州市老城区面积大，旧城改造提升任务重，但同时蕴含了巨大的房地产开发潜力。特别是许多住宅区基础设施不配套，清洁、保卫等物业管理不规范，医疗、托幼、文化等社区服务不完善，脏、乱、差等问题严重，不仅严重影响了居民生活环境和生活质量的进一步提高，而且影响了青州市的城市形象。自 2006 年以来，政府本着建设特色小区、提高居民生活质量、提升城市形象的目的，走出去参观学习，召开直播大会，广泛宣传发动，青州市上下对旧城改造提升重要性和必要性的认识高度一致，广大人民群众积极支持拥护城市拆迁改造，市委、市政府确定的城建重点工程顺利推进，广大人民群众也正在越来越多地享受到城市建设带来的成果。下一步，我们要结合旧城改造提升，坚持"以路带项目、以河带项目、以公共事业的建设带项目，成片开发、集中建设"的原则，合理布局、高水平规划开发房地产项目，切实做到一改一条带，一改一个区，进一步提高广大人民群众的居住水平。要继续抓好"四控"，即坚决控制见缝插建房地产和新上企业项目，坚决控制行政事业单位和企业建设宿舍楼，坚决控制沿街门店建设，坚决控制城区重要交叉路口乱建现象。突出抓好占地 2000 亩的城东安置区、占地 1800 亩的北城花园、占地 1077 亩的开发区综合服务区、占地 2000 亩的尧王老年休闲文化社区，以及海岱、前营子、南燕都等小区建设。同时，要强化物业管理，进一步引进国内高水平的物业管理公司，创新管理理念和管理模式，规范管理行为，提高物业管理水平，努力为群众创造一个良好的生活环境。

（五）大力发展文化产业。以促进经济社会发展，打造青州文化品牌，提高文化生产力为目的，突出古城文化、生态文化、民族宗教文化三个重点，全力打造特色鲜明、个性突出、品牌响亮、设施先进的文化名城、旅游名市。力争到 2011 年，文化产业增加值达 21 亿元，从业人员 2 万人，发展速度高于青州市 GDP 增长速度。

一是高标准规划建设“七馆四中心”。“七馆”即青州市图书馆、青州市文化馆、青州市博物馆、龙兴寺博物馆、旗城文化博物馆、状元文化陈列馆、生态文化博物馆；“四中心”即文化艺术培训中心、市民休闲娱乐中心、会展中心、体育中心。

二是重点培植七大文化产业。文化旅游业，重点开发佛、寿文化旅游线路，打造生态观光旅游品牌；演艺业，组建青州市艺术团，积极排演反映青州地方特色的文化大戏，策划编演能够代表青州形象的原创性大型歌舞，增强市场竞争力；古玩字画与工艺品产业，大力培植古玩字画和工艺美术品生产企业和专业村、专业户，引导古玩字画和工艺美术产品向特色化、集团化、产业化方向发展；印刷发行业，发展高新技术印刷、特色印刷和光盘复制业，培植一批各具特色、技术先进的印刷复制企业，建设现代物流和网络书店等现代出版流通系统；广告会展业，发展各类以文化旅游、艺术节庆为主的综合及专业文化会展，重点打造好花博会文化品牌，形成集节、会、展、演、赛为一体的特色会展品牌；休闲娱乐业，建设集演艺、休闲、娱乐、餐饮等为一体的休闲娱乐中心；文化地产业，重点开发南阳河、益王府、尧王湖、衡王府、海岱小区等项目，彰显古城文化魅力。

三是精心打造“四大文化片区、五个主题文化社区”。“四大文化片区”，即整合开发古街、古寺、古院、古城墙、古教堂等历史文化资源，形成古城文化片区；以仰天山、黑虎山水库、唐赛儿寨、杨集管区、仁河水库为主，开发建设生态文化片区；以黄楼花卉为中心，建设花卉文化观光片区；以云门山、驼山、龙兴寺为中心，建设佛寿文化片区。“五个主题文化社区”，建设益王府文化社区、旗城文化社区、尧王老年休闲文化社区、衡王府文化社区和昭德民俗文化社区。

（六）大力发展社区服务业。要以街道办事处、居委会为依托，建立社会化的服务组织，开展全方位、多层次、多领域的社区服务。

一是成立社区服务机构。建立3000平方米左右的市级社区服务中心，积极开展为民服务；街道办事处要各建一处1000平方米以上的综合服务中心，并因地制宜建立社区服务工作站，组织开展家政、婚丧、扶贫济困、信息中介等与居民生活息息相关的服务活动。同时按照合理布局的原则，建立服务网点，5年内达到每200户居民有一处便民服务网点。

二是成立社区志愿者协会。以街道、居委会、民政、团委、妇联等单位为主，成立社区志愿者协会，建立专、兼职社区服务队伍，注册人数应逐步达到本社区居民的1%。

三是实行社区服务认证制度。民政部门要对符合条件的颁发社区服务证书，为社区老年人、残疾人、优抚对象、社会困难户提供相关的社会福利服务。

四是落实社区服务优惠扶持政策。社区服务建设项目在立项方面优先照顾；凡是有社会福利性质的社区服务项目，在领取社区服务证书后，可免交工商行政管理费和各种社会性收费。下岗失业人员从事社区服务业的，颁发社区服务证书后，有关部门免收各类社会性收费。敬老院、托儿所、社区服务诊所及婚姻介绍、殡葬服务等社区服务设施，免除一切税费。

（七）积极发展休闲娱乐业。健康的休闲娱乐能够让人们消除疲劳，放松精神，缓解压力，以更加饱满的精神投入工作中。但现在很多人思想还不够解放，甚至对休闲娱乐业有偏见，对此，我们一定要切实解放思想，转变观念，加快休闲娱乐业发展。

一是积极发展城市夜间经济。大力发展有益于人际交流和身心健康的专业化、特色化服务业，开展夜间文化广场活动，开通夜间公交车，逐步让青州的夜晚亮起来、市场活起来、市民走出来、消费启动起来。

二是加快实施“五个一工程”。即每个街道都要按照特色鲜明、功能完善、设施齐全的要求，规划建设一处市场群、一条步行街、一处休闲广场、一处娱乐场所、一处夜市。

三是抓好典型带动。在青州市美容美发、茶馆、酒吧、足疗足浴、演艺场、餐馆等各休闲娱乐行业中，重点培育20个行业明星示范项目和十大明星企业，大张旗鼓地进行宣传表彰，引导带动服务企业提高经营档次和水平。

四是强化行业管理。尽快成立行业协会，组织开展行业技能比赛、明星企业挂牌、精品项目评选等活动，搞好行业自律和自我服务，维护休闲娱乐企业的合法权益，推动休闲娱乐业健康快速发展。

（八）积极发展新兴服务业。重点发展金融保险、会展、信息和中介等服务业。金融保险业，要优化金融环境，引进国内外股份制商业银行在青州市建立分支机构，活跃金融市场；抓好企业担保公司运作，全面提升金融业服务水平和质量；加快商业保险业发展，大力发展责任保险、工程保险、企业保险和健康保险等保险产品。会展业，要以体育中心、会展中心建设和第四届山东省花卉博览会召开为契机，促进会展业与农业、工业、商业和文化旅游业的有机结合与共同发展。信息服务业，要积极推进电子政务、电子商务、企业信息化和社会服务信息化；以信息业的网络建设为基础，充分利用现有党政部门信息系统，促进数据宽带网、城市管理和广播电视信息网络资源的开发和共享。中介服务业，要适应政府职能转变的要求，大力发展会计、法律、咨询等各类中介服务业，充分发挥中介企业在市场运行中的服务、公证、监督作用，强化中介行业协会建设，逐步建立和完善中介服务自律机制，带动服务业整体水平提高。

三、强化措施，创新方式，不断推动服务业发展迈上新台阶

发展目标已经确定，必须配套扎实有效的措施，在理念、体制、手段上改革创新，切实解决好制约服务业发展的热点、难点问题，为服务业的发展注入强大动力。

一是完善发展规划。要立足整个潍坊市、山东省乃至全国服务业发

展的大局，着眼青州独特的区位优势、资源优势和发展基础，由发展改革局牵头，聘请有关专家、学者对青州市服务业发展进行整体规划，加快编制《青州市服务业发展实施纲要》，为编制行业单体规划和制定年度服务业发展要点提供依据。目前，我们正聘请中国物流与采购联合会、中国商业联合会专家进行商业发展规划和物流业发展规划的编制，其他规划也要抓紧编制。要加快规划的组织实施，争取通过几年努力把青州建设成为既能满足本地消费需求，又能承载潍坊乃至山东半岛服务业消费需求的“后花园”。同时，整个服务业发展规划及行业单体规划要坚持与国家产业政策相协调、与青州市国民经济和社会发展总体规划相协调、与青州市其他“三大工作重点”相协调的原则，根据功能分区、产业依托、人文基础和资源状况等不同条件，合理空间布局，科学功能定位，增强青州市服务业发展后劲。

二是拓宽投入渠道。按照上级要求，市财政要设立服务业发展引导资金，支持、奖励带动作用强、经济效益好、贡献大的服务业项目发展。要加大服务业招商力度。放活政策，放宽领域，策划包装一批重点服务业发展项目，以项目为抓手，广泛吸引外商投资。坚持把启动民间投资放在重要位置，采取政府引导、社会参与、市场运作的模式，多渠道增加对服务业的投入。要积极推动服务领域各行业依托有竞争力的服务业企业，通过兼并、联合、连锁等方式，形成一批投资主体多元化的大型服务业龙头企业和跨地区发展的名牌企业。要紧紧抓住中央、省、市扶持地方服务业发展的机遇，积极跑部进省，争项目、争资金和争支持。要完善银企联手制度，政府积极向金融机构推介项目；金融部门要把服务业作为信贷支持的重点之一，加大信贷力度，为地方服务业的快速发展作出积极贡献。

三是创新经营体制。要把经营机制创新作为增强服务业发展活力的重要手段，加快推进服务业市场化、社会化、产业化改革。加大服务业国有企业改革步伐，除法律法规和国家政策另有规定外，服务业企业都要按照市场化要求，进行产权制度改革，国有资本该退出的坚决退出。生产经营性事业单位，要在产权制度改革的基础上加快建立和完善现代企业制度。文化、科技、体育、社会公益等事业单位，要按照市场化运作模式，采取委托经营、公司制改造、吸引社会资本等多种方式，逐步建立适应市场竞争需要的产权制度和经营机制。卫生、教育中的非公共卫生、非义务教育部分要探索引入市场机制，实行社会化经营和管理。政府公益性行业要实行管办分离。要加快推进机关、学校、企事业单位后勤服务部门向社会化服务企业转移，改制为独立法人企业。

四是落实优惠政策。市委、市政府制定出台了《关于进一步促进服务业发展的若干意见》，制定了一系列优惠政策和激励措施，各级各部门要用足、用好，扎扎实实地落实到位。要对服务业各行业的市场准入条件、资质及审批程序等进行重新评估，按照“非禁即入”的原则，降低门槛，拓宽准入领域，改变服务业发展市场准入要求过严、限制过多、程序复杂的状况。要在税费政策、就业政策、价格、投资、财政支持等方面给予实质性优惠，在土地、电、水、气等方面，对服务业和其他行业一视同仁。

五是转变管理方式。管理问题，实际上就是政府定位问题。各级各部门要加强管理创新，冲破狭隘的条块利益，改变管理就是审批的思维定式，能放的权要坚决地放下去，不能以严格审批之名行权力寻租之实。要切实履行服务职能，以主动服务、快捷服务、高效服务，努力做到管而不死、放而不乱。任何部门都不得直接干预纯市场经营行为，不得支持企事业单位超出国家规定范围搞独家垄断或变相垄断。

六是优化发展环境。深入开展干部作风教育整顿活动，进一步提高工作效率和服务质量。坚决制止和查处“三乱”问题，进一步清理和取消一切不合理收费，该减的减彻底，该免的免到位。对市里确定的重点服务业企业，实行“一卡制”收费，凭卡核定收费项目，任何单位不得超范围收取。凡列入骨干服务类的企业，正常经营期间，除按国家明确规定必须缴纳的税费外，任何单位和个人一律不得向企业收取任何费用。坚决杜绝部门自行出台新的审批事项，对法律、法规规定的审批事项，要按照政府工作提速的要求，简化手续，提高效率。对注册资本在1000万元以上的新上服务业项目，实行报批“直通车”制度，由市人民办事中心确定专人实行“一站式”服务。推行行政部门联合执法，除涉及公共安全检查和特殊任务外，行政执法部门不得随意到服务企业进行突击检查。要加大执法力度，严厉打击不正当竞争行为，规范服务业市场秩序，加强诚信体系建设，培育服务消费市场，推动服务业持续、健康、有序发展。

四、加强领导，搞好配合，开创服务业发展新局面

服务业涉及行业广，组织协调任务重，必须强化领导，加大综合协调力度。

一是加强领导，健全工作机制。服务业发展涉及发改、旅游、商贸、城建、金融等各个部门，要针对中央、省、潍坊市的要求，健全管理机构，理顺管理体制。市服务业发展领导小组要切实负起领导责任，认真指导青州市服务业发展工作，制定完善青州市服务业发展战略、规划和有关支持政策，研究部署年度及阶段性发展目标及任务，协调解决服务业发展中的重大问题；发改局要强化工作力度，切实发挥好牵头作用。要建立服务业联席会议制度，坚持每季度召开一次联席会议，研究加快服务业发展的政策措施；要建立考核奖励制度，把服务业发展作为对各镇、街道及有关部门工作考核的重要内容，分年度对各镇、街道、各部门的工作目标、任务完成和政策落实情况进行评价，对取得突出成绩的单位和个人给予表彰奖励；要建立健全服务业统计制度以及服务业发展信息监测、预警、预测和发布制度，完善服务业发展数字信息管理系统，畅通信息采集渠道，构建镇、街道、社区、商务楼宇等多层面信息体系，为政府决策提供及时、准确的统计依据，为服务业发展提供方便、快捷、全面的资讯服务。

二是广泛宣传，营造良好氛围。宣传部门要充分利用报刊、广播、电视等媒体，大力宣传发展服务业的重大意义，积极介绍国内外服务业发展方面的先进经验和成功做法，宣传青州市服务业发展的政策措施、先进典型和工作成效，教育引导青州市上下切实提高对加快服务业发展

重要性和必要性的认识，努力在全社会形成人人关心、支持、参与服务业发展的良好局面；同时，要以诚信为主题，严肃曝光影响、破坏服务业发展的不良现象，在全社会营造浓厚的诚信氛围，促进服务业快速健康发展。

三是上下联动，增强发展合力。各镇、街道对辖区服务业的发展负有领导和组织推进的直接责任，要增强发展意识，因地制宜，狠抓落实，努力创造地方经济发展新优势；各部门、各单位要增强服务意识，按照市委、市政府促进服务业发展的有关文件精神，结合责任分工，加强对服务业工作的协调指导和监督检查，尤其是各行业主管部门要切实发挥好本行业发展的责任主体作用，确保各项工作落到实处；各有关行业协会要加强职业道德教育，强化行业自律和外部监管，做好行业管理、技术推广、宣传培训、信息咨询等，协助政府搞好服务工作；广大企业要切实发挥市场主体作用，在搞好企业扩张的同时，积极投身服务业发展，促进传统服务业向生产性服务业领域延伸；广大人民群众要增强大局意识，广泛参与、大力支持青州市服务业发展，尤其是要主动配合好青州市服务业重点工程建设，以实际行动为青州市服务业发展贡献力量。

坚持政府主导、市场运作、社会参与，努力开创旅游大发展的新局面

2009年6月，这次青州市旅游业发展大会，主要是分析形势，部署任务，动员青州市上下进一步解放思想、提升境界，厘清思路、强化措施，掀起新一轮旅游发展的高潮，加快“三名一强”生态文明新青州建设步伐。

一、肯定成绩，正视问题，切实增强加快旅游业发展的紧迫感和责任感

近年来，青州以建设旅游名市为目标，按照“理顺体制、整合资源、发展大旅游、构筑大产业”的思路，坚持政府主导、市场运作、社会参与的经营方针，完善科学规划，加大资金投入，深入挖掘文化底蕴，深度开发旅游资源，青州市旅游业得到了快速协调发展。

一是创新体制机制，激发旅游业发展活力。成立旅游产业发展党工委、旅游文物管委会和云驼风景区管委会、仰天山森林公园管委会、弥河生态旅游开发管委会、文化产业园管委会，将原隶属不同镇、街道的村庄划归各景区管委会，实现了真正意义上的统筹管理，解决了多年来旅游景点分散管理、条块分割的局面，增强了发展活力。成立旅游开发公司，转换经营机制，大旅游发展框架初步形成。对云驼风景区实行封闭式管理，云门山风景区和仰天山国家森林公园创建成为国家AAAA级景区。

二是坚持科学规划，努力打造特色旅游片区。聘请阮仪三、陈国忠等国内外知名专家组织创意规划，对青州市旅游资源进行充分挖掘、提炼和整合，先后完成了《青州市历史文化名城保护规划》《青州市核心旅

游区控制性详细规划》和30个专项规划。以原有景点为载体，以提升内涵为主导，以整合资源为手段，以打造品牌、建设重要旅游目的地为目标，在空间布局上初步构建起了佛寿文化、古城文化、山地森林生态休闲、东方花都生态城、齐文化五大特色旅游片区，青州旅游产品的规模档次和吸引力得到较大提升。

三是统筹文化旅游发展，全力加快重点项目建设。牢固树立文化旅游一体化发展理念，充分挖掘青州生态文化、古城文化、民族宗教文化，着力促进文化旅游互动共赢、协调发展。通过市场化运作筹集资金130多亿元，开工建设文化旅游项目30多个。广福寺一期、泰和风景区建成开放，龙兴寺复建、甲子文化园、东夷文化标志园、大明衡王城、宋城、花博会室外景园等项目进展顺利，广县古城、昭德古街、博物馆新馆等项目前期准备工作扎实推进。启动了青都国际大酒店、盛宏国际商务大酒店、兴隆商务酒店、银座佳悦大酒店、贝隆大酒店等星级酒店建设，建成后将极大提高青州旅游接待能力和档次。

四是着力打造品牌效应，青州知名度得到不断提高。围绕展示青州旅游形象和资源创意开展了“东夷文化研讨会”“全国百家旅行社游青州”“中国摄影家眼中的青州”“公交旅游峰会”等一系列范围广、影响大的宣传推介活动，完成《青州之旅》总导游词编写，组织参加大连旅游交易会。特别是结合花博会的召开，先后举办了“第四届中国生态健康论坛”“盛世花开丝绸路”等大型活动，有力宣传推介了青州，提高了青州知名度。青州市被评为“千年古县”“中国十佳休闲宜居城市”，青州博物馆被评为国家一级博物馆。

应该说，经过几年不懈努力，青州市旅游业的产业地位和格局已经初步形成，为下步快速发展奠定了坚实基础。但是，与青州市经济社会发展速度相比，与青州市旅游资源所处的传统地位相比，特别是与省内旅游业异军突起的沂水、日照等地相比，青州市的旅游业发展速度还是慢了。在2009年潍坊进行的旅游模拟调研中，青州市被列为二类，虽然只是模拟考核，但也在一定程度上说明青州市的工作还存在一些问题。分析起来，影响青州市旅游业进一步加快发展的制约因素主要有以下几点。

1. 观念转变不够。青州旅游资源丰富，很多在省内也属一流，但是大家对旅游带动作用认识不全面，对旅游业投入精力不足、倾斜不够。特别是我们的民营企业家，对旅游业的巨大发展潜力和价值认识不到位，只局限在自己熟悉的经营范围，投资旅游产业的积极性不高。在一些优势景区的经营上，还没有真正树立“大开放”的观念，十几年如一日，沿袭传统经营模式，基本上没有什么大的变化。

2. 旅游资源分散，档次低，缺乏拳头景点。景点以传统观光类为主，旅游产品单一，缺乏休闲性、互动性、参与性项目，没有形成代表青州旅游形象的王牌和拳头产品。景点之间关联度不强，没有形成互补优势和整体旅游线路，游客在青停留时间短、消费低，没有真正打响“中国优秀旅游城市”这一金字招牌。

3. 投资主体单一，旅游资源开发投入不足。景区（点）基本上是卖门票发工资，市场化程度和社会参与程度低。公司制运作、多元化投入渠道不够顺畅，投资主体单一化问题没有得到根本解决，旅游产业发展活力不足。

4. 人才培养和引进机制不活。旅游专业人才太少，从业人员素质普遍偏低，后备人才严重短缺。对旅游研究学习不够，从领导层、管理层一直到基层，真正懂旅游业务的人太少。

5. 旅游产业链条延伸不够，整体素质不高。“吃、住、行、游、购、娱”六大要素发展不平衡，酒店数量少、规模小、服务差，接待容量有限，缺乏有青州特色的旅游纪念品。特别是作为旅游产业链条重要元素的娱乐业，不但发展不够规范，规模小、档次低，而且相互间恶意竞争，走入了一个发展的怪圈。所有这些问题，必须高度重视，切实加以解决。

第一，旅游业是拉动经济发展的重要增长点。加快旅游业发展，不仅可以直接带动交通、饮食、文化娱乐等行业的发展，而且能够为一、二产业发展提供更为广阔的市场。据测算，旅游业每增加 1 元收入，就可以带动相关行业增收 4 —8 元，对国民经济有着很大的影响力和贡献度。

第二，发展旅游业能够有效促进经济发展方式的转变。旅游业是一个资源消耗少、环境污染轻、产出效益高的产业，发展旅游业符合科学发展观的要求，符合建设生态文明的要求。

第三，发展旅游业能够优化发展环境。旅游业的发展水平，体现着一个地方的发达程度、文明水准和整体风貌。发展旅游业，能够提升城市形象，改善投资环境，增强吸引力，促进人流、物流、资金流和信息流的集聚形成。

第四，发展旅游业对构建和谐社会具有重要促进作用。旅游业是劳动密集型行业，直接从业人员每增加 1 人，相关行业就能增加 5 人。加快旅游业发展，可以多方面解决就业问题。同时，旅游属于健康文明、积极向上的生活方式，有利于传播先进文化，提高群众文明素质，促进和谐社会建设。尤其是随着生态休闲、观光农业等特色旅游业的兴起，发展旅游业对于加快新农村建设也具有重大意义。

对我们青州而言，旅游资源得天独厚，历史文化灿烂，文物古迹众多，民族文化和宗教文化特色鲜明，特色农业和现代工业发达，区位优势明显，交通十分便利，具备了发展旅游业的基础。同时，经过近年来的发展，“三名一强”生态文明新青州建设成果丰硕，城市建设取得突破性进展，旅游基础设施和配套设施进一步完善提高，已经具备了进一步加快发展的条件。特别是 2009 年花博会的举办，更为青州旅游提供了千载难逢的发展机遇。可以说，旅游业是青州经济社会发展的希望和潜力所在，从某种意义上讲，旅游业必将成为今后青州实现科学发展的主导产业。但是，当前来看，我们抓旅游的力度还不够大，必须对旅游业进行重新审视和定位，把旅游业发展纳入经济社会发展的重要内容，彻底转变发展观念，像过去抓城市建设、工业一样，集中力量来抓旅游业。山东庆云县为发展旅游，提出了“旅游就是一切，一切为了旅游”的口号。正是基于这样的理念，庆云县的旅游得到了突飞猛进的发展。沂水县将旅游业作为支柱产业来抓，旅游业实现了快速发展，年门票收入达到 1.4 亿元，创造了旅游界的“沂水现象”。各级各部门必须高度重视，认真学习借鉴外地先进经验，深入思考定位，切实转变观念，充分认识加快旅游业发展的巨大价值和广阔前景，抓住机遇，真抓实干，推动青州旅游产业迅速崛起。

二、强化措施，突出重点，努力开创旅游大发展的新局面

当前和今后一段时间，青州市旅游工作的指导思想是：以生态文明为引领，以机制创新为核心，以项目建设为重点，按照“统一规划，整体开发，发展大旅游，构筑大产业”的思路，坚持政府主导、市场运作、公司经营、社会参与的开发方针，完善布局，优化结构，突出文化特色，突出多元化投入，努力打造山东中部旅游休闲基地，全力建设旅游名市。力争到 2015 年，旅游业成为青州市的主导产业，旅游业管理与服务水平达到较高水准，成为山东中部有较强吸引力的旅游、休闲、度假城市，跨入全省旅游强市行列。实现上述目标，要下决心、出新招、求实效，着力实现“六大新突破”。

一是着力实现体制机制转变的新突破。近几年，围绕旅游体制机制转变，我们下了不少功夫，做了大量工作。但还存在一些问题，特别是政府的定位还不够清晰，一些机构的功能和作用没有得到真正发挥，市场主体薄弱，等等。必须看到，机制和体制的建设是一个不断完善的过程，哪种体制有利于事业发展和工作开展，我们就实行哪种体制。要强化政府主导作用，加强对旅游业的宏观调控，变行政干预为协调服务。围绕城市发展布局，进一步修订完善旅游发展总体规划，切实避免盲目开发、无序发展；制定和完善产业扶持政策，从政策、资金等各方面予以保证。市旅游发展党工委要发挥指挥协调作用，切实加强对旅游重点项目建设的指导，协调解决旅游业发展中存在的突出问题。旅游文物管理委员会作为行业主管部门，要及时分析旅游发展态势，对青州市旅游业进行规划主导、行业管理、协调服务。各管委会要积极创意创新，大胆开展工作，想方设法引进项目、盘活资源、筹集资金，提升所辖景区内涵和形象。要充分发挥市场机制配置资源的作用，积极培育市场主体。协调青州市所有旅游景区（点）、旅游星级酒店、旅行社，按照互利互

惠的原则，组建青州市旅游集团总公司，内部设立子公司，分别为独立法人，实行经营权、所有权和管理权分离，促进现有旅游企业从松散型、粗放型向集约化、规范化转型，切实转变现在各自为政、单打独斗的局面，以大合作促进旅游业的大发展。

二是着力实现投资主体多元化的新突破。实现青州旅游业的真正繁荣，必须构建多元化的投入机制，广泛吸引各种社会资金参与旅游项目的开发建设。这几年，青州市大批旅游项目的顺利推进，正是得益于市场运作和多元投资。要加大招商力度。根据旅游景点（区）开发规划，高水平策划包装景区（点）项目，配套优惠政策，吸引各类要素向旅游产业转移。坚持“谁投资，谁受益”的原则，积极探索“政府出资源、企业出资金、市场化运作、规范化管理”的开发机制和模式，鼓励私营企业和个体经营者积极参与旅游项目的开发、建设和经营。要创新融资方式，采取 BT 、BOT 等现代投融资方式，出让经营权、冠名权，吸纳民营资本、社会资金、外来资金投入，形成多元化投资机制和经营模式，实现资本与资源的最佳结合。认真研究国家和省里的产业扶持政策，有针对性地研究项目、确定项目，在争取政策性资金上加大力度。

三是着力实现旅游资源整合的新突破。整合出效益，出竞争力。解决青州市旅游景点散、乱的问题，必须继续坚持整合理念，真正打破各自为政、条块分割发展旅游的格局，依据总体规划，实现景点有机组合，提升青州旅游的品位档次和整体效益。加快打造五大特色旅游片区：一是“佛寿文化”旅游区。以云门山、驼山为主体，串联规划建设的龙兴寺、广福寺、甲子文化园等景区（点），主打“佛寿文化”品牌，形成以文化体验、修身养性为主题的旅游景区。二是“古城文化”旅游区。以青州悠久的历史和深厚的文化底蕴为依托，以博物馆、范公亭公园和建设中的宋城、旗城、广县古城、昭德古街为主体，形成以古城文化、休闲娱乐为主题的旅游景区。三是“山地森林”休闲度假旅游区。以仰天山国家森林公园为主体，依托西南山区丰富多彩的森林资源和良好的生态环境，突出山地、森林、水体特色，形成以绿色生态、休闲度假为主题的旅游景区。四是东方花都生态城。依托黄楼花卉基地、弥河水系、会展中心、体育中心和花博会室外景园，形成以会展经济、休闲赏花、旅游度假为主题的旅游景区。五是“齐文化”旅游区。依托黑山、雀山、猖山等齐文化遗存，深入挖掘齐文化内涵，规划建设齐王陵展示馆，打造兼具人文艺术和古迹文化内涵的齐文化旅游区。五大旅游片区都要组建公司，纳入青州市旅游集团总公司，成为子公司，聘请专业机构进行高水平包装策划，加快旅游企业上市进程。要围绕五大景区进一步创新思路，挖掘内涵，精心设计文化旅游线路，增加游客停留时间，真正打造省内具有较高知名度的旅游目的地。

四是着力实现重点项目建设的新突破。旅游项目是旅游发展的核心，是提升旅游吸引力和竞争力的重要手段。特别是 2009 年潍坊市重新制定考核办法，重点考核旅游新上项目和指标增量，青州市必须加大项目开发建设的力度。要加快实施旅游项目带动战略，以旅游项目建设促进旅游资源开发，增强旅游产业综合实力和发展后劲。要突出新旧结合。在充分论证的基础上对传统的人文景观、自然景观进行重新定位、深度开发和精心包装；借鉴先进地区“无中生有、小题大做、敢为人先”的发展理念，创造性地开发一批旅游景点。要突出项目重点。切实抓好规划建设的 50 个旅游项目，重点围绕五大旅游片区抓好龙兴寺复建、东夷文化标志园、昭德古街、宋城、旗城、大明衡王城、东方花都生态城、昭阳洞风景区、中壶瀑布群旅游区、齐王谷与田齐王陵保护开发等旅游项目。全面提升五大旅游片区的综合竞争力。要突出项目档次，立足高境界、高水平，大创意、大手笔，着力铸造旅游精品，集中力量建设体量大、品位高、效益好的大型旅游项目；加快单纯观光旅游向参与体验和休闲度假旅游的转变，在建设高尔夫练习场、温泉度假村等高端项目上实现突破。要突出项目特色。将现代旅游需求与青州旅游优势有机结合，因地制宜、精心设计，避免与外地景点的趋同性，着力彰显青州文化特色、地域风貌和民俗风情，打造青州旅游的独特个性。要全力加快项目进度，对已经开工的项目要不遗余力往前推进，尽快出形象、见效益；对已经确定的项目，要精心策划包装，抓紧推向市场。

五是着力实现设施配套完善的新突破。适应观光旅游向休闲度假式旅游转变的发展趋势，强化“吃、住、行、游、购、娱”六大要素建设，不断完善旅游体系。着力提高旅游接待能力。进一步落实加快星级宾馆建设的各项优惠政策，加快推进星级宾馆建设，全面提升旅游接待的档次和水平。加快旅游配套完善。搞好旅游区（点）景观道路、供水、供电、通信等配套设施建设，完善市内和通往景区道路的旅游标识系统；开通汽车站、火车站通往景区的旅游专线，完善青州市游客接待中心，建设旅游集散中心；加强旅游购物网点建设，鼓励发展积极健康的娱乐活动，繁荣晚间旅游经济。培育旅游服务企业。旅行社、旅游饭店、旅游纪念品公司、连锁店等旅游企业，要向“专、精、特、新”方向发展。积极吸引境内外经营规范、有实力的旅行社到青州市开办合资或独资旅行社，扩大境内外客源。

六是着力实现宣传营销的新突破。酒香也怕巷子深。宣传营销是打造旅游品牌的关键所在。前几年宣传营销不敢放开，主要是考虑到酒店接待能力有限，青州市满打满算只有1500个床位，担心人来了住不下。现在，一批星级酒店将在花博会前投入使用，会极大提高接待能力，旅游宣传营销到了应该而且必须大张旗鼓进行的时候。旅游文物管理委员会牵头组织，统一策划制订方案，统一进行宣传推介。要确定好宣传营销目标，继续实施“巩固周边、辐射全省，扩大国内市场，逐步开辟国际市场”的营销战略。针对重点市场、重点营销对象，制定优惠政策，利用旅行社的优势进行定向宣传营销。突出省级宣传媒体营销，加大全国性宣传媒体的营销投入，扩大青州知名度。加强区域合作，与周边城市联手，整合优势资源，推出精品路线，实现区域联动共赢。创新宣传手段。宣传、旅游部门要加强与各级新闻媒体的联系，注重向省外传媒输送旅游宣传节目，开展媒体营销、网络营销、信函营销等。旅游部门要组织旅游企业积极报名参加各种旅游展示会、交易会，扩大客源市场，提高青州旅游知名度。

三、加强领导，齐抓共管，营造良好的旅游发展环境

旅游业是青州的潜力和优势所在，各级各部门必须把发展旅游业摆上更加重要的位置，强化领导，精心组织，真正把旅游业培育成为青州市经济发展的支柱产业、服务业的核心产业和城市的形象产业。

一是切实提高学习能力。学习是解放思想、推动工作的前提和基础。面对各地旅游业竞相发展、你追我赶的严峻态势，我们必须以更大的力度和决心加强学习，不断提高与时俱进的学习能力。要认真学习上级有关旅游业发展的政策措施，学习外地旅游业发展的先进经验和先进发展模式，学习和掌握旅游业发展的特点和规律，切实提高推动旅游业发展的能力和水平。

二是努力形成发展合力。旅游业是关联性极强的社会性产业。青州市上下都要把思想和行动切实统一到市委、市政府建设“旅游名市”的决策部署上来，形成旅游业发展的强大合力。旅游主管部门要认真履行行业指导、组织协调、市场管理、行政执法等职责，加强对旅游业发展的研究，增强对旅游经济运行的预见性和调控能力。各镇、街道、园、区要加强对旅游工作的领导，切实采取有力措施，全力发展壮大旅游经济。市直各部门单位要牢固树立青州市“一盘棋”思想，打破部门、行业界限，团结协作，密切配合，努力在青州市形成齐抓共管的良好局面。

三是全面落实激励措施。为加快旅游业发展，中央、山东省、潍坊市都相继出台了支持旅游业发展的政策措施，青州市委、市政府也在财政投入、项目用地、人才发展、环境建设等方面，制定了一系列激励措施，各级各部门必须不折不扣地抓好落实，切实发挥好优惠政策的导向作用。在旅游业发展鼓励政策方面，要大胆创新，勇于突破，只要符合国家法律规定，只要有利于推进旅游业发展，什么办法管用就用什么办法，政策可以优惠到底。同时，要认真学习借鉴外地发展旅游业的好办法、好经验，不断完善青州的政策措施，促进旅游业快速发展。

四是着力建设高素质人才队伍。旅游大发展，人才是关键。要围绕“外树形象、内强素质、整体推进、全面提高”的目标，加大旅游人才培养、选拔和引进力度，着力培养和造就一支高素质的旅游人才队伍。坚持事业留人、感情留人、待遇留人，加快建立人才引进机制，积极引进高层次管理者、新兴业态经营者和职业经理人。发挥职业教育等平台作用，搞好旅游企业管理人才、宣传营销人才培养，提高旅游行业管理和服务水平。强化导游培训，有组织、有计划地加强导游人员专业教育培训，提高导游人员的业务水平和整体素质。

五是全力优化发展环境。环境是旅游业发展壮大的土壤。好的旅游环境，不仅指自然环境、基础设施等硬环境要好，而且旅游经营的政策环境、行政环境、法制环境、治安环境等软环境还要宽松。青州市上下都要强化“大旅游”意识，牢固树立“人人都是旅游环境，人人都是旅游形象”的观念，大力培育“文明礼貌，诚实守信，热情待客，与人方便”的旅游新风尚。加大旅游市场执法检查力度，严厉查处违规违法行为，确保旅游市场秩序优良。大力推进诚信建设，建立旅游企业信誉等级评估、公告体系和违规记录公示制度，完善旅行社诚信经营机制。加强景区综合治理，建立旅游安全防范和应急处理机制，提高旅游安全管理水平。大力培育和壮大旅游行业协会和中介组织，加强行业自律，增强服务意识，规范服务行为，使游客住得舒心、吃得放心、游得顺心、购得称心、玩得开心。

六是强化督查考核。2009 年潍坊市委、市政府改进了旅游工作考核办法，加大了旅游发展在年度综合考核中的比重。要按照潍坊要求，进一步加大旅游发展考核工作在青州市年度综合考核中的比重，建立完善党政领导旅游发展目标责任制，把考核结果作为干部政绩考核的一项重要内容，真正形成目标明确、责任到人、措施具体、考核有力的工作体系。强化跟踪督查，加强对青州市 50 个规划建设项目的督促检查，定期通报项目建设进展情况，确保项目建设质量和进度。各部门、单位要明确责任，强化措施，相互配合，切实把旅游发展的各项工作任务落到实处。

第四章

加快推进民营经济发展

以思想的大解放推动青州市民营经济实现大的突破

2008 年 2 月，这次青州市民营经济发展大会，主要是总结成绩，表彰先进，交流工作，部署任务，迅速掀起解放思想热潮，动员青州市上下真正以思想的大解放推动青州市民营经济实现大的突破。

一、肯定成绩，总结经验，坚定又好又快发展的信心

两年来，我们坚持以民营经济发展为主线，整体推进“四大重点”，做大做强“六大产业”，加快推进“一城四区六大基地”建设，民营经济迈出了新步伐。

得益于民营经济的强力支撑，青州市经济社会实现了又好又快发展。成功举办山东省第四届花卉博览会，成功取得 2009 年第七届中国花卉博览会举办权。先后荣获“国家园林城市”“全国老龄工作先进市”“全国双拥模范城”“全国粮食生产先进市”“全省敬老院建设先进市”“全省残疾人工作先进市”“山东省地质公园”等荣誉称号。涌现了国家二级英模杨希涛、中国武警十大忠诚卫士尹欣欣、山东省自强自立好青年李欣等先进典型，2 人获全国“五一劳动奖章”，4 人获山东省“富民兴鲁”劳动奖章，17 人被评为潍坊市劳动模范。

在加快科学发展、和谐发展和率先发展的具体实践中，我们积累了丰富的经验，主要有以下几条。

（一）不断解放思想、统一思想，是经济又好又快发展的法宝。实践充分证明，我们取得的成绩、发生的变化，归根结底是解放思想、统一思想的结果。通过外出参观考察、集中培训学习、开展大讨论等方式，不断开阔眼界、解放思想、提升境界；以电视直播形式召开一系列重要会议，公开市委、市政府的决策，统一青州市上下思想。通过解放思想，找到了差距，看到了优势，在一定程度上破除了小农意识、小市民意识

和计划经济观念，原先不敢想、想不到、不敢干的事情，现在不但想到了，而且做成了。“七博会”的成功申办、猫山经济发展区的初步形成，充分证明了这一点。

（二）始终保持昂扬向上、奋发有为的精神状态，是经济又好又快发展的动力源泉。两年来，青州市上下始终保持昂扬向上、奋发有为的精神状态，全身心投入加快发展、振兴青州的伟大实践中。各级领导干部身先士卒，广大人民群众奋勇争先，社会各界齐心协力，特别是在猫山经济发展区建设、申办“七博会”等重点工作中涌现了一大批令人感动的事迹和先进人物，表现出的精神令人振奋，加快发展、振兴青州已成为青州市人民的自觉行动。这些精神已经成为青州精神的重要组成部分，成为实现又好又快发展的不竭动力。只要有这种精神，就没有干不成的事业，就没有干不好的事业。

（三）科学明确的发展思路，是经济又好又快发展的前提。青州市委十届七次全体会议，确定了“整体推进工业振兴、城市建设与管理转型、服务业提升和新农村建设‘四大重点’，做大做强机械装备、石油化工、冶炼建材、现代物流、旅游休闲、花卉苗木‘六大产业’，加快推进‘一城四区六大基地’建设，全力打造文化名城、旅游名市、生态名市和经济强市”的总体发展战略。实践充分证明，这些思路完全符合科学发展观的要求，完全符合青州实际。正是有这样科学明晰的发展思路，我们才取得了今天的成绩。

（四）广大人民群众的积极参与，全心全意把精力投入经济发展中，是经济又好又快发展的坚实群众基础。青州今天取得的成绩和发生的变化，首先要归功于人民群众的全身心投入。广大人民群众积极拥护市委、市政府的决策部署，同心、同德、同力，以实际行动支持、参与青州发展，在各自的岗位上做出了出色成绩，体现了高度的社会责任感，展现了现代青州人的应有形象，真正发挥了建设青州主力军的作用。

（五）党员干部的模范带头作用，是又好又快发展的保证。“市级领导带头干，退休领导抢着干，二线领导上一线，一线领导上前线，一级带着一级干，一级干给一级看”，在青州蔚然成风，特别是在各项重点工程建设中，广大党员干部起早贪黑，坚守现场，不怕苦、不怕累、不怕难，充分发挥了模范带头作用，赢得了人民群众的信任和支持。

（六）体制机制的创新，是又好又快发展的关键。回顾两年来的发展，体制机制创新起到了至关重要的作用。通过创新领导体制、财政体制、督查考核机制、城建运行机制、干部使用机制，实现了以制度管人、管权、管事，激发了活力，推动了工作。2008 年，我们要通过文化建设使我们的青州精神更加发扬光大，巩固下来。

二、推动又好又快发展，必须坚持继续解放思想，提高认识，实现更高层次的思想统一

实践证明，每一次思想解放运动都达成了新的层次、新的高度上的思想统一，并以此推动了发展。解放思想无止境。必须深刻认识到，解放思想是为了更好地统一思想，进而推动又好又快发展。

站在新的起点上，青州面临新的形势、新的任务。党的十七大对深入贯彻落实科学发展观、全面建设小康社会新要求、“四位一体”总体布局的全面部署，为我们指明了前进方向。山东省委、省政府实施“一体两翼”区域发展战略，凸显了青州市在全省区域发展格局中的有利地位；实施文化强省战略和服务业发展突破战略，为青州市文化、旅游、物流发展提供了强大助推力；法定节假日的调整，胶济铁路高速客运专线、长深高速公路的贯通等，给青州带来了难得的机遇。潍坊市委、市政府把青州作为与淄博对接的桥头堡，为我们承接产业转移提供了新的契机。经过两年发展，青州市“一城四区”城市布局扎实推进，初步形成了南部文化产业园区、北部经济开发区两翼齐飞，东部黄楼花卉园区、西部猛山经济发展区首尾互动，鲲鹏展翅、昂首东进的城市发展格局；地方财政收入实现翻番，财力明显增强；领导体制、执行机制、运营机制更加成熟，各级领导班子结构和行政区划更加合理，人民群众对青州的发展充满信心，青州市上下人心思进，人心思上，形成了强大的发展合力。当前，如何深入贯彻科学发展观，应对土地、资金、环保等宏观调控政

策，如何把“七博会”办成一届高标准、高水平的花卉盛会，发挥“七博会”的第一推动力作用，如何更好推动城市发展由拆迁转向全面建设，把青州资源优势转化为经济优势，如何加大投入，实现民生建设新突破等，这都是我们面临的新任务。同时，我们的思想观念、机制体制、队伍素质和运作能力，还有很多不相适应的地方。如果不进一步解放思想，破除思想樊篱，就不能很好地抓住机遇、发挥优势，就不能正视自己的缺点和问题；就更谈不上正确认识、衷心拥护、坚决贯彻市委、市政府的决策部署；就无法实现思想统一、行动一致。

解放思想、统一思想在不同的时期对不同的人有不同的要求。两年前强调解放思想，有当时的针对性；今天强调解放思想，是针对新的形势和任务，在更高层次上解放思想，核心是我们已经通过解放思想形成了思路，形成思路就是解放思想的结果，而且把思路变成了项目。

无论是市级领导、镇（街道）、部门负责人，还是工作人员、人民群众都要针对当前的形势和任务，结合自己的工作职责不断解放思想。只有解放思想，才能统一思想；只有统一思想，才能行动一致；只有行动一致，才能保证工作实效。

（一）必须坚持继续解放思想、统一思想，不断提升境界。解放思想首先要提高境界。境界，就是指人们在思想水平、认识水平、工作实践上所达到的高度和水平。领导干部首先要有境界，对于广大老百姓来讲，要树立全员市长意识。怎样提高思想境界？部门也好，企业也好，除了思考自己的事情以外，还应该站在青州市大局的高度、站在市长的高度来思考青州的问题，换位思考。

要不断提高思想水平。如果仅仅着眼于自己的、眼前的利益，以短浅的眼光看待问题，就不能胸怀全局、顾全大局。要不断提高认识水平。在认识程度上，要有高目标。取法乎上，得乎其中；取法其中，得乎其下。在认知深度上，要能够透过表面看本质。我们考察学习，不要只看到先进地区的先进，要知道他们为什么能先进，怎样变成先进的。要知其然，更要知其所以然。在工作实践上，标准要高，无论操作手段，技术水平，都要进一步提升。每一个人，都必须坚持继续解放思想，转变思维方式，站在青州发展大局这样的境界上看问题、想事情、做工作，用更高的境界推动经济社会又好又快发展。

（二）必须坚持继续解放思想、统一思想，不断增强驾驭市场经济的能力。驾驭市场经济能力，是衡量领导干部水平高低的“试金石”。客观地说，我们原先对市场经济的认识和驾驭市场经济的能力，都是有限的。近两年来，有了很大提高。但是“七博会”筹办、园区建设、旅游业发展、物流业整合、科学投入、民生事业等各方面的工作，都要求我们用市场的手段解决问题。包括各个党委书记、各个部门提出的下一步的工作，都要用市场手段，光靠市财政解决不了问题。

在实践中，要深化对市场经济的认识，不断提高驾驭市场经济的能力，善于运用市场手段解决问题。要完善城建投资公司、云门旅游公司等公司化运作模式，盘活存量资产，通过土地置换、经营权入股等多种途径吸引资本，实现项目投资、建设、管理市场化。积极推进自然、人文资源资本化运作，深度发掘资源要素的潜在价值，对具有商业价值和经营价值的土地资源、文化旅游资源、市场资源等资源要素实施资本化运作，鼓励民间资本和外资以独资、合资、合作、联营、项目融资等方式参与开发和建设；积极推进城市有形资产资本化运作，将城市道路、供水、供电、垃圾场、公交系统等设施以托管经营、授权经营、股权转让等形式推向市场，实现实物形态转化为资本形态；积极推进无形资产资本化运作，将城市广告标牌经营权、公交线路经营权、设施冠名权等政府掌握的无形资产进行特许经营、有偿转让、拍卖或租赁，加大城市无形资产的开发和利用力度。

（三）必须不断提高落实水平。当然，落实水平和上面所讲的是一致的，如果没有驾驭市场的能力，没有高的境界，能落实好吗？提高落实水平，首先要解决想不想落实的问题。工作实践中，解决具体的、操作层面上的问题，必然会遇到不同思想观念带来的不同声音，不同利益群体造成的分歧意见，可能会触动某些人的利益，驳了某些人的面子，甚至影响某些人的前途。提高落实水平，还要解决会不会落实的问题。如果仅仅停留在谈大思路、大设想，对如何操作却缺乏研究，就是想法再好也只能是纸上谈兵，一碰到具体问题，就束手无策。像在招商、融资等领域，我们整天讲融资、讲招商，但是并不知道具体怎样去操作。这需要我们解放思想，善于学习，加强研究，掌握规律，提高操作层面的落实能力。要想得到，做得到。

（四）坚持继续解放思想、统一思想，不断加大科学投入。在科学投入这个问题上，要破除民营资本不能进入的思想。企业家要解放思想，把投入由传统产业转向旅游、物流、文化、民生等领域。积极研究金融货币政策，加大市场运作力度，强化市场化融资手段，综合运用国内外银行贷款、债券、BOT 、BT 等多种渠道融资，突破资金制约瓶颈。特别是要扩大上市资源培育领域，积极推动工业、服务业、农业龙头企业股份制改造，争取在物流、旅游、文化、花卉等企业上市方面实现突破。要破除外商资金不能进入的思想。把招商引资作为科学投入的主渠道，完善考核激励机制，力争在大、高、外、好项目上实现新突破；拓宽招商引资领域，吸引各类资本进入花博会筹办、城市建设、旅游开发、物流整合、基础设施建设和社会事业等各个领域；发挥企业招商引资主体作用，舍得拿出优势资源、优势资本、优势品牌，让外商参股、控股，引进资金、技术和管理，以优势换资金、换技术、换市场，实现大发展。

三、凝心聚力，务实创新，坚决实现又好又快发展的新突破

凝聚青州市上下力量，牢牢抓住重点领域、重点工作、关键环节，以更加有力的措施、更加有效的手段、更加扎实的作风，着力实现经济社会发展的十大突破。

（一）坚决实现高新技术发展的新突破。传统行业竞争日益激烈，利润空间日益微薄，没有高新技术的大量投入，就无法占领经济发展的制高点。经济开发区要率先向高新技术园区转型，按照功能分区要求，配套完善基础设施，注重发展高技术、高效益、低污染、低能耗的企业。加快高新技术创业中心建设，搭建公共研发平台，年内建成集科研、产业培植、信息服务于一体的高新技术孵化器。要注重引进研发型高新技

术企业和投资型高新技术企业，优化高新技术企业结构。要坚持党管人才，大力实施人才强市战略，政企联手，坚持事业留人、感情留人、待遇留人，努力做好培养人才、引进人才、使用人才的工作，形成人才脱颖而出的机制，为各类人才建功立业、施展才华提供用武之地。这两年，企业家整体队伍素质有了很大提高，但企业发展也存在不少问题，产业结构雷同、技术含量不高、偷税漏税的现象也时有发生。企业要在企业组织的发展形式上搞创新、在技术进步上搞创新，要通过招商引资不断改善产权结构，使产权结构不断升级，使企业的发展越来越规范。

（二）坚决实现推进“一城四区六大基地”建设的新突破。2008年的城建项目重点概括为“六纵五横”11条道路和部分场馆。原先遗留的项目要抓紧往前推进，关键是完成2007年的老项目，然后建设新项目，新项目主要围绕花博会的举办。原来的指挥部要由项目指挥部向片区指挥部发展，一指挥一大片，因为领导职数在减少，项目在增多，这个问题还要专题研究。要全力加快“六纵四横”（纵向6条：青州路提升，石坊路、东红路提升改造，云门山南路延伸，弥河旅游观光路、青垦路拓宽改造。横向4条：将军山路提升，猩山路、范公亭东路延伸，老济青路拓宽改造）道路建设，市民休闲娱乐中心、“七博会”场馆和室外展区建设等重点项目的进度；经济开发区要做好转型提升工作；猩山经济发展区要做好辐射普通、邵庄、文登、庙子四大片区60平方公里的整体规划，搞好二期整平工作，加快仓储物流中心和基础设施配套建设，加大招商引资力度；黄楼花卉园区，要抓住“七博会”筹办的机遇，抓紧启动花卉苗木博览园、李清照文化园建设；文化产业园要全力推进民族技师学院等校区建设。继续坚持“政府主导、规划先行、公司经营、市场运作、部门配合、社会支持、立体监督”的经营机制，迅速扩大城市规模，提升中心城区价值，把工作重点由拆迁转入全面建设，全力以赴加快建设进度；整合片区资源，把多个小片区串联成大片区，成立大片区指挥部，要有大局观，下围棋不要下象棋，进行战略性大运作；改革运作体制，全力发挥城建投、指挥部、项目部的作用，实行项目封闭式独立运作；高度重视规划的龙头作用，提高建设境界，全面提升城市建设工程的标准和水平，展现出青州建设的新形象。

（三）坚决实现旅游投资主体拓展的新突破。民营经济是个广泛的经济，民营是指所有制的性质，不光工业，旅游业、物流业、服务业都是民营经济。要把旅游利益主体向市场机制的转变作为撬动旅游发展的杠杆，着手建立运转高效的旅游管理体制、市场化的运作机制、多元化的投资机制。对于具备条件的景点，可以采取整体拍卖、出售、产权置换等方式推向市场。鼓励各类旅游企业通过资本运营、管理合作等方式向规模化、专业化、集团化的方向发展，特别是云门旅游发展有限公司，要积极推进股份制改造，明确产权关系，优化股本构成，向上市迈进。要探索新的开发模式，通过合资、合作、土地置换、资源变现等方式吸引民营企业、民间资本注入。旅游管理部门要对弥河风景区建设、南阳河治理等工程抓紧包装，形成项目，推向市场。要积极探索景区内村庄改造的新路子，通过成立旅游经济合作组织，采取土地入股等方式，真正实现旅游开发和农民增收的双赢。

（四）坚决实现物流整合的新突破。青州市具有发展物流产业得天独厚的交通区位和传统优势，理应发展得比现在要好得多。然而，散乱小的问题严重制约了发展，加快整合不仅是大势所趋，而且是当务之急。加快整合，可以组织企业集中优势资源，实现规模效应，避免无序竞争，增强整体实力；可以吸引人流、物流、信息流，带动三次产业的全面繁荣。要把亿丰宜佳物流商贸城整合作为物流整合的起点，总结推广成功经验，积极探索以政府为主导、企业为主体、业户为基础、市场为纽带的与消费者紧密联系的发展模式，高标准制定市场物流业发展规划，合理配置市场资源，整合农资、钢材、机动车、海鲜果品等市场，重点抓好现代物流中心、高柳物流园、港天保税物流中心、猫山经济发展区物流中心等重点项目建设，逐步实现物流业发展由分散化向集中化、由综合化向专业化、由功能单一化向综合服务化转变，打造市场专业化、专业市场规模化、规模市场信息化的大物流发展格局。要发挥导向作用，制定激励机制，推动具备条件的企业尽快实现主辅分离，实现企业增效、财政增收。

（五）坚决实现文化产业大发展的新突破。文化资源丰富、底蕴深厚是青州的独有优势，青州市的文化产业具有不可限量的发展潜力。认真贯彻落实全省文化工作会议精神，将青州独具的资源优势转化为产业优势。发展创意文化，加快创意城市发展步伐，走出一条独具特色的发展之路。着手制定发展规划，深度挖掘整合文化资源，实施园区带动、项目带动战略，加快文化产业园、旗城文化博物馆、君怡都书画城等重点项目建设进度；加快文化体制改革，剥离广电、报纸媒体的经营功能，探索市场运作机制；建立多元化投入机制，引导和鼓励社会资源、市场资源、人力资源投入文化产业；规范提升文化市场，整合印刷企业资源，培植壮大古玩、字画、根艺、奇石等传统文化产业，优先发展信息传媒、数字印刷等现代文化产业，形成具有青州特色的文化产业群、产业基地。结合文化产业的发展，推动文化地产等复合型地产繁荣发展，使文化地产成为青州发展的亮点。

（六）坚决实现花博会筹办的新突破。“七博会”落户青州，是青州经济社会大干快上、又好又快发展的一次难得机遇。我们要全力以赴，精心筹备，确保将其办成规模最大、档次最高、效益最好的花事盛会，打造青州走向全国的亮丽名片。青州市上下都要把“七博会”筹办作为促进各方面工作开展、推动青州市经济社会发展的强大动力，利用花博会的机遇，全力推动青州市三次产业的全面繁荣和社会各项事业的发展。广大干部群众和企业家都要围绕“七博会”筹办，重新思考和定位自己的工作，认真思考如何招商引资、争取项目、寻求支持的问题，认真思考如何立足本职创造性开展工作、做文明市民、展示青州形象的问题，以实际行动为“七博会”筹办多作贡献。

（七）坚决实现新农村建设的新突破。统筹城乡发展，加快以工促农、以城带乡步伐，推动城乡一体化进程。大力发展现代农业，扶持壮大现有龙头企业，规范发展农村合作经济组织，做大做强农业品牌。以潍坊市小城镇建设观摩为契机，加大村庄规划力度。重点抓好玲珑山、弥河等林场建设，扩大苗木基地规模。实施大环境绿化，按照成片造林、组团绿化原则，抓好国省道、胶济铁路两侧绿化及西南山区路域综合治理。结合行政区划调整和镇、街道机构改革，推进农村社区服务中心建设，年底青州市所有村庄全部纳入社区化服务。农民是新农村建设的主体，要养成健康文明的生活方式，积极参与和谐创建，争做“有文化、懂技术、会经营”的新农民。

（八）坚决实现自主创新和品牌建设的新突破。要不断增强自主创新能力。引导企业加大研发投入和技术改造力度，与大专院校和科研院所共建技术研究中心，形成以企业为主体、以市场为导向、产学研相结合的自主创新体系。拓宽创新领域，从组织、管理、市场、营销、技术等方面进行全面创新。要加强品牌建设。坚持扶持和重奖政策，申报一批、储备一批、发展一批，鼓励和组织企业积极争创国家级名牌产品、国家驰名商标、国家免检产品。提升企业竞争能力，强化企业文化建设，塑造良好的企业形象，打造成功的企业品牌。加大产业发展、宣传、推广力度，形成独具青州特色的产业集群，做大产业品牌。充分挖掘青州各种品牌资源，对城市进行营销推广，提升青州的美誉度和知名度，塑造良好的城市品牌。

（九）坚决实现节能减排的新突破。节能减排是科学发展观的客观要求，是国家“高压线”，不容讨价还价；同时，实施节能减排也是推进企业转变发展方式的重要内容和新的机遇。这项工作做好了，就能赢得发展空间，做不好，企业生存就面临危险。中央、省和潍坊市对节能、降耗、减排等约束性指标都有严格要求，企业要注重研究政策，牢固树立可持续发展的理念，切实提高认识，坚持节约优先、环保优先的方针，把节能环保作为自觉行动。要不遗余力发展循环经济。推进企业循环、园区循环、产业循环和区域循环，扩大循环经济范围。特别是经济开发区和猕山经济发展区，要全面转向发展循环经济，率先实现循环式发展。要加大治理力度。做好固定资产投资项目节能评估和审核工作，积极稳妥推进落后产能企业的关停工作，积极开展重点耗能企业水平达标活动。对环保不达标的企业，能治理的早治理，该关停的坚决关停。要最大限度争取政策支持。国家财政对节能减排、污染治理加大了投入，企业和部门要抓住这个良好机遇，充分利用各种资源，积极到上级有关部门跑项目、争资金，吸引更多的资金投入节能减排、污染治理和生态建设中来。

（十）坚决实现民生事业发展的新突破。人民群众是我们的衣食父母。重视民生是我们的首要职责。整合教育资源，大力发展职业教育，加快推进文化产业园建设。搞好人力资源市场建设，认真做好就业再就业和农村劳动力转移培训，促进城乡就业。扎实搞好被拆迁居民社会保障试点工作，妥善解决被拆迁居民社会保障问题；发挥市慈善总会和新闻媒体作用，深入开展"共享和谐阳光"大型公益活动，帮助弱势群体。发展敬老事业，继续抓好农村敬老院建设，确保市中心敬老院年内投入使用。继续加大经济适用房和廉租房建设投入，基本解决城区困难群众住房问题。深化医疗卫生体制改革，规范新型农村合作医疗制度。严格落实信访工作责任制，高度重视安全生产，确保社会和谐稳定。

四、加强领导、全民参与、狠抓落实，为又好又快发展提供坚强保障

新的形势已经非常清楚，新的任务已经非常明确，工作思路已经确定，能否在新起点上实现新跨越，关键在领导，根本在落实。

一是继续把环境建设作为又好又快发展的生命线来抓。环境影响着一个区域的生产力发展水平。哪里环境好，哪里就会形成"洼地"效应，生产要素就会向哪里聚集。青州市上下必须站在经济社会发展的战略高度认识环境建设问题。要狠抓基础硬环境和社会、法制、舆论、诚信等软环境建设，全力打造环境宽松、文明有序、安全稳定的现代化城市，增强发展吸引力和承载力。

二是用更大的魄力推进体制机制创新。体制机制决定着一个地区发展进步的活力，决定着一个城市的创造力和竞争力。要实现青州经济社会又好又快发展，必须在体制机制上想办法、要动力，以更大的决心和魄力加快推进改革创新。要全面加快行政管理体制、企业产权体制、资金运作机制、自主创新机制、工作推进机制等体制机制创新，努力以更

有效率、更有活力的体制机制推动各项工作开展。

三是用更大的力度转变作风、狠抓落实。认真就是水平，扎实就是能力。作风是党性的体现，作风问题事关党的形象和事业成败。要加强学习，着力提高与时俱进的学习能力，提高市场经济驾驭能力；精心办好海岱书院大讲堂，打造全社会学习的良好平台。要发扬求真务实的工作作风，真抓实干，在实干中实现领导，靠实干增进团结，努力在青州市形成专心谋事、勇于任事、踏实干事的良好氛围，真正把作风建设的成效转化为推动科学发展的实际行动，转化为开创工作新局面的实际行动，为青州市经济社会又好又快发展提供有力保障。

四是进一步激发全民投入的热情。全民投入是我们成功的重要经验。要进一步完善政府主导、群众主体的发展方式，更加注重保护和发挥群众的热情，更加注重激发群众干事创业的积极性和创造性。广大群众要强化主人翁意识、全局意识和责任意识，树立“全民市长”观念，能够站在大局的高度、全局的高度，看问题，想办法，谋发展。党委、政府的所有工作都是为了人民群众，人民群众有权利、有义务监督政府和工作人员。要增强创业意识，保护创业激情，激发创造活力，促进全民创业。要适应新形势发展需要，不断提高自身素质，树立新时期青州人的良好形象。

五是以严格科学的督查考核保证工作落实。特别是招商引资，青州2007年招商引资的考核和其他考核之间的关系，是奖励的幅度很大，但是没有把招商引资实行一票否决。2008年的政策是，如果完不成招商引资任务，就实行一票否决制。

督查考核是推进市委、市政府各项决策部署落实的有效方式和必要手段，是把决策部署变为现实的桥梁。要健全督查机制，创新考核方式，加大奖惩力度，切实发挥督查考核的导向、激励和约束作用。要强化责任落实，严格责任追究，对置市委、市政府决策部署于不顾、顶风而上的，要坚决抓典型，严肃处理，确保工作实效。

第五章

切实做好改革、对外开放工作

牢固树立大开放理念，推动青州市经济社会又好又快发展

2008年4月，在改革开放30周年之际，青州市召开这样一次高规格、大规模的会议，主要是以党的十七大精神为指导，深入贯彻落实山东省对外开放工作会议和潍坊市对外开放暨软环境建设工作会议精神，总结成绩，表彰先进，分析形势，部署任务，动员青州市上下牢固树立大开放理念，推动青州市经济社会又好又快发展。

2007年，青州市坚持整体推进“四大重点”，做大做强“六大产业”，加快“一城四区六大基地”建设，凝心聚力，务实创新，青州市经济社会实现又好又快发展。特别是通过狠抓大项目、高新技术项目、境外项目以及优势产业、优势产品两大重点，健全外资引进、外贸激励和外派劳务市场监管三个机制，实施搭建招商平台、培育出口基地、夯实基层基础、加强人才培养四项措施，对外开放工作取得了突破性进展，被评为“全省对外开放先进单位”“山东省外派劳务先进基地”“潍坊市外经工作先进单位”和“潍坊市利用外资先进单位”。

党的十七大报告明确指出，要拓展对外开放领域，提高开放型经济水平；省十一届人大一次会议作出了实施全面开放的战略部署；全省对外开放工作会议要求坚定不移地推进对外开放，为实现富民强省新跨越提供新动力；潍坊市“一六三三”发展战略中，“三化”之一就是加快推进经济国际化，这对我们提高对外开放水平指明了方向。但是，科学发展观的全面落实，宏观调控的深入实施，对经济社会发展提出了更高的要求；两税并轨、人民币升值、出口退税调整、加工贸易政策调整、《外商投资产业指导目录》调整，以及土地政策、用工政策、环保政策、开发区政策等多项政策的调整，更使外经贸的政策环境发生很大变化。从青州市发展的实际看，城市由拆迁转向全面建设、物流整合、旅游发展、

文化繁荣、“七博会”筹办等，都迫切需要全方位、高水平地扩大对外开放，加快发展。必须认识到，开放的力度和成效有多大，发展的空间和潜力就有多大。坚持以开放促改革、促调整、促发展，是加快建设“三名一强”新青州、实现青州振兴的必然选择。站在新起点，面对新形势，青州市上下必须保持清醒的头脑，切实增强对外开放的紧迫感和使命感，从青州市经济社会发展的大局出发，以更加坚定的信心、更加积极的姿态、更加有力的措施，把对外开放推向更高水平。

一、采取有力措施，进一步拓展对外开放的广度和深度

2008 年外经贸工作总的指导思想是：坚持以党的十七大、全省对外开放工作会议和潍坊市对外开放暨软环境建设工作会议精神为指导，深入贯彻落实科学发展观，强力推进对外开放，突出招商引资、优化外贸结构、实施“走出去”战略三个重点，推动对外开放再上新台阶，促进青州市经济社会又好又快发展。具体目标是：确保完成外商直接投资 6000 万美元，同比增长 20%，力争完成 6500 万美元；完成外贸出口 2.4 亿美元，同比增长 30%，力争突破 3 亿美元；确保年内有 1 家外派劳务公司取得外派经营权，实现外派劳务 1200 人次，增长 20%。

（一）着力提高利用外资水平

资本是引导各类生产要素流向的纽带，坚定不移地搞好招商引资是提高对外开放水平、促进经济社会又好又快发展的迫切需要。

一是创新利用外资方式。积极引导各类企业加强与国内外大企业的合作，为企业寻求可靠的战略投资伙伴；积极创造条件，推进企业境外上市，逐步实现资本、市场、资源的国际化，提高国际化经营水平；支持和鼓励外资以 BOT 、TOT 等多种方式参与基础设施、公共事业等建设。

二是优化利用外资结构。积极引导外资重点投向高新技术产业、先进制造业、现代服务业、现代农业和节能环保等领域，促进经济发展方

式转变、经济结构优化，推动产业升级，确保年内引进过千万美元的高新技术项目或节能环保项目 1 个以上。

三是创新招商方式。充分发挥园区、节会等招商平台作用，特别发挥“七博会”对外开放的天然窗口和招商引资的平台作用，积极吸引资金；要充分利用优势资源、优势产业，搞好项目策划包装，加强与国内外大企业的专业对接，吸引在青州市设立区域总部、制造中心、运营中心和物流中心等，打造总部经济。

（二）大力发展出口贸易

出口是拉动经济增长的重要力量，也是体现一个地区经济结构档次和融入国际市场程度的重要标志，加快转变外贸增长方式，提高外贸质量和效益，是提高开放型经济水平的当务之急，必须切实抓紧抓好。

一是培植出口企业群体。要加快各类企业自营进出口权登记备案工作，积极培育新的出口增长点。按照“抓大促中扶小”的工作思路，狠抓优势出口企业的培育扶持，形成骨干出口大户带动、中小出口业户梯次推进的外贸出口格局。

二是培育骨干出口产品。巩固和拓展农副产品、纺织服装、机械加工等传统骨干产品出口，大力发展高新技术产品出口，努力提高出口产品的科技含量和附加值，增强创汇能力。特别是要加快发展创汇农业，进一步完善农业标准化生产体系，着力加强农产品质量管理，以过硬的品质巩固市场，引领现代农业发展，促进农民增收。

三是争创自主出口品牌。认真落实中央、山东省和潍坊市名牌出口战略的政策措施，完善服务体系，支持和推动企业特别是中国名牌、中国驰名商标企业，开展境外商标注册、专利申请、质量认证，鼓励出口企业尤其是重点出口企业加快培育自主出口品牌，提高出口产品质量和档次。加快企业国际质量体系认证，推行国际标准，为走向国际市场开辟绿色通道。

四是拓展市场空间。发挥商务中心作用，筛选优势企业、优势产品，在全球范围内宣传推介。特别是从青州市的机械、化工、纺织服装、农产品加工等优势产业中选择一批企业进行重点扶持，发挥商务中心的人才优势，为企业提供翻译服务，解决企业在进出口业务中遇到的问题，帮助企业做大做强。继续加大政策扶持力度，鼓励企业参加广交会、厦门投洽会、深圳高交会和东盟博览会等招商和贸易展览活动，拓展发展空间。

（三）继续实施“走出去”战略

创新对外投资和合作，是全球经济一体化条件下增创竞争新优势的重要举措，要继续实施“走出去”战略，向国际市场要空间、要资源、要动力，努力在新一轮发展竞争中抢占先机、赢得主动。

一是加快推进境外企业发展。紧紧抓住山东省委、省政府实施“深化日韩、提升东盟、突破欧美、拓展非洲”全面开放战略的机遇，积极推动优势行业、企业参与境外项目建设，引导具有一定技术优势的机械加工、农产品加工、建筑等行业在境外投资建厂，开发境外资源和市场，带动技术、设备、商品和劳务出口。对青州市目前的 4 家境外企业，有关部门要大力支持，搞好服务，及时帮助解决企业亟须的资金、人才等问题，促进境外企业加快发展。

二是搞好劳务基地建设。积极推进有条件的单位申请对外劳务合作经营资格，逐步摆脱青州市只负责组织人员而不能直接外派的被动局面；加大监管力度，健全广告审批、费用监管、护照预审制度，倡导诚信经营，严厉打击非法外派劳务中介，维护外派劳务人员的合法权益，维护青州市外派劳务先进基地的形象。

三是大力拓展境外承包工程。积极扶持引导，鼓励有条件的企业争取境外承包工程经营权，承揽一手工程，拓展企业生存发展空间。

二、树立大开放观念，真正以“大开放”推动大发展

对外开放是一项工作，但更重要的是一种理念。当前，青州市的发展正处于一个新的起点上，新的形势、新的任务、新的机遇、新的挑战，

迫切要求我们树立"大开放"的观念，真正以开放的胸襟和意识，以更大气魄和力度，推动又好又快发展。

一要强化全局意识。一个地方的发展，不是靠哪一个人，也不是靠哪一个部门，而是靠大家齐心协力、共同努力。青州市上下都要牢固树立"青州市一盘棋"的思想，正确处理个人利益与集体利益、部门利益与全局利益、眼前利益与长远利益的关系，胸怀全局、关注全局、了解全局，自觉服从服务于青州市经济社会发展。尤其是环境建设方面，我们一直在抓，但环境建设仍不尽如人意。环境建设无止境，必须常抓不懈。我们要达成一种共识，"谁破坏环境，谁就是对青州人民犯罪"。决不允许以个人利益牺牲集体利益、以部门利益牺牲全局利益，更不允许各自为政、有令不行、有禁不止，坚决不给任何人第二次破坏环境的机会。各级领导干部都要站在讲政治的高度想问题、作决策、干事情，凡是有利于全局的事情都要义不容辞、责无旁贷地落到实处，凡是不利于全局的事情都要坚决不做；各部门各单位要服从服务于全局，坚决打破条块分割、部门界限，绝不能再抱着部门小利益不放；广大人民群众要顾全大局，关心、支持、参与青州发展，共同维护来之不易的大好局面。

二要强化学习意识。学习不仅是为了提高自己，更重要的是为了青州发展。站在新起点，面对新形势、新任务、新机遇、新挑战，如何提高学习的境界，如何更好地学习，是我们每一个人都必须面对的重大问题。做好对外开放工作，尤其需要学习。不善于学习，就不会有世界眼光，跟不上形势发展；就不具备与人合作的能力，更谈不上利用国内国外两个市场、两种资源。要把学习当作一种生活方式，主动学习、善于学习、乐于学习，着力提高与时俱进的学习能力。要加强对国际贸易、金融、法律、市场等知识的学习，加强对对外开放政策、特点、规律和方法的研究，及时了解国内外市场经济信息，正确把握国内外经济走势；要认真学习先进地区对外开放的好经验、好做法，学习外资企业先进的生产和管理技术，博采众长、融会贯通，努力通过学习增强合作本领，提高驾驭市场经济的能力。

三要强化责任意识。高度的事业心和强烈的责任感，是做好一切工作的前提和保证。对任何一项工作、任何一个岗位，做不好的理由有千条万条，但要做好它，只靠两个字“负责”，这就是“态度决定一切”。当前，离“七博会”开幕还有542天，“七博会”筹办已经进入关键阶段，围绕“七博会”筹办，市委、市政府确定了场馆建设、城市基础设施配套、市民综合素质提升等十大工程，成立了46个项目指挥部，各项工作正在紧锣密鼓地展开。从领导干部到普通群众，都有投身“七博会”筹办的义务和责任。青州市上下不论职位高低，不分工作岗位，都要切实增强使命感和责任感，增强干事创业的主动性和自觉性，只为成功找方法，不为失败找理由，勇于创意、创新、创造，积极为“七博会”筹办多作贡献、作大贡献。

四要强化创新意识。创新是发展之魂。市场经济条件下，各种要素都在流动，谁善于创新谁就能主动，谁就能更好地把握机遇，谁就能更好地盘活资源，谁就能占领发展的制高点。两年来，青州市变化与发展的动力就来源于创新。经过两年的奋斗，我们的发展已经处于一个新的起点上，迫切要求我们在更高层次上进行更大力度的创新。这种创新不是口头创新、口号创新，而是思路、机制、行动、措施的创新。人人都要创新。允许工作有失误，但不允许不创新。领导干部要解放思想，提高境界，要有创业的境界、创新的眼光、创造的活力，作创新的表率；各部门各单位要克服计划经济观念，敢想、敢闯、敢干，敢于打破陈规，突破条条框框，大胆创新、打开局面；每个青州人都要摒弃故步自封、小成即满、小富即安的小农意识和小市民意识，用创新的勇气正视问题，用创新的激情解决问题，用创新的眼光把握机遇，用创新的境界干事创业；全社会都要鼓励创新、支持创新、包容创新，让创新人才脱颖而出，更好地为经济社会发展服务。

五要强化诚信意识。诚信是市场经济的基石。要加快社会信用体系建设，营造诚实守信的社会环境。政府要带头讲诚信，言必信，行必果，对外商承诺的事项要坚决兑现，以实际行动取信于外商；各职能部门要把诚信观念贯穿于各项工作之中，以规范高效的服务建设政府信用平台；企业要诚信经营、依法纳税、奉献社会，要对用户讲诚信，对合作伙伴讲诚信，对员工讲诚信，努力建设企业诚信文化；青州市上下都要讲诚信，都要以合作的理念、开放的心态、宽广的胸怀来对待外商，坚决落实“三个尊重、三个服务于”，千方百计、不遗余力地支持外资企业发展；要建立激励惩戒机制，严厉打击欺诈、失信行为，维护城市形象。

六要强化人才意识。得人才者得天下，人才是最重要的资源，是以人为本的应有之义。要树立人人都是人才、人人皆可成才的观念，通过培训、激励等多种措施，开发和利用好现有人才资源，使他们最大限度地发挥潜能；要适应新形势、新任务的要求，坚持事业留人、感情留人、待遇留人，积极通过多种渠道，多种方式，引进高层次、高素质人才来青州市创业发展；发挥党校教育、职业教育等教育平台作用，搞好人才培养，为经济社会发展提供智力基础；创新人才评价、选用、激励和合理流动机制，真正形成有利于人才茁壮成长、脱颖而出的环境和氛围，努力做到以人为本、人尽其才、才尽其用。

加快经济转变方式，促进经济结构优化

2010 年 1 月，召开青州市经济工作会议，主要是贯彻落实中央、山东省和潍坊市经济工作会议精神，深入分析形势，研究部署今年经济工作任务，动员青州市上下进一步认清形势、坚定信心，转变作风、真抓实干，促进青州市经济社会更好更快发展。

一、正确分析形势

2009 年，面对严峻复杂的经济形势，青州市上下坚决贯彻落实中央、山东省和潍坊市的决策部署，从青州实际出发创造性地开展工作，经济社会保持了又好又快的良好发展势头。成功举办第七届中国花卉博览会，工业振兴迈出坚实步伐，城市品位大幅提升，服务业整合步伐加快，“三强工程”成效显著，生态建设扎实推进。党的建设、精神文明建设和民主法制建设全面推进，各项事业繁荣发展，社会和谐稳定，青州市发展的形势越来越好。这些成绩来之不易，是上级党委、人民政府正确领导的结果，是青州市上下共同努力的结果。在充分肯定成绩的同时，也要清醒地看到发展中存在的问题和不足，主要表现在 4 个方面。一是经济发展方式比较粗放，高新技术企业少，经济外向度低。二是工业企业小、散、乱，恶性竞争问题突出，总量不少，但是缺少产业集中度高、核心竞争力强的骨干企业，特别是缺少像寿光晨鸣、诸城北汽福田那样的大企业。三是发展不平衡，大多数镇抓住机遇，思路清晰，措施有力，发展迅速；但也有个别镇一直找不到突破口，打不开局面，差距越来越大。寿光已经有 4 个镇财政收入过亿元，而青州一个都没有。四是发展环境有待进一步优化。政府效率还需要提速，尽管我们这几年，抓发展

环境的力度不断加大，但是破坏软环境的事件时有发生。对这些问题，必须高度重视，认真加以解决。但是，我们也要看到自己的优势。

一是观念的根本转变，为加快发展提供了思想保障。经过近年来的实践锻炼，特别是经过花博会申办、筹办到举办的重大考验和洗礼，青州市干部群众的工作作风、精神状态得到了锤炼和检验，境界、素质、能力得到了极大提升，小农意识、小市民意识和计划经济观念得到有效破除，大开放、大合作意识牢固树立，市场观念和驾驭市场的能力极大提高。特别是青州市人民鼓舞了士气，找回了自信，小地方完全能够实现大作为。思想观念的大转变，境界标准的大提升，成为青州加快发展的第一推动力。

二是“三区”战略的实施，为加快发展提供了绝佳契机。青州是山东半岛蓝色经济区、胶东半岛高端产业聚集区、黄河三角洲高效生态经济区“三区”的交汇点，也是沿海地区和中西部地区衔接配合的重要枢纽，具有充分发挥节点作用，放大承接、承载功能，乘势崛起的独特优势，这为我们凸显青州的生态、文化、旅游资源和区位优势，加快新一轮发展、实现“小地方有大作为”，搭建起一个更高的战略平台，带来千载难逢的重大机遇。

三是国家新一轮土地修编，为加快发展拓展了广阔空间。经过三年多的努力，“一城五区”框架已经形成，中心城区规划控制面积由 30 平方公里增加到 300 平方公里，在这一基础上进行土地修编非常有利，也为今后的发展留下了无比广阔的空间。

四是花博会的成功举办，为加快发展搭建了全新平台。经过青州市上下的共同努力，备受瞩目的第七届中国花卉博览会取得圆满成功。花博会举办不仅直接推动了花卉产业升级，而且加速了城市建设，优化了产业结构，改善了投资环境，更为重要的是转变了群众思想观念，锻炼了干部队伍，提升了市民素质，青州的美誉度、影响力和吸引力迅速提高。

五是综合实力的不断增强，为加快发展奠定了坚实基础。经过近几年的发展，我们的主要经济指标均实现翻番，构建了更为合理的经济结构、产业结构。重新进入全国百强，在全国县域经济百强中三年前进31个位次。可以说，经过近几年的努力，为青州启动新一轮发展积蓄了强大的力量、奠定了坚实的基础。

二、明确发展思路

2010年是实施“十一五”规划的收官之年，也是“十二五”规划的基础之年。做好全年经济社会发展工作，对于克服金融危机不利影响、保持经济平稳较快发展、为“十二五”规划启动实施奠定良好基础具有十分重要的意义。

经济工作总的指导思想是：以“转方式、调结构”作为经济工作的重大任务和主攻方向，抢抓“三区”建设重大机遇，充分放大和发挥花博会后续作用，以全域城市化为目标，以“生态、文化、高端”理念为引领，以“抓投入、上项目”为总抓手，把工业发展作为重中之重，整体推进“工业发展、小城镇建设、社区建设、三强工程”四大重点，加快建设“一城五区六大基地”，全力打造“三区”的“后花园”和服务基地，塑造“东方花都”“文化青州”“假日花园”品牌，奋力推进“三名一强”生态文明新青州建设，全面完成“十一五”任务目标，为顺利开启“十二五”规划、实现科学发展新跨越奠定基础。具体目标是：地区生产总值增长13%；固定资产投资增长25%；财政总收入增长15%，其中地方财政收入增长16%；社会消费品零售总额增长18%；城镇居民人均可支配收入和农民人均纯收入分别增长11%和9%；完成节能减排刚性指标。做好全年经济工作，必须把握好以下原则。

（一）必须坚持以转变经济发展方式、调整经济结构为主攻方向。中央经济工作会议明确提出，2010年经济工作的重点，要在促进发展方式转变上下功夫，真正把保持经济平稳较快发展和加快经济发展方式转变有机统一起来，在发展中促转变，在转变中谋发展。这是金融危机形势下，中央宏观经济政策从“保增长”到“促转变”的一次战略调整，我们的各项工作都必须围绕转方式、调结构来推进。

（二）必须坚持以“生态、文化、高端”理念为引领。建设生态文明、繁荣文化、发展高端产业，是科学发展观的内在要求和应有之义。坚持“生态、文化、高端”理念，就是坚持了科学发展的理念。生态、文化是青州的优势和潜力所在，高端是产业发展的必然趋势，必须将“生态、文化、高端”理念贯穿于各项工作的全过程，确保经济社会科学的发展轨道。

（三）必须坚持以“解放思想、创新机制、市场运作、全民参与”为基本法宝。解放思想、创新机制、市场运作、全民参与，是近年来青州实现科学、快速发展的宝贵经验，是我们的重要法宝，也是我们实现新一轮发展的重要法宝，必须继续坚持，不断发扬光大，为推动又好又快发展发挥更加重要的作用。

（四）必须坚持以“抓投入、上项目”为总抓手。科学发展的核心是发展，发展的要害是投入，投入的关键靠项目，项目建设是各项发展的支撑和载体。讲“要务”，论“道理”，最终都要落实在项目上。不管思路有多好，决心有多大，如果不落实到项目上什么都是空的，经济工作是这样，社会事业也是这样。抓项目不仅要成为工作重点，而且要上升为思维方式。当资源、机会来临的时候，应该在思维中迅速整合成一个项目。如果没有项目，就没法去抓工作，无法争取到上级资金，无法开展招商引资，就会失去工作的方向。各级各部门各单位，对 2010 年抓什么项目、怎么抓，都必须心中有数。要切实把工作思路落实到项目上，把工作精力投入到项目上，把工作能力和水平体现到项目上，以项目实施带动投入增加，推动经济发展。

（五）必须坚持以“创亮点，争一流”为根本要求。近年来，在经济社会发展的多个方面，青州已经在全省、全国走在了前面，创出了亮点，特别是经过几年的发展，我们已经具备了全面开花的基础和条件。必须进一步强化“一流”意识，牢固树立“打造亮点、争创一流”的工作理念，力争各项工作在潍坊乃至全省、全国创出亮点、创出经验。这一点是非常重要的，我们的工作既要全面推进，又要重点突出，更要形成亮点。如何实现“生态、文化、高端”，不仅要体现到责任分工上，还要制定具体的实施纲要、具体的实施项目，确保每个行业都有亮点。

三、突出工作重点

牢牢抓住重点领域、重点工作、关键环节，加快经济转变方式，促进经济结构优化，在发展中促转变，在转变中谋发展。

一是重点突破工业。近几年，我们下大力气挖掘青州的优势资源，培育青州的优势产业，三次产业协调推进，城市建设、旅游、物流发展步入快车道，工业主营业务收入每年增长100多亿元，产业结构上档升级，经济结构不断优化。但是，与先进地区相比，我们还有不小差距，尤其是在工业大项目上差距很大，2010年必须把工作重心转向工业，在领导精力、扶持政策上实施重点倾斜，突出搞好“四抓一进”。“四抓”就是抓项目、抓平台、抓高端、抓融资，“一进”就是加快企业退城进园。着力把猕山经济发展区和江淮工业园建成青州市工业发展的亮点。力争规模以上工业企业达到550家，主营业务收入710亿元、利税45亿元、利润31亿元，分别增长15%、14%和12%。抓项目建设。要把2010年作为“工业项目建设年”。继续深入实施“221”工程，切实抓好20个重点企业、20个重点项目、10个重点技术创新项目建设，力争全年工业投资达到120亿元，其中过20亿元项目1个以上、过5亿元项目10个以上。全力抓好江淮汽车、中联水泥二期、中辰工业园、青州科技创业园、禄禧光伏电、魏仕照明、高维科技等项目建设，落实领导、部门包靠责任制，确保年内投产达效。抓园区平台建设。要以提升园区基础设施建设和产业配套为重点，全面增强园区对项目的承载功能。要全力推进猕山经济发展区建设，加大矿山整治力度，确保年内整平建设用地1万亩；加强基础设施配套，年内全部实现“七通一平”，尽快使其成为青州市工业发展新的增长极；完善区域总体规划，加快推进齐国古都、工业项目区、物流项目区、旅游项目区四大板块建设，全力打造“文化古都、生态家园、高端园区、魅力新城”。要调整完善经济开发区规划，启动建设“区中新城”，全面提升开发区综合服务水平。加快经济开发区转型升级，大力引进高新技术项目，全力推进现有企业高新化改造或搬迁、关停，着力建设高新技术产业聚集区。建设高新技术孵化器，打造具有较高水平的研发中心；建设青州软件产业园，积极发展软件和服务外包产业；加快深圳高科技电子工业园建设，打造深圳 IT 产业北移最佳承接地。建设生态产业科技园，大力发展绿色经济、低碳经济。建设创意产业大厦，发展文化创意产业。抓高端工业发展。要打破传统工业发展路子，大力发展高端工业，着力建设工程机械、液压件、起重机、风电设备四大集群。抓好传统产业升级改造，确保年内完成设备引进 5000 台（套）、技术改造投资 15 亿元。突出电子信息、生物医药、新能源、新材料等高端领域，大力发展高新技术产业。抓好企业技术中心创建，确保创成山东省和潍坊市级技术中心 2 家以上，切实提高自主创新能力和水平。要加强企业家队伍、人才队伍建设，搞好企业文化建设，为高端工业发展提供有力保障。抓融资渠道拓宽。全力抓好农村信用联社“银行化、股份制”改革，力争通过改革把农村信用联社转化为商业银行，争取创办为青州银行；积极筹建“村镇银行”、引进外地股份制银行，提高县域金融服务水平；充分激活民间资本，加强担保公司和互助组织建设，提升融资担保能力；优化金融环境，搞好金融服务，力争年内新增贷款 60 亿元。加强创业投资研究，设立创业投资基金，支持成长型、高科技企业发展。加快企业上市进程，力争新增股份制企业 10 家以上，抓好山东起重机厂和中文集团上市工作，确保年内实现上市零的突破。加快退城进园。要简化办理手续，明确部门责任，两年内全部完成中心城区特别是民营经济园、东坝工业园、将军工业园内企业的退城进园工作，借机实现企业扩张。

二是扎实推进城镇化建设。小城镇建设是统筹城乡发展的中间环节，是实现全域城市化的重要节点。由于历史原因，青州市小城镇建设欠账较大，大部分小城镇一层皮、一条街，辐射带动能力不强。中央经济工作会议明确提出要稳妥推进城镇化，山东省委、省政府相继出台了《关于统筹城乡发展加快城乡一体化进程的意见》和《关于推进农村社区建设的意见》，潍坊市委、市政府高度重视小城镇建设，2009 年专门组织了小城镇建设观摩。无论是从上级要求，还是从青州自身实际看，都必须迅速把城乡建设的主战场转向农村，转向小城镇建设。力争有 2—3 个小城镇、10 个农村社区建成潍坊市的样板，农村住房建设和危房改造工作要创出新经验。黄楼要以花卉产业为支撑，建设集花卉种植、交易、物流、旅游为一体的综合性小城镇；经济开发区要建设“区中新城”，占地 10 平方公里；邵庄要把工业发展、旅游业、物流和小城镇建设结合起来，突出“齐国古城”特色，规划建设 10 平方公里到 20 平方公里的全新小城镇；弥河镇要发挥好优势，进一步突出特色；庙子和王坟要以旅游产业为支撑，庙子要加大镇区建设力度，王坟要按古城方式设计建设游客接待中心；谭坊、何官、高柳、东夏主要以农业为基础；益都和云门山也要形成亮点；云驼风景区、文化产业园具有独特性，要运作好土地，加快建设步伐。各镇、街道要与供销社合作，至少建成一个生产服务和生活服务并重的新型社区。要深入实施“三强工程”。畅通市、镇、村三级土地流转信息，健全土地流转纠纷调解仲裁网络，促进土地流转有形市场规范化建设，确保新增流转面积 1 万亩。创新经营模式，强化村级集体财务管理，大力发展壮大村级集体经济，确保年内全部消除村级集体经济“空白村”。坚持用科技改造农业，积极推进农业产业结构调整，大力发展设施农业、标准农业、精准农业、生态农业，加快构筑现代农业体系。力争新增潍坊市级以上农业龙头企业 5 家，新增绿色、有机、无公害食品品牌 10 个，优质农产品基地达到 70 万亩。搞好农民专业合作社规范提升，大力培植龙头型合作社，积极组建农民专业合作社联社，力争年内创建 7 家农民专业合作社联社，切实增强合作社抵御市场风险的能力。积极推行林权制度改革，大力植树造林，确保完成植树 1200 万株、荒山造林 3 万亩以上，森林覆盖率提高 2 个百分点；加快农村生态建设示范区和生态建设示范村建设，推动镇村生活污水、生活垃圾集中处置，着力建设生态家园。要坚持不懈地抓好小城镇建设。结合青州市全域城市化发展规划，找准与城市发展的结合点，修编完善城镇发展规划。要突出产业发展，加快小城镇产业培育，加快推进工业园区、服务业园区、高效农业示范园区建设，增强小城镇产业、人口聚集度和承载能力，杜绝建“空城”现象。拓宽融资渠道，着力建立“政府主导、社会参与、市场化运作”的多元化投入机制，有效解决小城镇建设资金“瓶颈”问题。加快实施农民“双放弃”，搞好四层复式农民住房建设试点和推广，鼓励和引导农民向城镇和中心村聚集。强力推进强镇扩权，确保授权到位、用权到位、服务到位，增强小城镇发展活力。要加快农村社区规范提升。坚持从基础工作做起，加强农村社区服务设施、服务体系、管理体制，以及社区组织、文化、教育等各方面建设，积极推进镇级政府公共服务职能向农村社区转移，充分做好供销社社区服务中心与农村社区建设的结合文章，增强农村社区服务能力，促进城乡基本公共服务的均等化。扎实推进迁村并点、农村住房建设和危房改造，切实提高农村群众的生活质量。

三是着力加强城市管理。近年来，我们坚持“抓城市建设就是抓经济建设”，把城市建设作为拉动青州市经济社会发展和人民群众思想观念转变的“火车头”，结合花博会举办，进行大规模拆迁和建设，城市建设进程大大加速，城市面貌发生了很大变化，城市品位和档次有了质的提高。但城市建设和管理还是粗放型，精细化程度远远不够，大街好看，背街小巷脏乱差，表里不一现象严重，在细节管理方面还有大量工作要做。要牢固树立精细化理念，把精细化理念贯穿于城市建设与管理的每一个细节，力争在全国打响“精品城市”品牌。要重点实施好社区建设、道路提升、细化管理、规划控制“四大工程”。社区建设工程，要按照“网格化设置、属地化管理”的要求，推行海岱苑社区模式，加快推进公共服务进社区步伐。全面展开新型社区建设，搞好综合服务中心建设，争取“五星级”新型社区达到9处，力争在全省、全国树立样板、创出典型。道路提升工程，要按照全域城市化发展的要求，进一步完善道路体系，实现全域半小时通达。打通新南环，建设新西环、新北环，牡丹路向北延伸等外环线建设工程，拉大城市框架，扩大辐射半径。提升完善城区路网，改造完成仰天山路，南北打通益王府路，向西打通旗城路，建设完成衡王府路、北海路，改造建设龙山路、镇武庙街，规划建设铁路立交桥，提高城市通行能力。三个街道办事处要根据属地管理原则，按照城区主干道标准，加快背街小巷改造提升，年内要完成王府东街、松林院街、北营街、伙巷街、真君庙街、光源街的提升改造。要把海岱路和玲珑山路作为重点，抓紧用市场运作的方式开展工作。2010 年，潍坊改变考核方式，要评各县市区最差的地方，分管市长要及早考虑，春节前全部做好准备，开春以后马上行动。细化管理工程，要牢固树立精细化理念，精雕细琢搞好城市建设。要高标准完成宋城、益王府花园等已铺开工程；深入开展好双超治理、交通秩序整顿、乱搭乱建整治、城市“牛皮癣”清理等专项行动，积极推进城市美化、亮化、净化、秩序化，突出抓好细节提升，提高城市品位。规划控制工程，规划是保证城市有序发展的必要手段，规划执行力是城市规划工作成败和城市规划力提升的核心所在。要增强规划意识，牢固树立城市建设规划一盘棋思想，维护规划的严肃性和权威性。要完善规划管理法规体系，加强规划执法，必须重申并严格执行“一审、四控、一杜绝、两推进”，严查违规建设行为，坚决杜绝随便更改规划、不按规划建设现象，切实发挥规划的全局性、综合性、战略性作用。

四是整合提升服务业。青州旅游资源丰富，历史文化灿烂，区位优势明显，交通十分便利，旅游、文化、物流、花卉产业发展基础雄厚，具有其他地区无法比拟的比较优势。经过近年来的发展，“三名一强”生态文明新青州建设成果丰硕，为优势产业的发展奠定了坚实的基础。特别是山东省委、省政府“三区”战略的实施、花博会的举办，更为我们放大比较优势提供了千载难逢的机遇。可以说，比较优势的发挥是青州经济社会发展的希望和潜力所在，也是今后经济发展的增长极和爆发点。要继续强化整合理念，突出创意、策划、规划，毫不放松地抓紧抓好，着力在西南旅游、港天“陆地码头”、文化大戏、东方花都生态城 4 个方面打造亮点。旅游业，要以抓管理、抓服务、抓提升为重点，切实增强旅游经济的吸引力、竞争力和带动力。强化旅游管理，深入开展旅游行业综合治理，进一步规范旅游市场秩序。加强酒店、公交、出租车等窗口单位的管理，完善旅游公共服务职能，提高综合接待服务水平。大力加强项目建设，全力推进佛寿文化、古城文化、山地森林、东方花都、齐文化“五大特色旅游片区”规范提升。云驼风景区要理顺管理体制，积极争创国家 AAAAA 级景区。西南旅游片区要完成总体规划，科学规划项目结构和空间布局，整体包装推向市场，建成东、西大门，充实一批生态文化旅游项目，打造生态休闲产业集群。加快实施古城保护开发规划，按照分步实施的原则，通过市场运营方式有序推进古城遗迹遗存恢复开发。抓好昭德古街的保护开发，力争全年旅游门票收入突破 1.5 亿元。物流业：总的是以资源整合为抓手，以改革创新为动力，着力打造山东半岛重要物流基地。要搞好钢铁物流园、新创亿佳商贸城等新建成物流园区的规范提升，确保市场健康发展。加快港天保税物流中心二期、汽配城、工业原材料城等在建项目建设进度，确保年内投入运营。按照青州市物流规划要求，加大整合力度，扎实推进盛宏物流园、田禾农资产品市场等新项目建设，实现专业市场集群发展。创新运营模式，大力发展现代物流，力争市场交易额突破 350 亿元。文化：要坚持抓文化就是抓发展的理念，加速文化大发展大繁荣，大力提升文化软实力。全力办好首届“青州文化论坛”、李清照国际研讨会和古城保护论坛，筹办好第三届国际佛教大会，积极申办世界佛教论坛，打造“南有博鳌经济论坛，北有青州文化论坛”品牌。要成立文化产业投资运营公司，突出创意策划，打造“凤舞东夷”文化大戏，进一步凸显青州作为东夷文化发祥地、东方花都、丝绸之路源头的重要地位。以区域性文化建设为切入点，加快建设市级多功能文化中心、演艺中心、文化大厦，提高文化设施利用率。大力培育文化产业新业态，增强文化产业竞争力，打响“东方花都、文化青州、假日花园”品牌。花卉业，要抓紧组织编制《花卉产业发展规划》，健全现代花卉产业体系，培育花卉产业集群。加快省级花卉高科技园、东方花都生态城建设，启动建设大型花卉市场，着力打造高端花卉产业聚集区。要突出提高科技含量、推动产业组织形式升级和接通国际市场“三个重点”，大力发展花卉旅游、花卉物流、花卉文化、花卉服务，加快实现花卉产业由一产向三产转型。要突出绿色、生态主题，抓紧启动投资 50 亿元、占地 500 亩的生态商务中心规划建设，打造集企业总部、电子商务、特色餐饮、休闲健身、产品展示等多种业态的大型生态商务区。全力办好第十届中国（青州）花卉博览交易会。

五是切实保障和改善民生。近年来，我们坚持把群众满意作为不懈追求，从解决人民群众最关心、最直接、最现实的利益问题入手，强力推进民生建设，民生得到很大改善。但受财力、精力所限，一些民生问题还没有得到很好解决；一些事情虽然办了，但没有办好；有些事情想办，还没有办，与先进地区相比整体水平还有差距。要牢固树立共建共享理念，密切关注、切实把握形势变化带来的各种社会问题，重点改善困难群体生活，努力构建和谐社会。突出就业和社会保障。加强城乡基层劳动保障服务平台建设，积极开展劳务性培训和农村劳动力转移培训，加大就业困难群体就业帮扶力度，鼓励扶持自主创业，确保就业形势基本稳定，城镇登记失业率控制在 3% 以内。提高城乡低保标准，完成中心敬老院建设。加快发展各项社会事业。加快青州一中新校、旗城学校等建设，完成实验中学扩建，积极实施中小学校舍安全工程。整体搬迁改造殡仪馆、烈士陵园，建设新墓园。全面推行新型农村养老保险，深入推进城镇居民基本医疗保险，实现医疗保障全覆盖。加快资源整合，迅速启动建设占地 1000 亩的青州市健康中心，着力打造全省最大、全国知名的医疗保健疗养基地。抓好节能环保。加强对重点区域、重点流域的环境监管，抓好南阳河二期整治、弥河、北阳河综合治理工程，推进污染减排重点工程建设，确保万元 GDP 能耗降低 5% 以上，超额完成"十一五"规划减排任务。深入开展大阅信、大接访、大下访活动，建立多元化矛盾纠纷调处机制，加大重点信访案件和信访积案处理力度。抓好产品质量和食品安全管理，搞好隐患排查治理和专项整治活动，坚决杜绝重特大安全事故发生。深入开展平安青州建设，加大打黑除恶工作力度，确保社会安定有序。

四、落实保障措施

思路已经确定，重点已经明确，必须落实强有力措施，确保发展目标实现。

一是抓招商，实现投入总量的新突破。投入跟不上，就不可能有坚实的发展基础，更不可能有量的扩张和质的提高。要缩小与先进地区的差距，解决青州市核心竞争力不强等问题，最根本的是要加大科学投入。现在各地投入的动作和气势都很大，寿光启动总投资 496 亿元的“十大项目”，诸城提出四年投入 1100 亿元。相比之下，我们的投入状况很不乐观。特别是骨干企业投入明显不足，看准了的项目迟迟不上，如果再不清醒起来、有所作为，原有优势就会很快丧失。抓投入关键靠招商，只有保持招商引资的强大攻势，经济发展才有后劲。必须加大招商引资力度，新上一批对全局发展有重大拉动作用的好项目。要坚持领导带头招商，严格落实招商引资“一把手工程”，理顺考核机制，坚决实行“一票否决”，全力开创招商引资新局面。要充分发挥企业招商主体作用，舍得拿出优势企业、优势资源、优良资产，积极开展招商，实现规模膨胀。同时，要抢抓国家实施积极财政政策的机遇，用好用活上级政策性资金，千方百计争取上级资金、项目和政策支持，力促投入总量取得新突破。

二是抓学习，实现干部队伍素质的新突破。党的十七届四中全会提出了建设马克思主义学习型政党的战略任务，对广大党员干部提出了新的更高的要求。广大党员干部，特别是领导干部要进一步增强学习意识、研究意识，率先垂范，领先一步学习新知识、新理论，研究新情况、新问题，增强工作的前瞻性、预见性和针对性，牢牢掌握工作主动权。要在学习的制度化、规范化上下功夫，进一步建立健全各级领导干部和普通党员学习制度，形成努力学习的良好氛围。创新学习方式，在继续搞好海岱书院大讲堂、全民读书节和外出考察培训等基础上，倡导党员学习、全民学习，引入“行动学习法”，强化理论中心组学习效果，做到在实践中学习、在学习中实践，增强学习力，提高执行力。

三是抓整顿，实现软环境建设的新突破。近年来，我们高度重视软环境建设，取得了明显成效。但 2009 年一段时间有所反弹，针对这一情况我们集中开展了“整顿干部作风、创新优化环境、大力提高执行力”

活动，处分了一批责任单位和责任人，收到明显成效，青州市软环境建设朝着好的方向发展。必须明确，现在区域之间的竞争就是软环境的竞争，软环境建设绝不是一劳永逸的事情，必须常抓不懈。最大的软环境，是干部队伍的素质。要把整顿干部作风、优化发展环境、大力提高执行力作为推动工作的强有力的杠杆，努力建设一支高素质的干部队伍。要努力构建软环境建设的长效机制，对影响经济社会发展环境的，发现一个，查处一个，坚决不给任何人第二次破坏环境的机会。

四是抓创新，实现发展活力的新突破。这几年，青州之所以实现了快速发展，很大程度上取决于把创新贯穿于经济社会发展的每一个环节、每一个领域。要牢固树立“以创新求发展”的理念，坚持“一改三创”，坚定不移地推进改革创新，增强可持续发展的能力。允许工作有失误，但不允许不创新。要按照上级部署，扎实搞好机构改革，积极推进行政管理体制改革创新，提高行政效率。要积极推进农村产权制度改革，创新农业、农村发展体制，加快建立适应现代农业发展的经营体制。深化企业改革，完善现代企业制度，加快上市进程；大力推进以金融改革为重点的要素市场改革，健全金融服务体系，为经济可持续发展提供有力保障。深入推进基本医疗保障制度、教育体制、公共服务机制等社会领域各项改革，加快建立适应市场化发展的管理体制和运行机制，不断增强科学发展的活力。

环境整治篇

乡村振兴了，环境变好了，乡村生活也越来越好了。要继续完善农村公共基础设施，改善农村人居环境，重点做好垃圾污水治理、厕所革命、村容村貌提升，把乡村建设得更加美丽。

第六章

推进城市建设

推进城市建设与管理转型，加快建设现代化中等城市

城市是现代经济发展的重要载体，一个地区城市化水平决定着经济发展的水平。青州城建基础较好，经过历届市委、市政府的努力，城市框架、道路网络基本形成，获得了很多荣誉。青州市先后荣获“国家卫生城市”“中国优秀旅游城市”“国家级生态示范区”等称号；交通区位优势明显，两条高速公路、两条铁路纵横贯穿，长深高速公路、济青高速铁路即将动工建设，被列入山东半岛城市群副中心城市。

一、关于对城市建设的思想认识问题

青州旅游资源很丰富，历史人文底蕴深厚，城市内涵丰富，城市发展的优势十分明显。但是，与上级领导的要求、与人民群众的愿望、与先进县市区相比，城市建设存在很大差距，且有进一步拉大的趋势。缩小差距，迎头赶上，必须加快推进城市建设与管理转型。思想是行动的先导。关键还是要解放思想，转变观念。当前，青州市上下首先要在“民生、经济、资本、共赢、共建、对话”这 12 个字上统一思想，达成共识。

一是要树立“民生”观念，充分认识城市建设为什么的问题，切实把“建好城市为人民”落到实处。城市建设的根本目的是什么？这是我们必须首先明确的一个问题。城市建设归根结底是为了给市民创造一个好的生产生活环境，提高广大人民群众的生活质量和水平。城市建设需要大量的资金，而资金的来源无非三个方面：财政投入、贷款、以城养城。每年的财政投入有限、银行贷款有限，其他地方成功的经验是以城养城、以城建城。通过城市建设争取城市收益，再投入，再建设。

二是要树立“经济”观念，解决城市建设是什么的问题，进一步在“抓城市建设就是抓经济建设”上达成共识。工业的重要性众所周知，但提起城市建设，大家往往就会想到是政府投资，盖房修路、栽花种草，而没有把城市建设作为一种经济行为。应该看到，城建与工业一样，同样可以提供就业岗位、扩大就业再就业，同样可以增加税收、实现财政增长，而且城建对经济社会的拉动作用要远远高于工业。所以我们讲，城市建设是拉动经济社会发展的“火车头”，是区域经济发展的原动力。这次我们参观考察的湖南浏阳市，地处偏远山区，交通区位无优势，工业无基础，但其发展却非常快，这主要得益于经营城市的拉动。青州市上下必须牢固树立抓城市建设就是抓经济建设的观念，跳出“就经济抓经济，就项目抓项目”的误区，以城市化推动工业化、带动服务业、促进新农村建设。

三是要树立“资本”观念，在城市建设怎么做上实现突破，真正使城市资产、城市资源都成为资本。城市基础设施及城市空间、文化民俗旅游、产业基础和劳动力资源等，都是城市的宝贵资源，都可以变成资本去运作。市场经济条件下，政府应当而且必须成为经营城市资源最大的“公司”，真正把城市资源作为“第一资本”来经营，努力实现城市效益的最大化。常州武进区、苏州常熟市 2005 年土地收益均超过 15 亿元。浏阳市 2004 年采取 BT 模式，以 200 亩土地作为置换，吸引外商投资 3.4 亿元在老城区外建成了占地 1500 亩的新行政中心，并将老城区闲置出的土地等资产进行打捆经营，又收入 1 亿多元。这些成功做法，值得我们认真学习借鉴。

四是要树立“共赢”观念，正确对待城市建设中的利益分配，实现共赢共发展。城市建设是政府、街道、社区、企业、人民等各城市成分综合作用的过程。在这一成分构成中，很多开发商来自外地，数量少，人际关系陌生，相对处于劣势。应该看到，开发商投资青州，当然要赢利赚钱，但通过投入开发可以使城市资产升值，政府可以增加收益，可以弥补建设资金的不足；街道、社区可以改善环境，提高管理水平；本地企业可以学到先进的建筑理念、建筑风格；老百姓可以增加就业岗位，本身资产可以升值，居住水平可以提高，是一个多方共赢的过程。“十一五”规划已经把环渤海经济圈列为重中之重，长春到深圳这条高速公路，是环渤海经济圈南北大发展的一个重要通道，恰好从青州通过，这是青州发展的重大的历史机遇。我们没有寿光的坦途，没有昌邑的化工资源，我们要寻找自己的优势。这就是我们这次提出“两城”“三片”“六基地”的重要根据。这需要我们敞开胸怀，树立一个共赢的观念，打造城市环境，把重要的生产要素引过来。常州武进、张家港、昆山、常熟、江阴外来人口都在 50 万人左右，占本市人口的 1/3 甚至 1/2；累计利用外资都超过 50 亿美元，昆山甚至达到了 100 亿美元，这都是与外商合作共赢的结果。青州市各个层面都要在城市建设中定好位，发挥应有的作用，特别是要以海纳百川的开放胸怀对待外商，实现共赢共发展。

五是要树立“共建”观念，明确城市建设的主体，形成人民城市人民建的强大合力。政府是城市建设的主导，但城市建设的主体是全体市民，一座城市的建设和管理，离不开全体市民的支持和参与。武汉市江岸区百步亭社区是荣获首届“中国人居环境范例奖”的唯一社区，在这个建成区 2 平方公里、入住居民 8 万人的社区里，每一位居民都是规章制度的制定者、社区发展的建设者、各项活动的参与者、社区环境的维护者，共建共管共发展成为居民的自觉行为。社区是这样，城市更应如此。广大市民都要以“青州是我家，建设靠大家”的主人翁姿态，人人支持、参与城市建设与管理，爱我青州，共建家园。

六是要树立“对话”观念，注重城市建设中工作的方式方法，推进政府与老百姓互动交流。城市资源是最大的利益争夺空间。城市建设过程中出现这样那样的利益冲突是完全正常的。要建立对话交流机制。在城市发展中遇到问题，相关利益方都要坐下来，平心静气地进行沟通交流。政府要从老百姓切身利益出发，老百姓要从青州市大局和长远发展出发，有什么政策摆出来，有什么想法提出来，相信一定能够找到结合点，找到解决问题的最佳途径。在被称为“天下第一难事”的拆迁问题上，南京浦口区一年拆迁 400 万平方米，沭阳两年拆迁 80 多万平方米，扬州广陵区 20 天完成 175 户的拆迁，最多一天 47 户顺利签约，这都是政府与老百姓相互理解支持、积极交流沟通的成功实践。

二、关于城市建设的定位和发展思路问题

青州城市发展的定位是：以建设现代化中等城市为目标，按照“拉开框架、准确定位、挖掘内涵、重塑形象”的总体要求，以打造文化名城、旅游名市、生态名市、经济强市为着力点，以老城提升为基础，以城市东扩为发展方向，力争经过3—5年的调整，形成“两城三片六大基地”的城市布局。“两城”即西部依山的老城、东部傍水的新城。“三片”即北部发达的工业片区、南部优美的旅游片区、东北部新兴的物流片区。“六大基地”即机械制造业基地、石油化工基地、冶炼建材基地、现代物流基地、旅游居住基地和花卉苗木基地。

城市建设的发展思路是“一化、四集中”。“一化”，即市场化。凡城市公益性项目，要量力而行，有多少钱办多少事；凡能通过市场运作、能够吸引外商投资的项目，有多少项目要去筹集多少资金。

一是规划要市场化。放开规划市场，面向全国，面向世界，用市场的手段请规划高手、名家来帮我们做规划，提高规划水平。要实施“经济规划”，规划出项目，规划出效益。要维护规划的严肃性，坚决做到“规划一张图、审批一支笔”。

二是建设要市场化。放开建设市场，实现城建项目“三高、两出”，即：高品位、高标准、高效率、出精品、出亮点。要大力引进高水平的建筑施工队伍，谁有实力让谁干，谁水平高让谁干，坚决打破“外地的进不来，本地的出不去”的局面。

三是管理要市场化。在人本化、秩序化的基础上，加快市场化进程。城市公用事业要逐步推向市场，引入竞争机制，提高管理效益和水平。要将物业化管理程度作为市场化管理的重要内容，探索建立房地产开发、政府职能管理和社区物业三位一体的新型社区管理模式。大力培植、积极引进有实力的物业公司，推行社区业主委员会和业主代表大会制度，提高物业管理水平，维护业主合法权益。

要全力推进“四个集中”。

产业向园区集中。今后，城市规划区内，原则上停止对经济开发区以外的新增工业用地的审批。

人口向城市集中。鼓励农村人口向城区聚集，提高城市化程度，使城市基础设施实现共享，提高人民群众的生活质量。

居住向社区集中。实行房地产成片开发、社区社会化管理，提高物业管理水平。

办公向公共服务中心集中。在城市新区建设公共服务中心，实行市直有关部门集中办公，盘活存量资产，降低工作成本，提高服务效率。

三、关于城市建设的机制问题

总的是要坚持“政府主导、规划先行、公司经营、市场运作、部门配合、社会支持、立体监督”。当前，关键要把城市建设投资公司组建运作好，部门联动配合好，立体监督执行好。

一是城建投资公司组建运作好。在城市基础设施资金管理中心的基础上，尽快组建成立具有独立法人资格的城市建设投资公司。要把优秀的干部选配到城建投资公司，配齐配强工作人员，真正承担起市场化运作城市建设的主体作用。今后，凡城建项目，一律先由城建投资公司提出项目建议，由规划部门进行规划设计，按法定程序通过后，交城建投资公司进行市场化运作。

二是部门联动配合好。各部门各单位要各司其职，协调配合，形成联动机制。规划、建设、国土、房管等部门要切实履行职能，充分发挥政府推动城市建设的主导作用；财政、金融等部门要积极为城市建设提供资金支持；电力、电信、广播电视、自来水等部门要提前介入，搞好管线配套改造和规范；行政执法、公安、交通、工商等部门密切配合，共同维持良好的城建秩序；街道作为市政府的派出机构，必须服从和服务于城建工作大局；社区（村）要识大体、顾大局，积极做好群众工作，全力搞好配合。

三是立体监督执行好。人大代表、政协委员要发挥好职能作用，对城市建设项目尤其是对规划的制定和实施，进行强有力的法律监督和民主监督；要建立渠道畅通的群众参与和社会监督机制，发挥群众监督的作用；对阻碍、破坏城市建设的行为，新闻媒体要公开进行曝光，发挥好舆论监督作用；建设部门要加强对建筑质量的监理，财税、审计部门要全程加强财税审计监督，纪检监察、公、检、法、司部门要严厉查处建设过程中的不法行为，形成各个层面对建设过程的立体监督格局。

四、关于加强领导问题

关键是要创新领导体制，健全制度规定，加大工作力度，形成浓厚氛围。

（一）强制推动、强力推进城市建设

要倡导敢闯敢干、敢于碰硬、敢得罪人的工作作风，市级领导带头敢抓敢管，各职能部门恪尽职守，强制推动、强力推进城市建设与管理。

一是要实行重点项目分工责任制。对 2006 年每个城建重点项目都要成立一个工作班子，由市级领导包靠，配齐配强工作人员，市里研究决定要从各镇、街道、有关部门工作经验丰富、敢闯敢干的领导同志中选调，形成一种通过城市建设发现、锻炼、使用干部的良好导向。同时要大力培养、引进城市规划、建设、管理人才，为城市发展注入活力。

二是要建立以项目考核、指标评价为主体的督查考核机制。市委、市政府督查局要抓紧制定形成一套以项目为核心的督查考核机制，形成多引进项目、多承担市里安排的工作就能多增加分值的考核体系，年终打出的分数将作为考核干部政绩的主要依据，形成一种积极向上的工作导向。对为城市规划、建设、管理市场化运作作出突出贡献的单位和个人，要参照招商引资做法，严格落实奖励政策，使其有荣誉、有地位、得实惠。

三是坚决打击城市规划、建设、管理当中的违法违纪行为。对滥用职权牟取不当利益和为不法分子出谋划策、阻挠正常施工的机关干部，

对不依法办事、不遵纪守法的部门单位，对不服从城建规划、随意开发的企业，特别是插手招投标、干扰城建秩序的黑恶势力，要用铁的手腕，坚决查处，决不姑息纵容。

（二）建立健全城市建设管理制度

一是规划的制定、实施、修改制度。发挥城市规划委员会的法定作用，规划制定必须走专家论证、公开听证、政府决策、社会公示的程序，实行“阳光规划”。重大规划项目要提交人大通过，依法组织实施。规划修改，必须经人大审议批准。

二是城建档案信息化建设制度。运用信息化手段，进一步加强对建筑图纸、城市管网布局等城建档案的收集、管理、使用，为下步城市改造发展提供第一手资料。

三是城市建设招投标制度。要抓紧成立市招投标中心，严格、规范操作，使每一个环节都公开、透明，最大限度、最大可能地引进国内外一流企业参与青州市的规划、建设与管理。

（三）进一步提高市民素质

要以创建文明城市为总抓手，进一步强化城市意识，增强市民素质。每一位市民都要争做维系和遵守公共秩序的文明人、诚实守信的道德人、崇尚能力本位的创业人。新闻媒体要加大对城市建设的宣传力度，全方位、多侧面、深层次地宣传城市建设的重大意义、外地城市建设的先进经验、青州市城市建设中涌现出的先进典型，特别要注重抓反面典型，引导广大市民努力营造公众关注、社会参与的浓厚氛围。机关干部、党团员要在城市建设与管理中充分发挥模范带头作用，个人利益服从大局，在各自领域内教育、引导、带动大家共同为城市建设让路、出力，共同建设美好家园。

抢抓机遇，扎实工作，顺利搞好行政区划调整

2007年9月，青州市召开这次领导干部会议，主要是通报行政区划调整情况，安排部署当前工作，动员青州市上下进一步统一思想，抢抓机遇，扎实工作，推动经济社会又好又快发展。

一、统一思想，充分认识实施行政区划调整的重要意义

顺利搞好行政区划调整，是当前一项十分重要的政治任务，是事关全局、影响长远的一件大事。根据上级有关精神，市委、市政府在深入进行调研、反复比较论证、广泛征求意见的基础上，形成了行政区划调整方案。2007年8月30日经山东省人民政府正式批准，镇、街道整合工作进入实质性的操作阶段。本次行政区划调整既是上级党委的要求，也完全符合青州的实际，是在经济社会发展到一定阶段，推进政府机关改革、提高行政效率、降低行政成本的重要举措，对推动青州市经济社会全面发展具有重大的意义。

第一，实施行政区划调整是优化资源配置，推进城镇化、打造镇域比较竞争优势的重要举措。近年来，青州市经济发展不断提速，各镇、街道更是争先恐后，竞相发展。但由于原有镇、街道规模较小，产业结构同质化严重，低效益传统产业比重较大，特别是个别镇综合实力较弱，经济发展缓慢，集聚、辐射、综合服务能力不强，经济优势难以发挥。科学合理地调整镇、街道布局，扩大镇、街道规模，有利于资金、技术、人力资源、土地资源等生产要素在更大范围内自由流动，优化资源配置，促进产业和经济结构优化调整，形成新的更大的比较优势。这次区划调整，主要也是基于这方面的考虑。新合并的镇、街道，如新谭坊镇可以在瓜菜苗木产业的基础上，进一步集聚优势，延伸产业链条，打造品牌，

做强特色；新邵庄镇可以充分利用石灰石、铁矿石等矿山资源，为冶炼建材基地建设提供更大发展空间，有利于加速推进工业化进程；新东夏镇将把物流优势与工业优势强强结合，相得益彰；新的高柳镇将充分利用济青高速路、青垦路的优势，更好地发挥区域交通枢纽作用，大力发展现代物流业；其他各镇、街道调整后也各有独特的比较优势，经济社会必将取得又好又快发展。同时，教育、医疗、社会保障等社会事业，基础设施建设等公共事业，都可以通过行政区划调整，集中财力办大事，让广大群众更好地享受经济社会发展的成果。

第二，实施行政区划调整是降低行政成本、提高行政效率的重要途径。随着改革的深化、村级组织和经济合作组织的建设，镇、街道政府职能发生了重大转变。优化镇、街道布局，有利于加大行政管理力度，精简机构和编制，促进社会综合治理，更好地发挥镇、街道为基层服务的功能，真正达到转变政府职能、提高行政管理水平和服务质量的目的。青州市有 90 万人口，有 19 个镇、街道，每个镇、街道平均 4 万多人。通过镇、街道区划调整，减少镇、街道设置，有利于精简机构、缩减人员、转变职能；有利于形成结构合理、管理科学、廉洁高效、运转协调、行为规范的行政管理体制，进一步优化干部队伍结构，提升镇、街道工作效能，形成“小政府、大服务”的新格局。

第三，实施行政区划调整是巩固农村改革成果，加快社会主义新农村建设的必然趋势。农村税费改革经过实践，取得了历史性重大成效；全面取消农业税，加快了城乡统筹发展的步伐；调整行政区划，推进农村综合改革，已成为加快社会主义新农村建设的必然要求。实施行政区划调整，将进一步解放和发展农村生产力，为新农村建设提供体制保障。从青州市新农村建设的实践看，实施行政区划调整，能够更好地因地制宜，发展现代农业，培育壮大瓜菜、畜牧、花卉、果品、优质粮五大支柱产业，促进农业增效、农民增收；能够更好地充分发挥比较优势，大力培育和推广特色农业带动型、二三产业主导型、土地整理开发型、生态家园效益型、文化旅游促进型 5 种新农村建设模式；能够更好地整体协作，统筹城乡发展、产业发展、经济社会发展和统筹发展重点；能够更好地站在县域经济全局的高度，扎实推进社会主义新农村建设。

总之，行政区划调整是经济社会发展到一定阶段的必然要求，事关青州市县域经济地位，事关青州市长远发展，事关青州市人民利益。广大干部群众要讲政治、讲大局、讲团结，做到局部利益服从全局利益，个人利益服从集体利益，团结协作，凝心聚力，严格按照市委要求，真正把行政区划调整作为推动工作的助推器，实现经济社会的持续、快速、健康发展。

二、严肃纪律，确保行政区划调整工作顺利进行

行政区划调整是一项严肃的政治任务，是对各级领导干部党性观念、组织观念、纪律观念的考验，也是对各级干部组织能力和驾驭全局能力的最好检验。全体机关干部、村（社区）党组织负责人一定要从讲党性、顾大局的高度，正确对待区划调整，正确对待个人的进退留转，确保上下步调一致，政令畅通，保证区划调整工作顺利推进。

一要严格遵守组织人事纪律。这次青州市行政区划调整，处在一个非常的时期，现在离花博会召开不到一个月的时间，鲁台经贸洽谈会也即将召开，昨天潍坊已经召开换届工作会议，安排部署市、县、乡换届工作，可以说时间非常紧、任务非常重，很多工作我们都到了关键时刻，大家要以健康平和的心态，支持镇街合并工作，服从组织安排，迅速到岗到位，熟悉情况，保持工作不断档、不断线。对在镇、街道合并中搞自由主义、胡乱议论、制造散布谣言影响合并的，坚决给予严肃处理。

二要严肃工作纪律。各镇、街道必须认真贯彻执行市委、市政府的统一部署，建立严格的工作责任制，全力保证所有机关工作人员按要求继续履行岗位职责，做到思想不松、纪律不散、工作不拖，尽职尽责，积极工作。为确保镇、街道行政区划调整过程中人民群众生产生活不受影响，被撤并范围内公安、邮政、电信、供电、金融、工商、教育、医疗等机构要继续维持原来布局不变，不随区划调整而撤销，今后根据工作需要、按程序稳步推进。

三要严肃财经纪律。各镇、街道及镇（街道）直机关要严格遵守财经纪律，严格执行财务制度，认真做好资产清查登记、财务清算和资产处置工作，防止国家和集体财产流失。任何组织和个人不得借行政区划调整之机突击花钱、私分钱物、转移财产、挪用公有资产、伪造债权债务。要加大审计力度，依法按规搞好离任审计工作。

四要严肃廉政纪律。全体党员干部要自觉维护组织和个人形象，自觉维护群众利益，不得借机利用职权接受单位和下属干部群众礼品，更不得向村、企业索要钱物，坚决杜绝迎来送往和公款宴请。

五要严格遵守请示报告制度。对调整中的重大事项，要及时向市委、市政府请示报告。

上述纪律是区划调整期间对每位党员干部特别是领导干部的明确要求，每位党员干部都要严格遵守。纪检监察机关、督查局等部门要加强监督，违反规定的，要按党纪政纪严肃处理；情节严重的，要移交司法机关追究法律责任。

三、厘清思路，突出重点，扎实做好当前工作

改革是为了更好的发展，这次行政区划调整，既是坚决贯彻潍坊市委、市政府的决策部署，也是推进青州科学发展、和谐发展和率先发展的良好机遇，我们一定要有清醒的认识，抓住时机、乘势而上，确保把好事办好。当前，对青州的发展，上级领导寄予厚望，青州市上下充满期待，兄弟县市和社会各界高度关注。青州市的重点工程全面铺开，“四博会”召开在即，可以说青州正处在加快发展的关键时期，发展态势也非常好。在这个时候，我们的工作尤其不能有丝毫松懈，来不得半点大意。特别是这次调整，决不能影响到工作的正常开展和重点工程的进度，要确保做到“人心不散，工作不断，秩序不乱”。

一是要保持工作的连续性。有的镇街道虽然进行了合并，主要领导进行了调整，但是工作不能打乱，发展不能断层。调整以前的镇、街道的主要负责同志，对本地情况摸得准，了解得多，要主动与新安排的负

责同志积极沟通、搞好衔接。在人事变动没明确以前，从领导到一般干部都要稳定情绪，继续扎实工作，认真履行职责，决不能怠慢或消极怠工。更不能因为区划调整，就把原来的工作半途而废。该抓的项目还要抓、该修的道路还要修、该给群众的利益还要给。

二是新的领导班子要迅速进入角色、展开工作。区划调整后，各镇、街道的情况发生了变化，主要负责同志到位后，要迅速厘清工作思路，从本地实际出发，认真研究发展优势，针对区域特点和产业基础，扬长避短，明确发展方向，找准发展的着力点和突破口，要围绕市委确定的实现科学发展、和谐发展和率先发展的总体目标，按照市委近期的决策部署，从自身担负的职能出发，对本地的工作进行重新定位，站在更高起点上，以更高的境界、更强的措施、更实的作风实现更大的发展。

三是要努力维护社会稳定。稳定是发展的基础，党的十七大即将召开，安定团结显得尤其重要。目前，青州市上下政通人和，社会和谐稳定，这种大好局面来之不易，一定要倍加珍惜，决不能因为这次镇、街道调整出现不和谐的音符，从而破坏局面，贻误发展。广大干部要正确认识调整，力求做到情绪稳定、干劲更足。区划调整涉及领导体制变革，涉及机构精简和人员分流，关系到个人的进退去留和利益调整，一些干部职工的思想情绪可能产生波动。希望领导干部要深入细致地做好思想疏导和说服解释工作，也希望广大干部职工，认清形势，以大局为重、以事业为重、以青州市人民的利益为重，始终保持昂扬向上的精神风貌，扎扎实实做好本职工作。要坚持以人为本，切实解决好群众的切身利益，高度重视民意，关注民生，及时处理好撤并过程中出现的新问题新情况，化解可能出现的矛盾。对于干部群众工作中的实际困难，要主动关心、尽力解决，一时解决不了的，要耐心做好解释工作。要高度重视信访工作，密切关注并及时解决苗头性、倾向性问题，努力把问题解决在萌芽状态。要进一步加强社会治安，毫不松懈地抓好安全生产，确保群众财产生命安全，确保社会稳定。

四是要扎实抓好当前工作。要围绕市委中心工作，突出经济发展第一要务，毫不放松地抓好重点工程建设、招商引资和新农村建设。特别要全力筹备好“四博会”和鲁台经贸会。还有不到一个月的时间，鲁台经贸会和“四博会”就要相继召开。鲁台经贸会是扩大青州知名度、有效利用外资、发展外向型经济的重要平台，筹委会和有关责任部门要切实加强领导，加强协调配合，特别要精心组织，引入竞争机制，高标准完成今年的布展工作。“四博会”是后年“七博会”的一次练兵，是我们面向全国的一次实力展示，更是各镇、街道合并后对领导能力的一次重要考验，意义非同寻常。花博会是一项综合工程，需要青州市上下的共同努力，任何一个环节都不能出问题，拖后腿。特别是调整了行政区划，工作不能松、局面不能乱、项目不能漏，原先分配的任务要由合并后新的镇、街道不折不扣地迅速及时完成。

深化市民素质提升 集中整治城乡环境

2009年初召开这次会议，主要是查找城乡环境存在的突出问题，安排部署集中整治任务，采取强有力措施，确保在短期内使青州城乡环境卫生秩序明显改观，为“七博会”举办打下坚实基础。

一、集中整治城乡环境，是“七博会”筹备的一项重要工作，是一项严肃的政治任务

这次集中整治活动，是在“七博会”筹备进入冲刺阶段进行的一次突击行动，既是当务之急，又事关长远、事关大局，青州市上下都要充分认识到这次集中整治活动的极端重要性。

（一）搞好集中整治，是讲政治、讲大局的具体体现

离“七博会”举办，还有不到200天时间，形势逼人、时间催人、成败在人。打造优美的城乡环境是“七博会”筹备的一项重要工作。会展期间，各级领导和数以百万计的游客将会聚青州，青州将代表潍坊形象、代表山东形象，成为世人瞩目的焦点。青州的环境秩序，将面临一次全方位的检阅，这是对我们的一次严峻考验。这是一项事关全局的政治任务，是对每一名领导干部大局意识、政治觉悟和领导水平的现实考验。对此，大家一定要有清醒的认识。提高认识是行动的前提。我们现在在体验当中，沾沾自喜于我们悠久的历史、灿烂的文化，从而厚古薄今，这是我们一直解决不了的问题。悠久的历史、灿烂的文化，只能代表过去，代表的是我们的先人对历史作出的贡献。青州的生态环境很好，有好的基础，又有历史文化，我们今天无论如何都应该把青州建设得更

美好，树立青州的形象。

（二）搞好集中整治，是提升城市竞争力的现实要求

环境是脸面，是品牌，是竞争力。一个地方连环境都搞不好，别的工作就可想而知。市场经济条件下，一个地方的环境越美，形象越好，就越能集聚人气，就越能促进经济社会发展。我们建设“三名一强”生态文明新青州，一个重要的方面就是营造良好的城乡环境，不断提升城市的吸引力和竞争力。全国各地都非常重视城乡环境，都在打“生态”牌，都在用良好的城市环境，吸引高科技、大项目落户。可以说，抓城乡环境整治就是抓经济发展，就是抓对外开放，就是抓招商引资。

（三）搞好集中整治，是提高群众生活质量的民生工程

城乡环境是社会文明进步的重要标志，直接关系居民的生活质量，与每一个人息息相关。近年来，我们加大城市建设和管理力度，广泛开展环境综合整治，积极推进生态建设，交通、卫生、市场等城市秩序明显好转，城市品位显著提高，群众生活环境有了很大改善。但是，与人民群众的要求相比，与国家卫生城市、国家园林城市的地位相比，还存在很大差距，特别是交通秩序、占道经营、路域环境、乱贴乱画、建筑垃圾等问题仍然比较突出，群众反映强烈，必须下力气加以解决，努力打造一个安居乐业、休闲养心的美丽家园，通过实实在在的整治成效，取信于民。

态度决定一切。青州市上下要坚决摒弃抓环境整治是面子工作的观念，牢固树立抓环境整治就是抓发展、抓民生的理念；坚决摒弃环境整治是个别部门单位的事的观念，牢固树立全民参与抓整治的理念；坚决摒弃抓环境整治被动应付、浅尝辄止的观念，牢固树立一抓到底、不留死角的理念；坚决摒弃环境整治就是打扫卫生的观念，树立环境就是生产力的理念，站在讲大局、讲政治的高度，全民投入、全力以赴，迅速行动起来，以卓有成效的工作迎接“七博会”的召开。

二、明确整治任务重点，采取强有力措施，打一场漂亮的攻坚战

这次城乡环境集中整治，涉及面广，任务繁重。要重点突破、全面推进，确保脏乱差现象明显改观，旅游秩序、治安秩序、建设秩序、交通秩序明显好转，重点区段和旅游路线明显变好，城市形象、城市品位明显提升。总的是要抓好“五化”。

（一）净化。全力清除卫生死角，从城区到乡村，从主干道到小街小巷，从广场到小区，从地面到空中，特别是城乡接合部这个环境管理的薄弱环节和城市出口这个涉及城市“脸面”的特殊地带，凡是影响城乡环境的问题，不论大小多少，不管困难阻力多大，发现一处，整治一处，精梳细理、不留盲区，坚决、彻底、全面地解决问题。花博会并不是只在城市里，也包括农村。我们应该高标准、严要求，创造干净整洁的城乡面貌，提高档次。

（二）绿化。紧紧抓住春季造林的最佳时节，加强重点路段绿化和重点林场建设，搞好广场、道路和河流两侧、单位庭院、小区空地等绿化，确保完成全年绿化任务。严格跟踪问效，实施谁种植谁管理谁负责的任务目标责任制，确保成活率。加强城市绿化行业管理和执法工作，保证城市绿化建设的先进性和超前性。

（三）美化。搞好城市雕塑、景观的规划编制和组织实施，融入青州的人文、地理、历史等各种文化精华，形成凝固的城市性格和基本精神，成为展示青州健康发展的一个个亮点。搞好景园设计和制作，做到一草一木都要精挑细选，一景一点都要精雕细刻，力求立体感和艺术美。加强主要道路两侧草花种植，大量布置时令花卉。美化包括广告，香港广告不比我们少，但他们看起来井井有条、赏心悦目，是一道道景观。

（四）亮化。按照提升档次，打造精品，突出时代气息、文化气息、和谐气息的要求，将便民、节能和提升形象有机结合，以道路、广场、游园、高层建筑、水面等为重点，统一规划，分步实施，推进城市亮化工作，形成点、线、面结合，一街一路一特色的总体格局，提高城区亮

灯率和观瞻效果，增添城市色彩。

（五）秩序化。严肃整治乱搭乱建和占道经营，对于影响城市环境和居民反映强烈的违法违章建筑和占道经营等问题，要一项一项治理，一个任务一个任务落实，坚决进行整治，绝不能坐视不管、放任自流。深入开展交通秩序整顿，引导培养广大市民文明素养，营造一个安全、畅通的交通环境。迅速做好各门店广告牌匾的规范工作，高起点规划，高效率落实，使之与城市总体符号相和谐。要注重抓反面典型，严管重罚，以儆效尤。

三、深化市民素质提升工程，强化人人参与意识，充分展示现代青州人的精神风貌

城乡环境集中整治是一项系统工程，涉及面广，工作量大，必须青州市动员、全民参与，统筹协调、密切配合，形成最大工作合力。要广造声势、营造氛围。宣传部门要采取多种形式，广泛宣传开展城乡环境整治活动的重要意义、主要内容和具体要求，要在媒体开设专栏，对这次集中整治活动进行跟踪报道，并就文明礼仪等知识进行普及教育，在青州市形成浓厚氛围。突出舆论监督作用，既要总结推广先进典型，又要敢于揭短亮丑，对一些工作不力，进展缓慢的单位和损坏城乡环境的反面典型坚决亮相曝光。要层层动员、密切配合。所有部门和单位都要树立全局观念，根据分工要求，按照总体部署，义不容辞、全力以赴，决不允许推诿扯皮、讨价还价。要根据部门性质和单位特点，认真查找问题，制定切实可行的工作措施，开展形式多样的整治活动。镇、街道和村居要充分发挥综合整治的基础作用，发动群众积极参与社区环境整治，教育引导居民自觉维护居住环境的良好秩序。要人人动手、全民参与。广大群众是这次集中整治活动的主体，在这次整治活动中，人人都是参与者。每一名市民都要积极投入到这次活动中来，参与义务劳动、美化周边环境、维护公共秩序。要把提升素质放在重要位置。切实提高“七博会”筹备的荣誉感、自豪感和责任感，牢固树立“人人都是投资环

境、人人都是青州形象、人人都是办会主体”的观念，进一步叫响“我为青州添光彩，青州因我而美丽”的口号，从小事小节做起，不断提升文明素质。要以诚待人，向外地人展示我们青州人的博大包容、热情友好，为进一步的合作创造条件和可能；要以德服人，争当崇尚能力本位的创业人，争当维系和遵守公共秩序的文明人，争当诚实守信的道德人，争当社会公德、职业道德、家庭美德、个人品德的实践者。公交车、出租车、汽车站、火车站、宾馆饭店、商业、金融、通信等“窗口”服务单位，要积极推行优质规范服务。塑造讲文明、重礼仪、团结友善、热情好客的青州形象，给每一位来青州的客人留下美好的印象。

四、始终保持奋发有为的精神状态，进一步转变作风，确保各项整治任务不折不扣落到实处

这次城乡环境综合治理时间紧、任务重、要求高，各部门各单位一定要雷厉风行，立说立行，确保全面完成各项工作任务。

一是责任要明确。整治工作要实行一把手负责制，各镇、街道、园、区及部门主要负责同志是整治活动的第一责任人，对活动要亲自抓、负总责，分管同志要集中精力靠上抓。整治工作要坚持条块结合和属地管理原则，对各项工作责任再细化、再量化、再分解，每一项具体工作都要明确谁是第一责任人、谁是直接责任人、谁是具体责任人。整治领导小组全体成员要靠前指挥，加强督查调度，主动深入一线，发现问题及时协调解决，确保集中整治工作快速扎实推进。

二是作风要过硬。坚决克服“得过且过”的思想，坚决摒弃“出工不出力”的坏习气，按照分工，立足本职，竭尽全力，狠抓落实。坚决克服“好人”思想，树立“该出手时就出手”的责任意识，整治中遇到棘手问题时，要敢于出面，靠前指挥，解决不了问题决不罢休。坚决克服“怕触及矛盾、怕担责任”的思想，树立“敢碰硬、敢动真”的作为意识，在整治中碰到难缠户、钉子户时，要处变不惊，冷静对待，沉着应付。对于煽风点火、故意挑事的，不管是谁都要出重拳、下硬茬，严

厉惩处，毫不留情。

三是协调配合要有力。所有参与整治的部门、单位、镇、街道、园、区，必须牢固树立“一盘棋”思想，无条件服从领导小组的统一指挥，主动参与，密切配合，协同作战，绝不允许推三阻四、拖拖拉拉。各镇、街道、园、区要自觉抓好辖区内城镇建设和环境卫生整治，要用工作说话，用成效说话，用行动说话。各部门要主动找准位置，不讲条件，不讲原因，该出车的出车，该出人的出人，决不允许消极怠慢，这是一条铁的纪律。在这个问题上，只有服从，不许反对；只有落实，不许敷衍。

四是督查考核要到位。对集中整治工作，要制定严格奖惩措施，实行“问责”制，整治领导小组办公室及有关部门要严格按照整治方案的要求，对各责任单位的整治工作进行督促检查，对整治行动的效果进行评选验收。对积极开展整治、成绩显著的单位和个人，市委、市政府将给予通报表彰奖励；对重视不够、行动不快、力度不大、无所作为的，不管是谁，不管是哪一个部门，都要采取坚决果断措施。

解放思想 加快推进区域城市化进程

花博会的成功举办，充分证明了“小地方能够有大作为”。2009年10月，在花博会成功举办后的第五天，我们就召开这次高规格、大规模的电视直播大会，中心议题是动员青州市上下进一步解放思想、提升境界，放大花博会作用，乘势而上、激流勇进，加快推进区域城市化进程，迅速掀起新一轮发展高潮。

一、城市建设工作的全面回顾

近年来，我们牢固树立“抓城市建设就是抓经济建设”的理念，全力推进城市建设与管理转型，城乡面貌发生了巨大变化，社会各界有目共睹，每一个青州人都为之自豪。回顾几年来的城市建设，每一年都波澜壮阔、激动人心、催人奋进。

2006年是大规模城市建设的思想解放年。通过组织外出考察，开展解放思想大讨论，采取电视直播会议等多种形式，解放了思想，转变了观念，统一了认识，为以后大规模的城市建设打下了思想基础、干部基础和群众基础。市民休闲中心、中央商务区、前营子改造项目、后官营改造项目等顺利完成拆迁，拉开了城市建设的序幕。

2007年是大规模城市建设的拆迁年。成立36个工程指挥部，抽调400多名干部，完成了城东安置区、党校片区、石坊路片区、马驿山片区、青州路片区等拆迁项目，累计拆迁10000多亩12000多户，拓展了城市发展空间。

2008年是大规模城市建设的建设年。工作重心由拆迁全面转移到建设，会展中心、体育中心、南阳河综合整治、青垦路拓宽改造、民族技师学院、中都财富广场、东夷文化标志园、大明衡王城、星级酒店等项目建设进展顺利，达到了预期形象进度。

2009年是城市发展完善提升年。所有城市建设项目快速推进，青垦路、青州北路、猩山路、云门山南路等城市主次干道的拓宽改造、绿化美化和亮化工程全面竣工，快速通道建成通车，社区建设与管理得到加强，花博会把城市建设与管理提高到一个新水平，城市形象和品位得到了全面提升。

总结几年来的城市建设工作，主要有几个方面的成就。

——推动了思想观念的大转变。广大市民有效破除了小农意识、小市民意识和计划经济观念，正视了问题，找到了差距，看到了优势，由过去的故步自封、不敢想、想不到、不敢干，转变到现在的敢想、敢做，而且一定能够干成。牢固树立了大开放、大合作意识，自觉跳出青州看青州，敢于攀高比先，不干则已，干就干大的、干就干好的、干就干一流；敞开胸襟，自觉做到亲商、爱商、扶商。思想观念的大转变，境界标准的大提升，是我们实现又好又快发展的第一推动力。

——加快了城市化进程。构筑起“一城五区”的现代化中等城市框架，城市规划控制面积达到300平方公里，在这一框架内，出现了无数个新的城市增长点，为青州今后几年、几十年的发展奠定了基础、留足了空间。新修改造农村公路820公里，青州市公路通车总里程达到2200公里，公路网密度达到140公里/百平方公里，构建起青州市半小时经济圈，形成了以城区为中心，呈放射状布局、联结小城镇、辐射农村的道路网络。城市对农村的辐射带动功能大大增强，中心城市的快速发展给小城镇和农村建设提供了经验，打造了发展平台。

——促进了工业振兴。一方面，城市建设优化了投资环境，打造了平台，拓展了发展空间，为工业提供了良好的发展环境。共有41家企业完成退城进园，实现了节约集约发展。彻底解决了200多家破产改制企业的遗留问题，为企业发展解除了包袱。另一方面，累计实现房地产税2.76亿元、建筑税2.1亿元，在增加地方财政收入的同时，没有增加企业的税收负担，为企业轻装上阵、加快发展留足了后劲；跳出工业抓工业，收到了明显成效。

——形成了多元化的投资机制。通过市场运作，建立了政府资金、外商资本、民间资本、银行资金、社会捐助等多渠道全方位的城市建设多元化投入机制，筹集建设资金 200 多亿元。其中，安置房建设投资 20 多亿元，城市公益项目建设投资 20 多亿元，外商开发项目投资 160 多亿元，彻底打破了过去城市建设单纯依靠财政投入的局面，实现了由“有多少钱办多少事”到“有多少事找多少钱”的转变。

——实现了城市资产的快速增值。基础设施得到极大提升，会展中心、体育中心、东夷文化标志园、南阳河治理一期、中都财富广场等一批基础设施建设项目投入使用，青都国际大酒店、贝隆大酒店、银座佳悦大酒店等星级酒店按期完工，配合完成胶济铁路客运专线建设，新火车、汽车客运站投入使用。

——改善了民生。拆除城中村 30 多个，开工建设安置房 180 万平方米，有 1.5 万多户居民在城区最佳地段搬入新居，实现了用平房换楼房，居民资产大幅增值。建设商品房 200 多万平方米，形成 28 个新型居住小区，城市绿地由 2005 年的 120 万平方米增加到现在的 1043 万平方米，是原来的近 10 倍，改善了居民生产生活环境。完成被拆迁居民基本养老保障试点工作，8 个社区 2000 多户纳入社保，实现了由和谐拆迁到拆出和谐。投资 1.5 亿元的山东民族技师学院一期工程建成投入使用，大职业教育格局基本形成。投资 8000 万元搬迁新建市委党校，投资 3 亿元的潍坊教育学院一期工程建成使用，投资 2.5 亿元的益都卫校新校开工建设。投资 2.1 亿元改善义务教育学校办学条件，进一步优化了教育资源布局，推动了教育事业的大发展、大繁荣。

——实现了与花博会良性互动。大规模的城市建设为申办花博会打造了平台，举办花博会又促进了城市建设。花博会场馆、星级酒店等配套工程建设，丰富了城建内容，提升了城市建设档次。花博会极大宣传推介了青州，将进一步促进城市建设和招商引资，实现城市建设与花卉产业的互动发展。

——带动了产业快速发展。城市建设不仅推动了工业振兴，而且推动了旅游、文化、生态等产业的协调发展，投资 130 亿元，实施文化旅游项目 30 个，一批项目建成开放。建设青州书画艺术城、君怡都书画古玩市场等 5 处文化市场。先后关闭采矿企业 500 多家，治理损毁山体 3000 多亩，建成第二污水处理厂。规划建设了钢铁物流园、新创宜佳装饰城、洗车市场、废旧物资回收市场等 12 个专业市场。

回顾近年来的大规模城市建设，主要工作经验有四大方面：解放思想、创新机制、市场运作和全民参与。这不仅是城市建设的宝贵经验，也是经济社会发展的四大法宝。

第一，解放思想是大规模城市建设的前提。在旧城改造拆迁之初，困难重重，阻力很大，甚至议论纷纷。可以说，没有青州市的解放思想，就没有对旧城改造的统一认识，就没有干部群众高度一致的行动，就不会实现平稳顺利的拆迁。同时，没有解放思想，就没有“三名一强”生态文明新青州的明确思路和准确定位，就没有“拉开框架、准确定位、挖掘内涵、重塑形象”的城市建设理念和“政府主导、规划先行、公司经营、市场运作、部门配合、社会支持、立体监督”的运作机制。没有解放思想，创意城市就无从谈起，没有创意，也就难以形成城市的策划机制。总之，没有思想的解放、观念的转变，就没有青州今天的发展。

第二，创新机制是大规模城市建设的动力源泉。探索形成了书记、市长抓“总”，常委包“片”，副市长管“线”，人大、政协领导靠“点”，市镇村上下联动的领导体制；建立了整体化布局、片区化介入、组团化发展、项目化推进、市场化运作的“五化”模式；成立人民办事中心，构建了“进一个门，办一切事”长效服务机制；推行市委、市政府决策—指挥部推进—城建投运作—人民办事中心服务的“四位一体”项目推进机制，确保了重点工程顺利实施；成立市基础设施建设投资管理中心，探索了全新的城市经营机制，实现了项目的市场化运作；成立招投标管理办公室和招投标交易中心，规范完善招投标机制，增强了公开度和透明度；成立市委、市政府督查局，强化立体化督查机制，保证了工作落实。体制机制的创新，确保了决策科学、运转高效、措施有力、执行到位。

第三，市场化运作是大规模城市建设的主要手段。几年来的发展实践证明，青州的城市建设与经济社会发展离不开市场运作。依靠市场手段，不到 4 年投入 200 多亿元，这是一个了不起的数字。这 200 亿元对城市发展的推动力是长期的、持续的，对青州今后的发展将会产生巨大的影响。可以说，我们只要在市场运作水平上提高一小步，青州的经济社会发展就会前进一大步。

第四，全民参与是大规模城市建设的根本保证。广大人民群众积极拥护市委、市政府的决策部署，舍小家，顾大家，同心、同德、同力，支持、参与、服务青州发展，以振兴青州为己任，体现了高度的社会责任感，展现了现代青州人应有的精神风貌，真正发挥了建设青州主力军的作用。

二、区域城市化提出的背景和主要任务

当前，青州市已经成功举办花博会，发展步入了一个新的阶段。新的起点，必须有新的思路和举措。如何放大并发挥好花博会的后续作用，把青州市上下重新焕发出来的自信心引导转化为发展的动力，保证青州在新一轮发展中脱颖而出，成为我们必须认真思考和解决的问题。最近，山东省委、省政府提出打造山东半岛蓝色经济区、胶东半岛高端产业聚集区、黄河三角洲高效生态经济区“三区”战略，为青州的发展带来了千载难逢的发展机遇。青州是“三区”的交汇点，也是沿海地区和中西部地区衔接配合的重要枢纽。一方面存在被边缘化的危险，另一方面又具有充分发挥节点作用，放大承接、承载功能，乘势崛起的重大机遇。这要求我们必须找准结合点和切入点，放到全省发展大局中来谋划，高点定位、突出特色、打造高端，确保有所作为、有大作为。根据这一战略部署，我们对近几年的实践历程进行了全面回顾、梳理、提炼，确立了抢抓“三区”建设重大机遇，充分发挥花博会作用，加快推进区域城市化进程，全力打造“三名一强”生态文明新青州的总体目标。

所谓区域城市化，指的是一个地区在推进现代化进程中，将整个城乡按照城市功能进行整体化布局，通过城市各产业功能区的建设，实现

产业集群崛起和城市发展的良性互动，带动本区域经济社会全面发展，从而提升本地区城市化水平，全面提高城乡居民的生活质量。区域城市化是城乡一体化的发展目标，也是城乡一体化发展的必然结果。就青州而言，就是以县城建设为龙头，对1569平方公里的整个县域，按照一个城市的要求，进行整体布局、整体规划，以城市化的方式推动工作，最终使县域内居民的生产、生活方式实现同等化。

近年来，我们坚持系统思考、整体定位，以中心城区建设为"火车头"，以"一城五区"为基本框架，以道路体系建设为基础，以产业特色突出的小城镇建设为支撑，以农村社区建设为依托，着力建立城乡资源优化配置体系和顺畅的流动机制，探索出了农民放弃宅基地、放弃承包田"双放弃"进城，农业发展园区化、农村管理社区化、农民身份职业化"三化"，整体化布局、片区化介入、组团化发展、项目化推进、市场化运作"五化"模式等经验，实现了城乡互动、统筹发展。现在看来，这都是推进区域城市化的具体实践。"三区"战略的提出，又为我们实现区域城市化发展提供了千载难逢的机遇。青州完全有基础、有条件、有能力，发挥优势、抢抓机遇，在加快区域城市化进程中，走在前面、创出经验，实现科学发展的新突破。

发展定位是：以实现区域城市化为目标，努力放大节点作用，充分发挥承接、承载功能，建设生态商务中心、健康中心、文体中心、物流中心、研发中心、休闲中心"六大中心"，发展液压件、工程机械、起重机械、风电设备、花卉产业"五大集群"，加快青州—临朐、青州—临淄一体化进程，把青州打造成山东半岛蓝色经济区、胶东半岛高端产业聚集区、黄河三角洲高效生态经济区"三区"的"后花园"和服务基地，成为全国乃至世界有名的"东方花都""假日花园"，全力建设"三名一强"生态文明新青州。

发展目标是：（1）中心城市辐射带动能力明显提升、综合实力显著增强，特色产业优势凸显，经济实力不断壮大。（2）小城镇服务功能和承载能力明显提高。全面完成小城镇建设提升任务，基础设施和公共服务设施配套明显改善，80%的建制镇达到省级中心镇标准。（3）农村社区建设和新农村建设水平明显提升。农村社区年内实现全覆盖，到 2011 年，青州市 80% 以上的农村社区基本实现小学教育、基本医疗、就业服务、养老托幼、证照办理、计生服务、司法援助、社会救助、文化健身、日用品及农资供应“十进社区”的目标，基本公共服务水平显著提高。基本完成农村住房建设与危房改造任务，迁村并点和集中居住区建设取得较大进展。青州市 70% 以上的村庄达到新农村建设标准，60% 的村庄基本达到文明村标准，农村生产生活条件明显改善。（4）基础设施支撑能力不断增强。城镇道路交通网络更加完善，市政公用设施供给服务能力明显增强。（5）生态环境进一步改善。循环经济形成较大规模，万元 GDP 能耗和 COD、二氧化硫排放量完成削减目标，市域内河流水质达到省控标准，市区空气质量良好率达到 70% 以上，工业废水排放达标率达到 99.5%，建成区绿化覆盖率达到 50% 以上，人均公共绿地面积达到 15 平方米，青州市森林覆盖率达到 35%。

发展理念是：牢牢把握“6+3”的“9 字方针”，即突出“生态、文化、高端”三大特色，狠抓“软环境”建设。突出生态特色，就是把生态建设作为打造“三区”后花园和服务基地的生命线，坚持以生态理念引领科学发展，将生态融入每一个领域、每一个环节和每一个细节，贯穿每项工作全过程，全力打造生态之市、宜居之城、养生之地。突出文化特色，就是坚持经济文化互动途径，深入挖掘青州独具特色的古城文化、民族宗教文化和生态文化，用文化催生发展动力。突出高端特色，就是以高端为手段抢占发展先机，实现各个产业的高端化。狠抓“软环境”建设，就是把软环境放在更加突出的位置，常抓不懈，创造一流发展环境。

三、全力放大花博会作用，加快推进区域城市化进程

发挥好花博会的作用，必须立足当前，着眼长远。要抓住通过举办花博会，使青州的知名度、影响力和吸引力迅速提高的机遇，发挥自身优势，广泛借助外力，突出工作重点，加快推进区域城市化进程。

（一）迅速制定区域城市化规划。近年来，城市建设之所以取得了巨大成就，很重要的一点就在于我们发挥了规划的“龙头”作用。2006年至2009年累计完成各类公共性规划和控制性规划178项，完成各类修建性规划116项，实现了城区“控规”覆盖率100%的目标。现在我们率先提出了区域城市化的概念，究竟如何实施、如何推进，必须坚持规划先行。要抓紧聘请一流规划设计院，迅速启动区域城市化总体规划，进一步明确发展定位和方向，优化功能布局，建立区域城市化建设指标体系，包括实施步骤、执行标准等。使我们的区域城市化工作，在原有工作基础上，实现标准化建设、系统化推进。

（二）着力增强中心城区的带动功能。加快推进区域城市化，必须充分发挥中心城区即县城的龙头带动作用。要尽快打通新南环，开工建设新西环、新北环，继续拉大城区框架，扩大辐射半径，由对县城的支撑转化成对镇、街道的支撑。4个城市次中心要综合考虑产业发展、基础设施功能、人居环境等，系统地编制区域规划，与城市大格局相适应。做到城市扩展到哪里，城市资源就布局到哪里，辐射带动周边区域发展，扩大服务半径，缓解中心城区过分集中带来的压力。加快重点工程建设，抓好新建道路的绿化和提升改造，对石坊路、宋城、益王府花园、中央华府、联升富贵苑等已铺开工程，加快建设进度。对已经规划的新一中、博物馆新馆等项目，要搞好策划包装，抓紧招商运作，尽快开工建设。三个街道办事处要按照城区主干道的标准，迅速开展对中心城区背街小巷的提升改造。加快基础设施建设，采取合资合作、BT、BOT、置换等多种运作形式，推进无害化垃圾处理场、弥河污水处理厂、猛山经济发展区污水处理厂建设及清源污水处理厂扩建，抓好南阳河、北阳河、弥河治理，进一步理顺城区供热体制，实现供热企业、供热管道的统一管理。

（三）突出抓好小城镇建设。建设小城镇是实现农民就地城市化的重要途径。前段时间，我们虽然抓得比较紧，但与先进仍有较大差距。2009年下半年，潍坊市要单独对小城镇建设进行观摩，各镇、街道要高度重视，抓紧做好各项工作。要突出产业特色，以强镇扩权为突破口，扩大镇级经济社会管理权限，落实各项优惠政策，激活镇级发展活力，建设一批以产业为支撑、以文化底蕴为特色的小城镇，推动小城镇与城市建设协调发展。抓好农村住房建设与危房改造，广泛吸纳社会资本、金融资金、企业资金投资这项工作。深化土地整理，鼓励农民"双放弃"，整理农村零星宅基地，置换建设用地，力争年内完成 2000 户，整合土地 1000 亩。抓好农村社区建设，把镇级政府公共服务职能全部放到农村社区，强化社区服务能力，力争年底实现农村社区的全覆盖。

（四）全面启动古城建设。青州有 2100 多年的城建史，先后建设过广县城、广固城、东阳城、南阳城、东关城和旗城，古城有着独特魅力，在城市功能布局中有着特殊的地位和作用。

（五）着力推动工业园区建设。经济开发区、猫山经济发展区作为青州市工业功能区，今后所有工业项目必须全部进驻这两个园区。经济开发区要加快向高新技术产业园区的转型步伐，成为青州市高新技术企业的聚集区。猫山经济发展区要搞好基础设施配套，切实提高对高端项目的吸纳能力。要加快企业退城进园步伐，两年内全部完成城区企业退城进园。对工业在领导精力、扶持政策上实施重点倾斜，打破传统发展的路子，高起点、高标准发展大项目和高新技术项目，抓好传统产业升级改造。搞好企业组织形式的规范提升，构建现代企业组织体系。继续组织企业家到高等院校进行培训，有效提高企业家素质。设立高新技术产业发展基金，每年投入不低于 2 亿元。尽快启动总投资 50 亿元的高新技术孵化器建设，加快推进总投资 10 亿元的江淮汽车 10 万辆轻卡、投资 6 亿元的禄禧光伏电、1 亿元的魏仕照明 LED 、9 亿元的青能动力二期风力发电等高端项目建设。

（六）加快发展文化产业、旅游业和物流业。文化业、旅游业和物流业是青州的优势和潜力所在，是新一轮大发展最重要的经济增长点。把青州打造成"三区"后花园和服务基地，使青州成为整个环渤海城市群的重要功能区，更离不开文化产业、旅游业和物流业的大发展。物流业，进一步完善发展规划，加快资源整合步伐，实现物流业发展由分散化向集中化转变、由综合化向专业化转变、由功能单一化向综合服务化转变，形成市场专业化、专业市场规模化、规模市场配套综合化的大物流发展格局。加快总投资15亿元的港天保税物流中心、3.2亿元的传化模式盛宏物流、3亿元的工业原材料城、3亿元的汽车城等项目建设，打造山东半岛重要的物流基地。

四、落实有效措施，为区域城市化提供有力保障

推进区域城市化进程是一项系统工程，必须落实切实有效措施，保证思想不松劲、措施不走样、标准不减弱，确保创出经验、走在前面，再次实现“小地方有大作为”。

一是继续保持昂扬的精神状态。始终保持一种奋勇向上的精神状态，承认落后，但不甘落后，是我们近年来实现快速发展的真实写照和经验总结，也必将是我们在今后发展道路上取得更大突破的基本保证。三年多来，青州市上下以振兴青州为己任，昂扬向上，积极进取，不怕苦、不怕累、不怕难，全身心投入科学发展、振兴青州的伟大实践中，创造了令人自豪的成绩。特别是花博会的成功举办，把青州推向了新的发展阶段。面对新的发展任务，青州市上下一定要始终保持昂扬向上的精神状态和奋发有为的工作作风，把举办花博会和经济社会发展焕发的自信心，转化为新一轮发展的强大动力，不自满、不懈怠、不停滞，坚决克服松劲思想，脚踏实地，埋头苦干，全力开创工作新局面。

二是坚定不移地抓好软环境建设。近年来，我们高度重视软环境建设，取得了明显成效，但近期有全面反弹现象，必须高度重视。要集中开展好“整顿干部作风、创新优化环境、大力提高执行力”活动，深入实施软环境集中治理，严厉打击破坏和干扰经济建设违法犯罪行为、欺行霸市行为、“三乱”行为、各种歪风邪气和贪污腐化“五种”行为，着力创造一流软环境。切实提高服务效率，坚决克服工作中拖拖拉拉、推诿扯皮、效率低下等问题，做到急事急办、特事特办、马上就办、办就一流。人民办事中心要改进管理方式，彻底解决“两张皮”现象。要深入开展打黑除恶专项斗争，创造稳定的社会环境。

三是切实加大招商引资力度。没有大投入，就不会有大发展。在当前金融危机影响尚未完全消退的大背景下，花博会的召开为我们抓好招商引资、增加投入，提供了千载难逢的机遇。上级对招商引资工作高度重视。从前段时间看，青州市招商引资的力度和氛围有所淡化，成效很不理想。现在已经进入第四季度，全年的招商引资任务必须完成，这一点不能含糊。各级各部门要充分放大花博会招商引资的平台作用，搞好项目库建设，有针对性地搞好项目筛选，组织好项目信息发布、投资环境宣传等活动，确保招商实效。各企业要发挥好主力军作用，认真研究，抓住机遇，内引外联，加大对外开放，壮大企业规模。要舍得拿出最好的项目与外商合资合作，甚至让外商控股。要把招商重点放在高新技术、现代制造业、农产品加工及基础设施项目上，力争在工业特别是高端产业上取得新突破。

四是创新完善政策体制。推进区域城市化必须创新和完善配套的政策体制。要完善拆迁安置政策，以货币化补偿为主，建立知情化选择、多元化安置的拆迁补偿安置新机制。大力推行属地化拆迁，对各镇、街道、园区自行实施的土地整理与复垦项目、迁村并点项目进行奖励。完善公益项目建设激励机制，大力支持学校、敬老院等民生工程建设。研究制定鼓励高层建筑开发建设的刺激政策，促进楼宇经济发展。完善小城镇建设的激励政策，认真落实《关于加快小城镇建设的意见》，推进强镇扩权进程，加快小城镇发展进程。

五是着力提高城市管理水平。通过举办花博会，我们的城市管理水平上了一个新的台阶，有关部门做了大量工作，但绝对不能放松，要抓细节、抓落实，推进责任具体化、成本集约化、手段精细化、机制长效化，促进城市管理再上新水平。要进一步加大城市环境综合整治工作力度，深入开展城区交通秩序整顿、“双超”治理，规范城市广告牌匾管理，坚决刹住乱搭乱建之风。抓好社区管理，坚持“条块结合，以块为主”的原则，实现社区“网格化”管理。抓好花博会亮化工程的后续管理和维护，美化城市夜景，提升城市品位。

六是进一步激发全民参与的热情。三年多来，青州经济社会取得的巨大成就，特别是花博会的成功举办，都离不开广大市民的无私奉献。实现区域城市化，确保青州在新一轮发展中脱颖而出，更离不开全体市民的广泛参与。要进一步完善政府主导、群众主体的发展方式，更加注重保护和发挥群众的热情，更加注重激发群众干事创业的积极性和创造性。广大群众要继续强化主人翁意识、全局意识和责任意识，自觉站在大局的高度、全局的高度，看问题，想办法，谋发展。要增强创业意识，激发创造活力，促进自主创业。要根据形势发展需要不断提高自身素质，树立新时期青州人良好形象，为建设属于自己的美好家园作出更大的贡献。

第七章

加强农村社会公共管理

狠抓任务目标落实，确保农村社会公共管理工作尽快取得实效

2009 年 10 月，青州市召开这次高规格、大规模的电视直播大会，中心议题是安排部署加强农村社会公共管理工作，动员青州市上下进一步统一思想、提高认识，完善机制、强化措施，加强新形势下农村社会公共管理工作力度，确保青州市农村和谐稳定，为农村经济社会实现又好又快发展、加快推进区域城市化进程创造良好条件。

一、认清形势，统一思想，切实增强抓好农村社会公共管理工作的紧迫感和责任感

社会管理方式是与社会生产方式相适应的，有什么样的生产方式，就有什么样的社会管理方式。随着形势的变化，特别是我国进入深化农村改革、全面建设小康社会新的发展阶段后，农村集体生产组织的生产职能和管理职能相对弱化，农户之间、农户与集体之间、干部与群众之间矛盾纠纷增多；封建迷信活动等陈规陋习依然存在，有的地方甚至是宗族势力横行乡里。这些都成为当前农村社会不安定因素，严重困扰着农村改革的深入发展，成为农村社会公共管理面对的实际问题。究其原因，主要有以下几个方面。

一是经营主体和利益主体多元化冲突。农村家庭联产承包责任制的实施，使农户成为独立的经营主体，利益主体意识逐渐明晰，农民集体主义意识淡化，这样就造成农户之间、农户与集体之间，不可避免地产生一些纠纷和误解。

二是村干部队伍有所弱化。一方面，出于减轻农民负担的要求，对村

干部职数的配备实行了严格限定，使村干部人数减少；另一方面，部分村干部文化素质低，解决问题的能力较差，不能及时处理农村中出现的一些矛盾；有的村级组织涣散，甚至瘫痪，缺乏应有的凝聚力、组织力和号召力。另外，还有少数村干部事业心不强，不能廉洁自律，引起群众的不满。

三是对农民的思想教育不够。面对分散经营的农户，一些地方不能有效地进行思想教育，也不能及时纠正农民群众中存在的错误思想意识，就难以对农民生产生活中的行为进行有力规范。

四是对封建迷信、陈规陋习和歪风邪气管理和打击力度不足。封建迷信等活动的存在，固然是由于农民科学文化知识贫乏而盲从，但缺乏有效管理和打击力度不够也是一个很重要的原因，另外也存在着对封建迷信与宗教信仰、陈规陋习与传统习俗等认识上和政策上的界定模糊问题。

五是农村文化生活贫乏。一些地方人均耕地少，农村剩余劳动力和闲暇时间较多，由于精神文化生活缺乏，许多农民沉迷于赌博等违法行为当中，经常引起各类矛盾纠纷，成为农村严重的不安定因素。

六是群众需求不断提高与农村社会公共服务不健全之间的矛盾。随着我国社会主义市场经济体制的不断完善，农村经济结构、社会结构、人口结构发生了深刻的变化。青州市作为一个农业大市，农村经济发展已经驶入快车道，随着经济的发展，群众多样化的公共服务需求已经开始全面提升，农民迫切需要更为完善的公共服务，而这些变化与现有的农村社会管理服务体系的滞后形成了明显的矛盾，既影响了农村社会公共管理的进一步加强，也制约了农村经济社会的进一步发展。

上述问题的存在，已经成为农村经济社会发展的“短板”，困扰着农村改革的深入发展，制约了新农村建设的步伐。当前，随着我们成功举办花博会，青州市经济社会发展已经进入了一个全新阶段，要实现“站在新起点，实现新跨越”的目标，更需要一个安定和谐的社会环境。抓好农村社会公共管理工作，是摆在我们面前的一项极为重要和迫切的任务。各级各部门要站在讲政治、讲大局的高度，充分认识新形势下加强农村社会公共管理工作的重要性和必要性，切实增强责任感和紧迫感，创新工作措施，完善管理机制，正确对待并认真解决突出问题，全面加强农村社会公共管理工作，确保农村社会和谐稳定，为加快推进区域城市化进程提供有力保障。

二、突出重点，强化措施，全力做好农村社会公共管理工作

加强农村社会公共管理是做好“三农”工作的重大举措和必要内容，也是扎实推进强镇促村、强村富民、强基巩本“三强工程”的重要保障。各级各部门各单位要真正把加强农村社会公共管理作为促进农村改革发展的保障工程、维护群众利益的民心工程和巩固党的执政地位的基础工程，摆上重要议事日程，强化措施，重点突破，全面推进，抓紧抓好。

（一）着力加强组织体系建设。加强农村社会公共管理，建立健全组织体系是保障。加强以党组织为核心的村级组织建设。特别是对于那些党支部、村委会组织不健全，班子软弱涣散，甚至没有办公地点的村庄，要尽快配齐配强村“两委”班子及下属机构，选好带头人。前期，我们针对部分农村基层组织建设薄弱的实际，在青州市公开考选了 93 名村支部书记，对这部分人员要搞好指导，使其尽快熟悉工作，进入角色，充分发挥作用。同时，视情况需要，适时再考选一批，进一步充实村级基层组织，确保农村社会管理工作有强大组织保障。要创新党组织设置，结合迁村并点、农民“双放弃”、农村社区建设等工作，加快村村、村居、村企联建党组织步伐，深化完善“产业建支部”模式，扩大党组织覆盖面。要充分发挥以村委会为主的村民自治组织作用，建立健全村民会议和村民代表会议制度，重点抓好村务监督委员会建设，全面提升农村基层组织管理社会事务和处置突发事件的能力。大力发展农村社会组织。各类群众性社会组织对农民有很大的影响力和号召力。加强农村社会管理，除了发挥党支部、村委会的作用外，要大力发展各种群众组织。围绕土地流转、经济合作、特色产业和社区服务等方面，大力发展农民专业合作经济组织，有关部门要在财政、金融、税收、土地、工商管理等方面予以扶持，增强其组织协调能力，形成统一的组织体系，充分发

挥其参与社会组织与管理的功能。积极发展红白理事会、群众治安委员会、民事调解委员会等群众组织，充分发挥其在农村社会管理中的作用，调动起农民自我组织、自我建设、自我管理的积极性和创造性。加强农村综合治理组织建设。前期，我们在每个镇、街道、园、区都建立了综治中心，上级对青州市综治中心建设经验高度评价。下一步，要进一步理顺各方面关系，完善工作机制，充实工作人员，规范运作，建立矛盾联调、治安联防、警务联勤、突出问题联治、基层平安联创的工作模式，发挥最大作用。各村也要设立综治工作站，落实办公场所和经费保障，有条件的村可以落实治安承包责任制，实行 3 人以上专职联防，实现“小事不出村，大事不出镇”的工作目标。

（二）不断完善农村社会服务功能。坚持从农村群众最现实、最直接、最关心的利益问题出发，积极搞好农村社会服务。加强农村社区建设。搞好社区公共服务设施配套，健全医疗卫生、社区环卫、社会保障等服务项目，把镇级政府公共服务职能全部放到农村社区，为社区群众提供多层次全方位公共服务。深入开展“百企联社区，共建新农村”活动，在加大公共财政投入力度的同时，鼓励社会团体、企事业单位和个人捐资兴办社区服务项目，建立多元化投入机制，提高农村社区公共服务能力。2009 年年底前，青州市规划的 114 个农村社区服务中心要实现“全覆盖”。大力发展农村社会事业。改善农村中小学办学条件，做好外来务工人员子女、农村留守儿童少年的教育工作。加强镇卫生院、社区卫生所和村级标准化卫生室建设，提高农村公共卫生水平。加强农村文化设施建设，把农村文化场所建设与基层组织活动场所建设结合起来，实现共建共享。完善农村社会保障体系，积极稳妥地扩大农村低保覆盖面，提高保障水平。巩固农村敬老院建设成果，加快市中心敬老院建设，全面提高五保集中供养率。开展新型农民培训工程，促进农村劳动力由体力型向技能型、由低层次向高层次转变。加强农村精神文明和民主法制建设。深入开展农村形势和政策教育，转变农民思想观念，增强自立意识、竞争意识、效率意识和民主法制意识。实施公民道德建设工程，提高农民的道德水平。积极推进村务公开、财务公开、政务公开，提高农村民主管理水平。积极防范和坚决打击境内外敌对势力对农村的渗透破坏活动，深入开展同邪教组织的斗争，全力维护农村社会政治稳定。广大农民群众要自觉学法守法、懂法用法，既要积极参与民主决策、民主管理、民主监督，也要严格遵守党纪国法，遵守村规民约，维护青州良好的声誉。

（三）全力加强社会治安综合治理。稳定压倒一切。各级各部门各单位一定要牢固树立稳定是第一责任的思想，厘清思路，突出重点，强化措施，确保农村和谐稳定。强化基础建设。不断加强综治中心建设，确保各方面力量到位，运转协调，发挥作用。特别是要根据当前经济社会发展状况以及镇、街道区划调整后的实际情况，逐步健全镇派出所机构设置和警力配置，适当增添警力，推动公安部门实现重心下移、警力下沉、保障下倾，全面提高公安机关维护农村稳定和农村治安防控的能力。健全工作网络。进一步完善制定统一规范的农村社会公共管理制度，大力开展平安示范镇、平安示范村（社区）、平安示范院落、平安示范家庭建设。健全人民调解、行政调解和司法调解相结合的多元化调解纠纷机制，妥善解决农村各类矛盾纠纷。排查不稳定因素。按照属地管理的原则，及时了解和掌握社情民意，力求把辖区的不稳定因素和苗头解决在萌芽状态。特别是要加强农村流动人口和出租房屋管理，采取有效措施强化农村治安防范。加强对农村烟花爆竹等易燃易爆物品、有毒有害物品、放射性物品的管理，消除安全隐患。时刻绷紧护林防火这根弦，切实做到排查到位、防范到位。打击农村腐朽现象。充分发挥职能部门作用，对社会腐朽现象进行专项治理，加大对封建迷信、赌博等打击力度，制止腐朽文化的传播，倡导文明向上的生活方式。组织农民开展学文化、学科学、学技术活动，提高农民文化素质，用积极健康的活动引导农民的行为，克服陈规陋习，树立社会主义新风尚。开展群防群控。整合各种力量，调动广大群众参与加强农村社会公共管理工作的积极性。在每个村及人员密集区域，都要配备义务治安员。广大群众都要增强治安防控意识，提高警惕，发现异常情况和可疑人员立即向相关部门报告，在青州市构筑一个全民参与的农村社会公共管理网络。深入开展严打整治活动。坚持依法从重从快的方针，严厉打击坑农害农的各类犯罪行为，保障农民的合法权益。特别是要深入开展打黑除恶专项斗争，坚决查处黑恶势力“保护伞”，对霸邪势力始终保持严打态势，重拳出击，决不姑息迁就，为群众创造一个安心、放心、开心、舒心的治安环境。

三、加强领导，确保农村社会管理工作落到实处

加强农村社会公共管理工作，是加快区域城市化进程的必然要求和重要手段。做好这项工作，不只是综治部门的事情，而且是一项复杂的系统工程。各级各部门各单位要加强领导，协调配合，确保工作实效。

一要高度重视，明确责任。市里已经成立了农村社会公共管理工作领导小组，要搞好整个工作的综合协调，从制度建设、社会管理和公共服务等各个方面给予指导。要定期调度，对工作中出现的亮点随时召开现场观摩会议进行推广。各级各部门要把加强农村社会公共管理工作放在更加突出的位置，制订详细方案，投入更多的人力、物力、财力抓紧抓好。各镇、街道、园、区也要成立相应组织机构，党（工）委书记作为第一责任人，把农村社会公共管理工作纳入“一把手工程”和“民心工程”，按照市委、市政府的统一部署，研究制定更加细致、更加具体的措施和办法，层层落实，一抓到底。各级各部门主要负责同志要定期深入基层调查了解，研究解决存在的突出问题，积极推动工作有序开展。要健全农村社会公共管理指标体系，把目标任务进行细化、量化，明确责任，建立和完善横向到边，纵向到底，全员、全岗、全程的执行责任体系，确保事事有人抓、件件有落实。

二要密切配合，形成合力。加强农村社会公共管理工作，范围广、难度大、任务重，需要凝聚各方面智慧，动员各方面力量，需要各级各部门通力配合、齐抓共管。各级各部门要充分发挥职能作用，加强协作配合，既要管好自己的人，看好自己的门，又要办好自己的事，高标准履行好自己的职责。公安、人事、民政、司法、农业、建设等部门要建立互通机制，实行信息共享，共同把工作做好。新闻宣传部门要加大宣

传力度，表扬先进，曝光反面典型，形成浓厚的舆论氛围，努力形成市委、市政府统一领导、部门齐抓共管、群众广泛参与的农村社会公共管理工作的新局面。

三要强化考核，狠抓落实。督查局要把加强农村社会公共管理工作纳入千分综合考核体系，并适当加大考核比重，增强考核的导向、激励和约束作用。对工作成绩突出的部门、单位和个人，要大张旗鼓地表彰奖励；重视不够、行动不快、力度不大、无所作为的，不管是谁，不管是哪个部门，都要坚决采取果断措施。对因工作失职、渎职引发影响社会稳定等重大问题的，要坚决实行责任倒查和一票否决，并严肃追究有关责任人的责任。特别是要加大对村干部的考核力度，有关部门要抓紧制定具体的考核办法，把考核结果与村干部的使用和补贴标准直接挂钩，有效激发村干部参与农村社会公共管理工作的积极性。

第八章

打造最优软环境

建设高素质干部队伍，推动青州市经济社会又好又快发展

经青州市委研究决定，将2007年作为青州市“干部作风教育整顿年”，并利用一个月左右的时间，在青州市集中开展一次干部作风教育整顿活动，进一步解决干部作风方面存在的突出问题，努力形成廉洁、勤政、务实、高效的工作作风，为青州市经济社会又好又快发展提供坚强有力的保证。

一、统一思想，深刻认识开展“干部作风教育整顿”活动的重要性和必要性

党要管党，从严治党，是党的一贯方针。党的作风建设是党建的一个非常重要的方面。围绕贯彻中纪委七次全会精神，山东省委和潍坊市委相继就进一步加强干部作风建设出台了一系列制度规定，干部作风建设被摆到了一个前所未有的重要位置。

近年来，青州市以建设高素质的干部队伍为目标，不断加强干部作风建设，着力解决干部作风中存在的一些突出问题。特别是2006年以来，认真贯彻落实《中共中央关于加强和改进党的作风建设的决定》，深入开展党员先进性教育活动，广泛开展大规模干部培训，有针对性地组织各级干部外出考察学习，干部的精神面貌有了新的变化，干部作风有了明显改善，干事创业的激情日益高涨，服务基层、服务群众的意识和水平有了普遍提高，推动了青州市经济社会又好又快发展。

总的来说，青州市干部作风主流是好的，绝大多数同志作风是过硬的，是人民群众充分肯定的。如果没有一个好的干部队伍，就很难解释我们所取得的成绩，就很难解释青州所取得的重大发展，特别是在2006

年我们实施“四大工作重点”过程中，在城市建设、城市拆迁、城市管理的过程中所取得的巨大成绩。这些成绩若没有一个好的领导班子、过硬的作风是做不到的。但是，干部作风建设不是一劳永逸的。在我们的干部队伍当中，在作风方面，还是存在一些问题。

一是思想不够解放，政治责任感不强。思想还需要进一步解放。接受新事物慢，思想保守，开拓意识不强，习惯于沿用一些老办法、旧框框，故步自封，缺乏敢闯、敢干、敢为天下先的勇气和气魄。有的缺少干事创业的激情，精神不振奋，存有畏难发愁情绪。有的视野不开阔，解决问题的思路办法少，等靠要思想严重。有的政治责任感不强，发展意识、公共意识、诚信意识淡薄，在执行市委、市政府的决策部署上存在偏差，搞上有政策、下有对策，甚至背道而驰，贻误了发展。明确说就是两个问题：思想作风问题、政治纪律问题。在思想作风上，就是在思想上政治上行动上同党中央保持高度一致，要把我们的思想统一到中央精神上来，统一到省、市委决策部署上来。

二是学风不正、学用脱节。不仅是学风不正的问题，首先是学不学的问题。这方面主要表现为不学习，不愿意学习，也不善于学习。即使学习，也存在“浮躁风”，积极性不高、主动性不强、标准不高，学习不用心，钻不进去，深不下去，一知半解、浅尝辄止。有的不注重政治理论学习，头脑空洞无物，对形势缺乏准确判断，政治敏锐性和政治鉴别力不高。有的借口工作忙，对学习制度坚持得不好，对集中学习应付了事。有的不善于学习他人的先进经验和成功做法，不注意用学习促进工作。还有的在学习上不从本职工作出发，耗费时间和精力，但却学非所用，热衷于歪门邪道，费尽心机跑关系。

三是自由主义严重，大局意识不强。在干部队伍建设中，我们提倡检举、举报，但有些就利用这个机会搞诬告。有的诬告信写得很有水平，有场合，有情景，让大家一读如身临其境。但这些人聪明反被聪明误，只要一分析，就能明白谁在诬告。任何事物都有规律，只要多加分析哪封信是真的、哪封信是诬告，总会清楚。有的政治意识不强，对领导意图不负责任地妄加猜测，在群众中乱发议论，影响极坏。有的缺乏大局意识，凡事以自我为中心，工作服从于利益，原则让位于亲情，合口味的就干，不合口味的就拖，与己有利的就争，与己无利的就推。有的主观不努力、客观找原因，怨天尤人，事业不成功怨条件，工作无成效怨环境，关系不理顺怨领导，业绩不突出怨下属，好像组织和群众总对不起他。还有的小团体意识严重，搞团团伙伙，拉帮结派，破坏了稳定团结，阻碍了工作的正常开展。

四是群众观念差，作风漂浮。个别干部公仆意识差、“主仆”关系颠倒，有的部门和干部仍然存在门难进、脸难看、话难听、事难办的衙门作风，对群众感情上不尊重，行为上不理睬。有的工作方式方法简单粗暴，态度蛮横，故意刁难服务对象，甚至执法不公、执法犯法。有的同志作风漂浮，工作沉不下去、深不进去，不能深入基层调查研究，解决实际问题。乡镇干部和下派干部仍然存有“走读风”，不能和群众打成一片。有的乡镇领导，长期不在镇上，不能及时解决问题，基层干部就把问题向上级反映。有的乡镇领导缺乏长远打算，急功近利，脱离实际，热衷于大搞特搞形象工程和“政绩”工程。“浮夸风”“数字游戏”严重，报喜不报忧，虚报成绩，瞒报失误。

五是工作责任心不强，抓落实不够。有的干部精神状态不佳，工作拖拉，推诿扯皮，落实不力，对基层和群众需求敷衍了事。有的在其位不谋其政，不认真履行岗位职责，甚至不作为、胡作为、乱作为，不给钱不办事。有的害怕触及困难和矛盾，遇到困难绕道走，碰到矛盾往上交，不敢攻坚破难，不想做艰苦细致的工作。有的工作标准要求低，不思进取，不注意研究方式方法，当一天和尚撞一天钟，得过且过，平推平拥，只求过得去，不求过得硬。还有的对上级决策和市委、市政府的决定抓落实不到位，工作不扎实，执行不力，贻误了工作。

六是自律不严，为政不廉。有的干部自律意识差，为政不廉，吃拿卡要问题比较突出，“不给好处不办事，给了好处乱办事”，甚至发展到了“不给钱不办事”。有的大操大办红白喜事，借机敛财。个别干部贪污受贿，行为不检点，社会形象差。有的缺乏艰苦奋斗的思想，存在享乐思想，“吃喝风”屡禁不止，迎来送往没完没了，公车私用，公款旅游，摆阔气、讲排场，玩乐奢靡之风较为严重，损害了党和政府在人民群众中的形象。

“政治路线确定之后，干部就是决定因素。”春节前后，青州市第十一次党代会，人大、政协“两会”以及经济工作会议相继召开，明确提出了2007年及今后一段时期的发展目标和任务。要实现既定任务目标，把2006年以来的良好态势巩固发展下去，就必须在继续发扬过去形成的优良的干部作风基础上，坚定不移地加强干部作风建设，集中开展干部作风教育整顿，进一步振奋精神，激励斗志，改进作风，建设一支能够攻坚克难、持久作战的干部队伍。同时，加强干部作风建设，是优化环境的重要举措。干部作风怎样，工作效率怎样，直接反映我们青州投资环境的质量。从某种意义上讲，干部作风决定投资环境的好坏，决定我们在外来投资者心目中的分量。因此，加强干部作风建设是青州市优化环境、推动新一轮大引资的必然要求，更是实现新一轮大发展，实现全年工作目标和“十一五”发展目标的先决条件。

必须明确，我们开展干部作风教育整顿的目的是提高干部整体素质，推进青州又好又快发展，实现青州振兴。这是事关全局、事关长远、事关发展的战略性工程，青州市广大干部特别是各级领导干部，必须从讲政治的高度，从对青州发展负责的高度，切实提高思想认识，严格按照市里的统一安排部署，扎扎实实，不折不扣，积极投身这次活动中，努力改进作风，更好地为青州市经济社会发展贡献力量。

二、突出重点，扎扎实实搞好“干部作风教育整顿”活动

总的要求是：围绕实现青州市第十一次党代会，人大、政协“两会”，青州市经济工作会议提出的各项任务目标，以解决问题为主线，紧密结合干部队伍的思想和工作实际，查摆和解决好干部作风方面存在的突出问题，形成一个风正、气顺、心齐的大好局面，使青州市广大干部保持良好的精神状态，凝心聚力求发展，务实创新争一流，为实现2007年和“十一五”期间的目标，推动经济社会又好又快发展提供坚强

有力的保证。关于这次活动的时间安排和方法步骤，市委已印发了具体的实施意见。各单位要从实际出发，认真抓好贯彻落实。

（一）大力倡树解放思想、争创一流的良好风气。解放思想、转变观念还是我们的重要任务，第一任务，干部队伍素质的提高，干部作风的提高还是要靠解放思想，转变观念。青州市要在新一轮竞争中强力“爆发”，跻身潍坊市发展的“第一团队”，进而实现“奋战两年，重新跨入全国百强县”的目标，就必须把解放思想、更新观念作为开展工作的基础和前提，以思想的解放抢抓发展机遇，以思想的大解放实现发展的大跨越。要不断提高工作标准和境界，切实增强责任意识、忧患意识、问题意识、大局意识，对照发展形势查找思想差距，对照目标要求查找工作差距，对照岗位职责查找能力差距，强化一流意识，以“一流”的标准要求自己，努力在平凡的工作中干出不平凡的事。要更新思想观念，拓展工作领域，创新工作方法，争创一流业绩。要切实提高政治意识，认真落实市委、市政府研究确定的思路、重点和措施，积极参与市委、市政府安排的各项工作，以实际行动为推动经济社会又好又快发展作出积极贡献。

（二）大力倡树勤奋好学、学以致用的良好风气。要大兴学习之风。光学不行，要学以致用。学习是增长才干、提高素质的重要途径，是做好各项工作的重要基础，也是党章规定党员八项义务的第一项。“仕而优则学，学而优则仕。”意思就是，做官，有了余力便去学习；学习，有了余力便去做官。

一要大兴学习之风。在当前知识爆炸的时代，科学技术日新月异，各种新知识不断涌现，改革发展也面临许多新情况、新问题。不学习就会落后，就会成为新的文盲。各级干部必须加强学习，跟上时代步伐，进一步提高领导和管理水平。要认真学习政治理论，更要加强政策法规、市场理论、科技知识、管理知识学习，熟练掌握岗位业务，提高自身综合素质，适应现代管理的需要，不断增强开拓创新的能力、分析解决问题的能力和驾驭全局的能力。还要向人民群众学习，从实践中获取知识。

二要学以致用。坚持理论联系实际。从工作的实际需要出发，本着需什么、学什么的原则，加快知识更新，优化知识结构，不断丰富和完善知识储备；自觉成为学以致用、用有所成的表率，把学习的体会和成果转化为谋划工作的思路、促进工作的措施、做好工作的本领。要善于学习和借鉴先进经验，不断研究新情况，总结新经验，解决新问题，做到发展有新思路，改革有新突破，工作有新举措。

三要终身学习。学无止境。“少而好学，如日出之阳；壮而好学，如日中之光；老而好学，如炳烛之明。”意思是，人少小时好学，就像初升的太阳，光明鲜亮；壮年时好学，就像中午的太阳，光线强烈；老年时好学，就像照明的燃烛，在黑暗中闪光。我们一定要坚决摒弃“人过三十不学艺”的落后思想，牢固树立终身学习的思想，把学习作为自己充实人生、提高生活质量、提升为人境界的重要途径，活到老，学到老。

（三）大力倡树顾全大局、令行禁止的良好风气。顾全大局、令行禁止，还是要有正确的思想风气、过硬的政治素质。要准确把握大局。青州市的大局，就是要实现青州市经济社会又好又快发展，青州市委、市政府关于“四大工作重点”“六大产业”“两城三片六大基地”“三名一强”城市，都是这个大局的重要组成部分。广大干部都要自觉维护并积极团结带领广大群众支持参与这个大局，做到个人服从组织，少数服从多数，下级服从上级，成为遵守党的纪律的模范，成为维护全局利益的模范。要牢固树立青州市“一盘棋”的思想，既要自觉立足本职，爱岗敬业，埋头苦干，又要相互配合，通力合作，努力为青州市改革发展稳定大局作出积极贡献。要严明纪律。毛泽东同志曾说，“加强纪律性，革命无不胜”。广大干部要严格遵守党纪国法，遵守组织纪律、保密纪律、工作纪律、生活纪律，做事按程序，做到不该说的不说，不该做的不做，有令则行，有禁则止，确保政令畅通，形成一个步调、一个声音，确保上下一致。

（四）大力倡树扎根基层、服务群众的良好风气。“政之所兴，在顺民心；政之所废，在逆民心。”我们党的根基在人民、血脉在人民、力量在人民。广大人民群众都很通情达理，我们的工作要靠广大人民群众的支持。我们青州干部群众的素质是很高的，关键是我们干部要形成一个良好的风气，确确实实扎根基层为老百姓办事。一要强化宗旨意识。广大干部必须牢固树立全心全意为人民服务的宗旨观念，始终心系群众、服务群众。增强公仆意识，牢固树立群众利益无小事的思想，切实把人民群众的根本利益实现好、维护好、发展好。二要坚持党的群众路线。要实实在在解决老百姓的实际问题。时刻摆正自己和人民群众的位置，做到在任何时候任何情况下都与人民群众同呼吸共命运。要在思想感情上贴近人民群众，真正把人民群众当主人、当亲人、当老师。在工作上依靠群众，深入群众，问计于群众，并团结带领群众把各项工作做好。三要认真解决民生问题。妥善解决好群众反映强烈的突出问题，切实关心困难群众的生产生活问题，努力为基层群众办实事、解难题、送温暖，努力让人民群众得到实实在在的利益，共享改革发展的成果。

（五）大力倡树真抓实干、务求实效的良好风气。实干兴邦，空谈误国。马克思说："一步实际行动胜过一打纲领。"必须解决实际问题，才能显现领导干部的能力、水平和诚心。注重结果不注重过程，就看结果达到了没有，结果没达到，说再多也没用。实现既定的任务目标，关键在干。

一要求真务实。说实话，鼓实劲，办实事，求实效，坚决克服形式主义和官僚主义。提思路、定政策、作决策，要深入基层、深入实际、深入群众，尊重客观规律，坚持实事求是，而不能高高在上，想当然、拍脑袋，凭主观意志办事；贯彻中央精神和上级指示，落实工作思路和决策，必须脚踏实地，努力创造出经得起实践检验的政绩，而不能做表面文章，摆花架子，追求轰动效应，搞短期行为。要克服浮躁情绪，抛弃私心杂念，扑下身子，踏踏实实干工作，把心思用在干事业上，把精力投到抓落实中。

二要一抓到底。要雷厉风行，说了算，定了干，对决定了的事锲而不舍，迎难而上，一抓到底，确保实效。

三要正确处理好大与小的关系。既要善于抓大事、谋大事，更要善于抓大事中的小事。比如，招商引资、城市建设与管理，这是大事，已确定了，但在招商引资过程中具体政策的落实，如怎样取信于外商，这是非常具体的事，很可能因为一个小细节就砸一个项目，弄得半途而废。所以确定的大事，确定了方向，就是抓大事中的小事，做好小事中的细节，努力做到“把小事做细，把细事做好，把好事做精”。

（六）大力倡树艰苦奋斗、廉洁勤政的良好风气。“历览前贤国与家，成由勤俭败由奢。”“公生明，廉生威”“人不畏我严而畏我廉，人不畏我能而畏我公”。

一要大兴艰苦奋斗之风。艰苦奋斗、勤俭节约是中华民族的传统美德，是我们党的传家宝，也是新形势下加强干部作风建设的一个重要方面。广大党员干部要切实牢记“两个务必”，带头发扬艰苦奋斗、勤俭节约的精神，带头反对铺张浪费和大手大脚，带头抵制拜金主义、享乐主义和奢靡之风，在各项工作中都要贯彻勤俭节约原则，精打细算，严格把关，真正把有限的资金和资源用在刀刃上，做“政治上的明白人”“经济上的清白人”。

二要切实加强党风廉政建设。坚持“党要管党，从严治党”的方针，全面落实党风廉政建设的一系列规定，以查办案件为线索，加大反腐倡廉力度，努力以党风廉政建设的实效取信于民。特别要彻底解决好政府权力部门化、部门权力个人化、个人权力货币化的问题，坚决杜绝不给好处不办事、给了好处乱办事的现象。要认真执行《青州市党员干部八不准》规定，切实做到自重、自省、自警、自励，时刻警惕权力、金钱、美色的诱惑，在任何时候、任何情况下，都能受得住清贫，耐得住寂寞，经得起诱惑，顶得住歪风，管得住自己和身边的人，努力做到秉公用权，廉洁从政。

三要树立正确的用人导向。认真贯彻落实《党政领导干部选拔任用工作条例》，注重在实践中鉴别干部、锻炼干部、使用干部，真正使想干事、会干事、干成事、不出事、好共事的干部脱颖而出。

总之，要通过开展干部作风教育整顿活动，建立健全加强干部作风建设的工作机制，使干部作风再来一次大转变，工作水平再来一次大提高，精神状态再来一次大振奋，以干部作风建设的实际成效推进各项工作，在青州市上下进一步形成团结一心、干事创业的浓厚氛围。围绕实现上述目标，具体工作中要突出抓好以下 4 个关键环节。

一是认真抓好学习教育。抓好学习教育是开展好这次作风教育整顿活动的基本前提和重要保证。各单位都要把抓好干部职工的学习教育作为重要环节，贯穿于活动的全过程。要做到“三个保证”，保证学习时间。按照集中学习与个人自学相结合的原则，认真研究制订具体可行的学习计划，把握好学习重点，建立好学习考勤制度，安排好学习时间。保证学习内容。围绕开展好这次作风教育整顿活动，市里统一规定了必须学习的文件和书目。各单位要组织全体干部认真学习，深刻领会。要在深入学习上级有关领导讲话和文件精神的基础上，进一步学习把握市十一次党代会和青州市经济工作会议精神，以及市委、市政府制定出台的一系列政策措施，切实把握整体工作部署，认清当前形势，明确任务目标，找准工作的主攻方向和着力点。保证学习质量。要注重理论联系实际，带着问题学，边学习边思考，就事论理，增强学习的针对性。各级领导同志要率先垂范，努力做到先学一步，学深一点，带动本部门本单位干部的学习。在学习过程中，要组织开展切合实际的大讨论，谈想法，说体会，议打算，努力使广大干部的思想理论水平有一个大的提高，思想认识有一个深刻的变化，思想观念有一个新的转变。

二是深入抓好自查反思。通过学习，查摆问题，把问题摆出来，在抓的过程中一定要抓出成效。各单位要在学习提高的基础上，采取“领导点、自己找、群众评、互相帮”等方式，深挖细查，摆查问题，明确努力方向。要“开门纳谏”，积极采取上门走访、召开座谈会、发放征求意见表、设立征求意见箱等多种形式，深入群众，认真调研，多渠道、多层次征求群众意见，切实把问题找全查细、找准查透。对征求到的意见、建议，各单位和每一名干部都要以平和的心态和诚恳的态度，正确对待，妥善处理。凡属实的，要认真反思，从思想的深处，从世界观、人生观、价值观上，深刻剖析成因，思考解决的办法和措施，为整改提高打下坚实基础。对与事实有出入的，也要本着“有则改之，无则加勉”的态度，进一步规范约束自己的言行，避免出现类似问题。

三是扎实抓好整改提高。作风教育整顿活动的质量高不高，效果好不好，关键是整改。要制订整改方案。每一名干部对摆查出的问题都要进行认真梳理，深入研究，制订出切实可行的整改方案，提出具体的改进措施，确保真正解决实际问题。要突出整改重点。紧密结合各自实际，按照“有什么问题解决什么问题、什么问题突出就先解决什么问题”的原则，集中解决基层和群众普遍关心的突出问题，让群众看到实实在在的整改效果。要明确整改责任。对摆查出的问题，要认真落实整改责任，明确整改的目标、时间和具体责任人。尤其是对干部群众反映强烈的突出问题，凡是有条件解决的，要采取切实有效措施立即解决；暂时不能解决的，要制订出阶段性的整改计划，分步骤尽快解决。整改情况要及时向群众公开，自觉接受群众监督。

四是健全完善各项制度。针对各单位存在的实际问题，建立制度，形成机制，才能把教育的成果巩固，各单位要本着目标明确、内容充实、具体管用、便于量化考核、利于社会监督的要求，对照这次活动中发现的问题，结合新形势、新规定，对原有的办事程序、议事规则、服务承诺等各项规章制度进一步健全完善，促进各项工作的规范化、科学化和制度化。特别是要围绕加快发展，按照责任分工，逐项工作、逐个岗位制定好目标责任、考核奖惩和责任追究三个体系，确保各项工作落到实处。对尚未建立的制度规定，要尽快建立起来，真正做到岗位责任具体化、工作程序简捷化、监督考核严格化，确保运转协调、事务公开、监督有效，切实巩固这次作风教育整顿活动的成果。

三、上下联动，形成作风建设的浓厚氛围

这次干部作风教育整顿活动，涉及面广，参加人员多、成分复杂，必须立足本职，准确定位，找准着力点，上下联动，努力营造良好的教育整顿氛围。

一是领导干部要率先垂范。其身正，不令则行；其身不正，虽令不从。好的干部作风是抓出来的，更是带出来的。各级领导干部特别是市级领导干部要以身作则，严于律己，要求下级做到的，自己首先做到；

要求下级不做的，自己坚决不做。要带头参加学习，带头查摆问题，带头整改提高，带头为群众解难题、办实事、做好事，用自己的人格魅力带动、影响和促进广大干部作风的改进。特别要正确处理好 4 个关系，即正确处理原则与人情的关系，正确处理权力与责任的关系，正确处理执法与服务的关系，正确处理党性与个性的关系。

二是部门干部要依法办事。各部门代表党委、政府行使某一方面的管理和服务职能，必须依法办事，规范行政行为，既不能不作为，也不能乱作为。要进一步增强大局意识，自觉把部门利益让位于全局利益，绝不能抱着部门小利益不放而影响大局。要增强效能意识。加强制度建设，完善管理机制，提高干部队伍素质，提高部门履行职责的能力，切实提高行政工作效率，确保各项工作任务落到实处。

三是镇（街）干部要狠抓落实。镇（街）干部工作在农村（社区）基层，直接与群众打交道，担负着宣传群众、团结群众、组织群众、动员群众、带领群众的重要职责。要牢固树立扎根基层的思想，坚决杜绝“走读风”现象。要落实好包片包村（社区）工作责任制，深入群众，与群众打成一片，把群众组织好，团结好；认真倾听群众呼声，了解群众疾苦，帮助群众排忧解难。要坚决维护市委、市政府的权威，执行市委、市政府的决策部署，不折不扣地抓好落实。绝不能搞上有政策、下有对策，执行政策走样，落实措施不到位，给青州市大局造成被动。

四是村（社区）干部要服务群众。村干部作为党在农村基层最直接的领导者和组织者，与农民群众长期生活在一起，直接面对农民群众，其作风优劣直接影响党和政府在人民群众心目中的形象和威信，影响党群干群关系。广大村（社区）干部要进一步提高素质，改进作风，切实当好“六大员”：农村建设的政策宣传员，积极在群众中宣传党在农村的各项政策；致富联络员，传递致富信息，传授致富技术，帮助群众寻找致富门路；群众服务员，积极帮助群众解决实际困难和问题，为群众生产生活搞好服务；文明传播员，引导群众树立科学文明的生活方式，提高生活质量和水平；党建指导员，向群众宣传党的基本知识，提高群众对党的认识，引导群众中的先进分子积极加入党组织；稳定协调员，积极推动农村法制建设，及时化解各类矛盾，努力为维护农村稳定作出应有的贡献。特别要公正处理，当前村里主要有两个问题，一个是宅基地问题，有些人利用自己的权力和势力乱占宅基地；再一个就是财务管理问题。老百姓的矛盾基本上是由这些引发的。

四、加强组织领导，确保“干部作风教育整顿”取得实效

这次“干部作风教育整顿”活动，时间紧，任务重，要求高。各级各单位必须高度重视，加强领导，精心组织，扎扎实实地把这项工作开展好。

一是严格落实责任。这次活动在市委的统一领导下进行。市委专门成立了“干部作风教育整顿”活动领导小组，下设办公室，负责活动的组织协调和检查督促。市级领导班子成员按照分工，负责对所包镇（街道）和分管部门的活动进行检查指导和督促。各级党组织要按照逐级负责的原则，在抓好本机关活动的同时，负责抓好所属机关、行政延伸性事业单位、镇（街）和村（社区）的活动开展。各单位主要负责同志是搞好这次活动的第一责任人，要亲自抓，负总责，分管负责同志要具体靠上抓，努力做到思想认识、领导精力、工作措施三到位，切实组织好本系统、本单位的各项工作，促进“干部作风教育整顿”活动的深入开展。

二是创造良好的舆论氛围。要充分运用广播、电视等新闻媒体，大密度、滚动宣传报道这次活动的意义、要求、步骤，以及活动中涌现的先进典型、曝光的反面典型，宣传基层创造的新经验和成功做法，努力营造良好的舆论氛围。各级各部门各单位要紧密结合活动内容和工作实际，选树一批看得见、摸得着、学得上的先进典型，发挥他们对面上的教育、引导、启发作用，让干部近距离地对照先进查找差距、剖析根源、明确方向、制定措施，增强活动效果。活动领导小组办公室要不定期编发简报，对活动中出现的一些好经验、好做法及时予以推广交流。

三是正确把握方向。要坚持正面教育为主，按照市委实施意见确定的学习内容，多用积极的、正面的事实和道理来教育和引导干部，多看主流，多肯定成绩，调动干部参与活动的积极性。要坚持以自我完善为

主，引导干部多从自身找原因，主动搞好整改。要立足当前，着眼未来，正视过去，不纠缠于一些历史遗留问题，而是谋划好今后的努力方向。要走群众路线，广泛征求和听取群众意见，主动接受群众监督。在活动结束前，要采取群众代表评议、在群众中随机抽样调查等形式，进行群众满意度测评。多数群众不满意的，必须进行“补课”。

四是确保活动实效。作风建设，重在落实。开展这次活动，必须扎扎实实，务求实效，切忌空对空、摆样子、走过场。要坚持因地制宜，有针对性地确定学习内容和活动方式，哪些内容能够真正触及思想、有利于工作就学哪些，哪种形式实用有效就采取哪种形式，不搞“一刀切”。要把握时间进度，突出重点，有针对性地找准和解决突出问题，活动结束时进行销号。对工作不认真、服务质量差甚至以权谋私、群众反映强烈的单位和个人，要按照有关规定，从严从快进行处理。对一些一时不能解决的问题，要研究制定好整改措施，分批加以解决。要正确处理好开展活动与当前工作的关系，统筹兼顾，合理安排，努力在工作中改进作风，以作风教育整顿促进工作开展，确保“两不误、两促进”。要加强督查，对流于形式的单位，予以通报批评；对不认真整改、群众意见仍然很大的，实行重点调度，责令其限期整改。活动结束后，各单位要对活动开展情况进行认真总结，并向市委写出专题报告。

打造最优软环境　加快建设新青州

2008 年 6 月，这次青州市软环境建设暨反腐倡廉工作会议，主要是安排部署当前和今后一个时期的软环境建设和反腐倡廉工作，动员青州市上下进一步认清形势、统一思想，强化措施、狠抓落实，努力营造最优发展软环境，加快建设“三名一强”新青州。

一、高度重视软环境建设在又好又快发展中的地位和作用

环境决定经济成长。青州取得的成绩和发生的变化，关键是我们高度重视和不断加强软环境建设的结果。两年来，我们坚持把环境作为生产力来抓，先后以电视直播的形式召开青州市软环境建设大会、干部作风教育整顿大会，组织各级干部到南方先进城市和鲁西南、胶东、陕西、河南等地考察学习，开展解放思想大讨论，开阔眼界、提升境界，统一思想、解放思想，有力地推动了青州市思想观念的转变，有力地促进了软环境建设。成立了集行政许可、便民服务、会计集中核算、公共资源交易的“市人民办事中心”，进驻单位 70 个，纳入各类审批、收费及服务项目 506 项。“中心”自成立以来，平均每天办理项目 3500 多件，按期办结率达 100%，基本实现了“进一个门，办一切事”。设立市招投标管理办公室和招投标交易中心，从根本上规范招投标行为，减少投资商灰色成本。2007 年共办理招投标项目 124 宗，涉及金额 15.13 亿元；招拍挂土地产权实现交易额 8.93 亿元，未发生一起违规违法事件。组建督查局、机关效能监察中心，出台《机关效能建设和软环境治理工作考核办法》和《关于进一步加强经济发展软环境建设的意见》，在环境治理上动真的、来实的。2007 年，青州市共受理处结举报投诉 55 起，其中

追究纪律处分 6 人，责令写出书面检查、批评教育 16 人。“双评”活动深入开展，促进了服务效率和服务效能的大幅度提高。通过这一系列的措施，青州市上下尊重和服务于外商、尊重和服务于企业家、尊重和服务于纳税人的意识普遍增强，发展软环境越来越优化。

软环境建设取得的成绩值得充分肯定，但软环境建设无止境，必须清醒地认识到，与青州市又好又快发展的形势和任务相比，与人民群众、广大客商和企业的要求相比，青州市软环境建设还存在不少亟待解决的问题。

一是思想境界还不够高。面对新形势、新任务、新问题，有的同志思想僵化，墨守成规，不去研究怎么放、怎么变、怎么搞好服务；履行了政府职能，但在理解上、理念上、观念上还没有真正到位。我们现在的政府，不光指市政府，是指大政府，包括市委、人大、政协和我们所有的部门，和企业、社会的关系，一方面是依法进行管理，另一方面是搞好服务，由管理型政府向服务型政府转变，这是大趋势。有些人手里掌握着权力，变成了吃拿卡要的工具，变成谋取私利的工具，这就是怎么看自己手里的权力的问题，没有把这个权力看成为青州发展作贡献的机会，而是看成自己谋取利益的一个手段。

二是大局意识还不够强。有的部门意识很浓，一事当前，首先考虑部门利益、个人利益，把公共权力部门化、部门权力利益化。有的部门与中介机构分离不彻底，新上项目的评估，只能找审批部门所属的中介机构评估才能通过，企业经常进行的房产、地产的评估，市场也没有放开。有的部门巧借名目成立各种协会，会员交会费冠冕堂皇，名曰自愿，实则强收；还有部门规定问题，有些投诉举报查实后，明显是违规违纪，但相关部门千方百计把责任推给上级主管机关，以减轻责任，规避处罚。再就是文件规定问题，一些部门为了实现部门利益合法化、最大化，挖空心思起草制定一个意见、制度，想方设法通过政府下文，这个叫作“部门装枪、政府放炮”。现在的软环境，要在政府职能方面解决三个问题：一是部门利用所谓的中介机构，扯不清道不明；二是自己办的事往上推；三是“部门装枪、政府放炮”。

三是落实力度还不够大。一些干部工作浮在表面，认为活是给领导干的，做表面文章。部分同志办事效率低下，事情不安排不做，即使做也是消极应付。规章制度执行不力，吃喝风屡禁不止。有的干部拿着工资，上班不干事，个别干部甚至连班也不上，整天忙自己的私事，影响很坏。

四是执法还不够规范。个别执法部门重收费、轻服务，既不向当事人宣传法律、政策，也不向当事人说明情况，更不听当事人解释，“罚”字当先；有的收费不规范，底线不明，弹性大，收“关系费”“人情费”；少数行政执法人员在执法过程中，不按程序办，言行不文明，态度生、冷、硬、横，企业和群众反映强烈，执法犯法的事也时有发生。

五是服务还不够到位。个别部门“老爷”观念严重，把公权当特权。很简单的事情，不让群众和客商跑上三五趟办不成；更有甚者，用“胆大手黑”来形容，一点都不为过，什么钱都敢要，什么饭都敢吃，不给好处不办事，给了好处就乱办、胡办。上述问题和现象在一些部门和领域比较普遍，危害极大。现在，青州很多项目谈到一定程度，谈着谈着就流产；许多已经引进的项目，对于是不是进行二期和三期建设也一直在观望，其原因就在于此。

实践证明，市场竞争就是软环境的竞争。不重视和加强软环境建设，又好又快发展就是一句空话。2008 年是全面贯彻落实党的十七大战略部署的第一年，是建设“三名一强”新青州、跨入潍坊“第一团队”的重要一年，城市建设由大面积拆迁转向全面建设，“七博会”筹办任务异常艰巨。新的形势和任务，给我们提出了更高的要求。各级各部门特别是各级领导干部，必须进一步认清形势，统一思想，不断增强抓好软环境建设的责任感和紧迫感，牢固树立“谁破坏软环境谁就是青州人民的罪人”的观念，牢固树立“抓不好软环境就是不称职”的观念，牢固树立“靠改革创新推动软环境建设”的观念，牢固树立“人人都是软环境建设主体，人人都是青州形象”的观念，真正把软环境建设作为事关青州发展的生命线来抓，真正以铁的手腕和铁的纪律加强软环境建设，努力打造最优发展软环境，全面加快“三名一强”新青州建设进程。

二、坚决把软环境建设的各项任务落到实处

总的要求是：以党的十七大精神为指导，按照建设“三名一强”新青州的总体战略部署，以“让外商满意、让企业满意、让基层满意、让群众满意”为目标，严字当头，标本兼治，综合治理，彻底解决影响经济社会发展的突出问题，健全完善长效管理机制，全力打造“服务理念最新、服务态度最好、办事效率最高、发展成本最低、干部队伍最廉、社会环境最优”的青州软环境品牌。

青州品牌应该打环境牌，有两个方面：一个是青州美丽的地理环境，青州的山水风光、文化底蕴，使外商到了青州都感到青州不仅是个创业的好地方，也是一个非常适于居住的好地方。第二点就是软环境，让大家感到青州市服务理念新、服务态度好、办事效率高、干部廉洁、社会正气、社会治安好。所以青州经济社会发展就是要做好环境品牌，既要做硬环境品牌，又要做软环境品牌，这两个品牌打好了，青州有了知名度，就不愁没有项目。

（一）打造干事创业、科学发展的政治环境。要坚持正确的用人导向。选拔干部、使用干部以及对干部的任用评价，必须紧紧围绕市委的中心工作来办，这是铁的原则和纪律。谁境界高就用谁，谁干得好就用谁，谁善于创新就用谁，谁贡献大就用谁。干部的使用体制、培训体制都发生了很大的变化。彻底打破那种论资排辈、得过且过、“不求有功，但求无过”的思维方式。坚决打破一切保守的思想、僵化的观念和安逸的心理，着力破除阻碍发展的一切条条框框和陈规陋习，凡是有利于经济和社会发展的事就积极地干，果断地干，放手地干；凡是与发展关联度不大甚至有可能产生负面影响和阻碍作用的事，坚决不干。继续倡导“市级领导带头干，退休领导抢着干，二线领导上一线，一线领导上前线，一级带着一级干，一级干给一级看”，在更高层次营造“凝心聚力求发展，务实创新争一流”的浓厚氛围。各级领导干部要始终保持不甘落后、积极向上、奋发有为的精神状态，始终保持时不我待、只争朝夕的紧迫感，对市委、市政府安排的工作，特别是对承担的重大项目建设、

招商引资等工作，要压力责任一齐上身，动力措施同步到位，确保各项任务扎实推进、如期完成。

（二）打造令行禁止、率先发展的服务环境。各级各部门要正确处理好管和放的关系，该管的一定管到位，该放的坚决放到底，做到该办的事情迅速畅通，出现梗阻迅速疏通，需要上级解决的问题迅速沟通，有利于发展但与某些规定有悖的主动变通，在发展中规范，绝对不允许人为地制造行政壁垒。要重视解决部门权力利益化问题，对中介机构、协会、部门规定、文件规定等方面存在的问题，市政府要逐一研究，只要在青州范围内能解决的，就一定要彻底解决好。要整合部门职能，明确职责，优化流程，加快工作节奏，坚决杜绝部门之间工作相互推诿扯皮现象，实现办事提速增效、服务创优争先。部门工作人员要切实转换角色、转变观念，坚持立说立行、雷厉风行，坚决克服工作中拖拖拉拉、推诿扯皮、效率低下等问题，做到急事急办、特事特办、马上就办、办就一流。要突出抓好市人民办事中心规范化建设，按照“应进必进、进必授权”的原则，彻底改变在中心挂号、回部门办事的“体外循环”现象，坚决做到人员到位、职能到位、授权到位，真正实现进入无条件、审批无阻力、程序无障碍、结果无否决。

（三）打造机制灵活、创新发展的政策环境。坚定不移地鼓励大胆探索，支持敢试敢闯。只要符合科学发展的要求、有利于社会民生，什么方法管用就用什么方法；只要不搞环境污染和精神污染，什么都可以干；凡是政策法规没有明令禁止的，都可以大胆试行；凡是外地成功的做法，都可以大胆引用；凡是不利于科学发展的条条框框，都允许突破。要倡导这样一种风气，先干不争论、先试不议论、先做不评论，允许在探索中有失误、不允许无所作为，努力做到在干中积累经验、在干中完善政策、在干中提高水平。探索就会有失误，不干也是一种失误，不作为危害性很大。我们允许探索，允许探索中有失误，但不允许你不干。要研究吃透、用好用足政策。坚决克服“没有政策等政策、有了政策等意见、有了意见等经验、有了经验等扶持”的思想，积极主动争取政策支持，用活用足政策给我们留下的空间，最大限度挖掘政策的“含金量”。

要与时俱进地清理完善现有政策。对已经过时的政策，要及时予以废止；部分与当前实际不相适应的政策，要抓紧进行修订和完善，只能让有用的政策促进我们的工作，不能让过时的政策成为改革和发展的障碍。特别是财政、物价、监察、法制部门，要对青州市的收费项目进行再审核再清理，取消所有不合理收费，所有保留收费项目一律按最低限收费。出台的各项政策和规定，要增加透明度，认真抓好落实，决不允许从部门利益出发，随意截留和“贪污”，决不允许搞上有政策、下有对策，决不允许阳奉阴违、明拖暗抗、我行我素、顶着不办。

（四）打造依法行政、和谐发展的法治环境。一是着力提高执法水平。加强对权力的监督和制约，切实做到“有权必有责、用权受监督、侵权要赔偿”，增强行政行为公信力。认真落实好行政执法检查登记制度、公务活动反馈制度，严格实行热情执法、公正执法、廉洁执法、限权执法，取消部门自由裁量权，破除隐性腐败的“潜规则”。二是大力推进平安青州建设。始终坚持“严打”方针不动摇，组织开展好打黑除恶专项斗争，保持对严重刑事犯罪的高压态势。对涉黑涉恶、团伙犯罪、各种暴力犯罪以及严重影响人民群众安全感的多发性犯罪，坚持露头就打、严打痛打。巩固治安混乱地区专项整治成果，抓好企业周边治安混乱地区和突出治安问题的专项整治，为人民生活和企业生产创造一个和谐安定的环境。三是严格规范对企业的执法。各部门对企业进行管理和执法检查，出发点和落脚点必须放在帮助企业整改问题、为企业提供服务上，决不允许以检查之名行“创收”之实。要坚决整治乱罚款、乱摊派，决不允许出现以罚代管现象。市委、市政府重申，企业轻微违规，要以教育为主，指导帮助整改到位，原则上不予罚款。对于那些污染严重、偷税漏税、制售假冒伪劣产品、严重侵犯其他企业合法权益，损害青州形象的企业，有关执法部门一定要紧紧抓住不放，该重罚的重罚，该关闭的关闭，该追究刑事责任的，一定要依法严格追究责任。为企业创造良好的发展环境和整顿市场经济秩序，这是一个问题的两个方面，本质上都是为了企业发展，为了青州发展。纪检监察机关要加大举报投诉查处力度，对破坏发展环境、损坏企业合法权益的行为，发现一起，严厉查处一起，决不姑息。

（五）打造诚信包容、协调发展的人文环境。诚信是市场经济的基石，是一切秩序的基石。要加快社会信用体系建设，营造诚实守信的社会环境。政府要带头诚信，言必信，行必果，对企业和外商承诺的事项要坚决兑现，以实际行动取信于外商；各职能部门要把诚信融于各项工作之中，以规范高效的服务建设政府信用平台；企业要诚信经营、依法纳税、奉献社会，对用户讲诚信，对合作伙伴讲诚信，对员工讲诚信，努力做大企业诚信文化。青州市上下都要讲诚信，把诚实守信作为为人处世的基本准则，讲诚信话、办诚信事、做诚信人，干让人放心的事，做让人放心的人，使我们的相处更加和谐，使我们的配合更加默契，使我们的生活更有质量。要建立激励惩戒机制，严厉打击欺诈、失信行为，维护城市形象。要坚决破除“肥水不流外人田”的狭隘意识，放宽眼界、提升境界，以合作的理念、共赢的意识、包容的心态、宽广的胸怀来对待外商，坚决落实“三个尊重、三个服务于”，千方百计、不遗余力地支持企业发展、项目建设。人人都是青州形象代表，人人都是青州环境代表。要抓住筹办“七博会”的机遇，以市民素质提升为契机，锤炼品格，远离陋习，以更高的境界定位自我、以更好的状态超越自我、以更美的心灵展示自我，叫响“我为青州添光彩，青州因我而美丽”这个口号。我们每一个青州人和青州的关系以及我们的未来和青州未来的关系，应该是今天我为青州感到骄傲和自豪，明天要青州因我的成就而感到自豪和光荣。宾馆、饭店、旅游公司、公交公司、出租车公司以及汽车站、火车站等接待服务行业，都要强化行业自律，提高服务标准，规范服务内容，向世界展示青州的良好形象。

三、把反腐倡廉作为推进软环境建设的重要措施来抓

廉政建设是软环境建设的重要组成部分。要坚持标本兼治、综合治理、惩防并举、注重预防的方针，把反腐倡廉工作融入经济、政治、文化和社会建设之中，努力以廉政建设的实际成果取信于民，不断增强青

州市人民对科学发展、振兴青州的信心。

一要严格遵守党的纪律。切实加强政治思想教育，增强党性观念，严格遵守党的政治纪律，坚决维护党的集中统一，确保政令畅通。在重大原则问题上要立场坚定、旗帜鲜明，坚决同违反党的纪律的言行作斗争，决不允许在群众中散布违背党的路线方针政策的意见，决不允许发表同市委的决定相违背的言论，决不允许对市委的决策部署阳奉阴违，决不允许编造、传播政治谣言，决不允许参与各种非法组织和非法活动，决不允许有不利于团结、和谐、稳定、发展大局的言行。纪检监察机关要加强督查，坚决查处各种违反党的政治纪律的行为，切实维护党的政治纪律的严肃性。

二要加强监督检查。围绕2008年市委、市政府确定的任务目标和思路举措，纪检监察机关及督查部门要搞好监督检查，及时发现问题，研究解决办法，促进各项任务措施落实到位。对青州市重要会议安排的各项阶段性任务，要跟上监督检查，及时反馈情况，加大督导协调力度，确保按时完成。要认真开展对国家宏观调控、节能减排、环境保护和能源资源等约束性指标完成情况的监督检查，严肃查处违规违法行为，坚决纠正有令不行、有禁不止的现象，确保圆满完成各项任务目标。

三要加大案件查办力度。严厉查办官商勾结、权钱交易、权色交易和严重侵害群众利益的案件，严肃查办以各种手段侵吞国有资产的案件，严厉惩处各种行贿受贿行为。进一步健全查办案件的协调机制，提高有效突破大案要案的能力；坚持政治、社会、法纪效果相统一，严格依纪依法办案，正确把握政策，不断提高办案工作水平。要加强对重大典型案件的剖析研究，吸取教训，完善制度，做到查处一起重大案件，教育一批干部，完善一套制度。要坚持查处与保护并举，保护好各级干部干事创业的积极性。

四要推进体制机制创新。加强对权力运行的规范和制约，建立健全决策权、执行权、监督权既相互制约又相互协调的权力结构和运行机制。要严格执行民主生活会、述职述廉、诫勉谈话、函询、党员领导干部报告个人有关事项、询问和质询等制度，强化对领导干部的监督。充分发挥市场在资源配置中的基础性作用，严格执行工程建设项目招标投标、经营性土地招标拍卖挂牌出让、产权交易、政府采购等制度，减少和规范行政审批，减少政府对微观经济运行的干预，真正做到尊重市场规律，按市场规律办事。

五要加强领导干部廉洁自律。廉政是一种境界，一种修养，一种要求。要大力加强廉政文化建设，积极开展廉政文化创新活动，在全社会树立以廉为荣、以贪为耻的道德风尚。各级领导干部要认真践行廉政承诺，管好自己，管好亲属和身边工作人员。要加强对领导干部的监督。重点加强对领导干部特别是主要领导干部、人财物管理使用、关键岗位的监督，有效防止权力失控、决策失误、行为失范。要在预防上多下功夫，一旦发现干部有苗头性问题，要早打招呼，及时提醒，防止小错酿成大错。要严格执行“五个不许”和“九个不准”规定，确保不出任何问题。要严肃组织人事工作纪律，坚决反对和纠正用人上的不正之风。要充分发挥人大、政协和专门机关、新闻媒体等监督主体的作用，完善“双评”评议方法和测评手段，形成监督合力。

四、把作风建设作为推动软环境建设、实现又好又快发展的重要保证

作风问题事关形象，事关党风、政风、民风和整个社会风气，事关“三名一强”新青州建设。必须把作风建设作为推动软环境建设、实现又好又快发展的重要保证。

一是倡树立说立行、雷厉风行的风气。思路确定后，工作的成效取决于落实的力度。可以说，一切贵在落实、难在落实、重在落实。当前，筹办“七博会”紧锣密鼓地进行，一大批事关青州发展和百姓利益的重点项目全面铺开，与此相适应，需要我们在落实的环节加大力度。各级各部门，特别是领导干部，要坚决做到立说立行、雷厉风行。对市委已经确定的事情，要不折不扣地贯彻执行，决不允许讨价还价、说三道四、推诿扯皮、观望等待。时不我待，面对当前繁重的工作任务，要全面加

快工作节奏，只为成功想办法，不为失败找理由，对确定的重点工程，该靠的靠、该跑的跑、该抓的抓，集中精力，夜以继日，调动一切力量往前推进。行百里者半九十。对决定了的事情，要锲而不舍，迎难而上，一抓到底，直到成功，决不能虎头蛇尾、半途而废。督查局要会同有关部门加大督查力度，对说了不干、拖着不办、工作进展缓慢、有禁不止、顶风乱办的单位和责任人严肃查处，不能胜任的坚决调离工作岗位，切实发挥好督查考核的导向、激励和鞭策作用。

二是倡树求真务实、创意创新的风气。靠抓落实推进工作，一方面要在落实的环节上真抓实干，求真务实；同时，要在落实的环节上解放思想、创意创新。要实干。只有解决实际问题，才能显现一个人的能力、水平和诚心。要大力推行一线工作法，在工程和项目的最前线现场办公，解决实际问题；大兴调研之风，掌握第一手资料，从而提出思路、作出决策、采取行动；坚持实事求是，努力创造出经得起实践检验的政绩，不能做表面文章，摆花架子；坚持脚踏实地，克服浮躁情绪，抛弃私心杂念，扑下身子，把心思用在干事业上，把精力投到抓落实中。要会干。两年来，我们坚持了一条符合上级精神、符合青州实际、具有鲜明特色的发展路子，这是被实践所证明了的。但发展中不可能没有困难和问题，况且我们发展的力度是空前的。困难并不可怕，可怕的是我们缺乏解决困难的勇气和缺少解决问题的手段。这就必然要求我们进一步解放思想，借鉴外地先进经验，强化终身学习意识，大胆创意、创新、创造，努力提高抓落实的水平。真正靠思想的解放，解决领导发展的能力问题、市场运作的本领问题和工作落实的方法问题，从而确保各项任务目标落到实处。

三是倡树服务群众、艰苦奋斗的风气。“政之所兴，在顺民心；政之所废，在逆民心。”我们党的根基在人民、血脉在人民、力量在人民。群众是我们的衣食父母，没有人民群众的支持，我们就干不成任何事业，我们所做的一切工作都是为了让人民群众有更好的生活。青州这两年的发展变化归根结底也得益于青州市人民的拥护和努力。要强化宗旨意识。牢固树立全心全意为人民服务的宗旨观念，始终心系群众、服务群众。特别要高度重视民生问题，妥善解决好群众反映强烈的突出问题，切实关心困难群众的生产生活问题，努力为基层群众办实事、解难题、送温暖，切实让人民群众得到实实在在的利益，共享改革发展的成果。要发扬艰苦奋斗的作风。各级领导干部要牢记“两个务必”，带头发扬艰苦奋斗、勤俭节约的优良传统，坚决克服大手大脚、铺张浪费或损公肥私的不良倾向，大力倡导节约光荣、浪费可耻的风尚。

四是倡树顾全大局、凝心聚力的风气。凝心才能聚力，众志才能成城。实现青州的发展必须调动一切积极因素，必须形成一个步调，保持一种声音。要讲大局。顾全大局，不仅是做好全局工作的需要，也是最终实现局部利益的需要；不仅是广大干部应有的工作作风，也是各级干部应有的政治觉悟。广大干部都要自觉维护并积极团结带领广大群众支持参与市委打造“三名一强”新青州的中心工作，做到个人服从组织，少数服从多数，下级服从上级。要牢固树立青州市“一盘棋”的思想，既要自觉立足本职，爱岗敬业，埋头苦干，又要相互配合，通力合作，努力为青州市改革发展稳定大局作出积极贡献。要讲团结。强化一荣俱荣、一损俱损的意识，市级领导带头，所有领导同志都要不断巩固和维护来之不易的团结、和谐、稳定的大好局面，说有利于团结的话，做有利于团结的事。各镇、街道、市直部门要搞好班子的团结，互相尊重、互相信任、互相支持，在合作共事中加深了解，在互相支持中增进团结，以班子团结带动队伍团结、促进上下团结。所有同志都要像爱护自己的眼睛一样，珍视团结，有话说到明处，坚决反对背后乱说、搞小动作，以更广泛的团结为经济社会又好又快发展凝聚力量。

整顿干部作风、创新优化环境、大力提高执行力

2009年10月，在第七届中国花卉博览会取得圆满成功后，我们召开这次会议，主要是对青州市“整顿干部作风、创新优化环境、大力提高执行力”集中教育整顿活动进行动员部署，动员青州市上下特别是广大干部进一步转变作风、提升境界，抢抓机遇、乘势而上，切实解决制约经济社会发展的突出问题，为新一轮发展高潮创造良好的环境。

一、统一思想，充分认识活动的极端重要性

开展干部作风集中教育整顿活动，是面对新形势、新任务，市委、市政府作出的重大决策，是全力优化发展环境的具体措施，是推进科学发展、实现新一轮发展的重要保障，对此，必须有足够清醒的认识。

（一）开展作风整顿，是优化发展环境的重要举措。软环境是一个地方发展的生命线，没有好的环境，一切无从谈起。近年来，我们坚持将环境建设摆在重要位置、贯穿发展始终，全力打造优良的政务环境、法制环境、市场环境，全力推进全民诚信，努力营造“洼地效应”，取得明显成效。前段时间，面对山东省委、省政府实施“三区”战略的重大机遇，市委、市政府对青州的发展进行了重新思考定位，确定了气势恢宏、令人振奋的发展目标。在发展方向上，青州市明确提出“6+3”“9”字方针，其中“3”，指的就是软环境。之所以把环境建设摆在如此突出的位置，是因为它是实现发展目标的基础、手段和保障。要认识到，软环境建设时刻不能放松，须臾不能松懈，而且永不竣工。一旦出现反弹，不仅前功尽弃，而且危害更甚。干部作风是软环境的重要内容，干部作风的优劣，事关整个发展环境的优劣。通过整顿干部作风，推进环境建

设的深入开展，促进青州市环境的进一步优化，具有重要的现实意义。

（二）开展作风整顿，是掀起新一轮发展高潮的迫切需要。青州的发展正面临着千载难逢的重大机遇，站在前所未有的全新平台。一是“三区”战略的提出带来了重大机遇。青州处在山东半岛蓝色经济区、胶东半岛高端产业聚集区、黄河三角洲高效生态经济区“三区”的交汇点，也是沿海地区和中西部地区衔接配合的重要枢纽，完全有机会充分发挥节点作用，放大承接、承载功能，奋力赶超，乘势崛起。二是新一轮土地修编提供了广阔空间。三是花博会的举办搭建了巨大平台。不仅给我们带来了思想观念的大转变、市民素质的大提高、基础设施的大变化和产业发展的大优化，而且使青州的知名度、对外形象、影响力和吸引力迅速提高，为我们凝聚人气、盘活资源、吸引资金，把区位、交通、资源、产业、文化等优势转化为经济优势创造了绝佳契机。青州掀起新一轮发展高潮，可谓天时、地利、人和。市委、市政府已经提出了新一轮发展的明确定位、奋斗目标和具体措施。路线确定后，干部就是决定因素。要实现发展目标，迫切需要有一支与之相适应的优良的干部队伍，有与之相适应的思想境界、思维方式、领导水平和执行能力。

（三）开展作风整顿，是加强干部队伍建设的内在要求。作风建设是党的建设的重要组成部分，事关党的形象，事关事业成败。近年来，青州市全力推进“一线工作法”，广大党员干部冲锋陷阵，攻坚克难。不论是在城市发展、花博会筹办，还是在新农村建设中，都充分发挥了模范带头作用，为青州的发展作出了突出贡献，以实际行动赢得了人民群众的拥护和支持。但不能否认，仍然存在一些不容忽视、亟待解决的问题。突出表现在“五个不强”和“五个缺乏”：部分党员干部政治观念不强，说话不分场合，甚至道听途说，口无遮拦，破坏和谐氛围；大局意识不强，部门主义、个人主义严重，为一己之利，无视发展全局；纪律观念不强，有令不行，有禁不止，对市委决策部署讨价还价；宗旨观念不强，热衷于讲排场、比阔气、图享受，吃喝玩乐，影响恶劣；门难进、脸难看、话难听、事难办，粗暴执法、吃拿卡要，不给好处不办事，给了好处乱办事，破坏发展环境，影响青州声誉；法律观念不强，违法行政，不作为、乱作为，极个别的甚至违法乱纪，沦为党和人民的罪人。个别党员干部缺乏学习意识，习惯于喝酒应酬，头脑僵化，知识匮乏，不能适合形势需要；缺乏创新精神，工作按部就班、循规蹈矩，习惯老做法，害怕新事物，没有创造性；缺乏昂扬斗志，在成绩面前沾沾自喜、安于现状，在困难面前，畏缩不前、畏难发愁，没有攻坚克难的勇气和争创一流的信心；缺乏工作技巧，科学发展的领导能力不强，对市场经济研究不透，缺少牵“牛鼻子”和弹钢琴的领导艺术，遇到问题往往束手无策，无法破解；缺乏执行能力，作风漂浮，抓而不紧，以会议落实会议，以文件落实文件，没有一抓到底的勇气，缺少锲而不舍、不达目的决不罢休的信念。问题并不可怕，可怕的是对问题的回避。这次教育整顿活动，就是要下决心切实解决上述问题，以干部作风的大转变带动环境的大优化，为加快推进区域城市化、推动科学发展创造良好的环境。

二、明确任务目标，扎扎实实开展好活动

这次集中教育整顿活动的指导思想是：以党的十七届四中全会精神为指导，以“五种意识”为引领，以“五个提高”为着力点，以“五个打击”为手段，以“五个一流”为目标，下力气解决干部队伍中存在的突出问题，实现思想大解放、观念大更新、作风大转变、执行力大提高、发展环境大优化，为充分发挥花博会效应，加快推进区域城市化进程，全力建设“三名一强”生态文明新青州，为实现新一轮快速发展提供坚强有力的保证。

（一）强化“五种意识”，始终保持昂扬向上的精神状态。良好的精神状态是推进新一轮发展的强大动力。花博会的成功举办，把青州的发展推向了新的阶段。面对新的发展任务，青州市上下特别是广大党员干部，一定要认清形势，不自满、不懈怠、不停滞，坚决克服松劲思想，强化“五种意识”，一鼓作气、乘势而上。

一是强化危机意识。在各地你追我赶、百舸争流的发展态势下，不进则退，小进也是退。要居安思危，时时感到压力和不安，看到忧患和

问题，找到差距和不足，坚决破除骄傲自满和松懈情绪，始终保持加快发展的满腔热情。

二是强化机遇意识。机遇稍纵即逝，能否抓住机遇、实现突破，是衡量领导水平和执政能力的重要标准。要紧紧抓住当前青州发展面临的“三重”机遇，深入思考，积极争取，把青州放到全国全省发展大局中来谋划，立足高点定位、突出特色、打造高端，在激烈的竞争中，赢得主动、脱颖而出，再次实现“小地方有大作为”。

三是强化责任意识。有高度的责任心和强烈的责任感，是做好一切工作的前提和保证。每一名党员干部特别是领导干部，必须把青州的发展振兴作为分内的职责。要有一种“为官一任，造福一方”的责任感，一种为发展殚精竭虑、寝食难安的紧迫感，有一种丧失机遇、无所事事就是对 90 万青州人民犯罪的压力感，兢兢业业，恪尽职守，开拓进取，扎实工作。

四是强化“三创”意识。几年来，青州经济社会之所以取得巨大成就，花博会之所以取得巨大成功，很重要的一点就是我们始终坚持“一改三创”，催生了经济社会发展的强大动力。实现新一轮快速发展，必然会遇到新的矛盾和问题，更需要我们坚持创意、创新、创造，培养和锻炼与时俱进的思维品质，勇于解放思想，敢于突破陈规，善于推陈出新，靠创意彰显个性，靠创新破解难题，靠创造抢占先机，以此推动事业的大发展。

五是强化自律意识。前段时间，极个别干部走上违法犯罪道路，最根本的原因就是放纵了自我，放松了自律意识，教训深刻，令人痛心。必须把强化自律意识放在更加突出的位置，严格遵守党的纪律，增强党性修养，注重道德操守，培养优良作风。自觉做到自重、自省、自警、自励，慎权、慎欲、慎微、慎独，警钟长鸣，以良好的党风政风取信于民。

（二）着眼“五个提高”，培养与新一轮发展相适应的素质能力。新的形势、新的任务，对青州市上下特别是领导干部的思维方式、境界水平和工作能力提出了更高的要求，每一名同志都要适应形势需要，加强学习，提升素质。

一是提高境界。境界决定事业，胸怀成就未来，境界的差距是最大的差距。要开阔眼界，树立与“三区”发展战略相适应的跨区域、开放式思维，学会用世界眼光、战略思维、多维度视角来认识问题、把握问题。提升档次水平，敢树精品，敢为人先，敢争一流。提升思想境界，“跳起来思维，跑起来实践”，牢固树立“大合作、大开放”意识，自觉站在青州发展大局的高度上看问题、想事情、做工作。

二是提高执行力。近年来，我们在坚持实践中锻炼干部、使用干部，形成了一支执行决策有力、敢打硬仗、善打硬仗的干部队伍。但在个别部门、个别干部身上也存在执行力不高的问题。必须明确，执行力决定发展的成效，既是工作作风的反映，也是衡量干部基本素质的标尺。各级领导干部要率先垂范，对市委、市政府作出的决策、部署的任务，义无反顾、不折不扣地抓好落实，绝不允许阳奉阴违，顶着不办，拖着不干。坚持靠体制机制推动工作，继续推行有效的领导体制和推进机制，确保决策迅速有效贯彻落实。

三是提高工作效率。全面加快工作节奏，切实把效率、速度要求贯穿到推进工作落实过程。提高行政效率，减少中间环节，完善服务网络，主动为市场主体提供点对点、面对面、个性化直通服务。提高决策效率，各级各部门所管的事情，简化请示汇报环节，敢于拍板、敢于定夺。提高执行效率，不论是决策落实、重点项目建设，还是资金争取，都要立说立行，只争朝夕，体现“快”字要求。

四是提高工作标准。取法其上，得乎其中。没有一个高的工作标准，绝对干不出像样的事情来。现在我们青州站在全新的发展平台，需要的是高起点，而不是低要求；需要的是高水平，而不是低档次。无论是工作目标和措施都要敢于瞄准一流，敢于叫板国内、国际先进水平，体现大手笔、大气魄、高起点、高标准，坚决杜绝标准不高、要求不严、得过且过。

五是提高工作质量。同一件工作，做的质量不同，效果就天壤之别。提高工作质量，首要的是用心用力。所以说工作质量的好坏，不仅是一个人能力大小的反映，而且是一个人工作态度和责任心的具体体现。希望大家立足岗位职责，树立全新的工作理念和敬业精神，精益求精、兢兢业业，不断提高业务水平和服务质量，争创一流业绩。

（三）突出“五个打击”，营造良好社会风气。社会风气虽然无形，但是比有形的东西更加重要。它的优劣，是一个地方软环境好坏的直接体现。当前，青州市上下人心思进、人心思上，呈现出风正气顺心齐的良好局面。但是，一些不正之风的存在和蔓延，影响了大局，破坏了和谐，贻误了发展。歪风不除、正气难树、民愤不平，对影响经济社会发展的各种歪风邪气，必须一查到底、毫不手软，露头就打。

一是严厉打击破坏经济建设的违法犯罪行为。依法严厉打击强装强卸、强揽工程、强买强卖等违法行为；严厉打击针对项目建设投资人、外地客商、企业法人及其从业人员威胁恐吓或以收取“保护费”名义，实施敲诈勒索、故意伤害等犯罪行为；严厉打击干扰项目进程，特别是在城市建设管理、城市拆迁改造、双超治理中，对依法执行公务的国家机关人员实施暴力、威胁的犯罪行为；集中开展好打黑除恶专项行动，严厉打击党政干部、政法干警参与黑恶势力、充当其“保护伞”的犯罪行为。不论涉及谁都要一查到底，依纪依法严肃处理，决不姑息迁就。

二是严厉打击欺行霸市行为。依法保护企业和经营者的合法利益，严厉打击街霸、路霸、市霸等违法犯罪活动，为一切依法有序经营的市场主体保驾护航，维护市场良好秩序。对党政机关干部参与不法经营，暗中支持或操纵不法交易活动的，依法严肃查处，消除欺行霸市背后的腐败和特权。

三是严厉打击“三乱”行为。严格执行有关规定，对向执法人员下达罚款指标并与个人利益挂钩的，借年审（检）、会议、检查、评比等名义搭车收费的，违反有关规定举办评比活动的，强制企业或个人到指定中介服务机构办理检测、维修、评估、设计、咨询、法律、商业保险等相关服务的，一律按照“三乱”行为从严查处。纪检监察机关要加强监督检查和暗访，畅通企业、社会、舆论监督渠道。对问题严重、影响恶劣的典型案件，在青州市通报曝光，对案件举报人进行奖励。

四是严厉打击各种歪风邪气。坚决纠正少数干部存在的自我膨胀、目无组织、无视纪律的现象，打击传播流言蜚语、制造散布不利于团结、不利于稳定、不利于大局言论的行为，依法依纪查处以权谋私、违法行政、粗暴执法、吃拿卡要等问题，端正党风政风。

五是严厉打击贪污腐化问题。严格执行《青州市党员干部八不准》规定。狠刹吃喝风、攀比风，切实解决公款吃喝玩乐、红白喜事大操大办、乱发请柬、借机敛财等问题，教育广大党员干部做政治上的明白人、经济上的清白人。

三、加大推进力度，确保活动取得实效

这次集中教育整顿活动，涉及面广，工作量大，要求很高。各级各部门要高度重视，切实加强组织领导，采取有力措施，确保活动取得实实在在的效果。

（一）强化组织领导。为搞好这次集中教育整顿活动，市委、市政府专门成立了领导小组，并在市纪委设立领导小组办公室，负责活动的组织协调和指导。各级各部门也要成立相应的领导和工作机构，保证教育整顿活动顺利开展。党政主要负责同志要负总责、亲自抓，班子成员分工负责，什么问题突出就抓什么问题，一抓到底，抓出实效。领导干部要以身作则，带头解决作风纪律方面的突出问题。

（二）广造舆论声势。会议之后，各级各部门要迅速召开动员大会，使广大干部了解教育整顿活动的重大意义和任务目标，把思想和行动统一到市委、市政府要求上来。要充分运用广播、电视等新闻媒体，努力营造良好的舆论氛围。注重正反典型的示范和警示作用，该树优的树优，该曝光的曝光，让干部有目标、有方向，增强实效。

（三）突出重点环节。抓好问题查摆，开展集中整顿。通过多种形式，广泛征求对本单位及干部个人的意见和建议。对照上面提出的要求，对照践行公开承诺，从思想认识、学风、工作作风、领导作风、生活作风等各个方面认真查摆，形成书面材料，并深刻剖析思想根源。要把整

改贯穿活动始终，落实整改责任，接受社会监督。抓好总结评议，建立有效机制。结合青州市领导干部季度评议工作，开展民主评议，检验整改成果。建立和完善学习教育、团结协作、便民利民、工作落实、监督制约等 5 项机制，用制度规范行为，形成思想作风建设的长效机制。对照这次活动中发现的问题，对原有的办事程序、议事规则、服务承诺等进行修订完善，确保运转协调、事务公开、监督有效。

（四）加强督查考核。教育整顿活动重在实践，重在解决问题，重在社会满意，绝不能走过场，搞形式主义。要有针对性地找准和解决突出问题，对以权谋私、群众反映强烈的单位和个人，要按照有关规定从严处理。对一时不能解决的问题，要研究制定整改措施，分批加以解决。市教育整顿活动领导小组办公室切实负起责任，加强对面上工作的组织协调、督促检查和具体指导，对流于形式的单位，予以通报批评；对不认真整改、群众意见仍然很大的，实行重点调度，责令限期整改。

生态改善篇

生态环境是关系党的使命宗旨的重大政治问题，也是关系民生的重大社会问题。广大人民群众热切期盼加快提高生态环境质量。我们要积极回应人民群众所想、所盼、所急，大力推进生态文明建设，提供更多优质生态产品，不断满足人民群众日益增长的优美生态环境需要。

第九章

推进生态名市建设

加快推进生态名市建设，促进青州市经济社会又好又快发展

2008年6月，召开这样一次高规格、大规模的环境保护工作现场直播会议，主要是对青州市环境保护及创建国家环保模范城市工作进行安排部署，动员青州市上下以“七博会”筹办为强大动力，在更高层次上统一思想、提升境界、强化措施、狠抓落实，加快推进生态名市建设，促进青州市经济社会又好又快发展。

一、高度重视新形势下的环境保护工作

环境保护是关系国计民生的大事。没有良好的生态环境，我们就会失去赖以生存和发展的基础，经济社会就难以协调发展，人民群众的生活质量更无从谈起。环境保护作为一项基本国策，中央对这项工作的重视程度越来越高，党的十七大提出了“建设生态文明”的新概念、新观点，并将“建设资源节约型、环境友好型社会”写入党章，2008年国家环保总局也升格为国家环保部；山东省委、省政府首次把二氧化硫、化学需氧量排放削减任务完成率和城市污水及垃圾集中处理率作为重要指标，列入县域经济社会发展年度综合考评体系，对完不成节能减排任务的实行“一票否决”；潍坊市委、市政府对今年的环保工作提出了新的要求；青州市和其他地区一样，也经历了从实现“超常规、跨越式发展”到“又快又好发展”再到“又好又快发展”的过程。这些充分表明，各级党委和政府已经把环境保护工作融入科学发展的全局，放到了十分重要的战略位置，也为在新起点上开创环保工作新局面指明了方向。对青州来讲，两年来我们整体推进“四大重点”，做大做强“六大产业”，

全力构筑“一城四区”城市发展格局，青州市主要经济指标都实现了两年翻一番，取得了本地人自豪、外地人瞩目的成绩，创造了受到广泛关注的“青州现象”。在日新月异的发展形势之下，坚持以人为本，全面做好环境保护工作，显得越来越重要。

第一，加强环境保护，是以人为本、实现社会和谐的客观要求。良好的生产生活环境，是人民群众最基本的生存需求，也是人民群众的根本利益所在。生态环境直接关系到人民群众的生活质量和身心健康，是构建和谐社会的重要基础。随着经济发展和消费结构升级，人们对环境保护提出了更高的要求。但目前青州市仍存在许多突出的环境问题，部分领导干部对环保工作还不够重视，认为环保工作可抓可不抓，抓好抓坏一个样；有的企业缺乏应有的环保责任意识，违法排污、超标排污现象依然存在，工艺落后、污染严重的“土小”项目屡禁不止；部分群众的环保意识还不够强，认为保护环境是政府的事情，事不关己，高高挂起，破坏环境现象时有发生，等等。这些都导致了青州市部分地方存在水、空气、土壤以及固体废弃物污染问题，环境质量不尽如人意，影响了人民群众的生活环境，构成了社会不和谐的因素。由环境污染引发的群众信访较多，每年人大代表、政协委员都提出很多关于环境问题的建议和提案，都充分说明了人民群众对生活环境的关注。我们的经济发展了，生活富裕了，如果人居环境恶化了，毫无疑问是与构建和谐社会的目标背道而驰的。建设和谐青州，不仅是经济快速发展，人民群众收入增加，更要不断改善环境质量。在整治提高城区环境质量的同时，也注重控制和改善农村环境质量，为广大城乡群众创造一个天蓝、水清、地绿的生活环境，真正实现经济与社会、人与自然的和谐发展。这不仅是我们义不容辞的责任，同时也是对我们执政能力的一种考验。

第二，加强环境保护，是转变经济发展方式的客观要求。不注重环境保护，走先污染、后治理的老路，将会付出沉重的代价。改革开放30年来，青州市社会经济的各个方面取得长足进步，人民群众的生活水平有了明显提高。但长期以来，经济的粗放型发展，高消耗、高污染的发展模式，导致了环境污染、生态破坏的问题。同时，产业结构不合理、产业链条短、产品附加值低和环境承载能力有限等一些问题，已经在很大程度上制约和阻碍了青州市经济社会的又好又快发展。我们必须牢固树立经济与环境协调发展的理念，不断调整产业结构，大力推行循环经济，变粗放型、外延式扩张向集约型、内涵式增长转变，走科技含量高、经济效益好、资源消耗低、人力资源得到充分发挥的新型发展道路，加快转变经济发展方式，实现经济社会的可持续发展。

第三，加强环境保护，是办好“七博会”的客观要求。“七博会”的筹办是当前及今后一个时期青州市的首要工作，是推动青州市经济又好又快发展的重要历史性机遇。环境保护要为筹办“七博会”服务，必须通过加强环保工作为“七博会”创造良好的生态环境，以优良的环境质量迎接“七博会”的胜利召开。要把“生态名市”建设、国家环保模范城市创建、治污减排指标落实作为有效载体，全面抓好环境保护工作。正在建设的花博会室外展区、弥河水生态旅游区、云驼风景区开发、南阳河综合整治等工程，都是实实在在的环境工程，各相关部门和单位要牢固树立大环保的思想观念，从大局出发，明确职责，做到认识一致，行动一致，全力以赴，确保各项工作都落到实处，保证每个阶段都取得实实在在的效果。通过举办一届高水平的盛会，展示青州良好的对外形象，为青州市经济社会发展注入强大活力和动力。

环境保护工作是长远性、全局性、战略性的大事。环境一旦遭到破坏，往往难以治理，甚至不可逆转，给经济社会发展和人民生活带来严重后果。当前，青州市的环境保护工作任务十分繁重，特别是我们正在积极创建国家环保模范城市，有许多硬性指标需要完成。各级各部门各单位要高度重视环保工作，进一步增强责任意识、忧患意识，像抓经济建设一样研究、部署和解决环境保护问题，下最大决心、用最大气力坚定不移地抓好环保工作。

二、进一步建立健全环境保护工作机制

从长远来讲，保护环境、优化生态，必须以健全完善的体制机制作保障。要按照环保工作科学化、法制化、目标化的要求，深化改革，创新思路，严格考核，科学评价，不断建立健全环境保护工作机制。

一是严格执行环境影响评价和环保“三同时”制度。环境影响评价制度与环保“三同时”制度（主体工程与污染防治设施同时设计、同时施工、同时投产使用）都是实施环境保护综合管理的重要保障，是做好环保工作的一项重要的前提性措施。要全面实施环境影响评价制度，坚持先评价，后建设，严格实行“环保一票否决”制度。新上项目必须依法严格进行环境影响评价，特别是要认真搞好几个园区的区域环评。新建企业必须严格实行“三同时”制度。对历史遗留的没有落实“三同时”的老污染企业，要认真摸排，在此基础上拿出限期治理、停产治理或关停取缔的详细计划。要严格实行排污许可制度，全面推行排污许可证管理，没有取得许可的企业、单位不得排污。各级各部门要严格执行环境保护法律法规和综合决策机制，坚决克服地方保护主义，大力支持环保部门依法行政，任何单位、任何人都不准为违法行为说情、开脱，更不能充当保护伞。

二是健全环保目标责任考核机制。环保工作是市委、市政府的工作重点，这项工作作为对各镇、街道、园区和各部门、单位工作考核评价的重点内容，已经被纳入千分考核体系，并加大了考核比重。对完不成环保责任书及减排目标的镇、街道、园区，要实行“一票否决”；对辖区环境质量长期得不到有效改善的镇、街道、园区，要严格落实领导干部问责制和过错追究制，必要时进行干部调整，彻底解决占着位子不干事的问题；对因领导不力、工作懈怠、推诿扯皮、敷衍塞责导致发生重大环境问题或造成严重后果的，不但要追究行政责任，还要追究刑事责任。要进一步研究制定和细化环保考核办法及配套政策，定期公布环境违法案件查处情况和目标任务完成情况。市委、市政府督查局要突出加强对环保工作的督查督办，采取催报督查、定期与不定期督查、现场督查的形式，对环保目标和市委、市政府部署的重点环保事项落实情况进行督查。对督查中发现的问

题，责令有关单位限时整改，全力推动环保目标的落实。

三是健全环保社会监督机制。做好环保工作，仅靠环保部门自己努力还很不够，要充分调动社会方方面面参与监督环保工作的积极性和主动性。充分发挥人大代表、政协委员的监督职能，各有关部门要认真办理关于环保问题的代表建议和委员提案；畅通信访渠道，公开举报热线，鼓励群众积极检举和揭发各种环境违法行为。对群众举报的环保案件，有关部门要高度重视，及时处理，并及时反馈；各新闻媒体要充分发挥好舆论监督作用，对保护环境好的典型进行大张旗鼓的宣传，对违法行为坚决予以曝光。要在全社会营造人人关心、参与、支持和监督环保工作，共同提高环保执行力的浓厚氛围。

三、全力以赴做好创建国家环保模范城的各项工作

青州市自 2004 年启动国家环保模范城创建工作以来，做了大量工作。通过了 2006 年 9 月国家环保总局的技术评估，国家环保总局也派出领导和专家到青州市进行了调研和指导。

2008 年 3 月，国家环保部重新启动了环保模范城创建工作，这给我们提供了一个新的机遇。创建为国家环保模范城是每个城市的梦想，特别是在近两年来青州市经济社会得到又好又快发展的新形势下，获得这块牌子对青州来说更为重要。不管困难多大，我们都要坚定信心，拿出申办“七博会”的精神来，乘势而上，志在必得。大家也应该看到，做好国家环保模范城创建工作，不仅仅是为了拿这块牌子，更重要的是以此为抓手，加快生态名市建设，更好地改善我们的环境质量，不但为“七博会”的胜利召开创造优美环境，更为广大群众创造一个良好的生产生活环境。

要进一步把任务分解细化，明确到单位，落实到个人，形成“责任全覆盖，管理无缝隙，创模无死角”的工作局面。要结合各自实际，倒排工期，精打细算，对每季、每月、每周应做哪些工作、达到什么标准、赶到什么进度等，拿出具体意见，认真组织实施。创建国家环保模范城是青州市委、市政府确定的重点工作，不是哪一个部门和单位的事，是

全体青州人的事，没有任何讨价还价的余地。如果哪个部门、单位出了问题，影响了创建工作，必须严肃追究部门、单位主要负责人的责任，这一点毫无疑问。

四、以大环保观念推动环保工作顺利进行

环境保护是一项系统工程，涉及方方面面，惠及千家万户。各级各部门各单位要牢固树立大环保观念，立足于青州市一盘棋，强化组织领导，严格落实责任，密切配合，加强宣传教育，共同抓好环保工作。

一要强化领导责任。坚持完善“党政一把手负总责、分管领导靠上抓，环保部门统一监管，部门分工合作”的环保工作机制，真正做到责任到位，落实到位。各镇、街道、园区的党政主要领导是本行政区域环保工作第一责任人，要把环保工作摆在基本国策应有的位置，摆上党（工）委、政府工作的重要议事日程，认真研究，精心部署，定期听取和解决环保问题。各镇、街道、园区主要领导要全面负责，态度鲜明地支持环保工作，分管领导要具体组织，推动实施，特别是为环保执法创造良好的环境，真正形成主要领导亲自抓，分管领导具体抓，有关部门各司其职、各负其责，一级抓一级、层层抓落实的工作格局。污染减排指标是约束性指标，是刚性指标，是一把手工程，也是“摘帽子”工程。各级各部门必须高度重视，对照年度污染物总量减排计划，狠抓落实不放松，确保完成治污减排目标任务。

二要形成工作合力。环保工作不是环保局一个部门的事情。各有关部门要互相配合，协调运作，严格履行监管职能，共同做好环境保护工作。环保部门要充分发挥职能作用，积极主动地做好与有关部门的沟通、协调工作，强化统一监管职能，严厉打击环境违法行为，维护人民群众的环境权益；电力部门要配合政府对违法排污企业采取停电、限电措施；财政部门要为环保事业提供财力保障；纪检、监察部门要依法依纪追究违反环保法律法规有关人员的党纪、行政责任；各群团组织、企事业单位、社区要广泛开展绿色学校、绿色企业、绿色社区、绿色家庭等群众

性创建活动，努力形成人人珍惜、保护和美化环境的良好氛围。

三要抓好执法队伍建设。要适应环保工作不断发展的新形势、新特点和新任务，有计划地加强对环保执法人员的培训，定期进行党的宗旨、法律法规、职业道德教育，内强素质，外树形象，建设一支精干、高效、廉洁、文明的高素质环保执法队伍。要强化执法人员的法律意识，认真履行环保法律法规赋予的职责，排除干扰，依法行政，违法必究，执法必严，对违法行为决不姑息迁就；要强化执法人员的岗位责任意识，实行工作目标考核奖惩制、违法责任追究制等行之有效的制度，教育执法人员爱岗敬业、廉洁勤政、文明执法、秉公执法，坚决杜绝执法过程中营私舞弊、徇私枉法等问题的发生；特别是要强化执法人员的服务意识，积极主动地帮助企业了解国家产业政策和环保法律法规，帮助企业完善治理措施，实现企业发展和环保工作的双赢。

四要加大宣教力度。要通过广播、电视、网络、报纸、专题讲座等多种方式，广泛宣传做好环保工作的重要意义，教育社会各界人士积极主动地参与到环保工作中来。向各级领导宣传，使各级领导深入理解和全面掌握环保政策法规要求，在作决策时首先充分考虑环境承受能力，防患于未然；向广大人民群众宣传，使群众充分认识到环境污染造成的危害，关注生存环境的危机，进一步加强抓好环保工作的主动性和自觉性，努力形成“人人关注环保，人人参与环保”的浓厚氛围。特别是要通过宣传教育，不断增强企业做好环保工作的自觉意识和自律意识。企业是经济发展的主体，也是产生环境污染的主要原因，对治理污染、保护环境负有不可推卸的责任。不论企业规模多大、名气多大、缴税多高，都没有逾越环保法律的特权。企业要发展，环保工作也要与时俱进。各企业要本着对社会和子孙后代高度负责的精神，树立远大理想，进一步强化环境保护的意识和社会责任，把做好环保工作当作企业可持续发展的前提和基础，认真遵守环保法规，不断完善环保治理设施，积极改变传统的生产方式，主动应用新技术、新工艺、新设备，实行清洁生产。只有这样才能真正提高自身的竞争力和发展空间，为企业的可持续发展创造条件。

建设生态文明，全面扎实推进生态文明建设工作

2009年3月，根据青州市委的工作部署，青州市生态文明建设工作会议的主要任务是，以党的十七届三中全会精神为指导，全面部署青州市生态文明建设的各项任务，动员青州市上下进一步统一思想、改革创新，全力推进“三名一强”生态文明新青州建设。

一、深刻认识生态文明建设的重大意义

世界文明发展的历史源远流长，大体经历了原始狩猎文明、封建农业文明、传统工业文明三个主要阶段。纵观历史，不难发现，生态兴则文明兴，生态衰则文明衰。伴随着生产工具从旧石器向新石器时代的转变，人类文明也经历了从狩猎、采集、捕鱼的原始经济向种植和畜牧为主的农业经济转变。在农业文明历史中，人类都很重视人与自然的关系，东方语境中的“天人合一”，是讲天和人的关系是“天人合一”，讲整个的天、地，中间是人。在西方语境中，也提出了“自然法则”。总而言之，在农业文明时期，虽然人类在改造自然，但是它还是在大自然当中，没有对自然有一种统治思想或者控制思想。工业文明的特点是控制自然、征服自然、掠夺自然。1765年第一台蒸汽机的诞生，标志着人类历史进入了工业文明阶段。工业革命奉行的大量生产、大量消费、大量抛弃这种生产方式和消费方式，造成了对生态环境和自然的严重破坏。人类不仅将自然当作取之不尽、挥霍浪费的能源库，而且把自然看作容量无限、硕大无比的垃圾桶，因此陷入了“人类中心主义”的误途。我们现在正在进入的这个阶段——生态文明，特点是保护自然、尊敬自然、善待自然。因为人类和自然是融为一体的，人类本身就是自然发展的一

个结果，人类的生存和发展离不开自然。生态文明是对传统工业文明经济增长模式的一种变革式的、预防式的反思和调整，更着重于关注经济、社会视角的环境问题探讨，积极探索环境与发展的双赢模式。应当说，生态文明以尊重和维护自然为前提，以人与人、人与自然、人与社会和谐共生为宗旨，以引导人们走上持续、和谐的发展道路为着眼点，是人类对传统文明形态特别是工业文明深刻反思的结果。生态文明理念下的物质文明，致力于消除人类活动对自然界稳定与和谐构成的威胁，逐步形成与生态相协调的生产方式和消费方式；生态文明下的精神文明，提倡尊重自然规律，建立人自身全面发展的文化氛围，抑制人们对物欲的过分追求；生态文明理念下的政治文明，尊重利益和需求的多元化，协调平衡各种社会关系，实行避免生态破坏的制度安排。建设生态文明，不同于传统意义的或有的人所认为的仅仅是控制污染和恢复生态，而是具有更深刻、更丰富的内涵，涉及观念转变、产业转换、体制转轨、社会转型等多方面。

那么，为什么要提出以生态文明引领“三名一强”新青州建设？我们 2008 年就提出这个口号来了，“三名”就是文化名城、旅游名市、生态名市，“一强”是经济强市。它的重要特征就是生态文明。生态文明涵括、概括、引领“三名一强”建设，它是一种理念。为什么要提出这个理念？有以下几个理由。

第一，这完全符合中央的指示精神。党的十七大在我们党的历史上第一次将“生态文明”写进了党的代表大会报告，明确提出了要基本形成节约能源资源、保护生态环境的产业结构、增长方式、消费模式，生态文明观念在全社会要牢固树立。中央提出建设生态文明，是对人类社会发展规律的深刻把握，是对科学发展观内涵的丰富，是执政理念的升华。我们提出建设生态文明是贯彻落实科学发展观的实际举措，是贯彻中央精神的具体的行动。

第二，这是当今人类历史进程的要求，是世界城市发展的潮流。人类社会继原始、农业、工业三种文明以后，进入生态文明时代。它以人与自然协调发展作为行为准则，是一场涉及生产方式、生活方式和价值观念的世界性的革命，是人类社会对传统工业文明进行反思后进行的一次新的选择，是不可逆转的世界潮流。近年来，随着城市化进程的加快，环境、资源问题日益突出，人类对自己的生存空间、生活方式和价值观念进行了反思，建设生态城市也逐步成为城市发展的潮流。20 世纪 70 年代，联合国教科文组织在实施“人与生物圈”计划中首次提出了生态城市的概念，许多国家积极进行了生态城市的实践。从国内来看，我国的生态文明建设起步比较晚，但发展比较快，许多城市相继作出了建设生态城市的意见和决定，大力推动生态文明建设。可以说，21 世纪是生态世纪，人类社会将从工业化社会逐步迈向生态化社会。从某种意义上说，下一轮的国际竞争实际上是生态环境的竞争。从一个地区来说，哪个地方生态环境好，就能更好地吸引人才、资金、技术等要素，处于竞争的有利地位。适应这种生态化发展趋势，迫切要求我们审时度势、把握机遇，跟上国内外生态文明建设步伐，把生态文明建设作为奋斗目标和发展模式，是明智之举，也是现实的选择。我们青州也在前些年提出了发展循环经济的工作思路，出台了《关于加快生态经济市建设的决定》，但是，这些探索主要侧重于环境保护、产业发展等物质文明方面。这一次，我们提出生态文明建设，包括了物质文明、精神文明、政治文明，内涵有很大的丰富，层次有明显的提升，顺应了经济社会发展的未来方向。

第三，这完全符合比较优势的发展战略。建设生态文明新青州是青州市发挥比较优势的理性选择。为什么说生态文明建设是青州的比较优势呢？青州历史文化底蕴深厚，自然生态资源丰富，区位、交通、人文等各方面的优势都很突出，经济呈现又好又快发展态势，具有建设县域生态文明得天独厚的条件。一是区位优势、交通优势明显。我们位于山东省最大的产业聚集带和最重要的经济主轴——济青通道上，这条通道自西向东贯穿济南、淄博、青岛 3 个城市经济区及其中心城市，向东可通过青岛港与世界联系，向西可加强与广大中原内陆地区的联系，扩展山东省的经济腹地。此外青州市还有益羊、青临两条地方铁路，在青州市市区形成东西南北“十”字交叉，是胶东半岛对外铁路联系的必由之路。青州市域有国道一条，省道 7 条，公路交通非常便捷。另有东西向的济青高速公路、南北向的东青高速公路。潍坊民航机场距离青州 60 公里，可以作为青州市对外交通的空中走廊。二是历史文化底蕴丰厚。青州市具有 5000 年的人类活动历史，2100 多年的建制，造就了享誉中外的佛教文化、源远流长的“寿”文化、色彩纷呈的民族宗教文化、精英荟萃的名人文化，形成了崇尚自然、厚德载物的生态观念，崇尚文化、包容、朴素的民风，建设生态文化具有良好的社会基础。发挥这些优势，不但可以通过发展旅游业带动区域其他服务业发展，而且为生态文明建设提供了得天独厚的条件。三是城市发展基础良好。多年来，青州市不断加大城市建设投入，加强城市管理，先后获得了“国家卫生城市”“国家园林城市”“中国优秀旅游城市”“全国园林绿化先进城市”“改革开放三十年中国最具影响力花木之乡”等荣誉称号，为生态文明建设的人居环境奠定了坚实的基础。四是经济支撑能力不断增强。良好的经济条件是发展循环经济，开展生态文明建设的基础支撑，将为自然环境保护、生态恢复、城乡环境建设、提高环境管理能力提供强有力的资金保证。五是灾害罕见。据统计，青州近百年来没有发生过地震、台风等自然灾害。因此，我们要发挥比较优势，大力倡导生态文明建设，打造与周边县市错位发展之势，努力在全国县域生态文明建设中创造经验、走在前面。

第四，这完全符合人民群众的共同愿望。一个城市好不好，不能只看 GDP，还要看群众生活是否幸福。幸福与金钱的多少并不成正比。国际上幸福指数高的城市，往往不是大城市。大城市里人们收入虽然高，但交通拥挤、空气污染、噪声污染、竞争激烈，生活的舒适程度未必比小城市高。我们建设生态文明新青州，在推进科学发展、提高经济实力、增加群众收入的同时，用更多的精力创造公正公平的发展环境、和谐文明的社会环境、开放包容的人文环境、宜居宜游的生态环境，使老百姓生活得更加幸福。

明确了这些意义，我们要把青州建设成什么样子呢？从生态文明这个角度来讲，有以下 6 条，一是生态环境良好，就是要始终保持青山绿水，空气清新，气候宜人；二是生态产业发达，就是要稳定形成三、二、一的产业结构，旅游文化等现代服务业、高新技术产业、循环经济型产业成为主导产业；三是文化特色鲜明，就是要有突出的城市个性，良好的社会风气，有凝聚力强的城市精神；四是生态观念浓厚，就是公众生态伦理的意识普及，生态化的消费观念和生活方式形成；五是市民和谐幸福，也就是居住舒适安全，出行方便快捷，公共服务质量良好；六是政府廉洁高效，就是党政责任体系完善，执行力明显加强，市民的政治参与程度明显提高。这是从质的方面要有这 6 项规定。当然，建设生态文明新青州是一个理念，是一个目标，也是一个长期的艰苦奋斗的过程，我们要立足当前，着眼长远，用三年时间打好基础。

二、按照生态文明的理念搞好城市总体规划修编

规划是一个地区发展的龙头。建设生态文明，必须在规划的指导下有序进行。制定生态文明总体规划，最关键的是确立什么样的发展理念和什么样的发展定位。理念决定规划水平，定位决定区域命运。没有超前的理念和科学的定位，规划就没有特色，也就没有生命力。这次总规修编，一定要按照建设生态文明新青州的要求，把生态文明的理念贯穿到城乡总体规划、片区规划、控制性详规中，落实到区域空间布局、基础设施、产业发展、环境保护、人口发展等各个专项规划里，渗透到城乡道路、城市建筑、人文景观、住宅小区等各个方面，通过绿地、森林、公园、湿地等连接各片区，真正彰显青州特色。

建设生态文明城市，必须科学划分区域功能。最近，国家启动了全国主体功能区规划编制工作，将根据不同区域资源的环境承载能力、现有开发密度和发展潜力，统筹谋划未来的人口分布、经济布局、国土利用、城镇化格局，将国土空间划分为优化开发、重点开发、限制开发和禁止开发 4 个类别。我们也要按照国家精神，在深入调研的基础上，划定青州整个区域范围内的优化开发区、重点开发区、限制开发区和禁止开发区，确定各片区的功能定位、发展方向，明确空间“红线”，优化

国土开发格局。这都要根据现有的情况和地方的功能布局把它划分开，如“黑虎山水库”周边区域，应该作为禁止开发的区域，依法依规实施强制性保护，控制人为的因素对自然生态的破坏。比如，王坟、弥河、老五里镇的部分地方是重要的饮用水源所在地，也不宜搞大规模的、高强度的工业化和城镇化开发，要作为限制开发区。比如，东夏、邵庄等，有一定经济基础，资源、环境承载能力强，发展潜力较大，要作为重点开发区，在保护好生态环境的前提下，按照生态园区模式，发展生态工业和循环经济。比如，老城区经济比较发达，人口密集，开发强度较高，已经超负荷承载，要作为优化开发区，亮化、绿化、美化，把提高发展质量和效益放在第一位，大力发展现代服务业，成为青州市服务业发展的核心圈、辐射圈。今后，青州市的产业布局、重大项目安排，包括招商引资，都必须服从生态功能分区，加强统筹协调，不能杂乱无序，遍地开花。在批工业用地的时候，就要明确具体搞什么产业，促使工业项目向园区集中，提高产业集中度和关联度。各镇、街道、园、区都要严格按照生态文明新青州的理念规划建设。与此相适应，要改革对各镇、街道、园、区的政绩考核办法，根据各地实际情况实行分类评价、分类考核。比如，对禁止开发区域和限制开发区域，不以 GDP、投资、工业、财政收入等为主要考核指标。

规划一旦制定，就必须坚定不移地实施。当前，规划执行不力的问题在青州市还比较突出。一个是随意调规。原来的规划很好，但后来由于指导思想发生偏差，或者受当前的利益驱动，把本来该搞绿地的地方改成搞房地产开发，在本来该修路的地方盖起了商铺。你只要开个门缝，门就会被挤开，越挤越开，越开越大。今后，一定要避免为了局部利益、眼前利益而随意调整规划。另一个是有规不依。有些房地产项目随意“长高长胖”，突破红线、突破绿线，规划执行不好。对这样的情况，我们要坚决制止。这里要特别强调规划的法律效力，任何单位和个人都必须服从，不存在特殊情况。

三、坚持发展与保护并重、经济与环境双赢，做大做强生态产业

（一）发展循环经济，培育生态型工业

经济发展是一个物质交换与能量循环的过程，在这个过程中，没有消耗和污染是不可能的，工业仍然是目前青州市经济发展、财政收入的主要支撑，所以发展经济必然要以工业为主导。那么既要促进发展，又要保护生态，二者的结合点就是转变发展方式，调整经济结构，发展生态经济。

大力发展生态工业。就是要走科技含量高、经济效益好、资源消耗低、环境污染少、人力资源优，得到充分发挥的新型工业化道路。因此，工业经济对我们青州来说，不是要不要发展的问题，关键是如何发展。摆在我们面前的有两条路径，一条是走传统的老路，透支自然资源和生态环境；一条是转变指导思想，调整发展思路，走生态文明为导向的新型工业化路子。前一条路受到自然资源和生态环境越来越强的制约，已经难以为继，走不通了，我们必须走第二条路。

一方面，要做大增量。就是要大力发展高新技术产业。高新技术开发区在很多城市都是重要的经济增长点，而我们的经济开发区发展了六七年，无论空间规模还是产值规模，还都不尽如人意。高新技术产业增加值仅占青州市工业增加值的 16%、GDP 的 6%，这个比重实在太低了。青州的生态环境非常好、居住条件适宜，对环境质量要求较高的高新技术产业和注重生活质量的各类高素质人才具有较强吸引力，所以我们发展高新技术产业关键是在人才这个环节上做文章。

另一方面，要提升存量。关键是要用循环经济模式来提升、来改造资源型产业。青州市发展循环经济，目前的情况基本上可以说是三句话：规划起步早，工作进展慢；口头说得多，实际行动少；政府学者热，企业民众冷。青州发展循环经济必须真抓实干，重点是建好生态工业园区，使产业空间集中、要素节约、产业链条延长，促进节能减排。《关于加快

生态经济建设的决定》明确重点发展经济开发区、猛山工业发展区等第一批循环经济生态工业园区，要真正按照循环经济的理念，抓好项目布局和产业链条，集中建污水处理、中水回用、固体废物处理、热电联产等项目，形成集约利用的公用工程，推动产业集聚发展、企业集中布局、污染集中处理、废弃物循环利用，达到少排放乃至零排放的目标。在建设生态工业园区、促进企业共生集聚的同时，要加大力度淘汰落后产能，实现资源的高效利用。

（二）利用自然禀赋优势，发展现代服务业

第一，这是中央的政策导向。近年来，中央释放出一些重大信号，党的十七大强调“三个转变”，即促进经济增长由主要依靠投资、出口拉动向依靠消费、投资、出口协调拉动转变，主要依靠第二产业带动向第一、第二、第三产业协同带动转变，主要依靠增加物质资源消耗向主要依靠科技、劳动者素质提高、管理创新转变。近几年，中央经济工作会议的基调也在逐步变化。2004 年要求“实现全面协调可持续发展”，2005 年要求“又快又好”，2006 年要求“又好又快”，2007 年要求“稳中求进、好字优先”。与此同时，国家宏观政策作了重大调整。一方面，大力支持服务业发展。2007 年 3 月，国务院出台《关于加快发展服务业的若干意见》，国家发改委会制定《关于加快发展服务业若干政策措施的实施意见》等一系列的规定。另一方面，严格限制高污染、高耗能产业的发展。最近，国务院批转了《节能减排统计监测及考核实施方案和办法的通知》，将节能减排的考核结果作为对各级党委、政府领导班子和领导干部综合考核评价的重要依据，实行问责制和“一票否决”制，这标志着节能减排进入了硬碰硬的攻坚阶段，要加大力度发展第三产业。

第二，发展第三产业也是国内外城市发展的普遍规律。服务业的兴旺是现代经济的重要特征。据统计，单位服务业产值所创造的就业岗位是工业的 5 倍。世界上多数国家服务业吸纳就业人数已经超过了第一产业和第二产业的总和。服务业不仅自身资源消耗低、污染排放少，而且通过提供有效服务，可以提高其他产业在节约、环保等方面的效率。青

州服务业发展基础雄厚、资源众多、前景非常广阔。当前要重点发展旅游业、物流业、房地产业、金融业和会展业。

（三）以“三化”理念，推动“三农”工作

党的十七届三中全会专题研究新形势下推进农村改革发展问题，在认识上有许多新突破，在理论上有许多新发展，在政策上有许多新举措。我们要认真学习贯彻落实党的十七届三中全会精神，以此为动力和机遇，以抓好“农业发展园区化、农村管理社区化、农民身份职业化”为突破口，开创“三农”工作新局面。三鹿奶粉事件给我们敲响了警钟，我们要大力发展生态农业，发展循环农业。

这里需要提醒的是，我们建设生态文明新青州，绝不是在牺牲发展的基础上进行低水平的生态建设。但是，在大力推进产业结构调整、转变发展方式、促进城市转型的过程当中，在一定时期内 GDP 增速受到影响也是可能的，这是为了将来发展得更好更快。

四、以最严厉的措施保护好生态环境

建设生态文明新青州，必须把保护生态环境放在突出位置，当前，生态环境问题是全人类普遍关注的热点问题。从全球来看，由于生态环境加速恶化，人类的生活质量、身体健康状况、生产活动都受到严重影响。生态学中有一个著名的案例叫“公地悲剧”：一群牧民共同在一块公共草原放牧，一个牧民虽然明知羊的数量已经够多了，再增加数量的话草场就会退化，但是，他还想多养一只羊来增加个人的收益，因为草场退化的代价是由大家来负担的。当每个牧民都这样去做的时候，“公地悲剧”就上演了——草场持续退化，直至无法养羊，最终导致所有牧民破产。从历史上看，新疆这一带，为什么出土了那么多大树的化石？在平邑县博物馆，会看到很大的树化石，都是从新疆运来的，这说明过去这些地方环境很好。那么，为什么后来变成沙漠了？就是因为环境退化。生态文明建设大部分都是公共的事业，我们每个人都要有环保意识。

青州要统筹兼顾，突出重点，下大力气抓好“四大环境”工程。一是蓝天清风工程。二是碧水清源工程。要对西南山区 50 平方公里水源地保护区新上项目审批实行环保一票否决制，加强对水源地的环境质量检测。三是实施家园绿化工程。四是实施洁净舒适工程。在城区，加强城市秩序管理，认真整顿乱停乱放以及店外经营、乱搭乱建等城市顽疾；在乡村，以治山、治水、治路、治村为重点，加强绿色生态建设，开展水域、路域、村居环境综合整治行动。现在农村垃圾成为一大社会公害，对于如何解决农村垃圾成堆问题，我们都要认真出主意、想办法，在镇区、干线路两侧要参照城区的做法，设立垃圾箱、派驻保洁员，定期清扫、及时清运。各镇、街道、园、区要购置垃圾清运车等必备的机械设备，组建庞大的卫生队伍，以确保农村环境的整洁干净。要大力加强对城市娱乐业、工业、建筑施工及城市交通等噪声源的管理。同时，要建立健全突发环境事件的应急机制。在措施上，一是要创新法律手段，就是拿起法律武器。一方面，要制定和完善防治大气污染、保护水源和森林等方面的法规，切实做到有法可依；另一方面，要强化执法，做到有法必依，真正在青州形成“破坏环境就是犯罪”的共识。贵州省贵阳市在全国首创了环境保护法庭，环保公益诉讼案件和涉及破坏环境的刑事案件移送环保法庭审理，对破坏环境犯罪行为形成了巨大震慑。这种做法值得我们借鉴。二是要创新经济手段。严格按照“谁污染、谁治理”的原则，大幅提高污染和破坏环境的成本。三是要创新行政手段，整合相关资源，强化行政职能。为了有效解决地理空间和行政空间不一致的矛盾问题，设立仰天山森林公园管委会、弥河水生态旅游管委会、黄楼花卉园区管委会、云驼风景区管委会、文化产业园管委会等独立的管理职能部门，从而有力地化解同一生态体系被不同行政单元切割而无法实施整体治理的矛盾。

五、坚持以人为本，尽心竭力解决民生问题

生态文明不仅仅是指生态环境、生态产业，也包含了社会生态。建

设生态文明新青州，核心是以人为本。

第一，建设生态文明的目的，就是满足人的需求，归根结底是为了造福人民，提高城乡居民的幸福感。

第二，建设生态文明，就是一个依靠全体人民自觉与自动的过程，光靠党委、政府不行，必须充分调动人民群众的积极性。

第三，建设生态文明的成果应该由全体人民共享，如果广大老百姓没有得到什么好处，生活质量上不去，那就谈不上建成了生态文明新青州。老百姓吃不好、穿不好、住不好，是最大的不文明。领导干部推动工作要有威信，威信从哪里来？靠上级封不出来，靠权力压不出来，靠自己或媒体宣传吹不出来，只有踏踏实实为老百姓办实事、改善民生，帮助群众解决好吃饭、穿衣、住房、就业、医疗、上学、养老、交通、治安等问题，才能逐步树立起来。

六、大力弘扬生态文化，促进生态导向的社会创新

建设生态文明，离不开生态文化作支撑。生态文化是一种价值观念，就是人与自然要和谐，而不是人凌驾于自然之上；是一种伦理道德，就是既要对自己负责，又要对他人负责，既要对当代负责，又要对未来负责；是一种思维方式，就是要用相互联系、相互作用的方式而不是机械的、单向的方式思考问题；是一种行为准则，就是要大力倡导生态化的消费理念和生活方式。对一个城市来说，只要生态文化浓郁、深厚，即使经济总量不那么大，现代化摩天大楼不那么多，也能成为魅力独特、令人向往的城市。建设生态文明新青州，要把生态文化作为主流文化，把生态意识上升为全民意识、主流意识，倡导生态伦理和生态行为，提倡生态良心、生态正义和生态义务，把生态文化具体地渗透到城市建筑、市民行为、社会风气、城市精神等方方面面。

第一，要突出城市建设的文化个性。城市是一个生态系统，而文化就是这个系统的生命。如果城市没有文化，高楼大厦再多，也只是一堆钢筋水泥。我国著名建筑学家梁思成先生说过一句话，“我们的城市有很

多房子，但没有一栋建筑。”说的就是城市建筑没有文化内涵。我们要着力建设创意城市，让文化引领城市发展，让创意渗透城市建设。按照“白墙灰瓦，绿树青石”的城建方针，着力构建独特的城市风貌。在城市建筑、景观设计中，要努力保护好历史文化，让城市的空间布局延续历史、尊重个性、突出特色，使城市通过视觉系统体现文化个性，注意克服抄袭、模仿、复制等现象，避免“千城一面”。老城区以文化为底色，弘扬传统特色，挖掘历史文化，加快改造提升步伐，使老城体现“历史之韵”“文化之魂”；新城区以绿色为基调，围绕花博会场馆建设，做好弥河水生态文章，让新区展现“文明之气”“生态之灵”。我们要把东部新城，也就是我们现在说的东方花都生态城建设成一个独具特色的富有文化内涵的一个生活旅游居住区。

第二，要大力倡导生态型生活方式。生态型生活方式就是从追求豪华、奢侈、浪费的生活转向崇尚简朴、节俭的文明生活，大力推广绿色产品，追求绿色享受。房屋建筑要体现节能意识，合理确定朝向、户型，增强通风能力，生态文明涉及很多方面，比如，我们住房设计要尽量多采光，采光多，开灯的时间就少，这就是节能。中国的太阳能技术现在已经在世界上处于领先水平，要多想办法，有效利用太阳能。

第三，要营造良好的社会风气。社会风气是衡量社会文明程度的重要标志，是社会价值取向的集中体现。当前，社会上存在一些歪风邪气，有的企业搞假冒伪劣、背信毁约，不讲诚信；办事要请客送礼。这些风气不改变，文明就无从谈起。要严厉打击制假售假行为，净化社会风气。要大力倡导社会主义荣辱观，弘扬正气，自觉维护社会公德，自觉维护规矩和法制，形成井然有序的社会风尚。传统消费方式作为工业文明的一种产物，是一种占有欲，看到一些消费品，就想尽一切办法占有它。传统消费方式关注的是物品和服务的交换价值，而生态化的消费方式关注产品和服务的使用价值。我们能用太阳能就不要用电灯，能用太阳能就不要烧暖气，这样才是生态化的思维方式和消费方式。所以生态文明体现在生活的方方面面，个人的一举一动都体现着生态文明的程度。

我们建设东方花都生态城，共 60 平方公里，它本身会形成一个系统，因为这个系统内有优良的生态环境，人们在里面生活习惯了，搬出来居住可能会不适应。生态本身是一个系统，我们每一个人作为一个个体是小系统，处于区域系统中，而区域系统又处于整个社会生态系统之中。生态的工作方式就是要顾全局、顾大局。小系统的质是由大系统来规定的，所以这几年我们在决策上，城市建设规划上都整体考虑、整体布局，只有整体布局，才能够在一个片区、一个区域、一个项目上往前推进。

第四，要培育独特的城市精神。一座城市具有什么样的精神，决定了这座城市最终能够走多远。这些年来，青州市开展了提炼、熔铸城市精神的活动，取得了积极的成效。通过对青州干部群众文化心理的因势利导，我们形成了“敢拼敢干、团结实干、埋头苦干”的邵庄精神和“知难而进、敢于竞争、锲而不舍”的申博精神，融汇成了“勇于拼搏、敢于竞争、乐于奉献”的新时期青州精神。

七、以政府的体制创新引领企业家的经济创新和老百姓的生活创新，形成从精神层面到制度层面再到实践层面的强力推进机制

西方发达国家经过200多年的工业化，创造了巨大的物质财富，提高了生活水平，也造成全球的环境问题。中国不能像发达国家那样建设生态文明，从物质层面到制度层面再到理论形态慢慢演进，我国的生态文明建设需要构建一个从精神层面到制度层面再到实践层面的强力推进机制。

（一）从精神层面讲，要在全社会牢固树立生态文明观念

人作为生态文明实践的主体，思想意识具有重要的引导作用。能否提升全社会生态文明意识，是生态文明建设战略成败的关键。党的十七大报告指出要让“生态文明观念在全社会牢固树立”，这是一个基本意识。

在民众方面，多年来，由于群众的生态意识较为淡薄，以及受“人

定胜天"等人类中心主义思想观念和西方"物质主义"等价值观的影响，人们对自然界讲索取的多，讲利用的多，而讲建设的很少。

在企业方面，一些企业以利润最大化为主要追求目标，过度追求经济效益，加上较低的自然资源定价和污染费等，使用部分企业成为制造环境问题的罪魁祸首。

在政府方面，片面强调 GDP 的增长，以 GDP 来衡量工作业绩，使生态环境问题得不到根本遏制。

因此，我们要在全社会牢固树立生态文明观念，其核心是对人与自然关系的重塑，长线战略是要深入开展生态文明道德的教育，让人们认识到生态道德是人类道德的重要方面，保护自然环境、维护生态平衡是人类为了自身的生存所应履行的道德义务与责任。当前最重要的是在全社会大力宣传和提倡生态文明观念，让生态文明观念渗透到一切工作和生活之中，增强全体社会成员的资源忧患、环境保护意识和节约资源的责任感，反对不符合国情、大肆铺张浪费的思想观念。积极培育有利于生态文明观念树立的文化氛围，将生态文明教育纳入国民教育体系，学校要开设专门的课程，从娃娃抓起，通过"小手拉大手"，促进全社会的生态启蒙教育。运用广播、电视、报纸和互联网等多种手段，树立尊重自然的价值观和道德观，从而让生态文明观念在全社会牢固树立。

（二）从制度层面来讲，要建立生态文明建设的制度保障体系

生态文明战略的目标一旦确定，就要靠一系列制度去落实。实践证明，没有制度的保障，先进的理念在实践中推行很难取得实效。根据青州市实际，重点讲以下几个方面。

要建立生态补偿机制。生态文明建设，要调动各方面保护生态的积极性。如何调动？靠教育、靠启发、靠道德的感召是必要的，但更重要的是靠利益调整。也就是说，保护好生态环境是一种道德行为，更重要的是一种利益调整行为。一个地方因保护生态而使经济发展受到限制，老百姓生活得不到改善，甚至生活得比较困难，如果受益地方不对其进行一定补偿，长此以往，民众会有很大意见。因此，必须通过财政转移

支付等方式，让生态保护的受益主体向实施主体和受损主体支付一定经济补偿，并形成长效机制，以调动各方保护生态的积极性和主动性。我国很多地方都在探索实施生态补偿机制，比如山东省财政曾经拿出2.86亿元对济南小清河流域保护环境进行生态补偿。

从青州市来看，我们将划定生态保护区，这些地区将放弃不少项目，失去一些发展机会，如果长期不补偿，还能保证这些地方长期积极地进行生态保护和建设吗？因此，我们要拿出一定资金来对这些生态保护区的人们进行补偿。

要完善多元化投入机制。生态文明建设需要钱，钱从哪里来，仅靠财政投入、靠银行贷款也不行，必须抓紧进一步实现投融资渠道多元化、投融资主体多元化。

要完善市场体系。世界银行的一篇报道指出，经济学家对2500家公司做过一次研究，发现能源使用量降低的55%归功于价格调整的结果，17%是研究与开发的结果，还有12%源于产权形式的不同，青州是严重缺水的城市，现在青州的自来水供应量不到两万吨，水资源对青州来讲太重要了，所以自备井必须彻底关闭，这件事情落实起来确实很难，但必须做好。再一个就是水资源费的收取，这是上级的硬任务，价格调整非常重要。因此，我们要发挥市场对自然资源配置的基础作用，适当提高能源资源价格，使其价格反映出资源的稀缺程度和环境破坏成本。同时，实行对环境损坏或污染严格收费制度，使环境损坏成本内部化。

（三）从实践层面来讲，要变成青州市的实际行动，要逐步见到成效

生态文明建设要变成青州市的实际行动。能否把下发的文件变成实际行动，关键看我们各级干部的执行力。执行力决定事业的成败。从政治上讲，执行力不强，就是不讲政治的表现；从业务上讲，执行力不强，就是无能的表现；从作风上讲，执行力不强，就是不务实的表现。总体来看，青州市干部执行力是强的，但也确有少数干部在执行上级指示的过程中，一级传一级，只当“二传手”，不当“扣球手”。

甚至有个别人善于当“裁判员”“评论员”，就是不当“战斗员”。我们要坚持抓生态文明建设项目与用干部相统一，谁是英雄、谁是好汉，谁的执行力强，在项目建设中比比看，树立起“以项目论英雄，凭实绩用干部”的选人用人新标杆。组织部、督查局都派人参与，督促抓好落实，及时掌握在生态项目建设中的干部综合表现，注重及时发现一批表现优秀的干部，为市委准确选人用人提供重要依据。此次会议之后各级、各部门都要立即行动起来，结合自己的业务特点详细制订实施方案，特别是领导小组成员单位，按照分工要求，抓好本系统的具体实施工作。

生态文明建设要在青州市逐步见到成效。生态文明建设，是一项长期的任务，当然不可能立竿见影，但是，总见不到实效也会失信于民。生态文明建设的理念很好，但不能只停留在概念上，好不好要看老百姓能不能得到实惠；《关于加快生态经济建设的决定》提出的各项指标都很好，但不能只体现在数字上，好不好要看是否能收到实实在在的效果。要通过生态文明建设，让老百姓真真切切感受到青州的面貌在一天天地发生变化，生活在一天天地改善。比如喝的水是不是更加干净了，呼吸的空气是不是更加清新了，城市面貌是不是更加整洁了，老百姓在子女上学、就业、就医、养老、住房、交通、治安等方面的满意度是不是提升了，政府的办事效率是不是提高了，这些都体现了生态文明的效果。

生态文明建设要把争取时间放在首位。古人讲，“明日复明日，明日何其多；我生待明日，万事成蹉跎”，说的就是要抓紧时间。所以，大家要努力，要把明天的事情拿到今天来做，不要今天的事情明天做。就像孩子上学一样，拖上几年，错过受教育的最佳年龄，就耽误了孩子的一生，一个地方的经济也是这样，如果拖下去，也会丧失最佳的机遇。

抢抓“两区”建设重大机遇 加快推进区域城市化进程 全力建设“三名一强”生态文明新青州

2009 年 8 月，这次市委理论学习中心组读书会议，主要是分析当前形势，研究部署青州市在山东半岛蓝色经济区、胶东半岛高端产业聚集区建设中的定位、目标和措施，谋划如何发挥花博会作用，加快区域城市化进程，全力建设“三名一强”生态文明新青州。

一、坚定科学发展的信心和决心

2009 年上半年，青州市取得的成绩比预想的要好，尽管面临许多困难和问题，但总体看，有利因素多于困难挑战，特别是我们面临着三重发展机遇。

一是国家重新进行土地修编。经过三年多的努力，“一城五区”框架已经形成，规划控制面积由 30 平方公里增加到 300 平方公里，在这样大的范围内进行土地修编，为今后的发展留下了无比广阔的空间。

二是“两区”战略的提出。山东省委、省政府作出了建设山东半岛蓝色经济区、胶东半岛高端产业聚集区的重大战略部署。“两区”建设必将上升为国家战略。青州处在“两区”的最西端，是山东半岛蓝色经济区、胶东半岛高端产业聚集区、环渤海经济区“三区”的交汇点，也是沿海地区和中西部地区衔接配合的重要枢纽，具有充分发挥节点作用，放大承接、承载功能，乘势崛起的独特优势，这必将为青州发展搭建起一个更高的战略平台，带来千载难逢的重大机遇。

三是花博会的举办。第七届中国花卉博览会能够在青州召开，为青州的发展提供了一个里程碑式的转折，不仅实现了花博会由县级到省级再到国家级的跨越，而且给青州带来了思想观念的大转变、理念的大提升、市民素质的大提高、城市建设的大变化，以及产业发展的大优化，特别是知名度的迅速提高，重塑了青州形象，为青州凝聚人气、盘活资源、吸引资金，把区位、交通、资源、产业、文化等各方面优势转化为经济优势创造了绝佳契机，为青州走向全国乃至世界提供了最优平台。俗话说借势发展，这三个机遇就是我们青州的“势”。

这三个机遇叠加并不会长期存在，如何化机为势、如何借势发展，是我们必须认真思考和首先解决的问题。这一问题解决好了，就能够把前面丧失的一些机遇夺回来，重振青州辉煌的目标就一定能够实现。各级各部门务必牢固树立稍纵即逝的机遇意识、只争朝夕的抢抓意识，用“两区”建设的科学内涵和工作要求规划指导各自工作，放大花博会效应，创新思维，积极作为，切实做到认识上有新境界、目标上有新定位、思路上有新举措、标准上有新要求、发展上有新突破，力争成为新一轮发展的排头兵。

二、明确“两区”建设的定位和目标

“两区”战略的实施，要求我们必须找准结合点和切入点，放到全省乃至全国发展大局中来谋划，高点定位、突出特色、打造高端，确保有所作为、有大作为。根据这一战略部署，我们对近几年来的实践历程进行了全面回顾、梳理、提炼，确立了抢抓“两区”建设重大机遇，加快推进区域城市化进程，全力打造“三名一强”生态文明新青州的总体目标。

所谓区域城市化，指的是一个地区在推进现代化进程中，将整个城乡按照城市功能进行整体化布局，通过各城市产业功能区的建设，实现产业集群崛起和城市发展的良性互动，带动本区域经济社会全面发展，进而提升本地区城市化水平，全面提高城乡居民的生活质量。区域城市化是城乡一体化的发展目标，也是城乡一体化发展的必然结果。对青州而言，就是以县城建设为龙头，对1569平方公里的整个县域，按照一个城市的要求，进行整体布局、整体规划，以城市化的方式推动工作，最终使县域内居民的生产、生活方式实现同等化。

近年来，我们坚持系统思考、整体定位，以中心城区建设为“火车头”，以“一城五区”为基本框架，以道路体系为基础，以产业特色突出的小城镇建设为支撑，以农村社区建设为依托，着力建立城乡资源优化配置和顺畅的流动机制，探索出了农业发展园区化、农村管理社区化、农民身份职业化“三化”模式，整体化布局、片区化介入、组团化发展、项目化推进、市场化运作“五化”模式等发展路子，实现了城乡互动、统筹发展。现在来看，这些都是推进区域城市化的具体实践。“两区”战略的提出，又为我们实现区域城市化提供了千载难逢的机遇。青州完全有基础、有条件、有能力，发挥优势、抢抓机遇，在加快区域城市化进程中，走在前面、创出经验，实现科学发展的新突破。

总的定位是：始终把握“生态、文化、高端”的发展方向，以实现区域城市化为目标，努力放大节点作用，充分发挥承接、承载功能，建设“六大中心”，发展“五大集群”，加快青临一体化进程，把青州打造成山东半岛蓝色经济区、胶东半岛高端产业聚集区的“后花园”和服务基地，成为全国乃至世界有名的“东方花都、假日花园”，全力建设“三名一强”生态文明新青州。

三、努力打造“两区”后花园和服务基地

抓住“两区”建设的重大机遇，加快区域城市化进程，就要立足区域优势，着力培育和强化承载功能，重点是打造六大中心。

1. 生态商务中心（GBD）。GBD 是超越 CBD 的全新理念，是指以绿色、生态为主题的商务区。计划投资 50 亿元，在花博会室外景园西侧，建设占地 500 亩，集企业总部、电子商务、特色餐饮、休闲健身、产品展示等多种业态的大型生态商务区。

2. 健康中心。整合青州市公共卫生资源，在花博会室外景园西南侧，规划建设投资 50 亿元、占地 1000 亩，包括妇女儿童健康中心、亚健康

调整中心、养老院等功能完备、配套设施齐全的健康服务中心，打造全省最大、全国知名的医疗保健疗养基地。

3. 文体中心。筹办青州文化论坛，建成“两区”战略制定、文化交流的基地，借势打造“南有博鳌经济论坛，北有青州文化论坛”品牌。成立文化产业运营公司，打造一台文化大戏。充分发挥会展中心和体育中心作用，做大做强会展经济。

4. 休闲中心。加大西南山区生态旅游的开发力度，形成 400 平方公里的封闭式大景区。加快桐峪沟生态旅游区、清风寨—井塘宋明风情区、东峪生态农业观光园、文化生态养生村等项目建设。推进星级酒店、高档别墅区、会议中心建设，完善娱乐服务设施，打响“假日花园”品牌。

5. 物流中心。整合各种资源，建设具有电子商务、财务公司、结算中心、快递公司等业态的大型物流平台。加快港天保税物流中心、现代物流中心、工业原材料城、汽车配件城等项目建设，汇集“两区”建设的资金流、信息流、人才流。

6. 研发中心。新建投资 50 亿元、占地 1000 亩的高新技术孵化器。成立高新技术产业发展基金，到 2015 年达到 15 亿元。加快禄禧光伏太阳能、高维科技研发中心等项目建设，促进科技成果和智力资源转化，为“两区”提供科技服务和智力支持，打造山东半岛科技创新基地。

四、全力培育高端产业集群

按照总体定位，青州在“两区”建设中，既要成为服务基地，又要借势做大自己的产业，实现真正意义上的自我壮大。走传统的发展路子是不行的，必须以产业高端化为方向，着力打造五大产业集群。

1. 液压件集群。加快企业兼并重组，组建青州液压机械集团公司，培育配套程度高、专业协作好的高端产业集群。用 3 年时间，培育 20 个省级以上名牌，50% 以上液压配套机械产品拥有自主产权，2015 年实现行业主营业务收入 700 亿元。

2. 工程机械集群。以卡特彼勒山工为龙头，加快装载机工业园建设，

2015年形成2万台生产能力；加快亚泰机械挖沟挖壕机、威猛机械轮式装载机、中文集团隧道掘进机、信邦机械机场专用除冰设备等国家重点支持项目建设。到2015年，青州市工程及施工机械年综合生产能力达到10万台，主营业务收入200亿元。

3. 起重机械集群。以山起、山东通用、龙马重工等企业为骨干，重点发展冶金起重机、桥式起重机等大型港口装卸机械、水电站等专用特种起重设备。2015年，行业实现主营业务收入60亿元，成为全国重点起重机械生产聚集区。

4. 风电设备集群。以青能动力、中辰电力等企业为依托，加快实施风力发电机组项目，快速膨胀行业规模，打造半岛风电装备制造聚集区。2015年，行业实现主营业务收入50亿元。

5. 花卉产业集群。加快东方花都生态城建设，花卉产业发展区建成高科技花卉示范区；建设花卉电子交易平台，推动花卉信息中心、物流中心、展示中心建设，奠定青州区域花卉信息发布中心、集散中心和市场调节中心地位，构建中国北方最大的高端花卉产业集群，打响“东方花都”城市名片。

五、落实有力的保障措施

加快“两区”建设，关键在落实。要解放思想，大胆探索，勇于创新，全力打造创新能力强、创业环境好、经济活力足的发展高地，形成支撑“两区”建设的优势条件。

一是迅速行动。“两区”建设的目标、定位已经非常明确，当务之急是按照总体部署，迅速破题。对农民“双放弃”，要按照分步实施的原则，制订方案，抓紧启动试点，力争年内2000户农民进城居住。对高新技术产业基金，抓紧弄清还有哪些国有资产可以退出，加上土地收益，年内确保到位2亿元。对企业退城进园，从现在开始，分门别类，两年内完成民营工业园、东坝工业园和城区工业项目的退城进园工作。对高新技术孵化器及28层光伏太阳能大厦、27层高维科技研发中心尽快开工建设，力争作为潍坊下半年观摩项目。对融资平台建设，重点协调好农村信用社和博发小额贷款股份有限公司合作，成立农村银行，适时组建青州银行。对古城开发，尽快研究制定规划，结合新城区建设一并推进。

二是抓紧制订区域城市化实施方案。我们率先提出了区域城市化的概念，究竟如何实施、如何推进，必须有一个明确的依据。要抓紧制订推进区域城市化的详细方案，包括实施步骤、执行标准等。对产业功能区布局的调整，由规划局负责，通盘考虑，抓紧拿出规划。

三是进一步提升境界。继续把提升境界放在工作的首位，创新工作方法、思维方法，破除行政区域界线，跨区域思维，牢固树立“小地方要有大作为”的理念，始终坚持高标准、高境界，突出创意、创新、创造，着力形成与区域城市化和“两区”建设相适应的全新发展理念和发展方式。对下一步的工作，要集中体现 6 个字：生态、文化、高端。“生态”是青州能够融入“两区”、成为“两区”服务基地的生命线，要树立生态思维，将生态理念贯穿于我们各项工作之中；“文化”是青州发展的个性所在，青州的发展要处处体现深厚的文化底蕴，特别是要将生态和文化相结合，将项目赋予文化内涵；“高端”就是体现品位，体现档次，要发展高端产业，农业要搞高端，工业要搞高端，服务业也要搞高端。特别是要认真学习深圳东部华侨城、武当山太极湖开发建设的经验做法，高起点、高标准做好西南山区生态旅游的开发建设。

四是大胆改革创新。面对当前形势，不改革不创新就没有出路。沿用传统的思维和做法，与先进只会越来越远。要不断强化创新性思维，全面解放思想，坚持用改革创新精神思考和推动一切工作，凡事思变，凡事向前看，不唯上、不唯过去、不唯他人，勇于变革、大胆创新，向改革创新要资源、要空间、要发展，善于通过改革创新来改进工作、提升水平、实现超越。要全面推开文化体制、教育体制、医疗卫生体制、强镇扩权、企业股份制改造等改革，争取尽快破题、早见实效。各级各部门各单位都要积极探索实践，全面推进各方面机制创新、工作创新。特别要围绕推动区域城市化，对现有的产业组织体系、园区管理体制、政府运行体制机制大胆地进行适应性改革，创立更加先进高效、具有竞争力的体制机制。

五是切实优化环境。生态也好，文化也好，高端也好，必须有一个好的软环境。当前，我们的软环境建设有全面反弹现象，必须引起高度重视。市纪委已经拿出了一个初步意见，最近还要召开软环境大会，开展一次集中治理行动，总的要求是强化 5 种意识（强化危机意识、强化机遇意识、强化责任意识、强化“三创”意识、强化自律意识），打击 5 种行为（严厉打击破坏和干扰经济建设的违法犯罪行为、严厉打击欺行霸市行为、严厉打击“三乱”行为、严厉打击各种歪风邪气、严厉打击贪污腐化），实现 5 个提高（提高境界、提高执行力、提高工作效率、提高工作标准、提高工作质量），创造 5 个一流环境（一流生产环境、一流生活环境、一流服务环境、一流法制环境、一流诚信环境）。在这里要强调，政府要着力提高工作效率，所有工作人员都要切实转换角色、转变观念，坚决克服工作中拖拖拉拉、推诿扯皮、效率低下等问题，做到急事急办、特事特办、马上就办、办就一流，谁工作服务不到位，谁顶撞投资者，谁影响青州发展，就坚决砸谁的饭碗，坚决不给任何人第二次破坏环境的机会。人民办事中心要改进管理方式，“两张皮”现象必须解决。那些存在私设小金库、公款私存现象的单位，要好好反思。

六是加大科学投入。没有大的投入，就没有大的发展。随着信贷的高速增长，明年国家适度宽松的货币政策极有可能会面临调整，我们必须抓住当前的有利时机，采取有效措施，扩大投资规模、优化投资结构，充分利用货币政策宽松的有利条件，搞好项目筛选提报，争取更多的信贷支持。要高度重视招商引资工作，这次会议上印发了《关于进一步加大招商引资工作力度的意见》，要不折不扣地抓好落实。要推进公司上市进程，对具备上市条件的企业，有关部门要积极扶持，加强培育，力争实现企业上市工作的新突破；对科技含量高、经济效益好的企业，要提升企业组织管理水平，做好股份制改造，做到梯次培养、分类推进。要加强对政策的研究，切实加大跑部跑省力度，抓好一批大项目的包装与审批，力争有更多的项目进入国家、省计划“盘子”。

七是推进“青临（临朐、临淄）一体化”。按照分步实施、有序推进的原则，主动搞好与临朐、临淄的沟通，取得支持。加快基础设施和服务设施的对接，推进水、热、汽、电资源共享，实现道路衔接和公交一体化；加快工业、旅游业、房地产业、物流业等产业对接，特别是加快旅游一体化进程，联合打造“临—青—淄山水文化风情逍遥游”旅游线路，推行旅游“一卡通”，加快实现资源共享、设施共建、产业对接、优势互补、一体发展。

第十章

第七届中国花卉博览会

高境界、高标准、高水平做好“七博会”筹办工作

2008年2月，这次会议的主要议题是：以山东省委九届三次、潍坊市委十届三次全体会议精神为指导，认真贯彻落实全国绿化委、国家林业局等九部委《关于举办第七届中国花卉博览会的通知》和山东省委、省政府，潍坊市委、市政府关于筹办“七博会”的指示精神，动员青州市上下迅速统一思想，马上进入角色、开展工作，真正把“七博会”筹办作为青州市经济社会又好又快发展的强大动力，高境界、高标准、高水平做好筹办工作，确保“七博会”取得圆满成功，促进青州市经济社会发展上一个大台阶。

一、高度重视“七博会”筹办，把“七博会”筹办作为青州市经济社会又好又快发展的强大动力

“七博会”筹办是推动青州市经济社会又好又快发展的重要机遇。申办“七博会”，我们付出了艰辛的努力，充分体现了青州人不畏强手、知难而进、勇于竞争的精神，大大提升了青州的形象和知名度。但申办成功，只是万里长征迈出了第一步，还有大量的、艰苦的工作要做。青州市上下务必把思想统一到“七博会”筹办上来，真正把“七博会”筹办作为青州市经济社会又好又快发展的强大动力。

（一）“七博会”是青州发展的一次历史性机遇。中国花卉博览会是中国花卉界规格最高、规模最大、影响最广的花事盛会，被誉为中国花卉界的“奥林匹克”。从第五届开始，参照奥运会办法申办，广东顺德赢得了“五博会”举办权。温江将“六博会”筹办作为推动各方面工作、带动全区经济社会发展的龙头工程，通过举办“六博会”，城市建设提

前了近 10 年，财政收入从 2003 年的 3.1 亿元增长到 2007 年的 24.7 亿元，几年的发展超过了过去几十年。“七博会”花落青州，这是中国最高水平的花卉博览会第一次在山东省举办，也是第一次在县级市举办。这次盛会是青州两年来经济快速发展、青州市上下干事创业氛围空前浓厚的背景下迎来的全新机遇，浸透了方方面面的心血和汗水，可谓来之不易，必须倍加珍惜、好好把握。

（二）“七博会”对经济发展具有巨大拉动作用。“七博会”将广泛交流花卉发展的先进技术、信息和文化，进一步提升青州花卉园区的档次，推动龙头企业的上档升级，提升青州花卉产业的市场竞争力；“七博会”可以充分发挥对外开放的天然窗口和招商引资的平台作用，凝聚人气，盘活资源，吸引资金，实现招商引资和对外开放的突破；“七博会”能充分发挥资源聚集效应，将人流、物流、资金流做进一步的聚集，为第三产业特别是物流业和旅游业的发展注入活力；“七博会”可以推动现代农业的快速发展，加速城乡一体化进程，推进社会主义新农村建设；“七博会”可以为把青州市区位、交通、资源、产业、人文等各方面优势转化为经济优势创造契机。

（三）“七博会”对城市建设与管理转型有强大助推作用。温江筹办“六博会”，明确提出了“以会促城”的思路，抓住花博会举办这一机遇，不断加快城市基础设施建设，利用三年时间建成新的温江城。我们筹办花博会，重中之重就是准备花博会的现场，我们的现场不仅仅局限于展馆，而是涉及整个青州的城市建设和管理，特别是我们所列的包括重点道路、旅游、物流等项目在内的十大工程。我们就是要通过筹办“七博会”，实现城市基础设施配套、交通道路、市民休闲设施、接待场馆、文化设施等方面的大投入，完善城市功能，提升城市品质，实现城市东扩理想，提升青州市城市现代化水平。

（四）“七博会”对凝聚人心、提高市民素质有重要激励作用。“七博会”筹办的过程是一个解放思想的过程，是一个凝聚民心的过程，是一个打造现代文明城市的过程。要通过筹办“七博会”，动员青州市上下广泛参与，激发广大干部群众干事创业、振兴青州的热情，进一步丰富城市文化内涵。同时，使干部队伍素质在筹办中得到锻炼和检验，使人民群众的文明素质有较大提高，精神面貌焕然一新，努力在全国乃至全世界展现青州作为古九州之一的文化底蕴，展示现代青州人的精神风貌。

（五）“七博会”对提高青州知名度有巨大推动作用。发展需要人气。知名度就是生产力。“六博会”举办前后，党和国家领导人胡锦涛以及农业部等 8 个部委的领导到会，31 个省市由分管领导带队组团参加，39 个国家和地区参展，国内外 140 多万人到会参观游览，极大地提高了温江的知名度。“七博会”是充分展示青州形象的绝佳时机，是将青州推向全国乃至世界的最优平台，是打造城市品牌最好的广告，所产生的经济效益和社会效益不可估量。

总之，一定要把“七博会”筹办作为青州市经济社会又好又快发展的强大动力，作为青州区位、交通、人文、资源等各方面优势转化为经济优势的重大机遇，作为促进各方面工作的重大抓手，作为凝聚青州市上下力量、推进“三名一强”新青州建设的最大旗帜，一切工作围绕“七博会”做，一切项目都打“七博会”的牌，通过筹办“七博会”，奋力实现青州又好又快发展的全面突破。

二、正确分析办会形势，切实增强“七博会”筹办的紧迫感和使命感

现在距“七博会”开幕只有 500 多天的时间，时间催人、形势逼人，已经到了非常关键的时刻。

一要看到“七博会”筹办的有利条件。筹办“七博会”，我们有自己的特点和优势。一是上级领导关注支持。对于“七博会”的申办和筹办，省和潍坊市的领导一直高度重视，并为我们跑前跑后，做了大量实质性的工作。二是干部群众热情拥护。“七博会”的申办和筹办，反映了青州市上下共同的愿望，牵动着青州市人民的心。在申办期间，青州市广大干部群众众志成城，不畏强手，创造了“凝心聚力、知难而进、敢于竞争、锲而不舍”的“申博精神”。目前，青州市人民精神饱满、干

劲充足，支持参与青州发展的热情高涨，对举办好“七博会”充满信心。三是花卉产业基础良好。青州市花卉产业规模大，基础条件好，布展资材丰富，是江北较大的花卉交易集散中心和花卉生产基地，被国家林业局、中国花协命名为“中国花木之乡”，享有较高的知名度。四是办会经验丰富。从 2001 年开始，连续举办七届中国（青州）花卉博览交易会，两届山东省花卉博览会，积累了较为丰富的办会经验。尤其是在国际体育会展中心举办的 2007 年第四届山东省花卉博览会，参展企业达 2000 多家，122.3 万人次到会参观，受到社会各界的高度关注和普遍好评。五是城市建设成效显著。经过两年来的努力，“一城四区”城市发展格局初步形成，城市框架逐步拉开，旧城改造取得突破性进展，市民休闲娱乐中心、青都国际城、中央商务区、城东安置区、石坊路拓宽改造等重点工程进展顺利，东夷文化生态园、锦绣江南生态园、龙兴寺等旅游项目扎实推进，体育中心、会展中心一期工程按计划投入使用，为“七博会”的顺利举办创造了条件。

二要认真分析面临的形势和困难。“七博会”筹办时间紧，任务重。大量的、艰苦的工作急需我们去做，特别是许多制约瓶颈急需我们破解。一是基础设施差距较大。室外展区建设还没有破题，场馆二期工程尚未开工，接待场所等配套设施相对滞后。从温江“六博会”来看，日接待能力在 10 万人左右，而我们目前只能接纳 1000 人左右。我们困难很多很大。二是办会氛围不浓。部分干部群众片面认为“七博会”只是一个普通展会，只是部分单位、几个部门的事情，与己无关，对“七博会”的重要意义和拉动作用认识不到位，对以“七博会”为平台跑资金、争项目缺少创造性，青州市上下没有形成应有的办会合力。三是协调难度大。我们举办“七博会”需要山东省、潍坊市、青州市三级协调决策，环节多、层次多，协调难度相对较大。四是土地、资金制约问题突出。“七博会”主场馆、室外展区、分展区、基础设施建设都需要用地，需要投入。这些问题，必须马上想办法解决。

三要知难而进、不辱使命。这次“七博会”上级非常重视、社会高度关注、群众热切期盼。国家九部委和中国花协就举办好“七博会”联合下发文件，明确提出将花博会作为向共和国60周年献礼的经典工程，努力扩大“七博会”的社会影响。山东省委、省政府和潍坊市委、市政府多次召开会议研究筹办工作。必须看到，“七博会”不仅仅代表我们青州，也代表潍坊、代表山东省。“七博会”办不好，我们就无法向青州人民交代，就无法在世界人民面前抬起头来。现在全国上下都在注视着青州，我们的责任重于泰山。青州市上下都要进一步提高认识，坚决把“七博会”筹办作为又好又快发展的强大动力，在500多天里上下一心、团结一致，全民动员，打一场事关青州前途的攻坚战。

三、全民动员，全身心投入，奋力做好“七博会”筹办工作

“七博会”的举办，重在筹办过程。做好筹办工作，需要我们只争朝夕、不舍昼夜；需要我们开拓创新，充分发挥聪明才智；需要我们凝心聚力，形成强大合力。

一要不断提升境界。站得高，才能看得远、做得好。筹办“七博会”，尤其需要高境界。要在办会目标上提升境界。要高点定位，借鉴国内外先进办会经验，着力把“七博会”办成一届永不落幕的花博会，办成一届规模最大、创意最好、影响最广、效益最佳、服务最优，体现中国花卉业发展水平，具有重要国际影响的花事盛会；办成一届全面展示青州形象，拉动青州发展，推动青州各项工作实现突破的综合性盛会。要在工作标准上提升境界。“七博会”的筹办是我们工作水平、工作能力和干部队伍素质的集中展现。对策划、招商、布展各个环节，都要克服狭隘视野，树立世界眼光；吸收先进理念、融合青州特色；敢于突破常规、体现创新创意。对展区和重点配套工程建设，要牢固树立精品意识，高标准规划、高水平建设，精益求精、精雕细刻，建成城市凝固的艺术，真正起到体现文化底蕴、提升城市形象的作用。要在运作方式上提升境界。“七博会”规格高，投资大，必须创造性地推动工作开展。要通过思想的解放促进境界的提升，努力解决理念、定位、策划、规划、创意、创新等问题，强化招商引资的理念和市场运作的意识，采取多种方式借

势、借力、借钱、借人、借技术、借方法、借智慧，盘活各种资源、借助一切外力为我所用，本着少花钱、多办事，不花钱、办大事的原则，用最小的投入获取最大效益。青州市广大干部群众都要在“七博会”筹办这个新的形势和任务面前，重新思考和定位自己的工作，努力创意、创新、创造，只为成功找方法，不为失败找理由。各部门各单位要根据本部门、本行业特点，围绕“七博会”积极向上级争取土地指标，向业务主管部门争项目、争资金。要学会以会养会，在办会模式和项目运作上大胆创意、创新、创造。本着节约、集约、可持续的原则，将场馆建设与城市开发、展区建设与发展旅游结合起来，突出展会的综合效益。

二要全力以赴加快重点工程进度。为确保“七博会”成功举办，我们规划了场馆展区建设、弥河水生态旅游区、云驼风景区开发、南阳河整治、“七纵五横”道路改造建设（七纵：青垦路拓宽、东环路提升、新东环路规划建设、石坊路拓宽改造、云门山南路延伸、青州路延伸、弥河旅游道路建设，五横：连接宝通街、猛山路建设、老济青路拓宽改造、将军山路延伸、新南环路延伸）、城市基础设施配套建设、花卉博览园建设、招商招展、城乡环境综合整治、市民综合素质提升“十大工程”。500多天的时间要高质量、高标准、高效率完成这些工程，任务非常艰巨，这是对我们的领导力、执行力和市场运作能力的巨大考验。关键是要提高境界，超越自我，大胆创意、创新、创造。有关部门要抓紧制订各项工作方案，倒排工期，一步一个脚印；要全面加快工作节奏，提高工作效率，该规划的规划、该招标的招标、该跑的跑、该争的争，动员一切可以动员的力量，不舍昼夜、风雨兼程向前推进。

三要广泛动员、全民参与，形成办会合力。“七博会”是一个由国家九部委组织的国家级综合性花事盛会。筹办工作是青州乃至潍坊和全省的大事，是一项涉及上上下下的综合性社会系统工程。温江在开幕式上仅工作人员就达4000多人。青州市委、市政府把筹办“七博会”作为2008年工作的头等大事、总抓手，统领方方面面的工作，什么事都要拿进来，借花博会去做我们平时做不了做不好的事情。各部门各单位、各镇街道、各企业及青州市广大干部群众都要以此为己任，围绕筹办“七博会”谋划思路，扎实工作，争作贡献，在青州市上下形成一切服从和服务于花博会的良好氛围。要在青州市开展市民素质提升工程，树文明、倡新风，提升市民文明意识和综合素质，展示青州形象，提升城市品位，营造和谐向上的城市人文环境。宣传、文化、新闻等部门要充分发挥舆论导向作用，开展以“迎七博”“办七博”为主题的系列宣传教育活动，努力做好宣传群众、鼓舞群众、发动群众的工作。各企业要借“七博会”这个平台，认真研究，抓住机遇，内引外联，大力开展招商引资，加大对外开放力度，提升现代化、国际化水平，壮大企业规模。各位花卉经营业户，要抓住这个机遇，引进高科技专业人才，拉长花卉产业链条，提升产业规模和效益。医院、景点、酒店、出租车等窗口行业和单位要扎实开展技能训练，不断提高服务水平。广大人民群众要树立大局观念，自觉主动地支持和参与“七博会”筹办工作，迅速在青州市上下形成人人支持花博会，人人参与花博会，人人为花博会作贡献的生动局面。

四、加强组织领导，确保圆满完成“七博会”筹办的各项任务

“七博会”筹办事关全局，任务艰巨，需要全民参与，全社会动员，全身心投入。工作成效到底如何，关键要靠加强领导，狠抓落实。

（一）加强组织领导。为确保“七博会”筹办工作的顺利开展，省政府和潍坊市政府先后成立了主要领导挂帅的强有力的筹办工作机构，全面组织协调筹办工作。研究确定了45个重点项目工程指挥部，这些指挥部均是综合指挥部，全面负责项目的策划、立项、规划、建设、经营各个环节，每个指挥部都有责任单位和成员单位。各部门、各单位要服从指挥部的协调调度，把“七博会”筹办作为压倒一切的任务，各司其职，各负其责，密切配合，通力合作，确保各项工程按质、按时、高标准完成。

（二）抓好工作落实。各部门、各单位要把“七博会”筹办工作列入重要议事日程，细化分解任务，部门单位主要领导负总责，成立领导小

组，落实工作人员，全力以赴做好筹办工作。各镇、街道对“七博会”筹办工作要统筹考虑，优先安排，全力以赴、全力支持；要在完成各项日常工作的同时，结合各自实际，围绕筹办“七博会”，出题目，做文章，借助“七博会”筹办这一良好契机和平台，带动本部门工作的全面发展。

（三）加强协调联系。“七博会”筹办，涉及国家有关部委、各省市区花协组织和国内外参展团队，联络协调工作至关重要。市筹办工作指挥部要进一步加强与中国花协、九部委、各省市区花协和省、潍坊市业务部门的协调与联系，落实好“一对一”服务，尽快开展对口服务工作。要切实搞好“七博会”接待工作，对重要客人和参展客商要落实专人全程陪同，为客人提供最佳服务。要加强与各部门间的联络和协调，统筹各项工作开展。

（四）强化督查考核。“七博会”是国家的花事盛会，是山东、潍坊的脸面，是青州的光荣和骄傲。每一个青州人都有投身“七博会”筹办的义务和责任。谁为“七博会”筹办贡献大，谁就是青州人民的功臣。对“七博会”筹办工作，要制定奖惩措施，并作为提拔任用干部的重要依据。市委、市政府督查局要搞好督查，有关部门要搞好调度，对阻碍筹办工作和组织开展筹办工作不力的人和单位，要严肃处理，决不姑息。对于在“七博会”筹办中工作不力的领导干部，以及工作中发现的问题，广大人民群众都有权利有义务通过写信、打电话等方式，向市委、市政府反映。各部门、单位，各镇、街道对“七博会”筹办工作也要分解任务，制定标准要求，定期做好考核工作，奖优罚劣，确保“七博会”筹办工作的顺利开展。

上下一心，提升花卉产业，确保“七博会”举办圆满成功

2009年2月，青州市委、市政府召开这次会议，主要是回顾总结“七博会”筹备工作，分析当前办会形势，安排部署工作任务，动员青州市上下进一步统一思想、提高认识，全民动员、全力以赴，大战200天，高标准、高质量、高水平完成各项筹备工作，确保“七博会”举办圆满成功。

随着“七博会”的临近，筹备工作取得阶段性成果。2007年6月5日青州市成功取得“七博会”举办权，2008年2月24日青州市“七博会”筹备工作动员大会召开。我们坚持把“七博会”筹备作为青州市经济社会又好又快发展的强大动力，青州市上下同心同德、狠抓落实，各项筹备工作有条不紊地进行。

一是筹展机构运转高效。从青州市抽调精干人员组成筹委会办公室，下设13个工作部，实行部长负责制，把筹备工作阶段性任务进行目标量化分解，落实到部门、落实到人，协调调度，强化督查，确保了各项筹备工作快速推进。

二是基础设施建设进展顺利。着力打造以宋词和李清照文化为主题的永久性室外展区，由全球知名花卉企业——浙江森禾公司建设管理运营。从2008年5月开工以来，水、电、路、人工湖、地形整理及大树栽植等一期工程基本完成，布展条件已经具备。现已有新疆、黑龙江、湖南展团入区施工。会展中心设施配套日趋完善，辅助展区各重点工程建设扎实推进。为“七博会”筹备实施的“七纵五横”道路工程大部分竣工通车。“快速通道”建设顺利启动。

三是布展工作有序推进。“七博会”总体工作方案、招商布展方案、宣传推介方案、市场开发方案、文化活动方案及配套的详细实施方案已经形成。2008 年 8 月全国各省（自治区、直辖市）对各自室内、室外布展建设面积和方位进行了确认，12 月组织国内专家对室外展区布展设计方案进行了评审，评审意见已上报中国花协，中国花协反馈意见后，有关省（自治区、直辖市）将于近日动工建设。

四是宣传推介全面展开。先后举办“七博会”倒计时 500 天等系列活动，开通“七博会”网站和电视台花卉频道，在重点路段设立大型路牌广告，开展花卉知识大奖赛、中小学生作文竞赛、市民素质提升等活动，启动“盛世花开丝绸路”大型宣传推介活动。

五是招商招展成效显著。聘请专业人员制定主展馆和交易区布展方案，组织多个队伍，充分利用各类展会进行招商，目前已与荷兰、肯尼亚、乌干达等多个国家和国内知名花卉企业签订参展协议。同时，围绕打造“三名一强”生态文明新青州这一主题，对“七博会”期间主要活动进行创意策划，就花与文化、花与生活、花与科技、花与旅游、花与经贸五大板块，初步形成 40 多项丰富多彩的活动。志愿者选拔、培训和使用开始启动，与数十家企业和商家达成了市场开发方面的意向或协议。

“七博会”已经进入倒计时，时间催人、形势逼人、成败在人，必须明确任务、突出重点，集中人力、集中物力、集中财力、集中精力，全力以赴向前推进。要全力做好 10 个方面的工作。

一是全力推进基础设施及配套工程建设。高标准按时完成基础设施及配套工程建设，是办好“七博会”的关键。由各工程建设指挥部负责，倒排工期，加强调度，全面加快工作节奏。会展中心要加快完善场馆及附属设施，为室内布展创造最佳条件。室外展区已完成水、电、路等基础设施配套，下一步重点是与各参展团密切配合，全力提供优质服务，严格按照规划设计方案加快施工。全力推进“云驼风景区、弥河水生态旅游区、南阳河宋城、花卉博览园”4 个辅助展区建设，加快东夷文化生态园、衡王明城、龙兴寺复建、甲子文化生态园等项目建设进度，确保“七博会”举办前完成。云驼风景区要在五一劳动节前完成封闭式管理。重点推进“快速通道”建设，确保“七博会”召开前竣工通车。对星级酒店建设，要切实将各项优惠政策落到实处，加强协调调度，确保按期完工、投入使用。对“七纵五横”道路工程，要抓住春季施工的最佳时节，抓紧完成绿化任务。

二是全力抓好招商招展。当前金融危机影响持续加深、世界经济全面衰退，大背景对我们招商招展是不利的。而且“七博会”是我们与北京顺义同时举办，济南“园博会”举办也在相同时段，更为我们招商招展增加了难度。三会同时举办，使招商招展难度加大，但越是困难的时候，越不能动摇信心。要把前期制定的优惠政策不折不扣地落实好，通过多种形式开展一系列广普招商，力争吸引更多的花卉企业、花卉组织来青参展。各级各部门要充分发挥“七博会”招商引资的平台作用，搞好项目库建设，有针对性地搞好项目筛选，组织好项目信息发布、投资环境宣传等活动，确保招商实效。招商重点要放在高新技术、现代制造业、农产品加工及基础设施项目上，力争在文化、旅游和服务业等领域取得新突破。“七博会”蕴含着很多机遇，对部门对个人特别是广大企业，一定要发挥好招商引资的主体作用。

三是全力搞好宣传推介。“七博会”举办能否圆满成功，宣传推介起着举足轻重的作用。扩大影响、提升形象，必须全方位加强“七博会”的宣传推介。筹委会办公室要与宣传部门密切配合，突出策划创意，借势借力，搞好各个阶段的宣传，不断形成强势效应。集中力量抓好“盛世花开丝绸路”大型主题宣传活动，确保取得应有效果。组织好“七博会”形象小姐评选暨山东省第六届职业模特大赛、潍坊“鸢飞花舞”文艺晚会、济南倒计时 200 天新闻发布会等系列活动，争取在“七博会”开幕前形成宣传高潮。

四是全力提升花卉产业。我们举办“七博会”，是为了富裕一方百姓，壮大一个产业。办会是手段，而不是目的。检验“七博会”成功与否的一个重要标准，就是看是不是促进了花卉产业的发展。要以打造东方花都生态城为目标，高点定位，通盘考虑，抓紧完成东红路以东、范公亭路以南、新南环路以北、曹龙路以西区域的整体规划，把“生态城”

建设和旅游发展、小城镇建设有机结合，全力打造集休闲、娱乐、旅游、接待、购物、生产、生活于一体的创意之城。可以借鉴四川成都“五朵金花”的模式，借助北京朝阳区蟹岛的模式，将东方花都生态城办成一个集休闲、旅游、购物、接待、生产、生活于一体的，辐射周边各个城市的创意之城，将旅游开发、产业培植、社区建设统筹考虑，立即拿出规划，抓紧组织实施。把弥河水生态旅游区和花卉博览园进行统一规划，整体推进，搞好拦河坝选址，加快污水管道建设、河道清理、河堤加固和美化亮化进度，着力打造亮丽风景线和魅力景观区。

五是全力做好接待工作。“七博会”接待规格高、规模大，做好大会接待服务工作任务相当艰巨。能否做好接待工作，对我们来说是一次前所未有的重大考验。市委、市政府两办，市接待处要及早准备，及早研究制订接待方案。要组织精干力量，抓紧到先进地区进行学习，对服务人员进行培训，对接待场所进行摸底，对接待车辆进行安排，确保不出纰漏。筹委会办公室要与有关部门密切配合，抓好志愿者的选拔、培训工作，保证向大会提供最佳服务。“一对一”对口服务责任单位要高度重视对口接待服务工作，主要领导亲自抓，分管领导、具体责任人全力靠上，保证向各参展团提供最优质的服务。

六是全力搞好安全保卫。搞好“七博会”安全保卫工作责任重大。从以往几届花博会来看，每届都必须动用大批警力，“七博会”期间仅靠青州市警力远远不够。各相关部门要及早制订安全保卫方案，主动协调上级业务部门，争取潍坊乃至全省的警力参与“七博会”安保工作。要根据“七博会”的特点，落实责任，落实车辆，落实器械，提前演练，切实保障好重要来宾、参展团成员、游客的人身安全和展品安全，保障好室内展区、室外展区及交易区消防安全，高标准做好所有活动的安保工作。

七是全力搞好交通运输。“七博会”筹备、举办期间，大量的布展材料需要通过多种方式运抵青州市。按照青州市对各省（自治区、直辖市）参展团的承诺，高速公路通行要设立 VIP 通道，优先通行。有关部门要积极协调，争取在最短的时间内为各参展团办理好 VIP 通行证。同时，数百万人次的游客量，现有公交车、出租车根本承担不了运输任务，有关部门要及早研究制订方案和预案，合理调度、科学筹划，保证有足够的车辆满足大会需要。

八是全力组织好开幕式。开幕式能否成功，在一定程度上决定着“七博会”能否成功。本次开幕式暨大型文艺演出将由山东电视台现场直播，有大量工作需要提前准备和衔接。有关责任部门要及早制订工作方案，确定文艺演出方案，抓紧时间与山东电视台联系沟通，做好直播节目的策划工作。对其他所有活动，各相关责任部门要认真论证，把方案做细，使其更具操作性，确保各项活动的顺利实施。

九是全力搞好环境综合整治。紧紧围绕“七博会”举办对环境的要求，抓好节能减排，推进清洁生产，恢复生态环境；做好弥河水生态旅游区、南阳河流域内污染企业的关停并转，加快实施北阳河流域治理，切实抓好云驼风景区、仰天山风景区等的环境整治。加大城市环境整治力度，坚决取缔乱搭乱建、店外经营、贴小广告等不文明现象，确保城区卫生、整洁。大力开展路域环境综合整治，各镇、街道、园、区要根据属地管理的原则，组织力量对辖区内路域环境卫生秩序进行彻底整治，树木该涂白的涂白，建筑该粉刷的粉刷，清理好农村“三大堆”，确保文明有序、环境优美。

十是全力实施市民素质提升工程。近几年的经济社会发展中，广大人民群众都表现出很高的境界和姿态，没有这一点，我们的大规模拆迁就难以实现，我们的城市框架就难以拉开，我们就无法实现提前一年重进百强的目标。但人的发展也是没有止境的。“七博会”举办更给我们提出了新的更高的要求。要坚持以文化人，贴近实际、贴近生活、贴近群众，积极推进各类文化创建、和谐创建、精神文明创建活动，以精神凝聚力量，以文化浸润灵魂，以活动展现活力，努力营造“我为青州添光彩，青州因我而美丽”的环境和氛围。“七博会”筹备是每一个青州人的事。从领导干部到每一个市民，都要从自身做起，从一言一行做起，从具体事情做起，树立自己的形象，维护青州的形象。出租车司机、宾馆服务人员、银行职员、交通警察等行业人员，更应该有这样的意识。

塑造“东方花都、文化青州、假日花园”品牌，奋力推进“三名一强”生态文明新青州建设

在山东省委、省政府和潍坊市委、市政府的正确领导下，在山东省、潍坊市林业部门的大力支持下，经过青州市广大干部群众的共同努力，第七届中国花卉博览会取得圆满成功。花博会的成功举办为青州凝聚人气、盘活资源、吸引资金，把区位、交通、资源、产业、文化等各方面优势转化为经济优势创造了绝佳契机，为下一步发展拓展了无比广阔的空间。

一、推动了思想观念大转变

在花博会的申办和筹备过程中，形成了“知难而进、勇于拼搏、敢于竞争”的“申博”精神，广大干部群众有效破除了小农意识、小市民意识和计划经济观念，牢固树立起大开放、大合作意识。特别是花博会的成功举办充分证明了“小地方能够有大作为”，让青州人民重新找回了自信，激发了热情，由过去的不敢想、想不到、不敢干转变到现在的敢想、敢为、敢干，而且一定能够干成。

二、推动了市民素质大提高

通过深入实施市民素质提升工程，广大人民群众的认同感和责任感进一步增强，自觉地把个体利益与整体利益、眼前利益与长远利益结合起来，正确处理个体幸福与整体发展之间的关系，愿意为青州的发展与未来，承担应有的责任，付出更多的努力，社会动员成本大大降低，社

会动员水平大大提高。广大人民群众舍小家、顾大家，真正发挥了建设青州主力军的作用。

三、推动了城市建设大提速

花博会和城市建设实现了良性互动。通过花博会，青州市办成了一大批过去想办而办不成的重点工程。3 年以来，完成拆迁 290 万平方米，拆除城中村 30 多个，市场化运作资金 200 多亿元，彻底实现了“有多少钱办多少事”到“有多少事找多少钱”的转变，宋城、东方花都生态城等项目进展顺利，体育中心、会展中心、中都财富广场、星级酒店等重点工程投入使用，快速通道、新南环等“七纵五横”道路建设全面竣工，“一城五区”城市框架基本形成，一大批新的城市地标纷纷崛起，城市建设实现了超常规、跨越式发展。

四、推动了花卉产业大升级

以打造山东花卉高端产业聚集区和东北亚花卉生产中心为目标，狠抓花卉产业提升。规划建设了占地 5000 亩的花卉发展区，入驻企业 21 家、花卉研究所 4 处，建成高档智能温室 35 万平方米，被确定为山东省省级花卉高科技园；启动建设占地面积 60 平方公里的东方花都生态城；扩建花卉交易中心，交易区面积达到 20 万平方米，成为中国北方最大的花卉生产和集散交易中心，花卉及相关产品的产业链条进一步拉长，规模和档次实现了质的提升，为打造花卉高端产业聚集区奠定了坚实的基础。

五、推动了产业结构大优化

配合花博会设施建设，41 家企业完成退城进园。以花博会为总抓手，现代农业快速发展，瓜菜、畜牧、花卉、果品、优质粮五大支柱产业占农业总产值的比重达到 93% 以上。随着花博会带来的巨大人流、物流、资金流，青州的旅游、物流产业也被迅速激活，旅游业，吸引投资

130多亿元，开工建设30多个文化旅游项目；物流业，陶瓷厨卫、五金灯具、钢材等市场实现整合，港天保税物流中心、新创宜佳装饰城等一批物流园区建成，大物流、大旅游格局初步形成。青州市呈现出一产相对下降、二产快速增长、三产大幅上升的良好发展态势。

六、推动了全域城市化进程大跨越

随着花博会重点工程项目的推进，青州中心城区规划控制面积由30平方公里达到300平方公里，一批以产业为支撑、各具特色的小城镇初具规模。特别是一系列道路的集中建设，青州市12个镇（街道）全部纳入中心城区半小时经济圈。中部现代化中心城区、北部青州经济开发区、南部文化产业园区、东部东方花都生态城、西部猛山经济发展区、西南部生态旅游区“一城五区”城市格局形成。

七、推动了生态文明建设大进步

结合花博会筹办，青州大力推进生态文明建设，组织实施了蓝天清风、碧水清源等十大工程。关闭采矿企业500多家，治理损毁山体5000多亩。全面启动建设玲珑山、牛角岭等11处林场，新增林场造林6万亩。城市绿地由120万平方米增加到现在的1043万平方米，是原来的近10倍。

八、推动了民生建设大发展

在花博会基础设施建设拆迁中，坚持让利于民，彻底解决200多家破产、改制企业的遗留问题，拿出最佳地段用于被拆迁居民安置。全力做好社会保障工作，大幅提高城乡低保标准。新型农村合作医疗覆盖面达到100%，报销上限提高到4万元。

九、推动了投资环境大改善

在花博会申办、筹备和举办过程中，市民素质的提高、干部作风的转变、城市环境的优化，以及由此带来的青州知名度和美誉度的提升，促进了发展环境的极大改善，打响了“东方花都、文化青州、假日花园”的城市品牌，外地客商纷纷前来洽谈投资。2010 年，我们完全有信心通过招商引资增加投入 260 亿元以上，力争超过 300 亿元，为下步发展奠定坚实基础。

花博会的成功举办使青州经济社会发展进入一个全新阶段，2010 年我们将根据潍坊市委、市政府的总体要求，抢抓“三区”建设重大机遇，充分放大和发挥花博会后续作用，以全域城市化为目标，以“生态、文化、高端”理念为引领，以“抓投入、上项目”为总抓手，把工业发展作为重中之重，整体推进“工业发展、小城镇建设、社区建设、三强工程”四大重点，加快建设“一城五区六大基地”，全力打造“三区”的“后花园”和服务基地，塑造“东方花都、文化青州、假日花园”品牌，奋力推进“三名一强”生态文明新青州建设，确保经济社会发展再上新台阶。

公共服务篇

基层公共服务关键看实效，要提高针对性，老百姓需要什么，我们就做什么。要加强对基层工作人员的培训，增强为民服务意识和能力。

第十一章

维护社会和谐稳定

不断提高公安机关服务社会、服务群众的能力和水平，努力维护政治安定、社会稳定

2006年9月，市委、市政府召开这次大规模、高规格的公安会议，主要是认真总结近年来特别是2006年以来的公安工作，研究部署新形势下加强和改进公安工作的任务措施，为推动青州市经济社会更快更好发展创造稳定和谐的社会环境。

一、认清形势，进一步增强做好公安工作的紧迫感和责任感

在潍坊市委、市政府的正确领导下，青州市正确处理改革、发展与稳定的关系，突出工业振兴、城市建设与管理转型、服务业提升、社会主义新农村建设4个重点，积极推进“两城三片六大基地”的城市发展总体布局，全力打造文化名城、旅游名市、生态名市和经济强市，青州市经济社会健康快速发展。环境进一步优化，社会繁荣和谐稳定，信访总量、越级访、集体访分别下降30.4%、48%和27%，治安案件下降13.5%。

这些成绩的取得，是上级党委、政府正确领导的结果，是青州市人民共同努力的结果，更是广大公安干警扎实工作、保驾护航的结果。近年来，公安机关紧紧围绕青州市改革发展稳定的大局，无论在对敌斗争、打击犯罪、治安保卫、预防处置群体性事件，还是在服务发展、服务群众等方面，都做了大量富有成效的工作。特别是2006年以来，公安机关大力整顿纪律作风，加强“三基”建设，改革城区治安巡控模式，完善考核激励机制，先后集中开展交通、矿山秩序整治和集中处结治安案件、夏季破案追逃、打霸治邪、打击盗抢机动车油料物资等专项行动，打掉恶势力团伙13个，抓获犯罪嫌疑人80余名，有力地维护了社会稳定，为青州市环

境的优化和经济社会的发展，作出了突出贡献。实践证明，青州市公安队伍是一支政治强、业务精、作风硬，特别能吃苦、特别能奉献、特别能战斗的队伍，是一支党委政府和青州市人民完全可以信赖的队伍。

“安而不忘危，治而不忘乱。”在肯定成绩的同时，我们必须清醒地看到，青州市公安工作在新形势下也面临新的考验和挑战。一是敌对势力威胁政治稳定，邪教组织的破坏活动时有发生。二是人民内部矛盾仍然比较突出。在经济社会转型、加快城市建设和推进工业振兴上项目的过程中，利益调整比较频繁，一些深层次矛盾逐步显现，群体性事件日益突出，处置难度加大。三是社会治安形势不容乐观。目前，青州市仍处于犯罪活动的高发期和不稳定期，刑事犯罪总量居高不下，盗窃、抢劫等多发性侵财案件仍有上升势头。四是安全生产压力持续增大。特别是交通事故、火灾隐患增多。另外，随着社会的发展，人民群众的民主法制意识不断提高，对公安机关的执法活动、公安队伍综合素质乃至整个公安工作，都提出了新的更高要求。

当前，我们正处在实现经济社会更快更好发展的关键时期。国家对土地、信贷和市场准入的宏观调控，对我们来说，既是挑战更是机遇。青州有良好的区位交通优势、丰富的自然和历史人文资源，在国家宏观调控的大背景下，只要我们注重土地、环保等问题，正确处理好改革发展与稳定的关系，打造好经济发展软环境，我们就会实现更快更好发展。因此，我们一定要从讲政治、讲大局的高度，充分认识维护青州市和谐稳定的极端重要性，充分认识新形势下加强和改进公安工作的极端重要性，切实增强做好公安工作的紧迫感和责任感，进一步认清形势，明确责任，强化措施，狠抓落实，不断提高公安机关服务社会、服务外商、服务群众的能力和水平，努力维护政治安定、社会稳定，为加快青州发展作出积极贡献。

二、充分发挥职能作用，努力为发展创造和谐稳定的环境

环境就是生产力。稳定和谐的社会环境是加快发展的基础和保障。

各级各部门和公安机关要牢固树立稳定压倒一切的思想，扎实推进“平安青州”建设，努力营造良好的发展环境。

一是全力维护政治稳定。要始终保持高度的政治敏锐性，切实增强工作的预见性，牢牢把握工作主动权。要强化情报信息控制工作，努力提高发现、控制和处置能力，决不允许危害国家安全和社会稳定的人员形成组织；要严密防范、严厉打击境内外敌对势力、邪教组织的非法破坏活动，决不允许危害国家安全和社会稳定的活动形成气候。

二是全面强化社会治安综合治理。实践证明，综合治理是维护社会治安稳定的有效途径。要继续坚持打防结合、以防范为主，疏堵结合、以疏导为主，标本兼治、以治本为主的原则，进一步突出重点，加大力度，不断提高打防控一体化水平。始终坚持严打不动摇，加强对社会治安形势的分析，不断改进严打方式方法，增强打击的针对性、主动性和实效性，始终保持对犯罪分子的高压态势。加强基层基础工作，继续深入推行治安防范责任制，大力加强治安防控体系建设，努力提高动态环境下对社会治安的控制能力，减少违法犯罪的空隙，切实增强人民群众的安全感。高度重视农村治安工作，围绕建设社会主义新农村，严厉打击涉农违法犯罪活动；充分发动群众、依靠群众，推广落实行之有效的群防群治和治安防范措施，维护好农村治安秩序。切实搞好警校共建、警企共建等共建活动，强化对青少年的法制教育，进一步维护学校、企业等基层单位的治安稳定。

三是积极预防和妥善处置群体性事件。要注意分析把握新形势下人民内部矛盾的突出特点和发展趋势，协调好各方面利益关系，避免矛盾激化而引发群体性事件。健全完善群体性突发事件应急处理机制，切实做到发现及时、反应敏捷、处置果断，把矛盾解决在萌芽阶段和初始阶段。要进一步加强信息预警机制建设，健全完善工作预案，及时发现和上报可能引发群体性事件的苗头性、倾向性问题，积极配合有关部门做好调处工作。

四是不断提高服务发展的水平。公安机关要牢固树立“服务也是重要警务”的理念，切实增强为大局服务的意识，从维护青州市发展环境出发，不断提高自身素质和执法水平，正确处理执法与服务、打击与保护的关系。要牢固树立中心意识，围绕市委的中心工作，明确工作重点，进一步开展城区交通秩序整顿，社会治安综合治理，严厉打击各类经济犯罪，严厉打击破坏经济发展环境的不法分子和黑恶势力。要牢固树立群众意识，增强为群众工作的主动性和自觉性。从人民群众最关心、最急需的事情着手，积极采取各种有效的便民利民措施，为广大群众提供优质、高效服务。认真落实好各项服务承诺，自觉做到取信于民、服务社会。

三、加强组织领导，确保公安工作健康发展

做好公安工作，关键在领导。要立足于青州市改革发展稳定大局，进一步加强对公安工作的领导，为公安工作提供坚强有力的保障。

一是把公安工作摆到更加突出的位置。各级各部门各单位特别是主要负责同志，要用全局的眼光看待公安工作，把公安工作摆上重要位置，列入重要议事日程，经常听取公安工作汇报，定期分析社会稳定形势，及时作出决策部署，全力支持公安机关依法履行各项职责。要关注公安工作遇到的重大问题，把握形势变化，及时指导，尽力帮助解决实际困难。要进一步明确责任，主要领导要亲自抓，负起全面责任，分管领导要具体抓，负起主管责任，对重点工作、重点问题和重大案件，党政领导要亲自指挥，亲自督查，一抓到底。

二是切实加强公安队伍建设。要按照政治坚定、开拓创新、团结协调、廉洁勤政和想干事、会干事、干成事的要求，重点抓好公安机关领导班子建设，真正把政治强、作风硬、精通公安工作、具有丰富工作经验和较强组织领导能力的优秀干部，选拔到公安机关领导岗位上来。要按照政治建警、素质强警、从严治警的要求，全面推进公安队伍正规化建设。要始终把思想政治建设放在首位，坚持用邓小平理论和“三个代表”重要思想武装广大民警的头脑，认真学习《江泽民文选》，不断提高政治理论素质，确保公安队伍的政治本色。继续深入开展大练兵活动，

全面提高队伍整体素质和战斗力，真正做到关键时刻拉得出、冲得上、打得赢。严格公安机关内部管理，规范警容风纪和执法行为，树立人民警察的良好形象。进一步深化警务公开，加强内外执法监督，确保严格、公正、文明执法。

三是积极为公安机关创造良好的工作条件。对于公安工作中遇到的实际问题和困难，各级党委、政府和有关部门要想方设法尽快帮助解决；暂时不能解决的，有关部门要坚持从实际出发，积极创造条件加以解决。会上，印发了中共青州市委《关于进一步加强和改进公安工作的意见》，各级各部门各单位要认真抓好贯彻落实。广大公安民警身处打击犯罪的最前沿，位于管理服务的基层，长期面对矛盾、面对困难，甚至面对丑恶、面临危险，各镇、街道、各部门一定要树立和强化从优待警的意识，时刻把民警的冷暖放在心上，真正把从优待警的各项要求落实到行动上，做到政治上爱护、工作上支持、生活上关心。组织、人事、财政等部门要加大对公安工作的支持力度，为公安部门提供强有力的支撑。政法各部门要增强工作合力，搞好沟通、协调、配合，构建协同作战、顺畅有序的政法工作运行机制。宣传部门和新闻单位要进一步加大正面舆论引导力度，大力宣传公安机关在维护稳定、打击犯罪、服务群众、抢险救灾中做出的成绩和贡献，宣传公安民警的奉献精神和感人事迹，在全社会营造人人理解、关心、支持公安工作的氛围，为公安机关和公安民警创造良好的执法环境。

提升城市管理工作，
为加快经济发展营造和谐有序的社会环境

2006年6月，我们召开的这次大规模会议，主要是研究部署城区乱搭乱建集中整治工作，动员青州市上下，进一步统一思想，提高认识，采取措施，打好攻坚战，在更高层次、更高平台上提升城市管理工作，为加快经济发展营造和谐有序的社会环境。这既是青州市城市建设工作会议的延续和落实，也是加快城市建设与管理转型、促进制度化、规模化发展的前提。

一、实施城市乱搭乱建集中整治活动，是维护好、实现好、发展好广大人民群众利益的现实需要

城市是市民居住的家园，作为青州来讲，是青州市90万人民的活动中心，是经济、政治、文化交流的中心。城市环境是城市形象的有形载体，是广大人民特别是全体市民生产生活的重要场所，是经济发展的重要平台。各级领导干部要从改善城市形象、改善投资环境、改善人民群众生活质量的高度，从抓城市建设就是抓经济建设的高度，充分认识整治活动的重要性和必要性。要以创建文明城市、打造优良环境、建设美好家园、促进城市发展为主题，把拆除违法建筑作为城市管理工作的有力抓手，善于创新，勇于开拓，积极进取，充分调动广大党员干部和人民群众的积极性和创造性，采取强有力的措施，坚决拆除乱搭乱建，创造优美、整洁的城市环境，营造和谐有序的发展空间。通过集中整治，我们要努力达到“五个明显”的目标：城市面貌明显改观；生态环境明显改善；城市形象明显提升；城市管理水平明显改进；市民城市意识明

显提高。市民要提高自己的城市意识，热爱我们居住的家园。

二、突出重点，完善机制，全面推进

一是要突出重点，严格执法。要突出重点，突破难点，以点带面，整体推进。抓住进出城道路、窗口地区、主次干道两侧和居民小区、城中村内影响市容市貌、影响城市设施功能正常发挥、影响群众生产生活的违法建筑物或构筑物，尤其是一些城郊接合部以谋取私利为目的的企业违建、机关违建，要坚决限期拆除。要大胆执法。同时，坚持“分级负责、属地管理”的原则，做到集中整治工作与城中村改造、小区出新、道路整治出新、受理群众投诉举报、控违“零目标”相结合，全面完成目标任务。

二是要健全领导体制。领导小组要定期召开联席会议、通报整治情况、经常组织检查督查，加强协调沟通，形成党委坚强领导、政府全面推进、人大和政协全力支持、纪委（监察）和组织部门有效监督、干部群众积极参与的良好局面。各成员部门、街道、镇，也要成立相应的领导组织，一把手要亲自挂帅。既要完成好本单位职责范围内的整治任务，又要按照市里的统一部署，密切协同、联合执法，全力以赴，以坚定的决心、超常的力度和有效的措施，强力推进集中整治行动，全面改观城市整体环境面貌。

三是要完善监督机制。这次集中整治活动，不单要从面上解决乱搭乱建问题，还要强化措施，从源头上加强防控，通过建立有效监督渠道，畅通举报渠道。真正把违章搭建放置于人民群众的监督之下，使违章搭建无藏身之处。要进一步完善监督网络。加强对城市规划控制区内各类建设情况的监督检查。对管理责任区内违法建设情况隐瞒不报、拖延不处理的，要严肃追究相关领导和直接责任人的行政责任。对弄虚作假，进行非正常程序操作的，承办部门要承担全部责任，并追究行为人和单位主要领导的责任，情节严重，触犯法律的，依法严肃处理。

四是要建立督查考核机制。集中整治本身就是考验干部作风、能力、素质的有利时机。监察部门和督查局要按照整体工作安排，采取定期与不定期相结合、全面检查与重点抽查相结合、明察与暗访相结合的办法，加强督促检查推动工作开展；与新闻舆论监督、群众社会监督有机地结合起来。对检查中发现的问题，限期整改；对工作不力、成效不大的，要进行通报批评和公开曝光；对工作敷衍塞责、欺上瞒下，影响青州市整体工作进度的，要追究主要领导和分管领导的责任。集中整治活动结束后，市里将对各有关镇、街道和部门、单位的整治工作进行检查验收，考核结果将与市里安排的几项拆迁工作一并纳入对镇、街道和部门领导班子干部工作实绩考核的重要内容。

三、广泛动员，全民参与，确保实效

这次集中整治任务重、难度大，必须集中开展好宣传发动工作，营造浓厚的社会氛围。

一是广泛动员，全民参与。人民城市人民建，没有广大人民群众的支持和参与，我们的目标就不可能实现。各镇、街道和部门要通过灵活多样的形式，全方位、多角度地宣传集中整治的重要意义、目标任务和具体要求，使整治工作家喻户晓，深入人心。市民是城市的主人，是城市环境的主体，市民的素质直接影响着城市环境的质量。要把提高市民素质作为一项重要的工作，教育广大市民不断提高城市意识，增强法制观念，牢固树立大局观念，正确理解市委、市政府加快城市建设、促进青州发展的意图，像爱惜自己的家园一样爱惜自己生活的城市，自觉与破坏城市发展、乱搭乱建的不良行为作斗争，不给破坏发展环境者任何可乘之机，形成人人关心城市建设、人人参与环境整治的良好局面。

二是把握导向，典型引路。集中整治涉及方方面面，影响到多方面的利益格局，宣传部门和新闻媒体要充分发挥舆论的导向作用，大力宣传市委、市政府开展集中整治工作的决心和政策，大力宣传乱搭乱建对公共利益和城市形象的危害与影响，大力宣传集中整治中涌现出的好人好事和先进典型，大力宣传集中整治后，城市出现的新面貌、新景观；

公开曝光一些工作开展不力的单位及暴力抗法的个别事件，积极营造良好的社会氛围，确保集中整治活动的顺利推进。

三是转变作风，真抓实干。这次集中整治的目标任务能否落到实处，关键是抓好落实。各级各部门要把这项活动作为检验领导班子和领导干部工作能力和干部作风的一块试金石，立说立行，真抓实干。要牢固树立青州市“一盘棋”的思想，以大局为重，正确处理局部利益和全局利益的关系，心往一处想，劲往一处使；既要各司其职，各负其责，又要协调配合，团结作战，形成合力。要大兴实干之风，少议论、多支持；率先垂范，亲自抓、亲自干，深入实际协调解决问题，确保集中整治工作扎实有效。

总之一句话，搞城市建设、治理乱搭乱建必须重拳出击、露头就打，必须从全局出发，从人民群众的利益出发，从提高青州的城市形象、树立青州的城市形象、提高青州的知名度出发，以吸引外商投资、促进青州的经济社会发展为根本出发点。

第十二章

扎实做好民生工作

创新措施，关注民生，强力推进社会事业发展

2007年4月，召开这次动员会议，主要是认真贯彻潍坊市第十次党代会和青州市第十一次党代会等一系列会议精神，动员青州市上下进一步关注民生，强力推进社会事业发展，共建和谐青州。

一、统一思想、提高认识，切实增强加快社会事业发展的压力感和紧迫感

近几年来，青州市统筹经济和社会事业协调发展，努力构建“和谐青州”，开创了青州市经济繁荣、社会进步、人民安居乐业的良好局面。

总的来看，青州市的社会事业基础不错，特别是基础设施建设比较全面，起步较早，有的已经走在了潍坊、山东省乃至全国的前头，这主要得益于经济增长的强力支撑。这些年来，在历届市委、市政府的正确领导下，青州市各级各部门坚持以经济建设为中心，紧紧抓住第一要务，不断创新完善发展思路和工作措施。特别是2006年以来，广大干部群众关心、理解、支持市委、市政府的工作，舍小家、顾大家，团结奋斗、顽强拼搏，埋头苦干、无私奉献。为推动经济社会又好又快发展作出了积极贡献。总结成绩是为了鼓舞干劲，更好地推动发展。我们在看到成绩的同时，更要正视存在的问题和不足，找准工作的着力点。

一是对社会事业投入不足。近几年来，对教育、科技、医疗卫生的投入增长均低于财政支出的平均增长水平。城市支持农村、工业反哺农业的机制不完善。部分企业片面追求经济效益，公共意识和社会责任感不强，环保意识淡薄。

二是公共服务设施档次低。虽然青州市的社会事业设施比较齐全，

但是建设得比较早，档次比较低，随着社会的发展，人们对社会事业需求的标准越来越高，文化馆、图书馆、博物馆、影剧院等设施明显落后。敬老院、社区服务中心等比较少。

三是城乡发展不平衡。公共产品城乡覆盖程度差别较大，农村的教学环境、师资力量与城市相比差距较大；农村公共卫生缺乏必要的资金支持，乡镇医院基础设施普遍较差，不能满足群众日益增长的就医需求。

四是社会事业惠及百姓的广度和力度不够。社会保险覆盖面较窄，城乡低保标准偏低，还有一部分符合条件的困难群众没有纳入低保。对“大病户”的报销补偿水平仍然较低。农村社会保障制度的建设还非常薄弱，农村养老保险还需进一步拓展。

五是社会事业改革步伐缓慢。社会事业领域内的改革力度不够，社会事业发展的活力和效率不足；社会事业的投入机制有待于进一步探索和完善；教育、卫生、社会保障、社会救助等管理制度还需进一步改进。这些问题，必须下大力气认真解决。

《中共中央关于构建社会主义和谐社会若干重大问题的决定》指出，构建和谐社会必须以解决人民群众最关心、最直接、最现实的利益问题为重点，着力发展社会事业，促进社会公平正义。只有加快社会事业发展，解决长期以来反映强烈、呼声迫切的问题，使人民群众公平、公正地接受教育、医疗、保障等方面的服务和权利，不断提高生活水平和质量，才能达到民主法治、公平正义、诚信友爱、充满活力、安定有序、人与自然和谐相处的社会境界，建设和谐青州的目标才能实现。当前，青州市已经进入快速发展的关键时期，山东省委和潍坊市委对青州的发展寄予厚望。要实现重进全国百强、跨入潍坊第一团队要求，必须大力发展社会事业。在全国综合实力百强县评价内容中不仅有 23 项经济指标，而且设计了 10 项社会指标。这 10 项社会指标，是我们的优势所在。要重进百强就必须使优势更优，以长补短。潍坊市委最近重新制定了经济工作及社会事业发展考核办法，对社会事业工作单独考核，与经济发展一样千分计算，一年两次的科学发展观现场会议改为上半年点评社会事业，下半年点评经济发展。各级各部门各单位一定要统一思想，提高认识，转变发展理念，认真按照中央和山东省委的要求，强力推进社会事业发展，努力实现好、维护好、发展好最广大人民群众的根本利益，推动经济和社会又好又快发展。

二、明确目标、重点突破，强力推进社会事业发展

社会事业面广量大，必须结合实际，立足当前，量力而行，从人民群众最关心、最直接、最现实的利益问题入手，找准着力点，实行重点突破，强力推进。总的要求是：以不断提高青州市广大人民群众的科学文化水平和健康素质为目标，突出改革、发展和稳定三大主题，积极实施科教兴市战略，统筹城乡社会事业资源，加快在基础教育、公共卫生、社会保障以及公益性基础设施等方面的建设步伐，促进青州市社会事业快速发展，努力构建和谐青州。

（一）坚持优先发展，促进教育公平。经济发展靠科技，科技推广靠人才，人才培养靠教育。要切实把教育放在优先发展的位置，全力振兴青州教育事业。一是加快教育资源整合步伐。按照“高中向城区集中，初中向镇区集中，小学就近方便入学”原则，扩大办学规模，优化资源配置。加快教育园区规划建设步伐，尽快搬迁职教中心、党校、潍坊教育学院、益都卫校和樱花学校，职教中心新校要在年内完成一期工程12万平方米建设任务。在经济开发区开工建设一所大规模普通高中新校，合并搬迁八中、三中、六中。加快益都辖区九年一贯制义务教育学校、昭德辖区海岱学校、王府辖区营子小学、东坝辖区东坝初中新校、普通辖区刘镇小学新校的规划建设步伐，整合城区义务教育资源。二是高质量抓好农村校舍改造。建立完善以市财政投入为主，市、镇两级财政共同负担，争取上级专项资金为补充的农村中小学危房改造和校舍维修的长效机制，三年内完成农村校舍改造任务，实现校校通柏油路的目标，为所有不寄宿学生配备饮水、热饭设施，完成农村中小学食堂、宿舍、厕所改造任务。三是积极提升农村教师业务素质。积极吸纳优秀师范类毕业生和非师范类本科以上毕业生到教师队伍中来，确保两年内实现农

村每校新进一名大学生教师的目标。四是切实做好农村义务教育学杂费免除工作。积极开展贫困生救助，绝不让一名学生因贫困而失学。认真做好进城务工农民子女的入学入托工作，高度重视农村留守儿童的教育问题，努力实现教育公平。

（二）加强城乡医疗卫生服务，提高人民健康水平。要以满足青州市人民群众的卫生需求为根本，坚持公共医疗卫生的公益性质，强化政府责任，建立适应新形势的卫生服务和医疗保健体系，改善农村卫生状况，提高城乡居民的医疗保健水平。一是积极探索市镇村三级医疗机构联合运行模式。市医院要在资金、设备、技术力量等方面与镇卫生院结对帮扶，全面提高市镇村三级医疗机构的综合服务能力。积极开展标准化卫生院和卫生所创建活动，确保农村标准化卫生院建成率达到 100%，标准化村卫生所数量占青州市村卫生所总数的比例达到 80%。二是积极推进新型农村合作医疗。提高农民筹资数额，确保参合率保持在 99% 以上；进一步提高报销比例和封顶线，2007 年封顶线达到 2 万元，明年力争达到 2.5 万元；积极探索方便群众报销的方式方法，逐步实现一体化卫生所“就诊即报”。三是认真实施新一轮镇村卫生规划。合理设置村卫生所，探索镇、街道卫生院财务统一管理、统一结算的路子。四是加大对非法行医的打击力度，城区破产企业卫生所全部纳入市立医院的统一管理，彻底解决个别卫生所无法人、无人管、无人问的问题。五是认真做好传染病防治工作，确保计划免疫“七苗”接种率保持在 95% 以上。要加强医疗队伍建设，落实好物资储备，健全沟通协作和联防联控机制，及时妥善处理突发性公共卫生事件。

（三）加强道路等公共基础设施建设，方便群众生产生活。要抓好交通主干道的提升改造。抓住春季公路改造建设的有利时机，按照“以路带项目、以河带项目、以公共事业建设带项目，成片开发，集中开发”的原则，重点抓好石坊路、青州路、309 国道、胶王路、东红路、尧王山路的打通及拓宽改造，各工程指挥部要强化措施，加大工作力度，确保工程进度和质量。要全面完成村村通油路工程。到目前为止，青州市尚有 122 个行政村未通柏油路。交通部门要积极争取上级业务部门支持，力争把所有村村通柏油路改造项目列入上级农村公路改造补助计划，本着“先通后连再完善”的原则，于2007年首先解决村通油路的问题。重点改造下圈至逄峪路、玉皇庙至东台公路、仙庄至胶王路、小花林至前寺公路，解决青州市路网发展不平衡的问题。要切实加强农村道路的养护管理。按照公路养护分级管理和收益分担的原则，多渠道筹集养护资金，逐步建立起农村公路养护长效机制。要认真开展交通秩序整顿，建立健全检测、监控网络，严查超限超载车辆，杜绝损毁市乡道路现象发生。要尽快编制青州市供热规划，开工建设新的供热企业，确保城市新的建成区供热需要。要继续实施“村村通自来水”工程，力争2007年自来水普及率达到80%以上，确保农民饮用水安全。

（四）认真抓好就业和社会保障工作，构建和谐的劳动关系。就业是民生之本。各级各部门要站在“深化改革，促进发展，稳定社会”的高度，认真做好就业和社会保障工作。要大力发展劳动密集型产业，增加就业岗位，确保2007年实现城镇新增就业13000人，城镇下岗再就业5100人。积极推进城乡统筹就业，逐步建立起城乡一体化的就业体制。实施劳务输出“品牌”战略，推动劳务输出在规模、质量上有更大发展。要进一步健全完善社会保障体系。全面推行企业养老、失业、医疗、工伤、生育5项保险和机关事业单位养老、失业、医疗三项保险“一票征缴”办法，认真落实社会保险“一票否决”制，对不参加社会保险或年度内未足额缴纳社会保险的用人单位，坚决取消评先树优资格，企业取消参与“双评”资格。对拖欠社保资金数额较大的，要依法追究单位法人代表的责任。继续完善医疗保险管理，降低门槛，扩大医疗保险覆盖面，使更多的职工享受到医疗保险待遇。要逐步提高农村养老保险标准，增强农村养老保险的吸引力。积极探索失地农民和城镇低收入家庭社会保险新途径，使社会保险惠及更多的困难群体。

（五）建立健全社会救助体系，保障群众基本生活。社会救助工作，关系党和政府的形象，关系改革、发展、稳定的大局。要按照“更好地为人民群众服务，为需要帮助的困难群众服务”的思路，关注民生，维护民权，落实民利。

一要进一步提高低保标准。从2007年第二季度起将城市最低生活保障线标准提高到每人每月220元，月人均补差100元，农村最低生活保障线标准提高到每人每年1200元，年人均补差500元。

二要进一步提高五保供养标准。按照集中供养标准每人每年2400元、分散供养标准每人每年1400元拨付。要抓好农村养老院建设，确保年内五保老人全部集中供养。凡是档次低、规模小、设施差的农村养老院要全部新建或改建，年内完成建设任务，为节约土地，新建或改建的养老院要以三层楼房为主。

三要积极开展多种形式的老龄服务。突出抓好老年公寓建设，依托中心医院、人民医院、荣军医院等主要医疗机构，规划建设集吃、住、医疗、健身、娱乐为一体的高标准综合性老年公寓，使老有所养、老有所乐、老有所为。

四要认真抓好专项救助工作。进一步提高特困群众大病救助的最高限额，增加教育救助资金，扩大贫困学生救助范围，对低保户、特困户实行建房补贴。要抓好临时救助工作，对因突发灾情造成困难的群众，实行随报、随批、随时救助，确保他们基本生活不出问题。

五要大力发展残疾人事业，保障残疾人合法权益。

六要拓宽资金筹集渠道，加快廉租房建设，规范和加强经济适用房建设，逐步解决城镇低收入家庭住房困难。

（六）全面繁荣社会文化事业，营造积极健康的思想舆论氛围。正确的思想舆论导向是促进社会和谐的重要因素。要始终坚持先进文化的方向，围绕提高广大人民群众的精神文化生活水平和质量，全面繁荣广电、科技、文体、档案等社会事业。要进一步提高有线电视入户率，积极开展好文化、科技、卫生“三下乡”和“百场演出进社区、百场电影到乡村”活动，丰富城乡居民文化生活。要以推动文化产业化为目标，深入挖掘青州深厚的文化底蕴，以花卉、盆景、古玩、字画、根雕等传统产业为主，大力推进市场化、规模化经营，形成独具特色的青州文化产业。要加快体育会展中心建设，确保按期投入使用。要抓好农民健身工程，结合新农村建设，体育部门要积极向上级争取资金和器材，2007年力争为 130 处行政村配备体育健身器材。

（七）进一步完善社会管理，保持社会安定有序。整合社会管理资源，提高社会管理水平，维护社会安定，是构建和谐社会的必然要求。

一是加快服务型政府建设。要继续深化行政审批制度改革，加强人民办事中心建设，简化办事程序，提高服务效能。要积极推行政务公开，加快电子政务建设，及时发布公共信息，为群众生活和参与经济社会活动创造便利条件。要进一步加强市场监管，整顿和规范市场经济秩序。

二是推进社区建设，完善基层服务和管理网络。积极推行建设、管理、服务三位一体的社区管理体制，抓好企业社会职能向社区的移交工作，2007 年上半年，破产企业的退休和失业职工管理、居住区和居委会管理、退休职工和失业职工的党团关系要全部移交到社区。要进一步抓好政府行政管理和社区自我管理的衔接，推动派出所、城管、工商所、社保、计生等政府部门进驻社区，年底达到“一区一警”的目标。

三是积极推进农村民主管理。要以村务公开为重点，进一步完善民主议事和民主决策制度，保障农民群众的知情权、参与权、管理权和监督权。

四是妥善处理各类矛盾，维护社会稳定。积极探索完善科学有效的诉求表达机制、矛盾纠纷排查机制和调处机制，畅通信访渠道，建立大信访、大调解格局。要严厉打击严重刑事犯罪活动，着力整治社会治安突出问题，坚决清扫黄赌毒等社会丑恶现象。要严格落实安全生产责任制，严肃查处非法制造、销售烟花爆竹行为，狠抓交通秩序整顿，杜绝重大恶性事故发生，努力把青州建设成为全省乃至全国最稳定的地方之一。

三、积极探索建立多元化投入机制，为社会事业发展提供坚强保障

当前，制约社会事业发展的瓶颈是资金问题。要保证社会事业快速发展，在加快经济发展的同时，必须探索建立多元化的投入机制，为社

会事业持续发展提供资金保证。

（一）要加大对社会事业的公共投入。加快社会事业发展是政府的职责所在。公共财政要加大向社会事业的倾斜力度，改善人民群众的生产生活条件。在当前财力比较紧张的情况下，2007 年市财政安排专项补助资金，对未通油路的村庄道路建设实行专项补助，平原镇每公里补助 5 万元，山区镇每公里补助 7 万元，拿出 330 万元专门用于农村公路养护。随着市财政的逐步好转，今后还要不断提高标准，逐年增大对社会事业投入的比重。要充分发挥城市基础设施建设投资管理中心的作用，加大市场运作力度，增加政府收入，增强对社会公益事业的支持力度，在搞好城区重点基础设施项目建设的同时，向农村倾斜，改善农村基础设施条件。计划 2007 年拿出 500 万元，用于补贴农村养老院建设，拿出 400 万元，用于补贴农村校舍改造，让群众共享经营城市的成果。

（二）要积极向上级争取项目和资金支持。不管是市直部门还是驻青单位，只要在青州境内，就要关心青州的社会事业发展，积极向上级要政策、跑项目、争资金。要积极与上级业务部门对接，掌握政策动向和资金投向，为市委、市政府提供信息、当好参谋，及时将社会事业发展任务分解成项目，纳入上级重点支持或发展项目的笼子。要保障活动经费，凡是到省、到中央部委争取项目和资金，部门可以向市政府申请活动经费。要重奖重用争取到项目、资金的单位和人员，切实让为青州发展作出贡献的人得实惠、有地位。社会事业系统的部门单位要坚持全局利益，克服部门利益，和农村结成帮扶对子，在制定发展规划、安排项目建设时，向农村倾斜，推动城市公共设施向农村延伸，城市公共服务向农村覆盖。

（三）企业要进一步增强社会责任感。一个成熟的企业必定是一个有较强社会责任感的企业。要加强和谐的劳动关系建设，一方面诚信经营、依法纳税，另一方面善待员工，根据国家规定，为职工全面落实养老、失业、医疗、工伤和生育五项保险。要积极参与社会事业发展，开展扶贫救困活动。要坚定不移地抓好招商引资工作，积极策划、包装一批项目，通过拍卖、承包和有偿服务等市场运作方式，吸引外商直接投资参与学校、卫生和农村基础设施、城区公共设施建设。

（四）广大群众要积极参与发展社会事业。发展社会事业，得实惠的是人民群众，参与社会事业发展，也是每个人义不容辞的责任。要积极主动地围绕中心、服务大局。经济发展是社会事业发展的基础和条件，广大干部群众要切实增强发展意识、效率意识、竞争意识，顽强拼搏、团结协作，在各行各业争劳模、当先进。要深刻领会、积极拥护市委、市政府出台的一系列工作举措。2006 年以来，我们调整理顺了工作思路，采取了一系列强有力的工作措施。这些都是为了一个目标，就是加快经济发展，重振青州辉煌。广大群众必须正确认识、积极配合，主动做好分内的工作，以实际行动维护好青州市人心思进、大干快上的良好势头。要遵守法规，服从管理。经济快速发展，必须有安定和谐的社会秩序。广大干部群众要自觉遵守社会公德，维护社会秩序，正确对待自己、正确对待他人、正确对待社会，在青州市形成我为人人、人人为我的社会氛围。新闻媒体要加大宣传力度，在社会上营造支持、参与社会事业发展光荣的氛围。通过“以奖代补”的形式，鼓励、引导农民对直接受益的公益设施建设投资投劳。对农村集体公益事业建设，要用足用活省政府“一事一议”政策，发动群众投资投劳、捐款捐物，为社会事业发展添砖加瓦。

四、加强领导，强力推进，确保社会事业又好又快发展

发展社会事业是构建和谐社会的基础和保障，是摆在我们面前的一项重要任务。各级党政一定要加强领导，狠抓落实，强力推进。

（一）要切实加强组织领导。各级党委、政府都要站在讲政治、讲大局的高度，把推进社会事业发展、构建和谐青州列入重要议事日程，主要领导亲自安排部署，亲自督查落实。各部门单位都要关心社会事业发展，积极参与社会事业发展。教育、卫生、民政、劳动、交通、文化等部门，要迅速制定出推进社会事业发展的具体意见，制定规划，明确目标，分解任务，落实措施，力争部门工作在潍坊、全省乃至全国争一流、

拿先进。

（二）要进一步加大督查考核力度。督查局要进一步细化社会事业考核内容，修订青州市的考核办法和奖惩措施。把大会确定的重点工作完成情况纳入各部门目标，严格督查考核。对完成情况不好的事项，该通报的通报，该曝光的曝光，该追究责任的追究责任。通过有力的督查考核和严格的奖罚兑现，真正在青州市形成人人关心、个个参与、共谋发展的氛围，促进社会事业各项工作任务的圆满完成。2007 年 5 月，青州市委、市政府将组织对青州市社会事业发展进行一次现场观摩，各单位要以此为契机，迅速在青州市掀起社会事业发展高潮。

（三）要狠抓落实，强力推进。整合社会事业资源，涉及方方面面的利益，必然会带来很大的压力和阻力。如果力度不够，纪律不严明，很可能会给社会稳定带来一定的影响。因此，必须强力推进，看准了的事一抓到底。各级各部门要把做好社会事业工作与干部作风教育整顿活动结合起来，摆正位置，履行好职责，互相配合，互相支持，形成工作合力，共同推进社会事业工作健康发展。

第十三章

加强基层组织建设

为推动青州市经济社会科学发展提供坚强组织保证

2007年7月1日，在建党86周年之际，青州市委召开这次高规格、大规模的会议，主要是为了迎接党的十七大胜利召开，总结工作，查摆问题，研究部署当前和今后一段时期基层组织建设的任务、措施，努力把青州市基层组织建设提高到一个新水平。

一、总结成绩，分析问题，扎实推进基层组织建设

近年来，特别是先进性教育活动开展以来，青州市紧紧围绕基层组织建设这条主线，积极推进党的先进性和执政能力建设，着力发挥基层党组织的领导带动作用，青州市基层组织建设不断取得新进展、新成效。

（一）以“农村党建、社区党建、民营企业党建”为载体，基层党建工作成效明显。农村党建，积极探索把党组织建在产业链上，推行了基地园区型、龙头企业型、专业市场型等多种形式，初步形成了一条产业党建的新路子。潍坊在青州市召开现场会，推广了青州市的做法。实施了“村村有大学生村干部”工程，与山东农业大学联合举办两期农村干部大专班，培养大学生村干部360多名，65%的村有了大学生村干部。积极落实村干部报酬，实现了村主职干部工资由市财政统一发放，去年以来，市财政拿出50多万元，表彰奖励了50名优秀村（社区）党支部书记和48名社会主义新农村建设带头人，激发了广大农村干部的积极性。社区党建，重点探索推行了“两服务，三参与”的社区党建模式，在全省社区党建和社区建设会议上作了典型发言。对破产改制企业党员认真落实社区属地管理，确保了党建工作的无缝隙、全覆盖。民营企业党建，重点实施了“双百”规划，党的覆盖面不断扩大。目前青州市非

公有制企业建立党组织的有304家，党组织组建率达43.7%。其中190家规模以上企业全部建立了党组织，单独组建率达96.3%，各项指标均居潍坊市前列。党员队伍建设，围绕党员教育、服务群众、民主管理等方面，制定了先进性长效机制意见60条。建立发展党员“五位一体”责任体系，推行发展党员“票决制”。落实《流动党员活动证》制度，初步建立城乡一体、分类管理、无缝覆盖的流动党员管理新机制。落实无职党员设岗定责、基层党组织和党员公开承诺等制度，党员队伍素质进一步提升。

（二）以“干部作风教育整顿”为载体，领导班子和干部队伍建设不断加强。自2007年3月干部作风教育整顿活动开展以来，各级各部门各单位结合实际狠抓学习教育，针对存在的突出问题认真进行整改，注重引导广大党员干部把思想统一到市委要求和青州市工作大局上来，干部的精神面貌发生了新的变化，作风明显改善，青州市上下干事创业、争创一流的氛围空前浓厚。活动中，各部门各单位坚持从群众满意的地方做起，从群众不满的地方改起，积极开展“结对帮扶”、走访慰问等活动，认真解决群众生产生活困难，进一步密切了党群干群关系，促进了社会和谐。乡镇干部“走读”问题得到初步解决；部分市直部门吃拿卡要、不给好处不办事、给了好处乱办事等现象得到有效制止。目前，青州市查摆出干部作风方面存在的570多个问题中已有400多个问题得到初步解决。2007年上半年，纪检监察机关共立案查处党员干部违纪违法案件61起，党纪处分13人，政纪处分1人，组织处理5人，起到很好的警示效果。

（三）以“千名机关干部下乡驻村”为载体，社会主义新农村建设深入推进。自2006年5月，“千名机关干部下乡驻村”活动开展以来，取得了有目共睹的成绩。广大驻村干部积极当好新农村建设的政策宣传员、群众服务员、文明传播员、党建指导员、稳定协调员，扑下身子，真蹲实驻，在干中学，在学中干，深入群众，服务群众，积极帮助搞好村庄规划，调整农业产业结构，发展经济合作组织，转移农村劳动力，促进了农村经济发展，也使干部在新农村建设实践中得到了磨炼，经受了考验，转变了作风，密切了党群干群关系，树立了干部良好形象。驻村工作开展以来，共为群众办好事、实事5000多件，投入资金及物资折款450多万元，组织党员干部群众外出参观学习3500多人次，帮助转移农村劳动力1.7万多人，整顿转化后进村班子21个，调解各类矛盾纠纷1800多件，较好地维护了农村社会稳定。2006年，青州市农村信访量同比下降50%，这与驻村干部真正“下访”、直接面对群众解决问题有很大关系。

（四）以远程教育为载体，党员干部教育培训力度进一步加大。坚持把远程教育工作作为加强基层组织建设的重要手段来抓，克服困难，精心组织，严格管理，取得较好成效。目前青州市共建设远程教育站点1040个，村级站点覆盖率达100%。实施村村通互联网工程，互联网接入率达90%以上，初步形成了完善的网络体系。以农村实用人才和党员干部为主体的教育培训取得较好效果，初步形成一条符合青州实际的远程教育发展路子。多家国家级媒体刊发了青州市远程教育“进千村富万户”的经验做法，全国和山东省远程办对青州市远程教育工作给予充分肯定。青州市在潍坊市远程教育经验交流会上作了典型发言。对此，市委是满意的，人民群众是满意的。

在看到可喜成绩的同时，我们也要清醒地认识到，当前基层组织建设还存在一些亟待解决的问题。

一是认识不到位，思想不重视，管党意识不强。有的党组织没有把基层组织建设摆上应有的位置，“说起来重要，抓起来次要，忙起来不要”；有的认为基层组织建设务虚，抓不抓无所谓，不愿抓；有的对基层组织建设不学习、不研究，不知道该抓什么、怎么抓；有的措施不力，落实不到位，上级部署了就抓一抓，要检查了就搞集中突击，平常则很少过问。

二是就工作抓工作，“两张皮”问题突出。有的党组织不能适应新形势要求，没有找准工作的切入点，抓基层组织建设机械化、形式化，“以文件落实文件，以会议落实会议”，满足于发文件、做动员、要经验、作总结，不注重探索创新，工作缺乏生机和活力。

三是组织资源整合不到位。当前，传统的按村或居住地设置党组织的方式已不能很好地适应经济社会发展要求，党组织设置方式迫切需要创新；新型经济社会组织的大量涌现，亟须我们党尽快占领这一领域，整合各方面资源。

四是少数基层党组织软弱涣散，凝聚力、战斗力不强。从青州市情况看，大约 10% 的村级班子不健全，长期处于瘫痪、半瘫痪状态，个别村甚至没有支部书记；有的村遗留问题一直得不到解决，村级财务管理混乱；有的村干部作风霸道，从宗派观念出发，为少数人办事，群众意见很大，干群关系紧张，严重影响了党在群众中的形象和威信。

五是少数党员素质不高，不能体现先进性。有些党员自我要求不严，混同于一般群众，有的甚至还不如一般群众。如在发展党员过程中，有些人写信乱告状，有的利用家族势力拉票，搞宗族派系，有的甚至组织煽动党员群众集体上访，对这股歪风邪气，必须严厉打击，决不手软，特别是对带头聚众上访的党员，纪检部门要按照有关规定从严从重处理。

六是干部作风还存在一些突出问题。有的部门单位活动虽然开展了，该有的形式也都有了，但问题依然存在，走了过场；有的干部问题分析得头头是道，但就是不改，“衙门作风”、服务意识差的问题依然存在；有的干部甚至根本没把作风整顿当回事，活动期间，依然我行我素，顶风而上，置市委、市政府的三令五申于不顾，在上班时间明目张胆地聚众赌博，影响非常坏。活动期间，市委也处理了一些干部，起到一定警示作用，但力度还远远不够，下一步，要继续加大工作力度，对类似问题要露头就打，不管涉及什么人，决不姑息迁就。

七是干部驻村工作还有待进一步深入。少数驻村干部和派出单位认识不到位，有应付思想，没有很好地发挥部门单位职能优势，有针对性地开展工作；个别驻村干部存在“走读”现象，住不下，蹲不住，没有开展实质性的工作；有的驻村干部工作无思路、无办法，存有畏难发愁思想。

以上这些问题，严重影响了青州市基层组织建设，影响了经济社会又好又快发展。各级党组织必须引起高度重视，采取有效措施，认真加以解决。

二、以搞好新形势下基层组织建设为主线，充分整合资源，强化多向互动，全面推进青州科学发展、和谐发展、率先发展

搞好新形势下的基层组织建设工作，是保持党的先进性、夯实党的执政基础的重大举措，是健全完善党员先进性教育长效机制的积极行动，是实现青州发展战略目标的根本保证。我们在这里讲的“基层组织建设”，并不仅仅是指党的基层组织建设，虽然党的基层组织是基层组织建设中最核心、最关键、最重要的部分，但是不能将这两个概念等同起来。我们说要加强基层组织建设，是要求在基层党组织的领导下，充分发挥和调动各种经济社会组织的积极能动性，既能够展现各方面的活力，又能够贯彻党的意志、保证党的坚强领导，这是我们在新形势下面临的重要任务。如果有些同志将基层组织建设简单地理解成党的基层组织建设，说明这些同志对于“新形势”的认识还十分不清楚。因此，我们必须对什么是“新形势”作出清晰的判断。

第一，新型经济社会组织的不断发展壮大对基层组织建设提出了新的更高的要求。改革开放以来，特别是20世纪90年代中后期以来，我国社会结构发生重大变化，经济社会的运行机制以及党和政府对社会的管理机制也在发生着巨大而深刻的变化。计划经济体制下，党和政府掌握着所有的政治、经济和社会资源，可以按照自己的意志对这些资源在全社会范围内进行控制和分配。进行这种分配需要特定的组织载体，在农村是人民公社，在城市就体现为各种各样的企事业单位，每一个人都被有效地组织到这些单位当中，基层党组织在这些单位里发挥着核心的作用。也正因这样一种组织状况，党的意志就很容易自上而下地贯彻下去，党对全社会的管理就处于一种非常严密和顺畅的状态当中。但是，随着市场经济体制的逐步确立，市场在资源分配方面的作用越来越大，越来越多的新型社会和经济组织产生并且发挥着越来越重要的影响，社会状况就变得极其复杂起来。在农村地区形成了村民委员会这样的政治

组织，形成了大量的协会、合作社这样的经济组织，农民之间的经济和社会联系越来越跨出村庄的边界；在城市，大量的人口在非公有制企业当中实现了就业，而且出现了大量的行业协会、商会以及各种各样的中介服务组织，比如律师事务所、会计师事务所、审计师事务所、税务师事务所等，在新型的居民社区中还成立了业主委员会。党组织与这些组织是一种什么样的关系？党组织如何实现对这些组织的领导和管理？大量社会人员游离在社会管理控制体制之外，甚至一些党员也由于企业破产等原因失去了正常的组织生活，基层党组织历来强调“支部建在连上”，但是在这样一种新形势下，支部应当建在什么上？对不断流动的党员如何进行管理和控制？我们如果不能很好地回答这些基层组织建设的新问题，就必然会感觉到力不从心，感觉到无能为力，就会在出现的大量问题面前束手无策。这就要求基层党组织的设置方式、设置模式、管理和运行的方式和模式必须做出改革创新，才能与时俱进地对已经产生巨大变化的社会进行很好的管理。

第二，社会主义和谐社会建设和切实提高社会管理水平对基层组织建设提出了新的更高的要求。一方面，社会主义和谐社会建设是一项复杂的系统工程，完成这个任务的核心和关键在党，但是又不能单纯依靠党组织的力量，必须统筹各方面的社会力量和社会资源，调动各方面的积极性和主动性，这就势必要求各种社会组织都要参与到社会管理和控制过程中来，发挥积极的推动作用，基层党组织又要充分地介入这些社会组织和社会力量中去，领导和指导它们，形成合力，把握住发展的正确方向。另一方面，社会主义和谐社会建设任务和日益突出的社会管理任务要求基层党组织的班子结构、队伍结构、能力和素质结构都要有相应的质的提高，否则就不能够真正担负起领导的职责。

第三，青州经济社会发展战略的需要对基层组织建设提出了新的更高的要求。当前，青州正处于发展的关键时期，山东省委和潍坊市委更是对我们寄予了厚望，要求我们“奋战两年，重新跨入全国综合实力百强县”“三步并作两步走，跻身潍坊第一团队”。青州市经济社会发展的总体战略、产业布局、时空布局、任务步骤都已经十分明确，当前最重要的是使我们的基层组织建设适应这个发展战略，并且成为强力推进这个发展战略的基本保证。

第四，做好下半年村级换届工作对基层组织建设提出了新的更高的要求。2007 年下半年将展开村“两委”换届工作，在换届工作开始之前扎扎实实地搞好基层组织建设，是保证换届顺利进行的重要举措，特别是在一些地方各种邪恶势力有所抬头甚至十分猖獗的情况下，强力推进基层组织建设就显得尤为必要。

在这种“新形势”下，做好当前和今后一个时期青州市基层组织建设工作总的要求是：以加强党的先进性长效机制建设为目标，突出“四个互动”，狠抓“三个结合”，努力实现“两个提高”，不断提升基层组织建设整体水平，为推动青州市经济社会科学发展、和谐发展、率先发展提供坚强的组织保证。

（一）突出“四个互动”。即在基层组织建设过程中，注重协调多方面的力量，实现各种积极因素的相互配合，形成合力。

1. 基层党组织与基层经济社会组织之间的良性互动。当前，不断涌现的大批经济社会组织与基层党组织一起担负着社会管理的功能。其中有些组织较好地履行着自身职责，但有些却存在着这样那样的严重问题。比如，有的律师事务所将法律服务异化为经济利益最大化，不顾社会公正与正义，不顾法律尊严，甚至做出坑害当事人的行为；有些评估和检验机构置职业道德于不顾，做假账、出虚数；村支部与村委会之间的矛盾和冲突在一些村庄长期存在，即使实行了“一肩挑”，但有的仍未得到彻底的解决。究其根源，主要是没有发挥好基层党组织对其他组织的领导作用，没有实现基层党组织与经济社会组织的良性互动。因此，必须把党的工作全面介入所有经济社会组织中，健全党的组织、抓好党的活动、加强党员管理，充分发挥好党组织的领导作用，并以此促进自身建设，实现两者的良性互动。

第一，以联合支部建设为载体推进互动。通过联合，整合组织资源，加强基层党组织建设，扩大党组织覆盖面，增强对社会基层组织的领导，推进自身建设。在联合支部组建形式上，要积极探索村与村联合、村与企业联合、村与产业化组织联合、村与市场联合、企业与企业联合 5 种模式。组织部、民政局、中小企业局和各镇（街）要及早谋划，深入调研，尽快拿出方案，确保村级换届前完成。

第二，以流动党员社区属地管理为载体推进互动。进一步理顺社区管理体制，落实好“三离”党员（离退休党员、离岗离职党员和离乡进城务工经商流动党员）进社区制度，特别是破产改制企业中的下岗失业职工党员，严格落实属地管理，居住地街道社区党组织要无条件接受。市委组织部要制定相应的管理办法，加强对这些党员的日常管理，各街道社区党组织要认真配合抓好落实。破产改制企业的失业党员，要主动到所在社区报到登记，自觉接受管理。

第三，以民营企业党建为载体推进互动。重点落实好新的“双百”规划，即从 2007 年起，争取在 3 年内实现“职工 20 人以上的非公有制企业有党员的达到 100%、职工 50 人以上的非公有制企业建立党组织的达到 100%”。各党（工）委要建立台账，销号管理，不折不扣地抓好落实。劳动、工商、税务等部门要密切配合，实行“登记申报、年检年报”制度，把关口前移，共同把这项工作做好。总之，要积极推进基层党组织与其他经济社会组织之间的良性互动，真正做到有人群的地方就要发展党员，有党员的地方就要建立党组织，切实增强党组织的介入力、渗透力和领导力。

2. 干部使用方面城乡之间的良性互动。干部使用方面城乡之间的互动，是坚持在实践中发现、培养、锻炼、使用干部，加强基层党组织建设的重要途径。一方面，把市直部门的干部“沉”到基层一线，开展“千名机关干部下乡驻村”活动。2006 年以来，青州市先后选派 1000 名机关干部下乡驻村帮助指导新农村建设，让广大干部在农村基层服务群众、参与实践、锻炼提高、改进作风。另一方面，把镇（街）、市直有关部门和单位基层一线的干部“调”上来，参与市里的重点工程建设。先后从基层选调 500 多名干部参与市民休闲娱乐中心、中央商务区、“一路两中心”等 31 个重点工程建设，让干部在急难险重任务、艰苦环境中经风雨、见世面、增本领、长才干。实践证明，这是一条推动工作开展、培养造就高素质干部队伍的有效途径，我们必须坚定不移地坚持下去。对第二批下乡驻村工作各派出部门单位要高度重视，抓紧做好工作衔接，安排驻村干部尽快到岗到位，开展工作，并积极帮助驻村干部找准工作的切入点和突破口，切实解决实际问题，保证驻村效果。要进一步解决干部“走读”问题，解决干部驻下来干什么的问题。市驻村办公室要加强对驻村工作的督查考核。另外，要加大干部在镇与街道之间，部门之间，镇、街道与部门之间的交流互动，特别是加大条件较好镇（街道）与条件艰苦镇（街道）、重要部门与普通部门、关键岗位与一般岗位以及重要中层岗位跨部门之间的交流力度，增强干部队伍的整体活力。对那些经实践检验比较优秀的干部，要及时提拔重用。我们就是要以发展论英雄、凭实绩用干部，树立正确的用人导向。

3. 理论学习与工作实践之间的良性互动。加强理论学习和实践锻炼，是提高干部素质的重要途径，是加强基层组织建设的必然要求。理论学习，可以提高政治理论素养，更好地指导工作实践；工作实践，能够积累工作经验，增强干部学习理论、运用理论的能力。下一步，一方面，要全面加强干部的理论培训，进一步加大“村村有大学生村干部工程”的实施力度，力争用 3 年时间，实现“一村一名大学生村干部”的目标。当前，组织部和党校要办好第三期农村干部大专班，组织、人事部门要通过公开考选的形式选拔 100 名优秀大学生到村（社区）任职，切实提高农村干部的整体理论素质。另一方面，对大学生村（社区）干部，要放胆子、压担子，让他们放开手脚开展工作，在工作实践中提高素质和能力。镇（街道）机关、市直部门也都要参照这样的方式，使干部的理论素质和实践能力同步提高。

4. 党员干部作风与社会风气之间的良性互动。党风和干部作风对社会风气起着重要的引导、导向作用。在党风和社会风气之间，党风是主要矛盾；反过来，社会风气又是党员干部作风的外部环境，良好的社会氛围和积极的社会评价标准，必然会对改进党员干部作风产生积极的促进作用。因此，必须十分注意党员干部作风和社会风气之间的良性互动，以端正党风带动社会风气好转，以净化社会环境促进党员干部作风建设。

2007年是青州市委确定的“干部作风教育整顿年”，前段时间通过开展干部作风教育整顿，解决了一些突出问题，并取得阶段性成果，但当前青州市干部作风状况仍然存在一些不尽如人意的地方。特别是有些村，宗族派性严重，拉票贿选歪风盛行，黑恶势力有抬头之势，严重影响了人民群众的生产生活；个别村“恶人”治村，将村子看成自己的私有财产，多占宅基地、贪污集体财物、欺压群众，成为新时期的“恶霸”、社会的“毒瘤”，严重毒化了社会风气，影响了村庄和谐，败坏了党的形象，恶化了党群干群关系。在共产党领导下的新中国，在依法治国的今天，绝不能允许这样的人和事存在！只有打掉了歪风邪气，昂扬正气才能真正树立起来，社会风气才能得到真正好转。我们要坚持不懈地抓好干部作风教育整顿。下一步，各部门各单位要立足于巩固和扩大教育整顿成果，克服松劲情绪，继续抓好问题的查摆整改，搞好督查监督，建立健全干部作风建设的长效机制，确保“干部作风教育整顿年”取得实效。

（二）狠抓“三个结合”。即在基层组织建设过程中，突出抓好基层组织建设与社会主义新农村建设、社会主义和谐社会建设以及青州总体发展战略的结合，整合各种社会资源，以实际工作促进基层组织建设，以基层组织建设推进科学发展、和谐发展、率先发展。

1. 切实搞好基层组织建设与社会主义新农村建设的结合。要积极推进基层民主政治建设。全面落实党务、村务、财务“三公开”制度，保障群众的知情权、参与权和监督权。坚持民主决策，对涉及全村经济社会发展的重大事项要实行“听证制”“票决制”。要探索成立村务监督委员会，代表村民对村级各项事务实行全程监督。要完善村级财务管理机制。推行村级财务“委托管理”制度，经村民会议或村民代表会议表决通过后，委托乡镇政府管理村级账簿、银行管理村级资金。积极推广王坟镇村会计异村委派制的成功做法，按照规定程序实行镇聘、异村委派，加强村级财务管理。严格落实审计监督制度，农经部门、镇政府（街道办事处）要定期审计村级财务，特别是村集体年收入5万元以上的村每年都要重点审计，并向村民公开审计结果。

2. 切实搞好基层组织建设与社会主义和谐社会建设的结合。构建社会主义和谐社会，离不开基层组织的强力推进。在农村，要大力开展和谐村庄、和谐家庭创建活动。对当前农村出现的一些街霸、村霸等黑恶势力，政法部门要坚决予以严厉打击。宣传部门要加大惩恶扬善、乐助好施等典型的宣传力度，大力营造公平正义的浓厚舆论氛围。在城区，大力开展和谐社区创建活动。近年来，随着青州市的改革发展，在社区出现了一些都不管、没法管、不便管的人和无人管、管不好、管不到的事，严重制约了青州市和谐社会建设的进程。实际上这恰恰是基层组织建设不到位、管理不到位的反映。当前，要针对青州市城市社区整合带来的新情况、新问题，发挥好社区党组织在构建和谐社区中的核心作用，调整党组织设置，积极构建新型的社区党组织、居委会、业主委员会、物业管理公司“四位一体”的网格化管理体制。积极探索在新建小区、居民楼栋建立新型党组织的模式，实现社区党的工作“无缝覆盖”，使社区成为增强社会管理控制功能的重要载体，成为开展和谐创建工作的重要平台。对目前已建成的海岱苑社区，组织部、民政局、云门山街道等单位要加紧试点工作，为下一步面上推开积累经验。另外，要强力推进社会事业发展。大力发展敬老事业，积极开展“青州市敬老院建设年”活动，加快规划建设占地 200 亩、建筑面积 1.6 万平方米的高规格的青州市中心敬老院，集中供养城区周围 9 个镇、街道的“五保”对象；其他镇要各建一处镇中心敬老院，年内确保“五保”集中供养达到 100%。要进一步开展“共享和谐阳光”公益活动，带头为困难群众奉献爱心。要探索建立党内关爱机制，建立“青州市党员关爱基金”，关心爱护老党员、救助困难党员。

3. 切实搞好基层组织建设与青州总体发展战略的结合。加强基层组织建设，是推进青州市总体发展战略的重要保障。实践证明，目前市委、市政府确定的总体发展思路，完全符合上级精神，符合青州实际，推动了青州市经济社会的又好又快发展。我们加强基层组织建设，就是要增强党的创造力、凝聚力和战斗力，带领青州市上下团结奋进、开拓进取，去实现确定的战略目标。而基层组织建设的实效，也要以这个总体思路的推进情况来检验。因此，我们绝不能就基层组织建设抓基层组织建设，必须结合青州市的总体发展战略，围绕市委中心工作和青州市的工作重点，创新思路和办法，努力使基层组织建设更有实效。在下一步工作中，各镇（街）、市直各部门各单位在基层组织建设中，必须立足本镇（街）、本部门本单位在这个总体战略中所承担的责任，找准结合点和着力点，更好地以基层组织建设推进青州市重点工作的开展。

（三）努力实现“两个提高”。就是要通过加强基层组织建设，努力提高基层党组织的创造力、凝聚力和战斗力，努力提高基层党员干部队伍的素质能力，为青州市又好又快发展提供组织保障。

1. 大力加强班子建设，努力提高基层党组织的创造力、凝聚力和战斗力。当前，青州市村（社区）中，坚强有力、工作成效显著的班子约占 25%，能开展工作但工作平平的占 65% 左右，瘫痪软弱、无法正常开展工作的约占 10%，与新农村建设要求很不适应。2007 年底，村级班子将要换届，各镇、街道要早考虑、早研究，抓紧进行一次村班子摸底排查，真正把每一个班子和村庄的情况摸清楚、问题分析透、苗头性问题处理好，确保换届成功。要充分解决好选什么样的人、用什么样的人的问题，真正把那些“致富能力强、带动能力强、奉献意识强”的经济能人，以及那些想干事、能干事、干成事、群众满意的新型农民选拔为村干部。要重视选拔文化程度高的年轻优秀人才担任村干部，下一步村“两委”换届，每个村“两委”班子原则上都要配备一名大专以上学历的村干部和一名 40 岁以下的干部。建立后进村动态管理和预警机制，加快后进村整顿转化。要加强农村后备干部队伍建设，切实解决好村级班子后继乏人问题，力求达到“一职一备”“一职多备”的要求。要研究探索农村干部能上能下的“新陈代谢”机制，防止少数别有用心的人把持村级组织政权，防止村级班子“近亲繁殖”；对守摊子、不作为，能力弱、不干事的村干部要坚决调下来。在班子建设中，特别要选好“当家人”，东坝、北关、北城等村（社区）风气正、发展快、实力强，是与好的“当家人”分不开的。要坚决打击搞宗族派性活动、拉票贿选等歪风邪气和违法违纪行为，彻底解决当前个别村“恶人”治村的状况，坚持用“能人”“好人”“善人”治村。要教育引导广大党员群众增强民主意识和责任意识，坚决抵制不良分子的小恩小惠，敢于同黑恶势力斗争，真正推选出公道正派、有能力、乐奉献的村干部。公安部门要强化治安措施，坚决打击扰乱选举、欺压百姓、鱼肉群众的“害群之马”。各镇党委、政府和街道党工委、办事处，要会同组织、民政部门，加大对换届工作的指导监督，严格依法按程序办事，确保圆满完成换届任务。

2. 不断强化教育管理，努力提高基层党员干部队伍的素质能力。青州市党员队伍总体上是好的，但也存在党员队伍特别是农村党员队伍年龄偏大、学历偏低、能力偏弱等问题。目前，青州市 55 岁以上的农村党员占总数的 33.2%，初中及以下文化程度的农村党员占总数的 61.2%。有些村支部书记怕丢失位子，怕顶了自己的“台”，压制发展党员；许多村因为长期不发展新党员，党员“轮流坐庄”，导致选人难。各级党组织要立即着手认真解决。要积极吸收优秀人才入党，对在村里发展不了的优秀人才，在严格程序的前提下，可以在企业、行业协会、市委党校农村干部大专班等党组织中发展。要认真组织开展党员民主评议活动，切实做好对不履行义务党员的教育转化工作，对经教育仍不合格的，纪委、组织部要坚决处理。要切实搞好远程教育。远程教育是加强基层组织建设、提高村干部素质的重要手段。要抓好“五好”规范化站点创建工作，力争年内 15% 的站点建成市级以上规范化站点。进一步完善设备管理责任制，坚决防止镇村干部私分或非法占有设备、用设备抵顶债务和设备丢失等现象发生。根据党员群众的实际需求，切实搞好教学组织，加强对党员干部的教育培训，切实发挥好远程教育网络的功效。大力实施“党员干部现代远程教育科技致富工程”，不断提高农村党员干部群众的科技素质和增收致富本领。

团结奋斗，以良好的精神状态和工作作风做好各项工作

2007 年 11 月，这次青州市委全体会议的主要任务是，统一思想、凝聚力量，指导实践、推动工作，努力开创青州经济社会发展的新局面。顺应青州市人民过上美好生活的新期待，把握经济社会发展趋势和规律，抓住青州市现代化建设的若干重要问题，理论联系实际，进一步加强调查研究，制定发展规划，强化措施落实，推动各项工作不断取得新成效。具体说，就是要努力实现“五个新突破”。

一、努力在推动工作指导转变、实现科学发展上取得新突破

在中国特色社会主义事业总体布局中，经济建设是中心。我们要坚决贯彻落实党的十七大提出的新思想、新论断、新要求，坚持发展是第一要务不动摇，坚持牢牢扭住经济建设这个中心不动摇，坚持又好又快发展不动摇，在优化结构、提高效益、降低消耗、保护环境的基础上，能搞多快搞多快，能做多大做多大，力争用五年或更短的时间实现青州市人均生产总值比 2000 年翻两番的目标。要紧密结合青州实际，深入落实经济工作的任务目标和思路举措，大力推进经济结构战略性调整，更加注重提高自主创新能力、提高节能环保水平、提高经济整体素质和竞争力。

一要着力提高自主创新能力，推动高新技术产业跨越发展。自主创新是国家发展战略的核心，是提高经济整体素质和竞争力的关键。要着眼未来和长远，用高新技术引领青州发展，不断健全完善技术创新体系、知识创新体系和创新服务体系，进一步加大科技投入，创新激励机制，加强研发平台建设，引进科技领军人物和紧缺人才，尽快全面提高自主创新水

平。要坚持整体追赶、局部超越，进一步解放思想、完善体系、整合资源，以省级以上开发区为载体，选择优先目标全力突破，加快聚集一批骨干企业，扶持一批重点产品，促进产业集群，实现高新技术产业的跨越发展。要坚持走中国特色新型工业化道路，大力推进工业化与信息化融合，壮大先进制造业规模，培植具有竞争力的大企业、大集团和知名品牌。

二要转变经济发展方式，推动产业结构优化升级。按照走中国特色新型工业化道路的要求，坚持科学发展，加快推进经济结构战略性调整，促进经济增长由主要依靠投资拉动向依靠消费、投资、出口协调拉动转变，由主要依靠第二产业带动向依靠第一、第二、第三产业协同带动转变，由主要依靠增加物质资源消耗向主要依靠科技进步、劳动者素质提高、管理创新转变。提升经济开发区和青州工业园，实施大企业和高新技术带动战略，优化产业布局，推动生产要素向重点区域、优势产业集聚，培植壮大机械加工、石油化工、冶炼建材三大工业主导产业，促进产业集群发展。发展现代产业体系，推进信息化与工业化融合，改造提升传统产业，引导大企业完善战略规划，加快公司制改造和上市融资，发展一批拥有自主知识产权、国际竞争力较强的大企业集团和知名品牌。突出服务业的先导地位，坚持把发展服务业作为产业结构调整的重点，大力发展现代服务业，规范提升传统服务业，显著提高服务业在国民经济中的比重。充分发挥比较优势，加快资源整合，奋力推进旅游、物流重点项目建设，全力打造全省重要的旅游目的地和鲁中较大的物流基地。

三要加快城市建设与管理转型，建设现代化中等城市。坚持生态文化理念，突出“古、青”特色，加快推进“一城四区”建设。中部稳步推进城市新区，加快提升老城区，建设现代化中心城区；北部经济开发区，围绕基础设施、服务水平和进区项目，提升综合服务功能；南部文化产业园区，整理荒山荒坡，做大文化教育产业；东部黄楼花卉园区，推进科技应用，全力促进花卉产业升级，高水平办好“七博会”；西部青州工业园，加大对废弃矿坑和荒山资源整理力度，突破工业用地瓶颈，建设现代工业园。围绕提升城市功能和品质，积极实施旧城改造，加快推进城市基础设施、重大功能性项目建设，树立崭新的城市形象。坚持市场化运作，严格“一审四控”，推进管理重心下移，加快城市建设与管理转型。突出抓好城市社区建设与发展，提高城市管理水平。积极实施城乡统筹与区域合作的发展战略，加快城乡重要基础设施对接和重要资源共享；把握战略机遇，加强区域间战略性合作，积极融入全省“一体两翼”区域发展布局，实现合作共赢、共同发展。

四要统筹城乡发展，扎实推进新农村建设。解决好农业、农村、农民问题，事关全面建设小康社会大局，必须始终作为全党工作的重中之重。要加强农业基础地位，走中国特色农业现代化道路，建立以工促农、以城带乡长效机制。要以促进农民增收为核心，坚持城乡统筹、城乡互动、城乡互利、一体化发展，搞好新型城镇建设，加快转移农村劳动力。要坚持把发展现代农业、繁荣农村经济作为首要任务，积极推进农业产业化、标准化、市场化，进一步壮大花卉、瓜菜、畜牧、果品、优质粮五大支柱产业；加强农田水利建设和科技服务，建设品牌农业，保障农产品质量安全，保持青州农业的领先水平。

五要加强能源资源节约和生态环境保护，增强可持续发展能力。坚持把节能减排、环境保护和集约节约用地作为重要抓手和突破口，作为实现工作指导转变，体现好字当头、好中求快、又好又快发展的最现实、最直接、最明确的任务，把建设资源节约型、环境友好型社会放在工业化、现代化发展战略的突出位置，全面制定循环经济发展规划，加快构筑循环经济体系，把节能减排落实到每个单位、每个家庭。探索推动企业加快节能技术改造和淘汰落后产能的有效办法，完善价格调控、节能奖励等制度机制，落实工作责任制，突出抓好重点耗能产业和企业的节能减排，重点加强水、大气、土壤等污染防治，鼓励发展环保产业，实施大环境绿化，大力植树造林，加大废弃矿坑和荒山资源整理力度，巩固和扩大矿山治理成果，促进生态修复，确保完成节能减排目标，保障可持续发展。

六要进一步深化改革扩大开放。要坚持改革方向，提高改革决策的科学性，增强改革措施的协调性。要完善社会主义市场经济体制，围绕解决制约科学发展的深层次矛盾和问题，着力推进企业、园区、投资、财税、金融和社会管理、行政管理等各方面体制改革创新，力求在一些重要领域和关键环节上取得新的突破，进一步优化资源配置，激活微观主体活力，加快市场化进程，形成有利于科学发展的体制机制。要拓展对外开放的广度和深度，创新对外合作方式，创新利用外资方式，优化利用外资结构；加快转变外贸增长方式，优化进出口结构，提高开放型经济水平。

二、努力在发展社会主义民主政治、保证人民当家作主上取得新突破

人民民主是社会主义的生命，依法治国是社会主义民主政治的基本要求。要把党的领导、人民当家作主和依法治市有机统一起来，进一步加强民主法治，努力形成民主团结、生动活泼、安定和谐的政治局面。坚持党总揽全局、协调各方的领导核心作用，不断提高党科学执政、民主执政、依法执政水平。健全完善人大、政协工作机制和制度，支持人大、政协围绕中心、服务大局，积极履行职能、发挥作用。当前，要抓住人大、政协换届的有利时机，进一步把人大、政协建设好。要大力发展基层民主，扩大公民有序政治参与，依法实行民主选举、民主决策、民主管理、民主监督，保障人民享有知情权、参与权、表达权、监督权和更多更切实的民主权利。坚持依法治市，全面推进依法行政，深化司法体制改革，加强制度建设，把社会各项管理逐步纳入法制化轨道。巩固和发展爱国统一战线，调动一切积极因素，共同致力于科学发展、和谐创建。加快行政管理体制改革，着力转变政府职能，提高行政效率，扩大办事公开，提高政府工作透明度和公信力，努力建设服务型政府。加强对权力运行的制约和监督，确保权力正确行使，保证人民赋予的权力始终用来为人民谋利益。

三、努力在推动文化大发展大繁荣、建设文化名城上取得新突破

当今时代，文化越来越成为民族凝聚力和创造力的重要源泉，越来越成为综合国力竞争的重要因素。在增强经济硬实力的同时增强文化软实力，日益成为各级党委、政府的一个重大而现实的任务。要按照建设

社会主义核心价值体系的要求，坚持不懈地用马克思主义中国化最新成果武装全体党员、教育人民群众，用中国特色社会主义共同理想凝聚力量，用以爱国主义为核心的民族精神和以改革创新为核心的时代精神鼓舞斗志，用社会主义荣辱观引领风尚，进一步巩固青州市人民团结奋斗、科学发展、共建和谐的思想基础。要加强和谐文化建设，坚持正确导向，弘扬社会正气，培育文明风尚，引导人们自觉履行法定义务、社会责任、家庭责任。完善政府、企业和社会信用体系，增强全社会诚实守信意识，努力建设“诚信青州”。加强和改进思想政治工作，注重人文关怀，搞好心理疏导，营造和谐的人际关系。要充分发挥文化产业管理办公室和文化产业园工作委员会职能，深入挖掘古城文化、生态文化、民族宗教文化，加快“十一园”“十二馆”和文化产业园建设进度，建设一批特色文化产业基地，以增强文化软实力，促进发展生产力。要加快推进文化体制改革，实施重大文化产业项目带动战略和大集团发展战略，大力繁荣发展文化事业和文化产业，满足人民群众日益增长的文化需求，扩大青州优秀文化的影响力和知名度，努力建设“文化名城”。加强社区和乡村文化设施建设，让人民群众共享文化发展成果。

四、努力在改善民生、促进社会和谐上取得新突破

社会建设与人民幸福安康息息相关。要进一步确立社会建设必须以改善民生为重点的思想观念，着力保障和改善民生，围绕山东省委提出的“十项民生”工程，解决好群众最关心、最直接、最现实的利益问题，努力使广大群众学有所教、劳有所得、病有所医、老有所养、住有所居。坚持优先发展教育，进一步加大教育投入力度，整合教育资源，优化教育结构和布局，促进教育公平，加快职业教育集团化、产业化发展，搞好人才回笼和继续教育，为青州市科学发展、和谐发展、率先发展提供强有力的人力资源保障。坚持实施积极的就业政策，完善市场就业机制和就业援助机制，强化职业教育培训，完善支持自主创业、自谋职业政策，促进以创业带动就业。积极探索建立利益共享机制，着力提高低收

入者收入，建立企业职工工资正常增长机制和支付保障机制，完善企业经营管理者薪酬制度，促进劳资关系和谐，确保社会分配公平与效率。加快完善社会保障体系，逐步提高保障水平。大力推进医疗卫生体制改革，推行政事分开、管办分开、医药分开、营利性和非营利性分开，建立较高水平的农村和社区卫生服务体系和运行机制，解决好群众看病就医问题。毫不放松、深入扎实地抓紧抓好人口计生工作，确保稳定低生育水平，不断提高人口素质。把维护稳定作为第一责任，完善社会管理，妥善处理人民内部矛盾，完善信访制度，加强社会治安综合治理，搞好安全生产，坚决开展同邪教的斗争，深入推进平安青州建设，努力保持社会安定有序。继续扎实开展和谐创建活动，积极创建和谐社区、和谐村庄、和谐单位、和谐家庭，促进社会和谐。

五、努力在坚持“党要管党，从严治党”、以改革创新精神推进党的建设上取得新突破

党要站在时代前列带领人民群众不断开创事业发展新局面，必须坚持党要管党，从严治党，以改革创新精神加强自身建设。要坚持把党的执政能力建设和先进性建设作为主线，贯彻为民、务实、清廉的要求，抓住重点，全面推进党的思想建设、组织建设、作风建设、制度建设和反腐倡廉建设，努力做到立党为公、执政为民，求真务实、改革创新，艰苦奋斗、清正廉洁，富有活力、团结和谐。要认真学习贯彻中国特色社会主义理论体系，切实用马克思主义中国化最新成果武装头脑，坚定中国特色社会主义理想信念。以提高领导水平和执政能力为核心内容，加强各级领导班子建设。严格实行民主集中制，健全集体领导与分工负责相结合的制度，建立落实统一高效的组织领导工作机制。坚持正确的用人导向，科学配置干部资源，全面优化干部队伍结构，加大干部教育培训力度，大幅度提高干部队伍推动科学发展和促进社会和谐的能力。突出抓好基层党建薄弱环节，优化组织设置，建立健全互帮互助机制，尽快改变部分基层党组织尤其是村级党组织的软弱涣散状况，充分发挥

基层党组织推动发展、服务群众、凝聚人心、促进和谐的作用。进一步改进党的作风，全面加强思想作风、学风、工作作风、领导作风和干部生活作风建设，永葆党的先进性。把反腐倡廉建设放在更加突出的位置，在坚决惩治腐败的同时，更加注重治本，更加注重预防，更加注重制度建设，完善惩治和预防腐败体系，拓展从源头上防治腐败工作领域，以反腐倡廉的实际成效取信于民。

一要继续解放思想。要努力破除不重视学习、单凭经验做事、故步自封的观念，树立勤奋学习、与时俱进、开拓创新的观念；破除只重速度、忽视效益，只要增长、牺牲环境，只重当前、不顾长远的观念，树立好字当头、好中求快、又好又快、统筹兼顾、永续发展的观念；破除只见物不见人、轻视民生、忽视群众利益的观念，树立以人为本、关注民生、富民优先的观念；破除粗放式经营、粗放型管理、盲目蛮干的观念，树立尊重规律、讲究科学、依法办事的观念。科学分析全面参与经济全球化的新机遇新挑战，全面认识工业化、信息化、城镇化、市场化、国际化深入发展的新形势新任务，深刻把握发展面临的新课题新矛盾，勇于冲破一切制约科学发展的思想束缚，坚决革除一切不符合科学发展的陈旧观念，切实改变一切阻碍科学发展的做法、规定和体制机制弊端。当今时代是创新的时代，不创新就不可能有发展。要在解放思想中始终把握创新主题，勇于探索，善于创新，在创新中解决影响发展的瓶颈制约、体制障碍、结构束缚、增长粗放等问题，努力推动科学发展、和谐发展、率先发展。

二要进一步转变作风。2006 年以来，青州市采取一系列措施，切实转变干部作风，着力打造有竞争力的领导班子和干部队伍，取得了良好效果。但面对迅猛发展的形势和科学发展、和谐发展、率先发展的要求，各级党委班子和干部队伍的精神状态、工作作风还有许多不适应的地方。面对前所未有的机遇和挑战，面对更加激烈的竞争形势，面对艰巨繁重的改革发展任务，青州市广大党员干部一定要居安思危、增强忧患意识，一定要戒骄戒躁、艰苦奋斗，一定要刻苦学习、埋头苦干，一定要加强团结、顾全大局，着力查找和解决好不适应的问题，始终保持奋发有为的精神状态和良好的工作作风，进一步增强领导力、执行力和竞争力。

要继续强化各级领导班子推进工作落实的责任，强化各级领导干部落实决策的主体地位，充分发挥每位领导干部的积极性，齐心协力推进事业发展。要全面推行一线工作法和点对点抓工作落实的办法，在青州市形成干事成事的良好风气。要进一步强化各重点工作领导小组的职能，加大重点工作的落实力度，强力推动重点工作率先突破。要进一步坚持和完善会议纪要、现场办公、请示事项限时答复、报告工作和“下评上”等制度，努力提高工作效能。要继续大力推行全员目标、全员责任、全员考核，确保执行责任的具体化、明确化和考核监督的科学化、制度化。要结合实际完善已有的考核监督办法，引导和督促各级牢固树立正确的政绩观，求真务实、真抓实干，永不自满、永不懈怠，努力推动科学发展、促进社会和谐，不断创造经得起实践、人民和历史检验的实绩。

三要扎实做好当前各项工作。现距年底还有一个多月的时间，各方面的任务十分繁重。各级各部门要以学习贯彻党的十七大精神为强大动力，更加扎实有效地做好当前各项工作。要围绕“四大工作重点”“六大产业”，对照年初确定的发展思路和各项任务目标，对2007年以来的各项工作搞好“回头看”，强化措施，狠抓落实，加快工作节奏，提高工作效率，确保完成或超额完成全年的任务目标。市几大班子的有关领导同志，要牵头组织经济、政治、文化、社会建设和党的建设方面的专题调研，找到我们的薄弱环节，学习外地的先进经验，谋划创新发展办法。有关部门要及早动手，尽快研究明年的经济工作要点。要对明年工作特别是重点工作、重点项目，早分析、早运筹、早安排，争取提前启动，把握工作主动权，确保明年各项工作有新格局、新水平、新发展。要坚持把维护稳定作为第一责任，加强基层基础工作，认真排查、积极化解各种不稳定因素。要严格落实安全生产责任制和社会稳定责任制，坚决遏制重特大安全事故、重大群体性事件和重大刑事案件的发生。要认真做好人大、政府、政协换届工作，做好村“两委”班子换届和行政区划调整后续工作，不断提高各级领导班子和干部队伍的领导力和执行力。各级各部门都要聚精会神，专心致志，心无旁骛，统筹做好各项工作。

强化措施，狠抓落实，加快推进党建工作创新

2008年5月，我们召开这样一次高规格、大规模的现场直播会议，主要是以党的十七大和潍坊市推进党建改革创新工作会议精神为指导，对“党的基层组织建设规范提升年”活动进行全面动员、安排和部署，动员青州市各级党组织、广大党员干部迅速行动起来，紧紧围绕市委工作中心，强化措施，狠抓落实，加快推进党建工作创新。

一、高度重视新形势下的基层党建工作

党要管党，从严治党，是我们党的一贯方针。无论是在战争年代，还是和平建设时期，我们党始终把党的建设牢牢抓在手上，并根据形势的变化，不断创新发展。

2007年，根据上级党委的统一部署，青州市按照“常规性工作抓巩固，阶段性工作抓突破，重点性工作抓创新”的总体思路，创造性地开展党的建设工作，为经济社会又好又快发展提供了坚强保障。一是工作机制逐步健全。成立党建工作领导小组和基层组织建设工作领导小组，全面落实基层党（工）委党建工作责任制，推行基层党建工作量化积分考核办法，将党建工作纳入青州市年度工作实绩千分综合考核体系，形成了上下联动、齐抓共管的工作格局。二是基层基础更加扎实。圆满完成村“两委”班子换届选举，村“两委”成员交叉兼职比例达到85.2%，党组织书记、村主任“一人兼”比例达到90.8%，村级班子整体素质明显提高。加强干部培训，先后举办农村党组织书记培训班和基层党务干部业务培训班，培训干部1500多人次。顺利完成79个村级活动场所建设任务，统一完善配套设施。积极推进村级事务契约化管理，基层民主

政治建设得到加强。推进“两新”组织党建，实施非公有制企业党建新“双百”规划，青州市非公有制企业党组织组建率等各项指标均居潍坊市前列，被山东省委组织部确定为“山东省基层党建工作示范点”。三是创新力度不断加大。适应青州市整体工作布局的需要，创新领导运行体制和工作推进机制，增强以党的建设为核心的社会动员和社会控制能力。形成“支部建在项目上”党建工作模式，建立指挥部、党支部、项目部“三位一体”运作方式，确保了重点工程的顺利推进。深化“两服务、三参与”社区党建工作模式，适应城市建设的新形势，以海岱苑社区为试点，建立网格化社区管理模式，探索形成社区党建工作运行新机制。完善党员管理机制，落实《流动党员活动证》制度，设立咨询服务专用电话，形成城乡一体党员动态管理体系。探索建立党内关爱机制，开展“沐浴党的阳光”募捐活动，筹集“党员关爱基金”155.6万元，老党员、困难党员得到更多救助。

经过两年的发展，我们已经处于一个新的起点之上，青州市上下群情振奋、活力迸发，城市建设正由拆迁转向全面建设阶段，物流的整合、旅游的发展、文化的繁荣、“七博会”的筹办，都迫切需要有坚强的组织作保证。开展“党的基层组织建设规范提升年”活动，主要目的就是全面提升基层党组织建设水平，为加快建设“三名一强”新青州提供坚强有力的组织保证。这是事关全局、事关长远、事关发展的战略性工程，青州市广大党员干部特别是各级领导干部必须认清形势和任务发展的要求，牢固树立“大党建”理念，讲党性、重品行、从大局，想党建、谋党建、抓党建，真正把思想和行动统一到市委的安排部署上来，扎扎实实、不折不扣地把党的基层组织建设抓紧抓好。

二、坚决把“党的基层组织建设规范提升年”活动的各项任务落到实处

总的要求是深刻领会党的十七大对基层党组织建设提出的新思想、新任务、新要求，全面提升基层党组织建设工作水平，为建设“三名一

强”新青州提供坚强组织保证。关于这次活动的时间安排和方法步骤，市委已经印发了具体的实施意见。各级各部门要从实际出发，认真抓好贯彻落实。

（一）着眼于落实主体地位、壮大党的力量，加强基本队伍建设。党的基本队伍是基层党组织建设的主体。各级党组织要紧紧抓住入党积极分子、党员、基层干部、党务干部这 4 支队伍，下大力气改善队伍结构、提高队伍素质，着力激活这个基层党组织建设中最活跃的“第一要素”。要选好配强基层干部，确保党的工作有人抓、有人做。坚持党的组织制度和法律规定，加强基层党组织班子建设，特别要选好配强村、社区党组织书记；采取“两推一选”、下派、公开选拔等方式，切实解决好“有人干事”的问题；认真搞好党务干部培养，尤其是在目前，各镇、街道党（工）委的副书记、组织委员普遍年轻，从事党务工作时间比较短，平均年限只有一年多时间，60% 的同志从事党务工作不到 8 个月，要注重加强培训，切实提高党务干部的工作能力和水平。要做好党员发展工作，确保党的事业后继有人。发展党员是党的建设的基础工作，要严格按照“坚持标准、保证质量、改善结构、慎重发展”的要求，全面落实党员发展结构预审、差额推荐、全程票决、责任追究等制度，提高纳新党员质量；注意从毕业生、退伍军人、企业骨干、外出务工人员中培养入党积极分子，发展党员，不断优化党员队伍结构。要加强教育培训，确保党员干部“有能力干事”。要加强党员干部培训。采取集中办班、现场教学、远程教育、科技下乡等多种形式，加强对基层党员干部的政治理论、科技文化、管理知识和创业技能培训；坚持“请进来”与“走出去”相结合，不断提高培训质量和水平。要建立健全党员城乡一体化管理机制、党员党性定期分析制度，加强党员日常教育管理；妥善处置不合格党员，畅通“出口”，保持党的队伍纯洁性；搞好党内关爱工程，做好“党员关爱基金”的管理使用，完善困难党员帮扶救助机制，以党内和谐促进社会和谐。

（二）着眼于工作开展有场所、有平台，加强基本阵地建设。党的基本阵地是党组织开展活动的重要场所，是党员接受教育、发挥作用的重要平台，也是把党员和群众团结凝聚在党组织周围的重要物质依托。阵地建设绝不仅仅是盖几间房子的问题，而且直接关系到党组织在群众中的形象与地位，关系到党组织凝聚力、号召力的一件大事。目前，青州市有些村、企业党组织仍然没有活动场所，特别是青州市有 288 个村至今没有活动场所，占总数的 28.9%。这个基层党组织建设，一个是党员队伍，这是最基本的；那么第二个就是有阵地，一个村、单位，党组织活动、党员活动的阵地、场所必须有。在战争年代，我们党最重要的是保住阵地，一定要把红旗举得高高的。青州市现有 288 个村，党支部没有活动场所，这个问题必须得解决。各级党（工）委要以这次活动为契机，按照“无阵地抓建设、有阵地抓提升”的总体要求，摸清底子，制定规划，加强建设，努力达到“一支部一场所”的目标。内部设施要按照市里要求，统一规范地进行布置和管理，并注意与便民服务、文化娱乐、体育健身设施相结合，充分发挥其组织、议事、服务、活动和宣传功能。对尚未建立活动场所的党组织，年内要通过利用学校、单位闲置房产，部门帮扶、财政投入新建等方式，从根本上解决活动场所问题。要大力加强党建示范点建设，每个党（工）委要确定 5 —10 个示范点，加大投入，建设高标准活动场所，带动党的基本阵地建设水平全面提升。我们要适时做好全面检查，镇、街道党委书记要高度重视这个问题。

（三）着眼于党员经常受教育、做模范，加强基本活动建设。党的活动是党组织和党员发挥作用的重要载体。没有一定形式的活动，党组织的影响就体现不出来，党员队伍的活力就很难激发，党组织和党员的整体形象就不容易展现。各级党组织要紧紧围绕保持和发展党的先进性，狠抓党员教育管理，深入开展主题实践活动，使党员经常接受教育，发挥模范带头作用，永葆先进性。要严格规范党员日常教育管理活动。各级党组织要认真按照党章要求，切实抓好党员教育管理，把学习培训、“三会一课”、组织生活会、民主评议等日常教育管理活动作为“规定动作”，明确具体要求，扎扎实实抓好落实。要积极开展富有特色的主题实践活动。各级党组织要立足各自特点，按照“一个类型一个主题，一个单位一个特色”的要求，发挥优势，确保每年开展 1 —2 项富有特色的主题实践活动。在村级组织重点开展党员公开承诺、无职党员设岗定责活动，在企业重点开展党员责任区、党员先锋岗活动，在机关重点开展党员挂牌上岗、为民服务、结对帮扶活动。我们要结合新的形势、新的情况，对党的活动也要进行不断创新，创新活动内容、创新活动方式，才能有活动的效果，才能体现党组织在各种组织中的核心地位、领导地位，才能充分体现我们党员的先锋模范作用。所以，党员的基本队伍建设，基本阵地建设，再一个就是基本活动建设，没有活动就没有载体，党的活动建设就无从谈起。

（四）着眼于建立长效机制、巩固工作成果，加强基本制度建设。党的基本制度是规范基层党组织活动、指导党组织和党员正确行使权力和履行义务的方向，是基层党组织建设的重要保证。各级党组织要把制度规范整理、贯彻落实和制度创新放在突出位置抓好抓实。要通过党的基本制度的有效落实，使基层党组织建设变突击式的集中整顿为坚持经常抓、持久抓，变主要依靠上级推动为基层主动抓、自觉抓，变零碎分散地抓为系统规范地抓，切实防止热在上面冷在下面、热在点上冷在面上、热在一时冷在平时的现象。对已有的制度规范，要根据形势发展变化、实际工作需要以及行业、单位特点，进一步进行细化、量化，增强可操作性。对实践中创造的好经验、好做法，要及时加以提炼、升华，形成新的制度规范，推进党的建设创新发展。

三、依靠改革创新推进党建工作全面提升

创新是时代精神，也是我们党的鲜明特征。我们党不管是在革命战争年代、和平建设时期，还是在改革开放时期，都是通过创新来推动工作开展的。没有创新，就没有我们共产党组织的生机和活力。以改革创新精神全面推进党的建设新的伟大工程，是党的十七大作出的重大战略决策。潍坊也召开了推进党建改革创新工作会议。我们必须以更高的境界、标准和水平，大胆推进改革创新，真正依靠改革创新走出一条“大党建”之路。

一是创新组织运行体系。党的组织体系是党领导各项事业发展的政

治资源，是促进决策部署和工作落实的重要依托。各级党（工）委要主动适应经济结构、生产方式、生活方式、工作方式的新变化，积极探索更加灵活、更富成效的党组织设置形式、运行机制和工作载体。

要推进农村党建工作创新。着眼于构建基层党组织互帮互助机制，促进农民致富和先进生产力发展，打破传统的行政村区域界限，深化完善“产业建支部”模式，加大村村联建、村企联建、村居联建党组织力度，积极探索村级党组织整合的方式方法，实现以强带弱、优势互补、共同发展。大力推进农村社区建设，并同步设置党组织，更好地整合资源服务于民；建立健全村级事务决策、执行、监督机制，加快基层民主政治建设。

要推进社区党建工作创新。“网格化”管理是城市社区发展的一种趋势，在这一进程中，党的工作要及时跟进，以大社区党建工作格局推动社区管理体制改革。要以社区整合为突破，积极探索社区党建工作新模式，建立健全以社区党组织为核心的组织体系，加强党员管理，搞好社区服务，深化共驻共建，全面推进社区党建工作。

要推进新型经济社会组织党建工作创新。积极适应经济社会蓬勃发展的新形势，通过选派党建工作指导员、落实党组织组建责任制等措施，整合组织资源，建立健全党的组织，扩大党的覆盖面；坚持一手抓党组织组建、一手抓作用发挥，积极探索在非公有制企业、社会中介组织、重点工程项目、各园区中开展党的工作的新路子，更有效地推进企业发展、项目实施和任务落实。农村社区建设要同步设置党的组织，由党的组织来统率、统领其他组织的建设；城市社区要实行“网格化”管理，要打破原来党组织的格局，打破村与村、单位与村、企业与村的界限，进行社区党委的统一领导，这是社区党建的重大创新，重大变化，要适应这个形势。

二是创新教育管理方式。经济社会的发展，使党员的思想更加活跃、从事的行业更加宽泛、活动区域不断扩大。各级党组织要积极适应新形势、新要求，根据不同类型党员特点，创新党员教育管理的方式方法。要下功夫抓好党员培训工作，大幅度提高党员素质，切实解决少数党员无知无为问题。充分借鉴先进性教育成果，落实促进党员干部经常性学习的制度措施，建立健全经常受教育、永葆先进性长效机制，促使党员干部真正成为认真学习和遵守党章的表率，真正成为牢记宗旨、心系群众的先进分子。建立完善城市社区和农村基层党员服务中心，拓宽服务群众渠道，构建联系和服务群众工作体系，使党员在服务中有所作为，在服务中提高素质。完善城乡一体党员动态管理机制，加强和改进流动党员管理，努力使每一名流动党员都能正常参加组织生活。

三是创新责任落实机制。建立健全基层党建考核评价机制，是抓工作落实、促工作成效的有效手段。抓好党的建设，重点是做好抓基层、打基础、夯根基的工作，关键是落实各级各层面的工作责任，根本的是调动各级党组织负责同志真抓真管真负责的积极性和能动性。从 2007 年开始，市里每年将组织两次基层党建综合检查，层层推动责任落实。同时，经市委研究，决定实行镇、街道党（工）委书记履行党建工作责任述职制度，通过述职反映的党建工作情况，纳入各镇、街道党政领导班子和领导干部考核评价内容，作为评选基层党建工作先进单位，考核评价镇、街道党（工）委书记素质能力和工作实绩的重要依据。对履行基层党建工作责任考核前 6 名的镇、街道党（工）委书记予以奖励；对考核列末位的，镇、街道党（工）委书记不能作为本年度评先树优和提拔重用对象；对连续两年列青州市末位的镇、街道，经考察确属未认真履行基层党建工作职责的，镇、街道党（工）委书记离职培训或组织调整。各党（工）委要高度重视，确保工作落实。

四、切实加强对活动开展的组织领导

这次活动能不能起到应有的作用，关键在领导，根本在落实。各级党组织和广大党员干部要认清形势，提高认识，强化措施，狠抓落实，扎实开展好“党的基层组织建设规范提升年”活动，推进青州市基层组织建设再上新水平。

一要落实责任。各级各部门党组织书记作为“党的基层组织建设规范提升年”活动“第一责任人”，要牢固树立“不抓党建就是失职、抓不好党建就是不称职”的观念，“只为成功想办法，不为失败找理由”，切实增强工作责任感和主动性，把党的基层组织建设作为硬性任务，像抓经济建设一样进行研究、部署和指导。市委专门成立了领导小组，设立了活动办公室，具体负责这项活动的指导和日常工作。各级各部门党组织也要成立相应机构，强化责任，狠抓落实。党的建设工作领导小组和党的基层组织建设工作领导小组成员单位，要积极参与活动办公室工作，形成工作合力。

二要搞好调度。市活动办公室要加强指导、调度，及时了解情况，研究解决问题，推动活动开展。市委督导组要认真履行职责，深入基层，加强督导检查，确保每个基层党组织按照要求规范提升。各级各部门党组织要认真抓好组织协调，在工作人员安排、办公设备、活动经费上优先保证，加强对所属党组织的工作调度，保证活动扎实顺利开展。

三要严格考核。开展“党的基层组织建设规范提升年”活动是市委2007年的重点工作。市委将把党建工作作为对领导班子和领导干部考核评价的重点内容，纳入千分考核体系，并扩大党建工作比重。市委组织部作为牵头部门要切实抓好工作考核，对活动中涌现的先进单位和个人要进行表彰奖励；对工作被动应付、弄虚作假、欺上瞒下的，要给予严肃处理。

四要树立正确的用人导向。一个地方的发展，有一个正确的导向是最重要的，而用人导向是最重要的导向。选拔干部、使用干部以及对干部的任用评价，都必须紧紧围绕市委的中心工作来办，这是铁的原则和纪律。谁能适应中心工作，谁干得好，谁能为青州经济社会发展多作贡献，我们就用谁。对那些与市委确定的思路不适应、气不通，甚至对着干的干部，必须进行调整，彻底解决部分干部占着位子不干事的问题。

大力弘扬改革创新精神，全面加强党的建设和组织工作

2008年6月，在建党87周年之际，青州市委召开这次高规格、大规模的会议，主要是以中央、山东省委和潍坊市委组织工作会议精神为指导，大力弘扬改革创新精神，全面加强党的建设和组织工作，为推动又好又快发展、建设“三名一强”新青州提供坚强组织保证。

一、高度重视党建和组织工作在推进“三名一强”新青州建设中的地位和作用

两年多来，青州市各级党组织紧紧围绕发展抓党建和组织工作，凝心聚力，务实创新，推动了经济社会又好又快发展。人民群众对发展的信心越来越足，发展热情空前高涨；青州的发展得到了领导的肯定和外界的认可，“青州现象”引起了广泛关注，青州的影响力和知名度有了大的提高。我们取得的这些成绩，是上级党委、政府正确领导的结果，是我们加强党的建设、推进党建改革与创新，党的创造力、凝聚力和战斗力不断增强的结果；是青州市上下按照“整体化布局、片区化介入、组团化发展、项目化推进、市场化运作”的科学发展模式，开拓创新、锐意进取的结果。加强和推进党建和组织工作，要把握以下几个原则。

1. 必须坚持以改革创新为动力。大力弘扬改革创新精神，是新形势下加强党的建设和做好组织工作的根本要求，是党中央向全党发出的号召。没有改革创新，就没有党的建设和组织工作的活力，就没有党的建设和组织工作的发展。目前青州市党建和组织工作还面临不少新情况、新问题。比如，基层党组织建设还比较薄弱，需要加强“四个基本”建

设；党员权利意识和群众政治诉求日益增强，要求组织工作进一步提高民主、公开程度；随着城镇化和劳动力转移进程加快，要求不断创新党组织设置模式和党员管理方式；更加注重社会建设，着力保障和改善民生，要求各级领导班子和广大党员干部更好地联系服务群众，更好地坚持和体现以人为本、执政为民。因此，我们必须以改革创新的精神状态、思想作风、工作方法，认真研究解决这些新情况、新问题，推动青州市党建和组织工作不断迈上新台阶。

2. 必须坚持以实现又好又快发展为目标。党的组织工作历来都是服从、服务于党的中心任务，并为实现党的中心任务提供组织保证。近年来，市委提出了建设“三名一强”新青州的总体部署，这给党建和组织工作提出了新的更高要求。各级党组织和广大党员干部要准确把握市委的重大决策部署，以新的观念适应又好又快发展的新形势，以新的思路贴紧又好又快发展的新要求，以新的措施紧跟又好又快发展的新步伐，使党建和组织工作的定位更高、视野更宽、措施更到位、服务更有效。

3. 必须坚持以群众满意为标准。让党委满意、让群众满意，是党中央对党的建设和组织工作提出的明确要求。组织工作让党委满意，归根结底也是为了让人民满意。要把群众满意作为党的建设和组织工作的重要目标，坚决防止和纠正选人用人上的不正之风，提高选人用人的公信度；切实管好、用好、教育好党员干部，使党永葆先进性；切实在服务中心、推进改革的进程中提高党员干部素质，增强基层党组织的先进性和战斗力，使推进党的建设和组织工作的过程成为体现群众意愿、实现群众利益的过程。

二、靠改革创新提升党建和组织工作水平

各级党组织要适应经济社会发展的要求，扎实推进党建和组织工作改革创新，真正把党的组织资源转化为发展资源，把组织优势转化为发展优势，把组织活力转化为发展活力。

（一）着力建设高素质的领导班子和干部队伍。要切实加强领导班子

和领导干部经常性管理，以思想政治建设为抓手，采取有效措施，努力把各级领导班子建设成为坚定贯彻党的理论和路线方针政策、善于领导科学发展的坚强领导集体。

一是增强领导班子开拓创新能力。坚持把提高开拓创新能力作为干部教育培训、考察考核的重要内容和干部使用的重要依据，努力提高领导班子和领导干部准确运用科学理论指导实践、把理论与实践结合起来的本领，贯彻党的路线方针政策、结合实际创造性开展工作的本领，灵活运用掌握的知识经验分析解决突出矛盾和问题的本领，善于集中各方面智慧提出新思路、采取新举措、开创新局面的本领。

二是营造团结和谐的发展氛围。团结出凝聚力、出战斗力，团结出效益、出干部。要重视班子的科学组合，既要选好配强一把手，又要考虑班子成员结构上的合理性，个性特点和工作阅历的互补性，充分发挥领导班子的团队作用。各级领导干部一定要像爱护眼睛一样维护班子的团结，像珍惜生命一样珍视集体的形象，努力营造气顺心齐、团结和谐的良好局面。

三是完善工作运行机制。围绕坚持和完善党委集体领导制度、明确和落实党委分工负责制、健全党委会工作协调机制、加强党委自身建设等内容，建立完善领导班子工作运行机制。深化行政管理体制和人事制度改革，统筹凝聚各方力量，形成抓经济社会发展的合力。

（二）着力构建基层党组织运行新格局。党的工作重心在基层，执政基础在基层，活力源泉也在基层。抓基层、打基础的工作，任何时候都不能忽视、不能停滞、不能放松。

一是夯实基层基础。要扎实开展“党的基层组织建设规范提升年”活动，切实加强党的基本队伍、基本阵地、基本活动、基本制度建设。继续深化农村党的建设“三级联创”活动，巩固扩大村“两委”班子换届成果，突出抓好后进村治理整顿，探索建立村干部激励保障机制；加大农村党员干部现代远程教育工作的推进力度，创新管理运行机制，使远程教育更好地服务于社会主义新农村建设。还要积极推行社区党建网格化、社区内经济社会组织党组织属地化管理的做法，加强行业协会、中介组织、重大建设项目等领域党组织建设，不断扩大党的工作覆盖面。

二是创新党组织设置模式。围绕推动城乡统筹发展，重点实施党建帮扶工程，通过市直部门单位党组织与农村党组织建立联合党组织的形式，整合城乡党建资源，建立完善城乡党组织互帮互助机制，推动城乡共同发展、协调发展。积极探索以合并方式整合农村党组织的做法，以党组织资源整合为抓手，创新党组织设置和活动方式，不断探索加强农村党建工作的有效途径。

三是创新党员教育管理模式。围绕巩固扩大先进性教育活动成果，继续抓好中央和省、市委长效机制文件的落实，探索建立党性定期分析制度，健全完善让党员经常受教育、永葆先进性的长效机制。深化完善党员承诺、设岗定责、结对帮扶等制度，积极构建党员联系和服务群众的工作体系，使党员真正成为牢记宗旨、心系群众的先进分子。加强党内关爱机制建设，切实做好关心基层干部、老党员和帮扶生活困难党员工作，使广大党员真正感到入党后有义务、有责任、有奉献，同时也有权利、有温暖、有荣誉。

四是探索扩大基层党内民主的有效实现形式。要扩大党务公开，尊重党员主体地位，拓宽党员参与党内事务的渠道。改革和完善基层党内选举制度，重点在改进候选人提名方式、规范选举程序、扩大差额比例等方面加大探索创新力度。推广基层党组织领导班子成员由党员和群众公开推荐与上级党组织推荐相结合的办法，逐步扩大基层党组织领导班子直接选举范围。

（三）着力推进党风廉政建设。好的党风是凝聚党心民心的基础和保证。各级领导干部要高度重视作风问题，珍视自身形象，带头讲党性、重品行、作表率。

一是始终保持同人民群众的血肉联系。强化宗旨意识，带着对人民群众的深厚感情去工作，真正做到权为民所用、情为民所系、利为民所谋。认真落实领导干部到基层调研制度，经常深入基层、深入群众，虚心听取群众意见，学习群众优秀品质，增强服务群众的意识和本领。

二是始终保持求真务实的工作作风。领导干部都要眼睛往“下”看、身子往“下”沉、劲头往“下”使，把工作的着力点真正放到研究解决改革发展稳定的重大问题上，放到研究解决群众生产生活中的紧迫问题上，放到研究解决党的建设的突出问题上，以求真务实的作风推进各项工作。

三是追求健康向上的生活情趣和精神境界。领导干部的品行不是小事，更不是私事。品行一旦出问题，往往就会酿成大问题。要带头实践社会主义核心价值体系，践行共产党人道德观和社会主义荣辱观，加强道德修养，保持道德品行的纯洁性和先进性。

四是加强反腐倡廉建设。各级党组织要把落实中央《建立健全惩治和预防腐败体系2008—2012年工作规划》作为加强反腐倡廉建设的重要政治任务，深入学习贯彻，认真组织实施。牢固树立正确的权力观、地位观和利益观，牢记“两个务必”，筑牢拒腐防变防线。严格维护党的政治纪律，坚决查办违纪违法案件，认真解决损害群众利益的突出问题。严格遵守廉洁自律各项规定，干干净净做人，始终保持共产党人的政治本色和革命气节。

三、形成推进党建和组织工作的强大合力

党的领导是我们各项事业取得胜利的根本保证。要树立“大党建”观念，加强领导，狠抓落实，不断增强做好党建和组织工作的责任感和使命感，努力以卓有成效的党建和组织工作推动又好又快发展。

一是强化领导责任。各级党组织主要负责同志要进一步强化领导意识、责任意识，切实履行好党建工作第一责任人的职责，牢固树立“抓好党建是本职、不抓党建是失职、抓不好党建不称职”的理念，把党的建设和组织工作摆上重要议事日程，抓实抓好；党委专职副书记要协助书记抓好党建；党委班子其他成员，都要搞好协助和配合。要建立健全基层党委定期报告党建工作制度、定期讨论研究党建工作制度和班子成员党建工作联系点制度，认真落实镇、街道、园、区党（工）委书记履行党建工作职责专项述职制度，以制度保证党建工作领导责任落实。

二是构建“大党建”格局。党的建设是一项系统工程，要构建党委统一领导、部门齐抓共管、一级抓一级、层层抓落实的“大党建”工作格局，形成组织严密、职责明确、相互配合、团结协作的党建工作机制，细化各级党组织抓党建工作的职责范围，逐级落实党建工作责任。建立健全各级党建工作领导小组，完善工作制度和议事规则。市党的建设工作领导小组和党的基层组织建设工作领导小组成员单位，要充分发挥职能作用，切实履行职责，形成工作合力，全力提升党建工作整体水平。加强党务干部队伍建设，强化党务干部培训，切实提高党务工作水平，为开展党建工作提供人才支撑。

三是推进体制机制创新。面对新的形势和任务，一切工作都要讲创新，党建和组织工作尤其不能例外。要创新工作思路，创新体制机制，创新方式方法，在改革创新中打基础、求规范、抓提升、上台阶。要建立党建工作研究会，整合党建研究资源，总结党建实践经验，探索党建创新模式，力求取得有分量、有价值、有普遍指导意义的研究成果；建立调研队伍，围绕市委中心工作以及实践中亟待解决的重要课题，积极开展调研活动，为市委决策党建工作提供依据；建立完善课题引导、项目评估、成果运用有机结合、相互促进的工作运行机制，推广先进经验，指导面上工作，增强党建创新工作的主动性、实效性。

文化传承篇

传承中华文化，绝不是简单复古，也不是盲目排外，而是古为今用、洋为中用，辩证取舍、推陈出新，摒弃消极因素，继承积极思想，“以古人之规矩，开自己之生面”，实现中华文化的创造性转化和创新性发展。

第十四章

做好文化宣传工作

加快建设“文化名城”，全力推进“三名一强”生态文明新青州建设

2008 年 7 月，这次宣传文化工作会议，主要是深入贯彻落实党的十七大、山东省委工作会议、山东省宣传思想工作会议、山东省文化建设工作会议和潍坊市文化建设工作会议精神，安排部署宣传文化工作任务，动员青州市上下进一步统一思想、改革创新，兴起宣传文化工作新高潮，加快建设“文化名城”，全力推进“三名一强”生态文明新青州建设。

一、在更高层次上思考和定位宣传思想工作，充分发挥宣传思想工作在推进“三名一强”生态文明新青州建设中的重要作用

两年多来，青州牢牢把握工作重点，走出了一条符合青州实际、符合人民意愿、富有创造性和生命力的发展路子，创造了备受关注的“青州现象”。两年时间主要经济指标实现翻番，经济结构日趋合理，经济特色日益鲜明；城市品质、城市环境、城市卫生、城市秩序都有了很大改观；来青州参观的考察团络绎不绝，发展思路和工作模式得到上级领导的充分肯定，知名度和影响力越来越大；人民的收入水平、生活水平、生活质量都有了显著提高，青州市人民思想更加统一，对青州的发展越来越有信心；人们的思想观念、精神面貌都发生了根本性的转变。两年来在潍坊市组织的现场观摩点评中实现了名次的大幅上升并保持了第三名的好成绩。

2007 年以来，青州市宣传思想战线以学习宣传贯彻党的十七大精神

为主线，牢牢把握正确的舆论导向，大力开展群众性文明和谐创建活动，取得了令人振奋的成绩。一是理论工作扎实有效。举办由中央党校教授主讲的党的十七大精神辅导报告会，组织千名机关干部下基层宣讲党的十七大精神活动。扎实抓好党委理论中心组的学习，开设“海岱书院大讲堂”。举办全民读书节，推进学习型社会建设，青州市学习氛围日益浓厚。开展哲学社会科学普及和研究，承办了“全省电视传媒与马克思主义大众化理论研讨会”，山东省委讲师团在青州市设立了“塑造论哲学书院”。被评为“全省党员教育工作先进市”和“全省思想政治工作先进单位”。二是舆论引导正确有力。坚持团结稳定鼓劲、正面宣传为主的方针，紧密围绕青州市中心工作进行强力宣传。先后组织开展解放思想大讨论、“七博会”申办、文明城市创建、重点项目建设、软环境整治、关注民生、抗震救灾等重大宣传战役，对市委重要会议进行现场直播，刊播了近百篇评论员文章，青州市上下思想解放、境界提升力度空前，干事创业、争创一流氛围浓厚。三是对外宣传成绩斐然。外宣的广度和深度进一步加大，策划和选题更具针对性，特别是突出民生问题、创意城市、文化建设等重大主题宣传，新华社《国内动态清样》、《人民日报》、《求是》、中央电视台《新闻联播》、中新社《内参》等媒体或内参报道了青州发展的经验和成绩。广播电视有两件作品获山东新闻奖，9 件作品获山东广播影视大奖，广播外宣获省台用稿 24 连冠，电视外宣在潍坊用稿第二，“青州现象”引起广泛关注。四是和谐创建稳步推进。深入开展和谐村庄、和谐社区、和谐单位、和谐家庭创建活动，获潍坊市和谐创建组织工作奖，有 20 个单位被命名为潍坊市和谐创建工作示范单位，涌现出了杨希涛、尹欣欣、李欣等影响广泛的先进典型。开展“共享和谐阳光”助学行动、光明行动、助残行动等 6 项公益活动，募集资金 400 多万元，“共享和谐阳光”公益活动成为青州公益事业的品牌。五是文明创建深入扎实。实施公民素质提升工程，以“迎七博、讲文明、树新风、促和谐”活动为载体，启动实施“文明风尚培育、公共秩序规范”等十大行动。以创建文明城市为总抓手，深入开展文明村镇、文明社区、文明单位创建活动，城乡文明水平和市民文明素质不断提高。这是我们宣传思想工作取得的成绩。

在肯定成绩的同时，也要清醒地看到工作中存在的问题和薄弱环节。当前，宣传思想工作正面临新的挑战和机遇。从国际上看，形势依旧复杂，“藏独”“台独”势力和西方一些敌对势力猖獗；从国内情况看，奥运会即将举办，抗震救灾任重道远，改革开放适逢30周年。这些都对舆论宣传工作提出了新的更高的要求。从青州实际看，我们正处于爬坡阶段，“七博会”筹办任务艰巨，城市建设全面铺开，一大批事关青州前途和百姓利益的工程项目紧锣密鼓地进行中。在爬坡阶段，凝心聚力至关重要，精神状态尤其重要，稍有松懈，就会前功尽弃；奋力前行，就能豁然开朗。必须有这么一种认识，新的形势、新的任务、新的要求，须臾离不开宣传思想工作。

当前和今后一个时期，青州市宣传思想工作总的要求是：以党的十七大精神为指导，坚持围绕中心、服务大局，坚持团结稳定鼓劲，着力推进思想解放和改革创新，着力打造社会核心价值，着力巩固壮大科学和谐的主流思想舆论，着力提升公民素质和城市文明水平，为推动青州市经济社会又好又快发展提供强大精神动力、舆论支持和思想保证。

（一）始终坚持统一思想、解放思想。统一思想解决的是凝心聚力的问题，解放思想解决的是务实创新的问题。两年来的变化与发展，最重要、最核心的经验就是统一思想、解放思想。青州明天的发展，仍然要靠统一思想、解放思想。一要增强大局意识。青州市上下都要进一步开阔胸襟、提升境界，站在全局的高度看问题、想事情、做工作、谋发展。牢固树立“青州市一盘棋”的观念，自觉服从服务于市委中心工作，时刻胸怀全局、思考全局、把握全局、驾驭全局，一切为了推进青州发展。决不允许部门利益和一己之利影响青州形象，破坏青州环境。二要增强创新意识。创新出奇制胜。每个人都要有创新的勇气、创新的意识、创新的行动，不断创新方式方法、体制机制，用创新的手段解决发展中遇到的问题和困难。允许创新有失误，但不允许不创新。要在全社会营造鼓励创新、宽容失败的良好氛围，对富有成效的创新性工作大张旗鼓地表彰奖励。三要增强市场意识。深化对市场经济的认识，努力理解市场、研究市场、把握市场、驾驭市场。要深入学习金融、市场等有关知识，树立全局高度、市场眼光、创新思维，善于运用市场手段盘活资源、解决问题，靠市场手段把想法变成项目、把项目变成工程、把工程变成发展成果，切实提高操作层面的落实能力。

（二）打造社会核心价值。打造核心价值是宣传思想工作和文化建设的根本。打造社会核心价值首要的是要明确社会主义核心价值体系的基本内容。要用马克思主义中国化的最新成果武装全党、教育人民，用中国特色社会主义共同理想凝聚力量，用以爱国主义为核心的民族精神和以改革创新为核心的时代精神鼓舞斗志，用社会主义荣辱观引领新风尚，巩固共同思想基础。打造社会核心价值重点是广泛开展宣传和实践活动。精心组织纪念改革开放30周年、迎“七博”、庆奥运等主题活动，广泛开展“重品行、讲文明、促和谐”全民行动。特别要抓好青少年教育，加强爱国主义教育基地建设，大力实施“红心向党”推优工程，积极推进初中毕业生免费职业教育，大力推动核心价值教育进教材、进课堂，教育和引导市民树立核心价值。打造社会核心价值关键是培育热爱青州、振兴青州的共同情感。要从近两年青州发生的巨大变化，从申博成功、抗震救灾、重进百强等重大事件中汲取动力，广泛开展国情市情和形势任务教育，激发发展热情。各级领导要率先垂范、勇往直前；机关干部要讲党性、重品行、从大局、务实效；企业家要不断超越、追求卓越；车站、出租车、宾馆、景区等服务行业要提高服务水平，展示热情好客、文明开放的新青州形象；各行各业各条战线的劳动者都要兢兢业业、忘我奉献，努力为青州的建设增光添彩；广大市民要提升素质，不断增强文明意识和秩序意识；青州市上下都要以青州发展为己任，叫响“我为青州添光彩，青州因我而美丽”这个口号，形成建设“三名一强”生态文明新青州的强大合力。

（三）牢牢把握正确的舆论导向。文以载道，舆论兴邦。一个地方如果没有一个好的舆论导向，就不可能实现好的发展。

一要坚持正确方针。牢固树立政治意识、大局意识、责任意识、阵地意识，把坚持正确导向放在新闻宣传工作的首位，坚持团结稳定鼓劲、正面宣传为主，唱响主旋律，打好主动仗，更加自觉主动地为青州市发展服务。要增强政治敏锐性和政治鉴别力，严格宣传纪律，做到守土有责，在重大问题、敏感问题、热点问题上把好关。

二要突出宣传重点。大力宣传市委、市政府的决策部署、两年来青州发生的巨大变化、改革开放取得的显著成绩和推动工作落实的宝贵经验，激发青州市上下的昂扬斗志。

三要以人为本关注民生。面向基层、服务群众、深入实际，多报道人民群众的工作生活，多反映人民群众的利益要求，多宣传人民群众中涌现出的先进典型，弘扬社会正气，通达社情民意，引导群众正确面对改革和发展中面临的困难和问题，疏导公众情绪，保持社会长期和谐稳定。

四要坚持典型引路。选树一批在“三名一强”新青州建设中涌现的不同行业和领域的先进人物，不管是领导干部还是一般群众，只要是对青州的发展作出重要贡献的，只要是对促进面上工作具有示范带动作用的，都要大张旗鼓地表彰奖励、宣传报道；注重反面典型的警示作用，对破坏软环境建设、阻碍发展的人或事坚决进行曝光处理，决不姑息迁就。

（四）提高青州的影响力。影响力就是发展人气，就是发展优势，就是市场经济条件下盘活更多资源和要素的资本。提升影响力关键是做好宣传工作。

一要重视策划创意。进一步提升工作境界，敢于面向全国、面向世界，立足实际，找准角度，策划和创意重大选题，在更高层次、更高水平、更大范围上广泛宣传、推介青州，扩大青州的知名度和美誉度。

二要搞好活动宣传。借助市委、市政府招商、旅游推介和其他重大经贸活动，利用新闻发布会等形式展示青州良好形象。特别是要抓住“七博会”筹办的机遇，精心策划主题活动，有重点地邀请国内外主流媒体参与，全面展示青州改革开放的重大成就和青州人民昂扬向上的精神风貌。

三要注重回顾和总结。两年来的发展，积累了丰富的经验，其中很多是富有创造性、示范性和生命力的。因为没有现成的模式套用，很多东西需要我们认真思考、提炼和总结。这绝不仅仅是宣传部门的事情，各级各部门各单位都要高度重视，特别是领导同志要善于用文字表达思想、提炼经验，通过经验推进工作、宣传青州。这是一项很重要的工作。

四要重视接待和联谊工作。积极推进与国内主流媒体、文化团体的联络、交往，建立长期稳定的合作关系，有计划、有重点地邀请市外重要机构、重要团体、主流媒体和知名人士来青州市考察、采访，举办或参加重大活动，借力宣传，借势宣传。认真做好接待工作。牢固树立大接待理念，树立“接待也是生产力”的观念，通过接待展示青州开放包容、热情好客的良好形象，赢得更多的人脉资源，凝聚更多的人气，盘活更多的资源。

二、以更高的境界和水平推进文化大发展大繁荣，努力把青州打造成名副其实的、令人向往的文化之城

两年来，我们坚持以文化引领经济社会发展，把建设文化名城作为“三名一强”新青州的首要目标，取得了巨大成绩。

一是公共文化服务网络逐步完善。以市文化馆为龙头，镇、街道文化站、中心为枢纽，村、社区文化大院为基础，文化专业户为补充的多层次、多体制群众文化网络初步形成；文化信息资源共享工程全面实施，被列为首批“山东省文化信息资源共享工程示范县”；全省农村电影放映工程在青州市率先启动；有线电视实现“村村通”，入户率达 67.2%，位居潍坊市前列。

二是群众文化活动丰富多彩。新春文化艺术节、花博会文化艺术节、广场文化艺术节、全民读书节、大型合唱节等九大文化品牌初步形成。正气之歌、庄户剧团活动异彩纷呈，深受群众欢迎。花博会文化艺术节被评为山东省知名社会文化品牌。

三是非物质文化遗产保护得到加强。《云门献寿的传说》等 4 项被列为潍坊市非物质文化遗产。举办了东夷文化研讨会，组织编写《青州文化大型系列丛书》。《青州通史》入选全省“农家书屋”工程。

四是文化市场日益繁荣。在全省率先成立文化行业协会。文化市场繁荣有序，形成了书画艺术城、钲铧文化市场等较大规模和影响力的文

化市场，年交易额10亿多元。

五是文化产业越做越大。目前，正在规划和建设的文化产业项目20余个，总投资近80亿元，国际会展中心和体育中心一期已经完工，锦绣江南生态园、将军文化生态园基本完工，文化产业园完成基础设施建设配套，山东民族技师学院、教育学院一期工程封顶，君怡都书画艺术城、甲子文化园、马驿山遗址公园、弥河水生态旅游区等项目进展顺利。宋城、广县古城等启动规划。

六是文化创意引起关注。将文化建设渗透到城市建设、新农村建设和旅游发展之中，提出“三破三立、四轮驱动、五路并进”的文化发展模式和创意城市的理念，为潍坊市文化建设工作会议提供了观摩现场，文化建设的经验在国内引起关注。

成绩值得充分肯定，问题同样不容忽视。一是认识不到位。相当一部分人，包括一些领导干部仍认为文化只是虚的，与经济社会发展关联度不大，特别是与经济发展没什么关系；认为文化建设是文化部门的事，缺乏积极主动、真抓实干的精神。这一点，说得轻一点是认识问题，说得重一点就是不称职。二是体制机制不完善。投入机制不够灵活，许多项目还在等政府投入；用人机制不配套，文化专业人才青黄不接；管理机制不顺畅，致使出现“想管不能管也管不了”的局面。三是文化设施落后。镇、街道文化站建设速度较慢，达到“五有”标准的文化站不到总数的一半，村、社区多数无专门的文化大院，文化设施残缺不全，尤其缺少现代化办公和数字化设备。四是在文化产业方面，集约化程度不高，结构不够合理等。这些问题，需要大家认真考虑，马上着手解决。

文化是一个地方发展的决定性力量。党的十七大明确提出“推动社会主义文化大发展大繁荣”，山东省提出了打造经济文化强省的目标，潍坊市也对推动文化大发展大繁荣提出了新的要求。青州市悠久的历史、灿烂的文化、智慧的人民，为向文化强市跨越提供了得天独厚的条件；经济出现强劲发展态势，为文化的繁荣发展奠定了坚实的基础；人民群众的热切期待，为青州市文化建设营造了深厚群众基础和巨大社会需求；“七博会”的召开给我们提供了千载难逢的机遇，我们正在步入文化大发展大繁荣的重要战略机遇期。对此，各级各部门一定要切实提高认识，破除“文化虚功论”的观念，树立“文化是核心竞争力”的理念；破除“就文化抓文化”的观念，树立“抓文化就是抓发展”的理念；破除“文化是文化部门的事”的观念，树立“人人都是文化建设主体”的理念；破除“按部就班抓文化”的观念，树立“创意创新抓文化”的理念，像重视经济建设那样重视文化建设，像重视物质文明建设那样重视精神文明建设，像重视做强经济硬实力那样重视做强文化软实力，真正以更高的境界、更大的创意、更硬的措施，推动青州文化大发展大繁荣，进而推动“三名一强”新青州建设。

当前和今后一个时期，青州市文化建设总的要求是：深入贯彻党的十七大精神，牢固树立“大文化”发展理念，以改革创新为动力，以科学投入为保障，以项目建设为重点，以人才培育为基础，深化文化体制改革，繁荣文化事业，做大文化产业，全面提升文化竞争力，努力把青州打造成为一个名副其实的、令人向往的文化之城。

（一）建设创意之城。创意就是财富、创意就是经济、创意就是竞争力。一个有竞争力的城市必定是以文化为引领的创意之城。

一要突出定位的创意。立足于当前宏大的时空背景，在以建设“三名一强”新青州这一最大创意框架内，将文化与创意城市建设有机结合，从城市的总体定位到每一个具体项目的定位，都突出策划、规划和创意的要求，始终注重创意创新和内涵挖掘，实现文化发展和创意城市建设的相得益彰相互促进。

二要打造鲜明的城建风格。充分挖掘青州独特丰厚的古城文化、生态文化、民族民俗文化资源，坚持白墙灰瓦、绿树青石的城建方针，保留“古”字，突出“青”字，整合历史文化和民俗风情，让“古”成为城市文化底色；实施大环境绿化，让“青”成为城市外部特征，创建景观与生态环境优良的绿色城市。要牢固树立精品意识，引进国内外知名的房地产开发公司和建筑商，精益求精、精雕细刻、兢兢业业，打造建筑的精品、凝固的艺术，把青州建设成为一座现代与历史辉映、文化和生态交融、“古”“青”特色鲜明的魅力城市。

三要打造休闲、养心、创业、居住的宝地。把城市作为一个大型文化旅游景区来打造，加大创新、创意力度，注重总体规划、片区规划、项目规划的衔接统一，把历史、园林、文化、旅游、休闲等多种元素全方位地融入整个城市发展，实施组团化发展战略，加快“佛寿文化”“古城文化”“弥河水生态休闲”“西南山区生态休闲”四大特色旅游片区规划建设进度，将青州建设成为景色宜人、文化怡人、讲究品位、富有韵味的宜居城市。

（二）建设和谐文化。做大青州文化，必须坚持以人为本、以文化人，搞好和谐创建。

一要抓好道德创建。深入实施社会公德、职业道德、家庭美德、个人品德“四德”工程，开展重品行、讲文明教育活动，选树一批道德模范和先进典型，着力强化公民的社会责任和家庭责任，使知荣辱、讲正气、促和谐成为每个公民的自觉行动。

二要抓好诚信创建。深入推进“诚信青州”建设，青州市上下都要讲诚信，把诚实守信作为为人处世的基本准则，讲诚信话、办诚信事、做诚信人。要建立激励惩戒机制，严厉打击欺诈、失信行为，维护城市形象。坚决落实“三个尊重、三个服务于”，以合作的理念、共赢的意识、包容的心态、宽广的胸怀来对待外商，打造诚信包容、协调发展的人文环境。

三要抓好文明创建。大力推进公民素质提升十大工程，深入开展“迎七博、讲文明、树新风、促和谐”活动，开展全民读书活动，着力加强文明礼仪教育，强化环境秩序意识，叫响“我就是青州形象”，做到人人都是青州形象。组织开展好和谐村庄（社区）、和谐家庭和文明城市、文明村镇（社区）、文明单位等创建活动，规范提升阳光义工家园和青年志愿者队伍，继续开展“共享和谐阳光”等公益活动，不断提高文明和谐创建水平。

四要抓好精神创建。充分挖掘青州传统文化，处理好继承与创新的关系，推进传统文化与现代社会相适应、与现代文明相协调，加快文化自觉的建立，推进青州核心文化价值观的形成，增强人民的认同感和归属感。要继续发扬敢拼敢干、埋头苦干、团结实干的“猛山精神”和知难而进、敢于竞争、锲而不舍的“申博精神”，汲取抗震救灾伟大精神，加强部门精神建设，不断丰富“青州精神”内涵，使之成为青州振兴的强大精神支撑。

（三）繁荣文化事业。发展公益性文化事业，建立覆盖全社会的公共文化服务体系，是维护和发展人民群众基本文化权益的重要途径。

一要搞好公共文化设施建设。结合“一城四区”城市发展格局，合理规划青州市公共文化设施，尽快开工建设博物馆新馆。还有文化大厦等文化设施项目要抓紧建，加快体育中心、会展中心等项目建设，建成一批具有标志性、全省一流的公共文化服务设施。扎实推进镇（街道）文化站及村文化大院建设、农家书屋建设等“五大工程”。文化站和文化大院要按照“五有”标准，进一步改进完善，2008 年底全部达到省定标准；“农家书屋”和农民自助读书组织 2008 年底要覆盖 15% 的行政村，2010 年达到 50% 以上。所有新建社区都要配备完善的文体设施和活动场所。

二要丰富和活跃群众文化生活。大力发展社区文化，办好新春文化艺术节、花博会文化艺术节、广场文化艺术节、合唱节等品牌活动，开展“百场演出进社区，万场电影下乡村”等文化下乡活动。扶持一批“庄户剧团”，发展一批农村文化专业户，组织开展好民歌赛歌会、庄户剧团大赛等活动，不断丰富和拓展文化活动内容。

三要实施文化精品工程。以争创全国“五个一工程”和省、潍坊“精品工程”为载体，制定青州市文艺精品规划，激发内力、借助外力，挖掘、提炼青州历史和现实中好的素材，推出更多体现时代精神、符合群众审美要求的精品力作。文化精品项目和其他项目一样重要，甚至更重要，因为它对人的精神世界的提升、对人的影响具有长期性。

四要加强历史文化研究。做好历史文化研究规划，有重点、有针对性地选择研究题目，采取专职人员和业余人员相结合的方法，卓有成效地开展工作。切实加强对物质文化遗产和非物质文化遗产保护，做好国家和省级非物质文化遗产的申报认定工作；加强古籍整理保护，扎实做好青州文献的编纂出版工作。要有针对性地举办有关青州历史文化的学术交流活动，策划好彰显青州历史文化的论坛和节庆主题活动，使青州文化走向世界。

（四）做大文化产业。把繁荣文化产业作为重点，立足青州市的资源优势和产业优势，大力培育文化旅游、演艺、古玩字画与工艺品、印刷发行、广告会展、休闲娱乐、文化地产。

一是突出发展文化旅游业。文化是旅游的灵魂，旅游是文化的表现形式。牢固树立文化旅游一体化发展的理念，努力促进文化旅游的互动共赢、协调发展。规划一批重点文化旅游项目，彻底改变传统单一的观光旅游理念，将每一个旅游景点都赋予文化内涵，将文化建设赋予旅游功能。实施项目带动战略。对已经开工的甲子文化园、龙兴寺、东夷文化广场、君怡都书画古玩城、南阳河宋城以及文化产业园里面的学校建设等项目，要加强调度，加快进度，尽快建成投入使用。对正在规划中的九州文化园、广县古城、旗城、东方伊斯兰文化艺术中心等项目，要广泛征求意见，尽快完成规划，精心策划包装，集中进行推介，加大招商引资力度。

二是加快发展印刷包装装潢业。加大重点扶持和资源整合力度，帮助企业引进技术、引进人才、更新设备，发展龙头企业，培植新的经济增长点，尽快使印刷包装装潢业成为青州市的支柱产业。

三是大力发展文化地产业。充分挖掘社区及周边区域特有的历史文化和民俗风情，赋予社区建设和地产开发独特的文化内涵。所有房地产项目都必须服从城市的总体规划，配套公益文化设施，提升城市品质。加快益王府、尧王湖、衡王府、海岱小区等重点项目建设，打造城市亮点，彰显古城文化魅力。

三、以更大的力度和决心加强领导狠抓落实，努力形成宣传文化工作的强大合力

宣传文化工作是一项系统工程。各级各部门一定要强化领导，广泛

动员，营造氛围，真正把这项工作抓出水平、抓出实效。

一是营造抓宣传文化工作的强大声势。宣传文化工作也是生产力。重视不重视宣传文化工作，善于不善于抓宣传文化工作，是衡量一个地方、一个部门、一个单位领导执政能力强不强、领导水平高不高的重要标志。各级各部门都要高度重视宣传文化工作，牢固树立“不抓宣传文化就是失职、抓不好宣传文化就是不称职”的观念，切实把宣传文化工作纳入经济社会发展规划，摆上重要议事日程。要强化组织保障，建立健全党委统一领导、政府管理服务、党委宣传部门协调指导、行政主管部门具体实施、有关部门密切配合的领导体制和工作机制。要强化领导责任。各部门、各单位主要领导是第一责任人，要亲自抓，分管同志要靠上抓，落实专人具体抓，做到一级抓一级，层层抓落实。要加强督查考核。把宣传文化工作列入市委、市政府工作实绩督查考核范围，纳入对各部门各单位领导班子和领导干部的考核体系。要注重发挥人民群众的主体作用，充分调动他们参与文化建设的积极性、主动性和创造性，形成全社会抓文化建设的强大合力。

二是突出体制机制创新。成也机制，败也机制，一切尽在机制。体制机制最具根本性，做好宣传文化工作必须以体制机制的改革创新为动力。要创新管理体制。大力推进市场取向的改革，充分发挥市场机制和市场资源的作用。属于公益性的、普惠的、大众的文化资源和资产，政府要坚定不移地搞好；属于半公益、半市场化性质的，要发挥政府和市场两个积极性，靠政府投入和市场资源运营促其发展；属于纯市场化的，要全部推向市场，着力培植有竞争力的市场主体。要深化文化事业单位改革。对公益性文化事业单位，要深化内部人事、分配和社会保障制度改革，增强内在活力。对经营性文化事业单位，在资产上要实行经营性资产和公益性资产分离，在业务上要实行事业与产业分离，积极稳妥地推进转企改制，按照现代企业制度管理文化企业。市文化行业协会要肩负起管理、协调青州市群众性文化组织的作用，充分发挥行业组织的积极性。

三是提供坚强有力的人才和政策保障。队伍是根本，人才是关键。要切实加强队伍建设，培养一批政治素质高、业务能力强的名记者、名主持、名编导、名播音员，培养一批优秀的名作家、名画家，培养一批懂文化、善经营的企业家，打造一支高水平的宣传文化工作队伍。结合乡镇机构综合配套改革，切实加强专兼职相结合的基层文化人才队伍建设，善于发现并放手使用乡土文化人才，扶持一批文化志愿者、社区文化积极分子、企业文化活动骨干和农村文化专业户。探索建立有效的人才培养机制和分配激励机制，积极引进优秀文化人才，重奖突出贡献人员，为推动文化繁荣发展提供人才和智力保证。加大政策扶持力度。认真贯彻落实国家、省和潍坊市各项文化经济政策，加大执行力度。凡是已经制定的文化政策，要不折不扣贯彻执行；凡是其他产业适用于文化产业的政策，也要努力贯彻执行；凡是外地能够利用的优惠政策，都可以借鉴实行。设立宣传思想文化事业发展专项资金，用于重大文化作品资助、文化招商资助、重要公益文化活动资助。制定出台促进文化发展的财政税收、投资融资、土地等方面的优惠政策，为文化发展营造有利的环境。

第十五章 全力推进教育现代化

树立大教育理念，努力建设教育强市

2008 年 5 月，召开这次教育工作会议，规格高、规模大，采用现场直播的方式，充分表明了青州市委、市政府优先发展教育的决心。会议主要是认真贯彻上级教育工作指示精神，安排部署今后一个时期的教育工作任务，动员青州市上下进一步解放思想，提升境界，树立大教育理念，努力建设教育强市，推动青州市经济社会又好又快发展。

一、始终把教育摆在优先发展的战略地位

2007 年以来，青州市以创办人民满意的教育为目标，大力实施素质教育，全力推进教育现代化，促进了青州市教育事业科学发展。

一是教育资源整合成效显著。教育园区建设进展顺利，山东省民族技师学院挂牌成立，职业教育基地初步形成；新建成东坝初中、营子小学、刘镇小学、朱良小学等学校；大力实施“一通二热三改造”工程，2007 年投入 6000 多万元，对青州市 58 处学校进行了校舍维修改造，教育资源得到有效整合，教育布局明显优化，教育档次显著提升。

二是义务教育实施水平稳步提高。建立完善义务教育经费保障新机制，落实资金 3000 多万元，全面实现了义务教育阶段学生免交学杂费。认真做好农村义务教育学生免费提供教科书和普通高中、职业学校学生资助工作，建立完善了贫困生救助长效机制，2007 年累计发放各类贫困生救助金 700 万元。

三是素质教育进一步推进。高度重视德育教育，团中央领导对青州市“红心向党推优工程”工作给予高度评价，工作经验在全国推广。教科书循环使用经验在全国推广。成功举办中华传统文化教育（青州）论

坛，被教育部中国教育学会确定为全国“中华传统文化教育实验基地”。重视学生良好习惯和优秀品质培养，涌现出“自强自立好青年”李欣等先进典型。着力培养学生的人文素养和科学精神，在全省、全国电脑机器人大赛中分别获得金奖、银奖。深入开展“阳光体育运动”，推广校园集体舞工作受到省教育厅高度评价。积极推进信息教育，被评为全国信息技术教育实验工作先进单位；大力实施农村中小学现代远程教育工程，潍坊市中小学现代远程教育工程建设现场会在青州市召开。

四是教师队伍素质不断提高。新聘任146名大学毕业生到基层学校工作，优化了教师队伍结构。深入推进教职工全员聘任制和结构工资制，进一步调动了教师的内在积极性。大力加强校长、教师业务培训，教师队伍素质明显提升，2007年1名教师被评为全国优秀教师，1名校长被评为全国学校文化管理示范校长，17名教师分别被评为省特级教师、潍坊名师、十佳师德标兵、创新型班主任，100多名教师的70多项科研和创新成果获得潍坊市以上奖励。

五是依法治教水平显著提高。规范学校办学行为，积极开展平安校园、和谐学校创建活动，妥善解决事关群众切身利益的热点难点问题，促进了教育工作的和谐稳定，被评为山东省规范教育收费示范（县）市、潍坊市政风行风建设先进（县）市。

在肯定成绩的同时，我们也应该清醒地认识到，青州市教育工作面临的形势还很严峻，还存在一些亟须解决的问题，有下面几个方面。

一是大教育理念尚未形成。很大一部分人以为教育就是教学、教育就是课堂，投资教育是政府的事，发展教育是教育部门的事，没有将教育放在青州市经济社会发展的宏观背景下去考虑。

二是优质教育资源短缺。教育资源配置不尽合理，还不能满足人民群众让子女接受优质教育的愿望。尤其是城乡教育发展不平衡，部分农村学校校舍破旧，教学实验设施配备不全，农村教师队伍老龄化现象严重，学科教师比例失调。这也是一个非常现实的问题。

三是教育发展机制有待创新。职业教育产业化刚刚起步，民间资本进入教育领域、市场化运作教育发展刚刚破题，投入和运营机制还需要不断完善。青州的民营教育没有多大破题，教育完全靠政府投入，和有些县市区比，我们的差距是很大的。不仅仅教育，卫生的民间资本投入也不大，这是近年来青州教育和卫生发展有所滞后的重要原因。所以，2008 年我们实行了比较重大的改革，教育资源整合和民间资本相结合。山东省民族技师学院的成立是一个重要标志。民族技师学院对青州未来的发展影响是巨大的。青州从此有了所大学。

四是教育的服务功能有待加强。教育发展如何与城市建设有机融合、互动共赢需要进一步探索，教育在推动工业振兴、新农村建设、服务业提升和全民素质提升中的作用需要进一步发挥。另外，青州市的教育工作与先进地区相比，与寿光、诸城等县市相比，还有一定的差距，特别是缺少叫得响的教育品牌。在全国有影响的名校，我们没有。不能抱着百年名校不能挪地方的观点来看问题，学校的发展，一中代表着一个地方的水平，所以，我们青州要想真正实现突破，还是要从一中入手。下一步的关键是教师队伍得跟上去。

认识提高无止境。要把教育摆在优先发展的战略地位，首要的是从全局和战略的高度认识发展教育的重要意义。

第一，教育是民生之基。从公平的角度看，教育是基础；从发展的角度看，教育是保障；从每个人说，教育是依靠。教育是最大的民生，体现了广大人民群众的基本需要和根本利益。一些家庭特别是经济条件不好的家庭，为了让子女受到更好的教育，不惜倾其所有。可以说，教育牵动着千千万万家长的心，关系到千家万户的幸福。办人民满意的教育，最大限度地满足广大人民群众对教育的需求，就是实现好、维护好、发展好广大人民群众最大利益的重要举措。

第二，又好又快发展教育是大势所趋。当今世界，科学技术日新月异，知识经济方兴未艾，综合国力竞争日趋激烈。区域之间的竞争，表现的是经济发展的竞争，核心是文明程度的竞争，实质是教育水平的竞争。青州人非常重视教育，家长对孩子的培养尽心尽力。党的十七大着眼于民族振兴和社会公平的高度，对办好人民满意的教育作出明确部署，进一步提出要“优先发展教育，建设人力资源强国”。为教育提出了更新更高的要求。

第三，教育是青州振兴的重要支撑。近两年来，青州市经济社会进入快速发展的关键时期，青州市上下围绕全力打造“文化名城、旅游名市、生态名市、经济强市”的战略目标，整体推进“四大工作重点”，做大做强“六大产业”，加快推进“一城四区六大基地”建设，地方财政收入实现翻番，财力明显增强。我们提出的目标是打造“文化名城、旅游名市、生态名市、经济强市”，也就是我们平时讲的“三名一强”。青州的“文化名城”战略，可以说进行得轰轰烈烈。青州市重点工程进展顺利，城市形象日新月异；新的城市发展格局初步形成，发展空间进一步拓展；人民群众对青州的发展充满信心，形成了强大的发展合力。当前，抢抓宏观调控政策机遇，如何围绕“七博会”筹办推进经济社会又好又快发展，如何更好地推动城市建设步伐，如何把青州的资源优势转化为经济优势等，是摆在我们面前的重要课题。现在青州正在为迎接“七博会”建设“十大工程”，其中有个工程就是“市民素质提升工程”。现在，宣传部牵头搞市民素质提升工程，广大教师队伍通过学生使市民素质提升是个很好的途径。可以考虑宣传系统和教育系统怎么结合起来，这是教育部门的任务，是广大教师的任务，是花博会召开前的任务。要讲普通话，说文明话，干文明事，把自己放在全世界、全中国的角度看自己的素质。希望广大教师发挥聪明才智，向市委市政府提建议。

教育是基础性、先导性、战略性、全局性的事业，更是以人为本的应有之义。抓教育就是抓民生，抓教育就是抓发展，抓教育就是抓长远。在新的形势下，我们必须用全新的视角和更宽广的视野来认识教育，用更高的目标和标准定位教育，用更有力的措施推进教育。

二、努力实现教育大市向教育强市的跨越

青州市教育工作总的要求是：以党的十七大精神为指导，认真贯彻全省素质教育工作会议精神，紧扣市委工作中心，树立大教育理念，构

筑大教育格局，全面推进素质教育，解放思想，创新机制，加大资源整合力度、改革创新力度和品牌打造力度，努力实现办学条件改善、素质教育推进、教师素质提升、职业教育发展、教育均衡推进“五大突破”，提升教育质量和办学效益，打造青州教育的品牌和特色，加快建设现代化教育强市。

实现青州市教育发展的战略目标，必须把握好以下原则：一是超前发展原则。把教育纳入青州市经济社会发展的总体规划，利用多种途径和渠道，切实加大对教育的投入，规划建设一批现代化学校，加快培育和大力引进办学和教学人才，确保教育事业在经济社会发展的总格局中适度超前和优先发展。二是资源优化原则。充分发挥现有教育资源的作用，通过联合、重组、转制等形式，推进各类教育资源的优化配置，不断提高教育资源的利用效率、规模效益与总体水平。三是合理布局原则。树立青州市“一盘棋”的意识，紧密结合城市发展规划，打破区域、打破类别、打破办学体制，统筹规划、合理布局教育结构，避免重复建设和资源浪费。四是城乡协调原则。按照城市带农村的基本要求，因地制宜，分类指导，科学规划，整体推进，充分发挥城市的教育资源优势，辐射带动农村教育，同时加快农村教育发展，协调推进城乡教育发展。五是注重品牌原则。正确处理好普及与提高、办学数量与教育质量的关系，加快学校设施提升、教育手段提升、教师素质提升工程，打造一批名校、名师、名生，提高青州教育的品牌影响力。六是教育创新原则。解放思想、更新观念，大力推进教育观念、体制机制、教学模式及方式方法的创新，全面推进现代化教育体系建设。

（一）着力实现办学条件改善的新突破。良好的办学条件是教育发展的物质基础。一要全力提升学校规模档次。结合城市建设总体规划，启动青州一中新校建设和实验中学扩建工程，努力扩大城区高中规模，提升办学档次，实现农村高中全部进城。立足打造新的城市次中心，形成全省重要职业教育基地，全力推进教育园区建设，重点加快山东民族技师学院建设进度，确保秋季完成一期工程并投入使用。通过一批设施一流、特色鲜明、现代化程度较高的重点学校的建设，形成青州教育亮点，提升青州教育的品牌力和影响力。二要不断优化义务教育学校布局。城区学校，要按照城市建设的总体部署和整合教育资源的需要，整体规划义务教育学校网点布局。三要抓好学校基础设施建设。按照“校舍楼房化、校园园林化、操场塑胶化、设施标准化”的要求，全面启动合格学校建设和绿色生态校园建设。深入实施农村中小学“一通二热三改造”工程，突出加强对农村寄宿制学校餐厅、宿舍的改造建设，努力改善学校面貌。大力加强图书室、实验室建设及各类教学实验仪器配备，不断提高学校的标准化、规范化水平。山东民族技师学院要建一所附小，小班化，双语制。四要努力提高教育信息化水平。大力加强计算机、校园网等现代化教学设施的配备、更新，全面推进学校办公、管理、教学工作的信息化。要立足青州市作为全国教育信息化综合实验基地的优势，积极开展教育信息化课题实验，不断提高信息技术教学水平；大力实施农村中小学现代远程教育工程，提高信息资源利用率，实现优质教育资源共建共享。

（二）着力实现素质教育推进的新突破。素质教育是教育工作的主题。这既是一个老话题，也是一个新课题。虽然提了多年，但一直处在探索改革的路上。春节前夕，山东省委、省政府专门召开了全省中小学素质教育工作会议，对全面实施素质教育包括中小学考试制度改革、在校时间调整等作了全面安排部署。潍坊市也对推进素质教育制定了许多强有力的措施。各级教育部门都要抓住这个时机，坚定不移地贯彻上级政策规定，坚定不移地推进素质教育改革。

一是坚持德育为先。要把德育作为素质教育的核心，坚持“德智体美，德育第一”“教书育人，育人第一”“学习与做人，做人第一”的理念，强化爱国主义教育、国民意识教育、社会公德教育，树立“大课堂”的理念，充分利用爱国主义教育基地、社会实践活动、红心向党推优工程等载体，努力构建学校、家庭、社会“三位一体”的德育网络。特别要高度重视青少年价值体系建设，强化法制教育，发展免费职业教育，探索建立青少年犯罪预防机制。

二是坚持改革引领。下大力气改革招生考试制度和质量评价制度。

义务教育学校要逐步推行日常考试无分数评价，中考招生要全面实行初中学生综合素质评价制度，普通高中也要逐步改革以高考为唯一平台评价学生的体制，引领素质教育实施。要深入推进基础教育课程改革，加快课堂教学改革，努力构建“低负高效”课堂，不断激发学生的学习兴趣。

三是坚持依法治教。严格落实国家课程标准，开全课程，上足课时，突出加强音体美教学，大力开展“阳光体育运动”，确保学生每天 1 小时的体育锻炼时间。严格规范教师从教行为，规范学生作息时间，严格控制学生作业量，切实减轻学生负担，真正实现“把时间还给学生，把健康还给学生，把能力还给学生”的目标。

（三）着力实现教师素质提升的新突破。教师是教育的第一资源，教师的形象彰显着教育的形象，教师的素质决定着教育的优劣。要努力打造一支师德高尚、业务精湛、纪律严明、结构合理的高素质教师和校长队伍。继续推行校长职级制、教职员工全员聘任制、结构工资制，进一步激发教师的积极性和创造性。大力加强教师专业培训，积极实施“1125 工程”（每年推选 10 名英语教师出国培训，100 名教师参加在职硕士研究生学历教育，200 名教师取得本科学历，500 名教师参加骨干教师培训），努力提高教师的教育教学能力与终身发展能力。大力加强师德建设，探索建立师德考评机制，努力提高教师职业道德素质。大力加强校长队伍建设。一所好的学校必定要有一个好的校长。当前，各级各类教育正处于改革和发展的活跃时期，教育观念、办学体制、育人模式、课程设置都在不断进行改革和探索，这就要求校长必须以前瞻的眼光、创新的精神，厘清发展思路，主动应对挑战。广大校长要站在时代前沿，立足未来发展，抓学习，搞科研，切实承担起引领学校发展的责任和使命，努力向“读书型”“研究型”“专家型”校长发展。建立一个合适的评价机制，使有能力、有水平的教师有地位。大力实施“名师”“名校长”培养工程，建立健全名师培养与使用机制，搭建成长平台，强化政策激励，鼓励教师、校长成名成家，靠名师的带动形成“名校、名师、名生”竞相发展、统筹发展的生动局面。教育、人事、财政等部门要尽快研究制定激励机制，为加快教师队伍建设提供有力保障。

（四）着力实现职业教育发展的新突破。职业教育与经济社会发展联系紧密，发展职业教育是打造人力资源强市的必由之路。要突出抓好职业学校建设。全力推进山东民族技师学院、益都卫校、潍坊教育学院新校建设，强化师资力量、配套现代化设施，加强职业学校校内实验实习设施和校外实训基地建设，将教育园区打造成为全省重要职业教育基地。要创新职业教育办学体制。坚持“以服务为宗旨、以就业为导向、以能力为本位”的办学思想，面向市场，面向社会，大力促进教学与生产实践、技术推广、社会服务紧密结合，尽快由传统的学校式教育模式向就业导向型模式转变。围绕青州市“三大主导产业”和“三大优势产业”，发挥青州市数控技术应用、汽车维修、机械技术应用等国家、省、市重点和骨干专业优势，广泛开展“订单”教育，推行“半工半读”“工学结合”等形式，切实增强办学和培训的针对性。要积极推进免费职业教育。着手建立完善多元投入机制，利用财政拨款、倡导社会捐款、用足国家政策、实行订单培养等方式，健全职业学校学生就学资助体系，逐步对初中毕业的青少年实行免费职业教育。要大力开展成人教育培训。加快实施技能型人才培养培训、农村劳动力转移培训、农村实用人才培训、成人继续教育和再就业培训“四大培训工程”，为青州市经济建设培养专业技能人才。

（五）着力实现教育均衡推进的新突破。教育公平是社会公平的基石。2008 年全国“两会”期间，教育公平成为代表委员们议论的热点焦点话题。对青州市而言，最大的教育不公平是城乡教育存在较大差距，突出表现在教育资源配置不均衡，农村学校办学条件相对较差，师资力量相对薄弱。这一不公平直接导致了农村学生进城就读热，引发了学生的无序流动，引起了农村教师的不稳定，影响了农村教育的发展。必须采取有力措施，下大气力解决这一问题。要在教育投入上向农村倾斜，帮助农村学校优化学校布局，加快校舍改造，完善设施配套，改善办学条件；要在师资分配上向农村学校倾斜，研究制定激励政策，引导、鼓励优秀师范类毕业生和非师范类本科以上毕业生到农村学校任教，尽快改变农村教师老龄化现象和部分学校、个别学科师资紧缺问题；要建立完善城乡教师交流、流动机制，帮助农村学校提高办学水平。

三、真正以大教育理念推动教育强市建设步伐

加快教育发展，建设教育强市，是一项事关青州长远发展的重大历史任务，必须用长远眼光谋划教育发展，用大教育理念引领教育发展，以教育的大发展推进经济社会的大发展。

（一）跳出教育抓教育，构筑“大教育”格局。坚决破除教育就是课堂的观念，坚决破除教育对象就是在校学生的观念，坚决破除教育与经济发展没有关联的观念，坚决破除抓教育只是教育部门的事的观念。要牢固树立全民教育的观念，不仅要面向学龄段人口，还要面向青州市人民，构建继续教育、终身教育、全民教育体系。扎实开展全民素质提升工程，围绕“七博会”的筹办，教育和引导青州市人民树文明、倡新风，提升市民文明意识和综合素质，展示青州良好形象，提升城市品位，营造和谐向上的城市人文环境。要牢固树立教育服务经济社会发展的理念。今天的教育就是明天的经济，要大力培养高素质实用人才，为推进青州经济社会发展提供人才和智力支持；要通过发展教育，推进高新技术产业的发展，为工业振兴服务；合理布局教育园区，加快学校建设的上档升级，为城市建设与管理转型服务；积极开展农村实用人才培训，大力培养新型农民，为新农村建设服务；立足打造文化名城，提高市民人文素养，为服务业发展服务。要牢固树立人人都是教育主体的观念。坚决摒弃发展教育与己无关的错误观念，人人都要自觉接受教育，每个部门、单位，各级领导干部都要关心教育、支持教育、服务教育。

（二）引导多元化投入，树立教育“大投入”理念。教育要有大发展，必须有科学的大投入。没有稳定的投入保障，发展教育就是一句空话。要认真落实各级政府对教育事业的投入责任，进一步加大公共财政对教育的投入力度，为教育事业的持续发展奠定坚实的物质基础。进一步健全和完善义务教育经费保障新机制，依法足额征收教育费附加，足额拨付中小学公用经费；要形成“政府统筹、社会参与、分级负担”的

校舍维修改造长效机制，不断改善校舍条件；建立健全贫困学生救助、普通高中和职业学校学生资助长效机制，对城乡贫困学生继续实施减免课本费和补助寄宿生生活费等救助政策，对特殊家庭学生继续实施专项救助政策。深入开展希望工程、阳光助学、阳光助残行动，倡导社会力量捐资助学，确保不让一名学生因家庭贫困失学。要积极化解义务教育学校债务，确保学校的正常运转和教育、教师队伍的稳定。要拓宽教育投入渠道，通过经营城市、土地置换等方式，推进校区建设；积极引导民营资本进入职业教育领域，鼓励和规范企业和社会力量兴办职业教育，参与职业教育，逐步构建政府主导、各种社会力量参与、市场运作的职业技术教育发展格局。要加强学校经费管理，坚持教育收费公示制度，治理教育乱收费，确保教育经费使用的规范化、制度化。

（三）统筹各种力量，形成教育“大发展”合力。推进教育事业又好又快发展、加快建设教育强市，是全社会的共同责任。各级各部门一定要站在战略和全局的高度，加快职能转变，认真履行职责，努力为教育发展提供支持、搞好服务，形成各部门统筹协调、齐抓共管的良好局面。土管、规划、建设等部门对学校建设等要在法律许可的范围内提供优惠政策。财政、税务部门要依法足额征收教育费附加等各项应征收的费用，并足额拨付教育使用。政法部门要积极与学校开展警校共建活动，主动帮助学校开展法制教育。公安、工商、交通、文化、城管等部门要进一步加强学校周边环境治理，杜绝校园侵害事故发生，推进平安校园、和谐校园建设。新闻宣传部门要加大对教育的宣传力度，为教育改革发展加油鼓劲。民政、共青团、妇联等部门要在青少年思想道德教育、社会实践、帮困助学、家庭教育等方面发挥积极作用，为教育提供更大的支持和更优的服务。教育部门要切实履行好管理职责，既要精心组织、周密谋划、积极主动地推进各项工作，又要主动加强与其他部门的沟通协调，形成良性互动。全社会都要更加关心教育，关心教师，努力形成“党以重教为先，政以兴教为本，民以助教为荣，师以从教为乐”的良好风气，共同推进教育事业快速发展。

以创新教育体制、激活教育机制为动力，努力开创教育工作的新局面

2009 年 9 月，在青州市上下喜迎花博会、欢庆新中国 60 华诞之际，我们满怀喜悦迎来了第 25 个教师节。今天这次会议，主要是总结工作，表彰先进，分析形势，部署任务，动员青州市上下以更加饱满的热情、更加扎实的工作，努力开创教育工作的新局面。

一、充分肯定青州市教育工作所取得的巨大成绩

2009 年，教育部门和各级各类学校围绕市委、市政府中心工作，以创办人民满意的教育为目标，以实施素质教育为核心，以推进教育现代化为方向，以办学体制和教学体制改革为重点，开拓创新、锐意进取，青州市教育事业取得了令人振奋的成绩。

一是学校建设成绩斐然。实验中学扩建项目正式启动，山东民族技师学院二期工程进展顺利。开工建设义务教育学校 14 个，建筑面积达 20 多万平方米，总投资近 2 亿元。海岱学校、北关初中、五里初中、谭坊小学、庙子小学投入使用。投资 295 万元，对 47 处学校进行了校舍维修改造。全面启动青州市重点学校操场塑胶项目。

二是义务教育水平明显提高。落实资金 2942 万元，补助农村义务教育阶段学校公用经费和免除城区学生学杂费；落实寄宿生生活费和免课本费资金 61 万元，对 4880 名中小学贫困家庭学生进行资助；落实高校贫困学生生源地信用助学贷款 128 人、共计 63.8 万元。实现了不让一名学生因家庭贫困而失学的目标。

三是教师队伍不断优化。面向全国公开招聘新教师 220 名，充实到

教学一线；37 名教师通过培训取得国家心理咨询师资格；4000 名中小学教师参加潍坊以上研修培训。

四是素质教育深入实施。改革考核评价机制和招生办法，建立工作推进新机制。广泛开展中小学科技创新实践活动，在全省中小学电脑制作评选中，青州市有 3 件作品获金奖；在第九届全国青少年机器人大赛中，青州市获得三项银奖，两项铜奖，一项特别奖，获奖总数在潍坊市遥遥领先。成功举办了一系列学生文体活动，在全省率先成立了首家家庭教育志愿者协会。教科书循环使用和实施素质教育的经验在中央电视台报道。

五是高考成绩大幅提升。实施中小学教学质量提高工程，2009 年高考，青州市应届生达到全省文理科军检线 1246 人，上线人数是 2008 年的两倍多。清华、北大录取 5 人，香港中文大学录取 1 人，创青州市恢复高考以来最高纪录。

六是依法治教水平显著提高。严格规范办学行为，积极开展平安和谐校园、生态文明学校创建活动，妥善解决事关群众切身利益的热点难点问题，形成了团结和谐、共谋发展的良好局面。青州市代表潍坊圆满完成了省教育工作督导检查，取得全省第二名的优异成绩，得到了上级领导的充分肯定。

二、明确教育工作的指导思想和重点

百年大计，教育为本。教育在国民经济发展中居于基础性和先导性的地位，教育事业的发展水平，是一个国家和地区整体发展水平的重要标志。没有教育的大发展，就不可能有经济社会的又好又快发展，这已经成为全球共识。从青州市的情况看，教育必须优先发展，加快发展，这一点不容置疑。

教育事关国计民生，牵动每一个家庭，决定每一个孩子的未来。随着经济社会的发展，人民群众越来越强烈地认识到知识的重要性。在这种情况下，群众对优质教育的需求越来越大，期盼越来越高。我们搞不好教育，就是贻误发展，就是愧对百姓。青州市上下必须进一步增强加快教育事业发展的责任感、使命感和紧迫感，必须用全新的视角和更宽广的视野来认识教育，用更高的目标和标准来定位教育，用更先进的理念和更有力的措施来推进教育。

当前和今后一个时期，青州市教育工作总的指导思想是：牢牢把握服从服务于青州市经济社会发展方向，以办人民群众满意教育、让青州孩子都享受优质教育为目标，以优化教育资源配置、促进教育均衡发展为重点，以推进素质教育、提高教育质量为核心，以创新教育体制、激活教育机制为动力，以加强教师队伍建设、增加教育投入为保证，抢抓机遇，乘势而上，全力开创教育工作新局面，为“三名一强”生态文明新青州建设提供强有力的智力支持和人才支撑。

在具体工作中，重点抓好以下 5 个方面。

一是坚持“市场化运作”，全力培植优质教育资源。要不断解放思想，转变观念，跳出教育看教育，千方百计办教育。转变教育投入机制，在加大政府投入的基础上，从市场经济的角度，多方筹措资金，动用一切力量用于学校建设和发展。积极转换教育管理机制，按照学校企业化的思路，将企业管理的理念融入教育管理、服务之中，全面启动内在活力。鼓励各级各类学校立足自身发展，面向全国吸纳优质教育资源，在更广阔的范围内参与竞争，不断提升办学水平，打造学校品牌。教育园区各所学校要全力加快建设进度，打造成为名副其实的全省知名的职业教育基地。新一中要立足建设全省乃至全国一流学校的目标，抓紧启动建设。

二是强化“内涵化发展”，深入实施素质教育。积极引导家庭和社会各界共同推进素质教育。完善基于素质教育背景下的工作考核评价新体系，不断推进招生考试和相关配套改革。建立健全学校办学行为指导监控体系，加大工作督查力度，严格规范办学行为，为素质教育实施保驾护航。

三是推行“精细化管理”，全面提高办学效益。完善现代学校管理制度，规范学校管理，充分挖掘潜力，实现资源效益最大化。着力推进市场经济条件下的学校组织、制度、文化重建，强化竞争激励机制建设，从根本上调动干部教师的工作积极性。国务院最近专门发出通知，要求从明年起事业单位全部实现绩效工资。青州市教育虽然已实行绩效工资，但机制不够健全，力度不够大，工资档次没真正拉开。下一步要着手健全绩效考核制度，搞活单位内部分配，真正做到“优教优酬、名教高酬”。健全教学管理和质量监控体系，狠抓过程管理和常规落实，不断提高教学质量。

四是突出“特色化办学”，全力打造教育品牌。要充分发挥青州市作为全国教育信息化实验基地、中华传统文化与青少年素质教育科研基地、体育与健康新课程资源科研基地的优势，广泛开展课题实验，及时总结推广成果，力争在教育信息化、传统文化教育、体育与健康新课程资源开发等方面创出品牌，创出特色。同时，各级各类学校要按照“一校一品一特色”的思路，发掘培植自己的亮点和特色，努力在新课程实施、教师发展、学生发展、教育质量等方面打造具有鲜明特色的个性化名校。

五是实施“均衡化发展”，全力提升整体办学水平。牢固树立“青州市教育一盘棋”的理念，统筹利用青州市教育资源，加快实施城区学校“解困工程”，大力推进农村学校标准化建设，积极探索建立城乡之间、校际之间的教育资源健康流动机制，做到互通有无，资源共享。按照“幼儿教育抓普及，义务教育抓均衡，高中教育抓提高，职成教育抓就业”的思路，统筹协调各级各类教育发展，为经济社会发展提供有力的人才支撑。

三、全面加强教师队伍建设

办好人民满意的教育，不仅需要一流的硬件设施，更要有一支高素质、高水平的教师队伍。

一是切实提高校长队伍素质。校长是一所学校的支柱和灵魂，一个好校长就是一所好学校。当前，教育正处于改革和发展的活跃时期，教育观念、办学体制、育人模式、课程设置都在不断进行改革和探索，因此对校长的素质提出了更高的要求。作为校长，要把学校的发展当成自己的根本职责和最高追求，严格要求自己，不断提高自身政治理论素养和教育管理水平，切实用好手中的权力，以实际行动赢得教师的尊重和支持。教育局作为校长业务管理主体，要加大管理力度，健全中小学校长培训机制、岗位成长机制、专业发展激励机制、校长职级评审机制和督导评估机制，通过竞聘上岗、定期交流等方式，充分调动每位校长的积极性、创造性。这次教育系统调整，一批业务水平高、有开拓精神的教师走上了领导岗位。特别是一批第一学历本科、年轻充满活力的教师直接担任了高中副校长，力度是空前的，这也是储备校长后备人才、优化校长队伍结构的具体措施。

二是不断提高教师的业务水平。引导广大教师树立终身学习理念，通过离岗进修、集中培训、教学研究等形式，吸收教育行业最前沿的成果，不断提高自身业务素质。大力加强骨干教师队伍建设，通过建立健全教师梯队选拔机制，积极培养和引进一批在教育界有影响的特级教师和教育名师，推广他们的研究成果和成功经验，发挥骨干教师的示范和辐射作用，带动广大教师勤于研究，勇于创新。要探索建立“能上能下”的用人机制和“能出能进”的流动机制，让能者上、庸者下，不能胜任工作的调离岗位，通过机制的完善引导教师比业务、比奉献、比能力，推动教师队伍整体上水平、上档次。

三是努力提高教师的师德修养。教育发展以教师为本，教师素质以师德为先。师德师风决定着教风和学风，决定着教育系统的精神风貌和社会形象。青州市教师队伍总体是好的，但也有一些问题不容忽视，如有些教师敬业精神不强、师表意识淡薄等，严重影响了教育和教师的社会形象。要把师德教育贯穿于学校工作的各个环节，真正做到师德教育经常化、多样化、制度化，以实际行动和辉煌业绩塑造人民教师的良好形象。这里要强调一点，支持发展、参与发展也是良好师德的重要表现。教师学术素养深、整体素质高，理应做青州市经济社会发展的坚定支持者和积极参与者，要多为青州市的发展出谋划策，对在改革过程中因利益调节出现的各种矛盾，要多做解疑释惑工作，全力维护青州市来之不易的大好局面。

四、进一步营造尊师重教的良好氛围

抓教育就是抓发展，抓教育就是抓民生，抓教育就是抓未来。发展教育，与每一个市民息息相关，每一个部门单位责无旁贷。各部门各单位一定要站在战略和全局的高度，加快职能转变，认真履行职责，努力为教育发展提供支持、搞好服务，形成各部门统筹协调、齐抓共管的良好局面。各镇、街道要进一步加大校舍维修改造建设投入，切实承担起加快学校建设、改善办学条件的责任。教育部门要切实履行好管理职责，既要精心组织、周密谋划、积极主动地推进各项工作，又要主动加强与其他部门的沟通与协调，形成良性互动。土管、规划、建设等部门对学校建设等要在法律许可的范围内提供优惠政策；财政、税务部门要依法足额征收教育费附加等各项应征收的费用，并足额拨付教育使用；政法部门要积极与学校开展警校共建活动，主动帮助学校开展法制教育；公安、工商、交通、文化、城管等部门要加强学校周边环境治理，杜绝校园侵害事件发生，推进平安校园、和谐校园建设；民政、共青团、妇联等部门要在青少年思想道德教育、社会实践、帮困助学、家庭教育等方面发挥积极作用。新闻宣传部门要加大对教育的宣传力度，为教育改革发展加油鼓劲；要广泛宣传优秀教师的先进事迹，在全社会大力弘扬尊师重教的优良传统，使“党以重教为先，政以兴教为本，民以助教为荣”的思想深入人心，进一步营造发展教育事业的良好社会氛围。

第十六章 发挥科技引领作用

加快科技进步，发挥科技支撑引领作用

2010年5月，我们召开青州市科技工作会议，主要是认真贯彻落实上级科技工作会议精神，研究部署当前及今后一段时期青州市科技工作的任务措施，统一思想、明确任务，强化措施、狠抓落实，大力营造学科技、用科技、抓科技的浓厚社会氛围，真正发挥科技的支撑引领作用，加快建设“三名一强”生态文明新青州。

一、切实提高对科技工作重要性的认识

党中央、国务院历来高度重视科技进步与自主创新，明确提出提高自主创新能力、建设创新型国家是国家发展战略的核心和提高综合国力的关键，强调要把增强自主创新能力贯彻到现代化建设的各个方面。当前，青州市正处在科学发展的关键时期，加快科技进步具有极其重要的现实和深远意义。

（一）加快科技进步，是建设“三名一强”生态文明新青州的重要保障。经过近几年的努力，青州的城市框架、城乡面貌、经济总量及各项经济指标都发生了巨大变化。当前，正处于经济社会发展的关键时期，面临着推进全域城市化的崭新课题和转方式、调结构的双重任务。能不能抓住机遇、乘势而上，实现振兴青州的梦想，关键取决于科技创新的水平。只有将科技工作提高到战略、全局的高度，整个县域经济才会有持久的生命力和竞争力，才能真正实现复兴青州的目标。

（二）加快科技进步，是转方式、调结构的重要途径。转方式、调结构是党中央在国内外经济格局发生深刻变化的关键时期作出的重大决策部署，是发展理念的巨大革新和发展方式的重大革命，也是青州市当前

和今后一段时期经济社会发展的重大任务和主攻方向。没有科技进步和自主创新，转方式、调结构就不可能真正实现。必须抓住经济社会发展对科技需求迅速扩大的机遇，准确把握科技发展的长远目标和战略任务，超前部署，跨越发展，增强青州市的发展后劲和竞争优势。必须抓紧突破经济社会发展最急需的关键技术，加快科技成果产业化进程，推进产业结构优化升级，为青州市转方式、调结构提供更加坚实的科技支撑。

（三）加快科技进步，是迈向生态、文化、高端的重要手段。基于宏大的时空背景，立足青州的比较优势，我们提出以“文化、生态、高端”理念为引领，全力打造“三区”的“后花园”和“服务基地”的奋斗目标。这迫切需要发展理念的更新、工作指导方式的转换、发展方式的转变和产业结构的提升，走出一条具有鲜明特色和个性品质的错位发展之路。从青州的实际来看，经过近几年发展，青州的产品结构、企业结构、产业结构、经济结构不断优化。但是发展方式粗放，结构层次低仍是制约青州市又好又快发展的突出问题。主要表现在绝大多数产业分布在产业链低端，初级产品加工所占比重大，科技含量不高，管理粗放落后，开发创新能力弱等方面。这些问题不解决，文化、生态、高端无从谈起。而解决这些问题的途径只有一个，就是依靠科技进步和自主创新。

（四）加快科技进步，是建设创新型城市的重要内涵。创新是一个地方发展的动力和源泉。建设创新型城市，破解城乡和产业结构不合理、实现经济社会又好又快发展的必然选择，是实现全民创新创业目标的基本路径，是提高城市核心竞争力的必由之路。科技的本质就是创新。建设创新型城市，必须把增强自主创新能力作为战略基点，通过搭建创新平台，优化创新环境，集聚高端人才，整合科技资源，发展高端产业，创新管理模式，完善创新体系，快速提高企业自主创新能力、产业核心竞争力和城市可持续发展能力。

根据市委、市政府的总体部署和形势发展的要求，2010 年青州市科技工作总的要求是，紧紧围绕“转方式、调结构”这一中心，深入实施“六个三”战略，全方位多领域深层次推进科技创新实践，大力营造学科技、用科技、抓科技的浓厚社会氛围，充分发挥科技的支撑引领作用，建设创新型城市，真正依靠科技进步推动“三名一强”生态文明新青州建设。“六个三”战略：牢固树立大科技、大开放、大人才“三种意识”，抓好科技创新与工业振兴、现代农业发展、服务业提升“三个结合”，加快传统产业高新化、高新技术产业化、新兴产业高端化“三化”进程，建设高层次人才聚集区、产学研结合紧密区、成果转化汇集区“三区”，搭建研发、孵化、园区“三个平台”，落实政策、机制、投入“三大保障”。年内目标是：申报实施各类科技计划 20 项；高新技术企业突破 10 家，产业产值达到 220 亿元以上；新认证潍坊市级以上研发中心 5 处；支持 10 个高带动型科技项目，培育 10 家创新型科技企业，推广 10 项实用技术，组织攻关 10 项技术难题；组建生产力促进中心；科技工作迈入潍坊市先进行列。青州市广大干部群众，特别是科技工作者一定要进一步统一思想、坚定信心，振奋精神、迎难而上，奋力依靠科技进步和自主创新，推动“三名一强”生态文明新青州建设。

二、大力营造学科技、用科技、抓科技的浓厚社会氛围

科技是一种力量，科学是一种精神。没有一种学科技、用科技、抓科技的“大气候”，就难以把科技工作真正抓在手上、抓出成效。各级领导同志要带头抓科技，广大科技工作者要具体干科技，企业家要站在企业生死存亡的高度认识科技，各镇、街道、园、区、部门要依靠科技求工作突破，全社会都要关心科技、重视科技、支持科技。

（一）强化“大科技”意识。市场经济，是竞争经济。身处市场经济时代，我们必须靠提高竞争力来求得生存空间。而提高竞争力，主要靠科技。要坚决破除“科技可有可无”的观念，树立“科学技术是第一生产力”的理念。认识的高度决定工作的成败。凡是先进的地方，无不对科技高度重视，并牢牢抓在手上。要从思想上真正重视，从行动上真正落实，真正把科技作为推动工作的第一手段。要坚决破除“就科技抓科技”的观念，树立“抓科技就是抓发展”的理念。就科技抓科技没有出路。要把科技进步和自主创新与转方式、调结构的战略部署结合起来，

与推进全域城市化的发展目标结合起来，与青州市的重点工作结合起来，实现科技进步与科学发展的良性互动。要坚决破除“科技是科技部门的事”的观念，树立“青州市科技工作一盘棋”的观念。只靠科技部门抓科技，根本不可能实现科技大发展。各级各部门各单位都要结合自身实际，切实抓好科技工作，努力以科技求突破。要坚决破除“科技工作与我无关”的观念，树立“人人都是自主创新主体”的理念。每一个人都要积极争做科技发展和自主创新的参与者和推动者，从而在全社会形成学科技、用科技、抓科技的浓厚社会氛围。

（二）强化“大开放”意识。当今时代，是一个开放的时代，全球经济一体化日益深入，各种资源和要素都在流动。“闭关自守”只能永远落后，永远没有出路。市科技局以开放的理念抓科技工作的思路很好，近期的工作完全是按照这个理念和思路来开展的。要准确把握全球科技发展动向，抓住转方式、调结构为科技工作带来的重大机遇，对科技工作进行高起点谋划，大手笔运作，使尽可能多的资源和要素在青州产生“化合反应”，推动转方式、调结构，实现青州的科学发展。各镇、街道、园、区、部门和企业都要积极与上级业务部门联系对接，努力争取政策、资金支持。各级领导干部要增强学习意识，努力学习先进地区的好经验、好做法，做到以它山之石促青州发展；企业家要提升境界、拓宽视野，坚决打破按部就班、小富即安的消极思想，树立想大事、创大业的雄心壮志，敢于参与全球技术、人才等先进领域竞争合作，借助外力实现企业发展；各级各部门各企业之间要互相学习、取长补短；青州市上下都要牢固树立“大开放”的观念，主动联系，主动学习，努力做到以开放求发展。

（三）强化“大人才”意识。人才是第一资源。科技进步和自主创新，归根结底取决于人才。在着力培养一批高素质企业家队伍和产业技术工人的同时，大力引进产业创新型人才和技术带头人、拥有自主知识产权的人才、领导力强的管理人才等，对站在科技前沿、占据技术制高点的顶尖人才，不惜成本、不计代价，吸引更多创新团队向青州市聚集，使青州成为科技人才创新创业的乐土。坚持把人才培养与实施科技重点任务、重大项目相结合，在创新实践中发现人才、培养人才、凝聚人才。要广泛开展创新文化创建活动，大力倡导崇尚创造、褒扬成功、宽容失败的价值观，努力形成“尊重劳动、尊重知识、尊重人才、尊重创造”的环境和氛围。成立青州市科技志愿者联盟。坚持不论级别、不论年龄、不论学历、不计报酬，按照集中智慧、激发热情、形成合力的指导思想，将青州及青州以外的热心人士、有志之士组织起来，为其提供一个施展才华的平台、创造一个体验创业乐趣的条件和机会。要树立“人人都是人才”的观念，不断增强全社会对科技创新的认同感和归属感，激发全民创新创业的积极性，使每一个青州人都能在振兴青州的伟大事业中有用武之地。

三、全力做好科技与发展的结合文章

以点带面，就会事半功倍；抓住重点，就能抓牢抓实。要突出重点领域和关键环节，通过强力有效的措施，实现重点工作的突破，从而带动整个科技工作快速发展。

（一）努力实现高新技术和新兴产业发展的突破。发展新兴战略产业是抢占经济发展制高点的重要途径。在新的形势下，抢占发展先机，就要不走传统路、不走寻常路。要围绕转方式、调结构这一中心，以低碳为目标，以高端为方向，以循环经济为特征，突出高端、高质、高新，努力打造发展新优势。一是加快传统产业高新化。广泛采用电子信息、自动化、光机电一体化等高新技术，以“微笑曲线”两端为重点，对传统产业进行注血、嫁接、改造、提升。大力实施项目创新带动工程，确保每年实施高技术含量、高发展带动作用的创新项目 20 个以上。二是加快高新技术产业化。推进产学研结合，加快科技成果转化进程。引导企业提升自主创新能力，推动企业加大研发力度，使企业真正成为自主创新的主体，取得更多的自主知识产权和自主品牌。狠抓高新技术产品研发，研发一批技术含量高、市场前景好、有强大竞争力的主导产品和名牌产品。三是加快新兴产业高端化。瞄准电子信息、生物医药、新能源、新材料、半导体照明、资源综合利用及环保等领域的战略性产业，选准突破口，争取培育出有较强影响力和带动性的新增长点，特别是对当前转方式、调结构能够产生直接作用、可以尽快形成市场竞争力的项目，优先安排。突出抓好青州软件园、深圳高科技园、非晶硅薄膜太阳能等重大项目，力争早出成果、快见成效，带动新兴产业集群式发展。

（二）努力实现现代农业发展的突破。农民增收、农业增效、农村发展，都离不开科技。要做到四个突出。一是突出高新技术研发应用。深入实施农业良种产业化工程，引进培育一批农作物和畜禽优质新品种。推进节水灌溉、高效无公害生态农业、秸秆还田等先进实用技术应用，提高种植业、养殖业、农产品加工业的科技含量，将农业技术变为实实在在的农业效益。二是突出科技服务体系建设。开展科技下乡活动，建立以现代农业培训基地、农业技术创新中心及各科技服务站所为骨干的农业科技推广网络，加大农民培训力度，为农业企业和农户提供技术和人才服务。三是突出发展有机农业。将有机农业作为农业发展的主攻方向，在标准化生产上狠下功夫，狠抓质量监管，加快有机食品认证，全力打造中国东部有机农业第一市。四是突出推进基地化生产。加大对科技型农业龙头企业的扶持力度，壮大农业特色产业基地，促进规模化发展。抓好农业园区建设，特别是加快省级花卉高科技园、东方花都生态城建设，打造高端花卉产业聚集区。着手建立有龙头企业、科研院所、高等院校、专家教授组成的花卉产业技术创新战略联盟，努力争取上级资金、政策支持，促进花卉产业上档升级。

（三）努力实现服务业提升的突破。将服务业态的创新和新兴服务业的培育作为重点，大力培植电子商务、现代物流、数字媒体、地理信息、农村信息化等新兴产业，构建布局合理、功能完备、与国际接轨的现代服务业科技支撑体系。将科技创新作为服务业提升的重要支撑，积极运用科技信息技术，加快文化旅游、现代物流、金融等产业的优化提升，不断提升其发展水平和竞争力。文化旅游业，要运用声、光、电技术，提升内涵、品质和吸引力；现代物流业，要建设具有多式联运、物流公共信息平台等多种业态的大型物流平台，发展“无水码头”；房地产业，要采用新型节能技术，大力推广节能建筑；要继续推进数字化网上物业管理及信息互动平台建设，提升社区服务质量。

（四）努力实现低碳发展的突破。节能降耗、治污减排已经成为当前面临的重大经济任务和政治任务。节能环保代表科学发展的方向，具有无限的发展空间和较强的竞争优势。要围绕节能降耗目标，围绕能源、资源和环境领域的关键技术问题，加快引进、开发与转化应用步伐，特别是研发运用一批节约、替代、循环利用和治理污染的关键技术；组织实施节约型区域、节约型企业技术示范工程，在重点区域、重点行业和重点企业培育节能减排和循环经济科技典型，加快构建资源节约型、环境友好型社会。全力倡导低碳生活。重点结合城市建设和新农村建设，大力推广建筑节能技术和材料、太阳能供热、供电设施和产品，加快风能、地热能等清洁能源的综合开发利用，组织开展节能小区、节能建筑、节能街道等创建活动，大力宣传引导公民树立低碳意识，逐步革除以高耗能为代价的“便利消费”嗜好，在全社会形成文明、节俭的绿色生活习惯。

四、以强有力措施为科技工作提供坚实保障

实现科技工作的突破，必须落实强有力的保障措施，从方方面面凝聚和激发科技创新的热情和动力。

一是强化领导。市里将成立以市长为组长的市科技工作领导小组，各镇、街道、园、区也要设立相应组织机构，配备具体负责这项工作的同志。各级各部门要把科技工作列入重要议事日程，同经济工作一起研究，一起部署，一起落实，一起检查，真正做到认识到位、责任到位、措施到位、督查到位、考核到位。各级领导干部要切实关心支持科技工作，积极协调解决科技发展中的困难和问题，集中抓一些事关全局的重点项目，督促检查科技进步的实施情况。进一步完善党政领导科技进步目标责任制，真正形成目标明确、责任到人、措施具体、考核有力的工作体系。加大督促检查和考核奖惩力度，将考核结果纳入市年度工作实

绩考核，列入干部综合考核，提高基层抓科技的积极性和主动性。

二是完善政策。认真贯彻落实科技创新创业方面财政、税收、金融、政府采购等有关政策规定，打通制约市场培育和产业发展的壁垒和障碍，吸引更多的资源进入高新技术领域。改进完善科技奖励制度，建立健全科技创新评价机制，充分发挥科技奖励在建设创新人才队伍、激励自主创新中的导向作用。建立完善科技信息档案，提高项目实施效率，推动科技计划管理由重立项向立项实施和管理服务并重方向转变。加强对科技计划项目的实施情况和科技经费使用情况的检查，进一步规范科技计划立项、资金安排等工作的管理，使其效能最大化。加强知识产权管理与保护，提高专利申请量，年内发明专利申请和拥有量增长 10% 以上。

三是加大投入。用好财政性投入，积极参与国家、省科技计划的实施，千方百计争取项目资金。探索建立市高新技术企业发展基金，在电子信息、生物医药、新材料、新能源等领域，选择一批关联度大、带动力强的关键技术和产品攻关项目，在各方面予以重点支持。用好资本性投入，加强与金融机构的合作，引导金融资本对拥有自主知识产权的高新技术项目优先给予信贷支持。探索建立高新技术风险投资机制，支持和推动高新技术产业发展。积极探索做好科技与金融的结合文章，形成多元化的投资主体，培育、扶持科技型中小企业成长。

四是形成合力。进一步完善协调机制，优化资源配置，加强发展规划、环境营造和公共服务，不断完善和加强科技工作的管理。要强化责任意识、效率意识和服务意识，立足发展的需要，加快工作节奏，锻炼和造就一支过硬的科技工作队伍，提高科学化管理水平，推动科技工作深入扎实开展。各级各部门要发扬团结协作精神，进一步加大对科技工作的支持力度，重点在自主创新、发展新型战略产业、推进科技与经济结合、开发节能环保技术和民生科技等方面，加强上下之间、部门之间的协调配合，相互衔接，相互理解，相互支持，形成共同支持科技创新、共同推动科技发展的良好工作局面。

跋

“把论文写在祖国大地上”

刘 岳

立胜同志的这本书稿沉甸甸地放在案头。说沉甸甸，不是说这部书稿的篇幅，而是2005—2010年五年的时光——不仅是立胜同志自己的五年时光，同时也是青州市90万人民的五年时光，一座古老城市焕发新的生机活力的关键五年时光——浓缩在这本书的字里行间，这种分量本就不是容易用文字来形容的。

立胜同志嘱我写一些文字，放在这本书的最后。对我而言，也算是读后感吧。由我来写读后感，我自认为还是很有这个资格。2005—2010年，我在立胜同志的直接领导下，在青州市工作了将近五年的时间，本书中的一些文字也有我的一点“贡献”，其中的一些工作，我是亲身参与者，其中情形，历历在目。到青州市之前和离开青州市之后，我与立胜同志都是在不同的地方和不同的领域工作，但我与立胜同志的密切关系和亲密情感没有丝毫的变化。前两年，一位社科院的老师问我，用一个什么称谓来概括立胜同志在我心中的身份，我认真想了一下，“老师”不大合适，虽然我始终在跟着他学习理论、学习思维方式、学习具体的工作方法；“朋友”也不合适，虽然我与立胜同志相识20多年了，“嘤其鸣矣，求其友声”，但是也不好仅以此来概括；“领导”呢？当然是这样，但是我与立胜同志之间，实在也不能用如此官方的称谓加以界定。我想了又想，虽然“古调虽自爱，今人多不弹”，还是觉得中国传统语境中的“主公”一词最为合适，这是一种很难形容，当然也很不规范的称谓，但是在我真实的情感和认知中，找不到比这更贴切的词语了。

2016 年 1 月，立胜同志从新疆来北京工作，我请人写了一幅曾国藩诗的书法“百战归来再读书”赠给他，因为我觉得这句诗很符合他的生活和工作经历。立胜同志的工作经历可以分为三个阶段：1991 年山东大学硕士毕业后分配到山东省委党校任教，担任过中共党史教研部副主任，1998 年调任中共潍坊市委副秘书长，这一阶段从事理论研究和政策研究，读书、教学、调研、写作是主要工作内容；从 2001 年开始担任山东昌乐县委副书记、县长，青州市委书记，潍坊市副市长，山东省援疆工作指挥部副总指挥，中共喀什地区地委委员、宣传部部长，喀什地区行署常务副专员，这一阶段从事基层一线行政领导工作；2016 年初开始担任中国社会科学院经济研究所党委书记、副所长，哲学研究所党委书记、副所长，读书、调研、写作、组织和领导理论研究成为他工作的主要内容。

立胜同志三十几年的工作经历可以归结为一句话：努力“把论文写在祖国大地上”。

对马克思主义理论真学真懂真信真用是做到“把论文写在祖国大地上”的前提。习近平总书记高度重视理论学习研究的重要性，他指出，我们党是高度重视理论建设和理论指导的党，强调理论必须同实践相统一。我们坚持和发展中国特色社会主义，必须高度重视理论的作用，增强理论自信和战略定力。[①] 毛泽东同志说：“在担负主要领导责任的观点上说，如果我们党有一百个至二百个系统地而不是零碎地、实际地而不是空洞地学会了马克思列宁主义的同志，就会大大地提高我们党的战斗力

① 参见《习近平在省部级主要领导干部“学习习近平总书记重要讲话精神，迎接党的十九大”专题研讨班开班式上发表重要讲话强调 高举中国特色社会主义伟大旗帜 为决胜全面小康社会实现中国梦而奋斗》，《人民日报》2017 年 7 月 28 日。

量。”[①] 习近平总书记专门指出：“领导干部特别是高级干部要把系统掌握马克思主义基本理论作为看家本领。”[②] 立胜同志 1988 年考入山东大学哲学系，师从著名毛泽东思想研究专家樊瑞平教授攻读硕士学位，1995 年根据硕士论文修订的专著《晚年毛泽东的艰苦探索》获得山东省哲学社会科学优秀成果一等奖，成为山东省有史以来获得这一荣誉最年轻的学者，并被评为“山东省专业技术拔尖人才”“山东省十佳理论工作者”，享受国务院政府特殊津贴。2005 年他考入东北师范大学，师从中央马克思主义研究与建设工程首席专家田克勤教授，攻读马克思主义中国化方向博士学位，博士论文《中国农村现代化社会基础研究》被评为吉林省优秀博士论文，2009 年在人民出版社出版，在理论界引起较大反响；到社科院工作以后，重新系统研读马克思主义原著，专心从事中国特色社会主义政治经济学和习近平经济思想研究。2016 年 10 月，他主持的“中国特色社会主义政治经济学探索”获得国家社科基金重大项目立项，参加了中宣部组织的《习近平新时代中国特色社会主义思想学习纲要》提纲框架起草工作。立胜同志经常引用毛泽东同志的话：“我国的革命和建设的胜利，都是马克思列宁主义的胜利。把马克思列宁主义的理论和中国革命的实践密切地联系起来，这是我们党的一贯的思想原则。”[③] 系统学习掌握了马克思主义的基本原理，形成了科学的思维方式和分析框架，就有了“主心骨”，贯穿于学习和工作的全过程，就有能力吸纳、消化和统摄其他领域的知识和理论，也才能不断地以工作实践深化对理论的认识理解，从而实现理论与实践相结合的目标。

掌握正确的学习思考方式方法是能“把论文写在祖国大地上”的基础。习近平同志指出，各级领导干部一定要深刻认识现代领导活动与读书学习的密切关系，深刻认识领导干部的读书学习水平在很大程度上决定着工作水平和领导水平，真正把读书学习当成一种生活态度、一种工

① 《毛泽东选集》第 2 卷，人民出版社 1991 年版，第 533 页。
② 《习近平在全国宣传思想工作会议上强调 胸怀大局把握大势着眼大事 努力把宣传思想工作做得更好》，《人民日报》2013 年 8 月 21 日。
③ 《毛泽东文集》第 7 卷，人民出版社 1999 年版，第 116 页。

作责任、一种精神追求，自觉养成读书学习的习惯，真正使读书学习成为工作、生活的重要组成部分。[①]关于学习方法，习近平同志深刻指出，要坚持阅读与思考的统一……在广泛阅读的基础上，联系实际，开动脑筋，对现实中的疑惑进行深入思考，力求把零散的东西变为系统的、孤立的东西变为相互联系的、粗浅的东西变为精深的、感性的东西变为理性的。[②]读者仔细体会一下本书里工作推进的逻辑线索，就能更加深切感受到习近平同志的指导既是学习方法，也是工作方法，更是思维方式，具有重要的方法论意义，的确是至理名言。

立胜同志在青州工作时，提出了社会主义新农村建设的时空定位问题。他认为时间和空间定位问题上的不同认知，不是要求速度快慢、范围大小的差异，事实上反映的是在理论预设、价值取向、发展战略方面的重大差别的观点。时间定位方面的激进取向会导致政策体系的制定和供给不会考虑和照顾农村地区的独特性而倾向于以城市生产生活内容为标准，会以工业化的甚至是后工业化的观念框架和概念系统去定义和解释农村社会的现象；提出了空间定位包括统一的中央政策如何在经济社会发展水平差距巨大，同时地域文化差异也十分明显的不同区域得到全面的贯彻实施，以及社会主义新农村建设的建设单位在空间上应当定位于具体的“村庄”还是县域视野中的“农村”的观点。这些观点之所以能在十几年以后与习近平总书记提出的实施乡村振兴战略如此契合，与习近平总书记反复强调的“要有历史的耐心”如此契合，恰恰是因为自觉地实践了这种科学的学习和思维方式。关于农村现代化问题，立胜同志提出党应当有效整合各种社会力量和社会资源，使之成为能够被正式体制所内化、吸收、控制的正面积极因素，实现农民真正在党的领导下“组织起来”，实现在市场化条件下尽量减轻和避免资本力量对小农的损害，避免国家对小农的过度提取，巩固党的执政地位。

正是在这种认识前提下，当时立胜同志在青州这个县域范围内自觉

① 参见习近平：《领导干部要爱读书读好书善读书》，《学习时报》2009年5月18日。
② 参见习近平：《领导干部要爱读书读好书善读书》，《学习时报》2009年5月18日。

进行了“农村现代化社会基础再造”的工作，而不是零碎地、割裂地去看待县域政治、经济、文化现象。比较准确地把握了农村税费改革以后农村形势的新变化，使农民的基本联结关系能够和县域经济社会发展战略相契合，使农民在党组织的领导下实现了高度的一致行动能力。因此青州的发展变化，不仅仅是经济结构的优化、产业结构的升级、城市建设和管理方式的转型，也不仅仅是干部作风的转变、群众思想观念的解放，本质上在于青州的社会关系体系、社会关系模式发生了深刻的变化。党组织的整合能力越强、社会组织动员能力和社会控制能力越强，这种变化就越快，创造性也就越强。因此，青州市的变化是社会结构方面的，具有社会变迁的含义。回头看看，如果没有辩证唯物主义和历史唯物主义世界观和方法论指引下产生的科学思维方法，就不可能有理论和实践的自觉结合，也就不可能发挥理论对实践的指导作用。

树立强烈的问题意识和问题导向是能“把论文写在祖国大地上”的关键。坚持问题导向是马克思主义的理论品格和根本要求，马克思主义经典作家和我们党的领袖都是运用“问题论”的大师，马克思说：“哲学家们只是用不同的方式解释世界，问题在于改变世界。”① 问题是实践的起点、创新的起点，抓住问题就能抓住经济社会发展的“牛鼻子”。习近平总书记强调：“我们中国共产党人干革命、搞建设、抓改革，从来都是为了解决中国的现实问题。”② 从立胜同志的工作经历看，他是实践者，也是研究者。从问题意识出发和从学科意识出发所看到的中国现实是截然不同的，它是如此复杂，任何一种单一的视角都有可能将完整的实践割裂开来，所呈现出来的都有可能是由某种学科思维定式所描述的实践的影像，而不是实践本身，这里面存在着巨大的风险。以一种学科视角观察可以发现一些问题，但是同时会“自觉”地屏蔽掉另一些问题，被屏蔽掉的这些问题并非不重要，它们之所以被舍弃掉，往往只是因为在这个学科背景下它们不重要，或者根本就是使用这种学科的手段没有

① 《马克思恩格斯选集》第 1 卷，人民出版社 2012 年版，第 136 页。
② 中共中央文献研究室编：《十八大以来重要文献选编》（上），中央文献出版社 2014 年版，第 497 页。

办法对它们进行研究。长期以来，源于西方的政治学、经济学、社会学等学科的研究，正是这样屏蔽掉了真正的问题，用教条式的理论切割着中国的实践，产生了很多严重问题。立胜同志是幸运的，这种幸运在于，他能够同时以学者和官员的视角审视和分析现实问题，有机会真正地将理论放到实践中去加以检验，就会发现理论的不足，也会真正发现实践距离理想目标的差距。这样，理论和实践都同时找到了发展的方向。

党的十八大以来，以问题为导向形成新思想新理论，提出新战略新举措，完善新体制新机制，满足新需求新意愿，正是以化解矛盾、解决问题为目标任务进行开拓性、创造性工作，才解决了许多长期想解决而没有解决的难题，办成了许多过去想办而没有办成的大事，使党和国家事业发生历史性变革、中国特色社会主义取得重大成就。立胜同志经常深为感慨地说，在他的工作经历中，之所以能够取得一些成绩，恰恰是因为始终坚持了以问题为导向进行理论与实践的结合。

立胜同志在昌乐县工作期间，从主要经济指标上看，2005 年与 2000 年相比，昌乐县 GDP 增长 212.9%，财政总收入与地方财政收入分别增长 129% 和 97.8%，规模以上工业企业销售收入增长 324.6%；在全国县域经济基本竞争力综合评价中，昌乐县由 2001 年的 372 位前移至 2005 年的 252 位，五年间位次前移 120 位，经济和社会发展取得显著成绩。

在青州工作实践中，确立以生态文明为引领，以经济文化互动为途径，以花博会筹办为强大动力，突出改革和创意、创新、创造，整体推进工业振兴、城市建设与管理转型、服务业提升、新农村建设“四大重点”，做大做强机械制造、石油化工、冶炼建材、现代物流、旅游休闲、花卉苗木“六大产业”，加快建设“一城四区六大基地”，全力打造文化名城、旅游名市、生态名市和经济强市“三名一强”生态文明新青州，经济社会实现了又好又快发展。

围绕青州要不要发展、如何运用市场经济手段加快发展和金融危机条件下如何实现更高层次发展的问题，先后掀起了三次思想解放高潮，并在解放思想过程中形成了外出参观考察、集中培训学习、重要会议电视直播、思想解放大讨论、评论员文章、海岱书院大讲堂、全民读书节等推进机制。2006年以来，共组织大型外出考察30多次，组织大讲堂等培训讲座100多次，召开各类电视直播会议60多次，播发各类评论员文章300多篇次。通过解放思想，营造了一种“既承认差距，又不甘落后”的浓厚氛围，解决了影响和制约发展的小农意识、小市民意识和计划经济观念问题，推动了更高层次上的思想解放和思想统一，增强了科学发展的一致行动力。

探索形成书记、市长抓“总”，常委包“片”，副市长管“线”，人大、政协领导靠“点”，市镇村上下联动的领导体制，形成了“市级领导带头干，退休领导抢着干，二线领导上一线，一线领导上前线，一级一级抓落实，一级干给一级看”的工作模式；理顺财政体制，统筹城乡财政，彻底解决了各乡镇、各部门财力差距过大问题；成立人民办事中心，进驻单位70个，纳入各类服务事项506项，实现了“进一个门办一切事”。坚持以农业发展园区化、农村管理社区化、农民身份职业化促进“三农”工作。统筹城乡发展，建立“特色农业带动型、二三产业主导型、土地整理开发型、生态家园效益型、文化旅游促进型”五种新农村建设模式。健全土地流转市场，积极推进土地股份合作社建设，大力发展现代农业，青州花卉博览会实现了从县级到省级再到国家级盛会的跨越。2010年与2005年相比，青州地区生产总值、规模以上工业企业主营业务收入、第三产业增加值、地方财政收入、各项存款余额、城乡居民储蓄余额等主要指标都实现了接近翻两番，在岗职工平均工资、城镇居民人均可支配收入、农民人均纯收入全都实现翻倍，青州重新进入全国综合实力百强县，2005—2008年即跃升25个位次。他亲拆、亲看、亲批每一封人民来信，三年来共拆阅处理8000多封，治安案件、刑事案件、非正常上访、安全事故等指标连年下降。“科学发展的青州模式”已成为各地学习的榜样，每年到青州参观学习的外地团队达到300多批次，立胜同志在《求是》杂志发表题为《把群众满意作为不懈追求》的文章，对青州经验做了专门介绍和阐述。《大众日报》头版头条以《科学发展的青州模式》为题对青州的科学发展之路进行介绍。“创意城市”的经验和做法被新华社《国内动态清样》专题介绍。

立胜同志的博士论文出版时，导师田克勤教授在序言中写道：“如果从理论与实践相结合的角度来讲，是否可以把立胜的这本著作作为青州发展变化的注释来读？或者，把青州的发展变化作为这本著作的注释来读？”立胜同志所著《中国农村现代化的社会基础研究》修订版出版时，卫兴华教授在序言中说：“具有丰富经济管理实践经验的县委书记为数众多，掌握比较丰富经济学知识的县委书记也大有人在，但是能从县委书记成长为政治经济学学者，王立胜同志大概是极少数当中的一位。”

呈现在读者面前的这本书的内容所体现的，和以上两位老先生在此前著作序言中所特意指出的，归结起来不就是习近平总书记语重心长地嘱托和要求“把论文写在祖国大地上”吗？